JN016670

概説日本経済史
近現代［第4版］

三和良一・三和元 著

東京大学出版会

An Outline of Japanese Economic History
since the 1850s, 4th ed.
Ryōichi MIWA and Hajime MIWA
University of Tokyo Press, 2021
ISBN978-4-13-042153-9

第 4 版 はじめに

本書は，初版以来，ほぼ 10 年おきに改版を重ねて第 4 版の刊行にいたった．1993 年からの 30 年近くの間に生じた変化を振り返ってみると，決して歓迎できるものではない．国際社会では，核戦争や気候変動などによる人類絶滅までの残り時間を表示する『原子力科学者会報』の終末時計は 1993 年には 17 分前を示していたが，2021 年には 1 分 40 秒前まで針が進められている．国際対立の激化が反映されているが，2011 年の福島第一原子力発電所事故を背景とした原子力の安全性への懸念も針を進めさせた．

Global Footprint Network が公表する Ecological Footprint（生態的必要土地量）と Biocapacity（地球の供給可能量）の推計比は，1993 年の 1.29 から 2017 年には 1.73 に拡大した（www.footprintnetwork.org）．1.0（地球の限界）を超えた経済活動の拡大は加速化を続けて，終末時計の針の動きは進む一方である．

2008 年の世界金融危機以来，先進諸国の経済成長率は鈍化する傾向に入ったが，とりわけ日本経済の低迷は目立っている．スイスのビジネススクール IMD が発表する「IMD 国際競争力ランキング」で 1993 年には総合第 2 位であった日本は，2020 年には 34 位という過去最低位を更新した．国際環境が厳しさを増すなかで，日本経済の劣化が進んでいる．

そのような時，2019 年にはじまる新型コロナウイルスによるパンデミックに見舞われて，世界と日本は大きな転換点に立たされた．市場原理主義の欠陥は明白になり，新しい経済社会の構築が喫緊の課題となっている．パンデミックの終息はまだ展望できないが，「転禍為福」の実現を切望しながら，新旧世代の共著として第 4 版を制作した．

2021 年 7 月

三 和 良 一
三 和 　 元

第3版 はじめに

第2版から10年を迎える頃には本書を改版したいと考えていた時，2011年3月11日，東日本大震災とそれに続く福島原発事故が発生した．被災された方々には心からのお慰めを申しあげたい．自然災害は人知を越えるとしても，原発事故は人災である．広島・長崎の原爆攻撃，第5福竜丸の水爆実験被爆に重ねて，みたび原子力の脅威にさらされた日本に生きる者として，これからの日本と世界のあるべき姿について，あらためて考え直したいとの思いが強くなった．まだ大震災と原発事故の処理は終わらず，世界経済の変動も続く時点で，第2版後の日本経済の歴史を記述することにはいささかの無理がともなうが，とりあえず，現在の歴史座標を確認する作業を試みた．

新しい第18章を追加する作業のなかで痛感したことは，日本経済の変化が大きいことである．平成不況が「失われた10年」であったとすれば，その後の10年は日本が「変身した10年」とさえ呼べるようである．武田晴人さんの最近の用語を借用すれば，日本経済は「遷移」したと言えよう（武田編『高度成長期の日本経済』序章）．問題は，この「遷移」の行く末である．

世界は，第3変質期資本主義の旗手アメリカに振り回されながら，安定化・均衡化からはほど遠い混迷状態を続けている．資源・環境問題の深刻化は，Global Footprint Network が公表する Ecological Footprint（生態的必要土地量）と Biocapacity（地球の供給可能量）の推計比が，1975年の0.97から2007年には1.51となったことに示されている（www.footprintnetwork.org）．人類は，いまや，地球の供給能力を51％も超える経済活動をおこなっているというわけである．人類史の先行きは，ますます危うい．

日本も世界も新しい道を切り開かなければならない．日本が，大災害を契機に，エネルギー，農業，そして消費の新しいありかたを見いだすこと，そして，それが世界の新しい道への道標となることを切に期待したい．

2011年10月　　　　三 和 良 一

第2版 はじめに

初版から10年近くが過ぎて，日本経済も，世界経済もかなり変化した．正確に言えば，初版を刊行した頃に感じられた変化の方向が，ほぼ確定的となった．1980年代から，いわゆる現代資本主義に変調が現れてきたが，初版では，まだ，それが資本主義の新しい発展の段階を示すものであるかどうかは確定できなかった．その後の経過は，福祉国家化と政府の政策介入を特徴とする現代資本主義の時代は終わり，経済活動のすべてを市場による調整に委ねようという，ジョージ・ソロスの名付けた市場原理主義が力を得る時代が到来したことを明確に示すに至った．初版では留保しておいた，資本主義の新しい変質を記述すべき時期と考えて，第2版を刊行することとした．

新しい発展段階に入ったことから，第1次大戦以降を「現代資本主義」の時代と呼ぶことは不適当になったので，「20世紀資本主義」に呼称を変えることにした．

資本主義が新しい変質期に入ったとはいえ，本書が懸念する人類史の危機への対応が見えてきたわけではない．むしろ，市場原理主義が，資源の蕩尽と環境の破壊を，これまで以上に押し進める危惧が強くなった．本書の改訂を必要と感じたのは，この危惧に突き動かされてのことである．

2002年6月　　　　三　和　良　一

初版 はじめに

『なぜ「いま」経済史を学ぶのか』という問いへの，私なりの答えを，はじめに述べておきたい．この問いは，3つの部分から成り立っている．第1は，『なぜ歴史を学ぶのか』，第2は，『なぜ経済を学ぶのか』，第3は，『なぜ「いま」学ぶのか』である．それぞれに，難しい問いであるが，できるだけ答えてみよう．

『なぜ歴史を学ぶのか』という問いに答えるには，まず，「歴史」とはなにかという問いに答えなければなるまい．「歴史」とは，ひとまず，時間の流れのなかの事象の累積といえる．ここで取り上げたいのは，人間の「歴史」であるから，「歴史」とは，時間の流れのなかの人間の行為の累積ということになる．では，時間の流れをどのように捉えるべきか？「秒」（セシウム原子光の振動周期で規定される）の経過数で計られる時間は，もちろん，事象が起こった先後関係を確定するためには有用である．しかし，ある事象（たとえば「ペリー来航」）が，西暦何年に起こったかを知るだけでは，「歴史」を捉えたことにはならない．どのような先行事象の結果としてその事象が起こったのか，そして，その事象は後に起こる事象にどのように影響したかを分析して，はじめて，その事象の「歴史」のなかの位置が確定できる．つまり，「歴史」には，物理的時間のほかに，その事象の位置を確定する座標軸があるわけである．この座標軸は，事象と事象の因果関係の連鎖であるから，その連鎖を，事象の継続的生起という観点から，歴史時間と呼んでよかろう．そこで，「歴史」とは，歴史時間のなかに位置づけられた人間行為の累積となる．ここまでのところでの，第1の問いへの答えは，『生きる自分を歴史時間のなかに位置づけるため』となる．

ところで，自分が「生きる」とは，自分の一生を生きることであるが，それは同時に，人類の歴史の一部を生きることであり，また，生命の歴史の一部を生きることであり，さらには，宇宙の歴史の一部を生きることでもある．そうすると，歴史時間は，ただひとつだけではなく，自分の一生を計る歴史時間，人類の歴史を計る時間，生命の歴史を計る時間，そして，宇宙の歴史を計る時間の4つの時間（位置確定座標軸）があることになる．そこで，第1の問いへの答えは，『生きる自分を4つの歴史時間のなかに位置づけるため』となる．

第2の『なぜ経済を学ぶのか』という問いに答えるにも，まず，「経済」とはなにかを考えなければならない．人間行為のなかから，人間が必要とするモノ（物・サービス）を生産・配分・消費する面を切り出して「経済」と呼ぶのが普通であろう．しかし，このような「経済」の理解の仕方には，問題点がいくつかある．ひとつは，「経済」以外の人間行為（「政治」「社会」「文化」）と「経済」とをどのように切り分けるかである．たとえば「必要とする物」と言った場合，食料は人間の生存に必要なことは確かであるが，なにを食べるかとなると問題は複雑である．地方食にバラエティがあることは食と「文化」との深い関わりを示しているし，イスラム世界の豚肉禁忌は「社会」が食を規制するケースであり，カリフォルニア米を食べられないのは「政治」の作用である．つまり人間行為をいくつかの面に分節化して，そのひとつを「経済」と呼ぶものの，「経済」は，経済学（経済原論）で想定されるように純粋な自立した人間行為ではない．人間の行為は，経済・政治・社会（狭義の）・文化の4つの面（これを人間の4つの行為空間と呼んでおく）が，複雑に入り組んだ行為なのである．ここから「経済」空間を分節化する作業（4行為空間の分節化とその相互関連の確定）はなかなか難しく，従来の社会科学がそれに成功しているとは言えない．日本経済史で，明治維新の評価が2様に分かれるのも，「経済」空間と「政治」・「社会」空間の分節化が確定されていないからである．私としても，この分節化の方法は模索中で，まだ有効な仮説提起はできない．本書では，分節化の方法を確立することの必要性を意識しながら，ひとまず「経済」を前のような普通の意味で切り出しておく．

ただし，普通に使われる「生産・消費」については，生産が必要なモノの生産であり，消費も生活の再生産であるが，それぞれは，同時に廃棄物・廃熱の生産であること，あるいは，地球の資源・環境の消費であることを，強く意味付与する必要がある．「生産」が1次的には自然を対象とする人間の共同行為（社会的行為）であり，「消費」が〈ひと〉の生存と〈ひと〉と〈ひと〉の関係（広義の社会）の維持の共同行為であることは，普通に認識されてきた．しかし，従来は，人間の共同行為のあり方に関心が集中して，対象となる自然との関係，つまり〈ひと〉の生存を可能にする自然条件にたいする関心は薄かった．落ち着いて考えてみれば，〈ひと〉の生存は，太陽エネルギーと無機物からの植物による有機物の生成⇨動物による有機物の摂取と廃棄⇨微生物による有機物の分解と無機物への還元という生態系＝エコロジカル・システムを前提にしてしか維持しえないこと，また，このエコ・システムは，生命活動の結果として遊離された酸素ガスが創り出したオゾン層による紫外線減量作用，大気圏中の水の循環によるエントロピーの宇宙空間への放出作用なしには存在しえないことは明白である．人間の「経済」を，このような自然との関係で捉える視点を強く意識することが必要である．

このように「経済」を理解するとして，それを学ぶ意義は，ひとまず，『生きる自分を人間行為空間のなかに位置づけるため』と言っておこう．自分が「生きる」とは，さまざまな〈ひと〉〈ひと〉関係のなかで生きることであるから，まず自分にとっての外部環境としての〈ひと〉〈ひと〉関係がどのような構造を持っているのかを確認しておくことは大切である．また，自分が「生きる」ことは，この〈ひと〉〈ひと〉関係に何らかの作用を及ぼすことになるから，自分の行為に責任を持つためにも，この構造を知っておく必要がある．

とはいえ，この〈ひと〉〈ひと〉関係は，人間行為という観点から見ると，前にあげた4つの空間で構成されていて，その全体の構造を確認するのはかなり難しい．経済学・経営学・政治学・法学・社会学，哲学や文学，さらには心理学・精神医学や大脳生理学が，それぞれに研究を積み上げてきているが，これらの研究を総合化する人間科学の方法は未確立である．このような学問状況のなかで，ことさら「経済」を学ぶには，それなりの理由がある．唯物史観にならって，「経済」は土台で，上部構造である「政治・社会・文化」を規定すると言うつもりはない．4空間は，土台・上部構造という論理で捉えきれるような単純な関係とは言えない．「経済」に着目したいのは，ほかの空間に比べれば，その構造を確定しやすいからである．人間の社会的行為のなかで，経済的行為は，その累積的結果＝経済的事象のなかに法則性を想定しやすい．つまり，経済的事象に関しては，人間の行為の恣意性が作用する度合いが比較的小さいという特性がある．この特性が，社会科学のなかで，経済学を，際立って理論科学たらしめていると言えよう．

この特性は，基礎的には，モノの生産という行為が，自然に働きかけて人間労働を対象化する作業であることから，自然科学的法則に強く規定されるという事実に起因している．これは，産業連関分析（投入産出分析）の素材連関面を想起すればすぐにわかる．さらに，モノの交換という行為で，モノの価値を等質化し衡量する仕方についての社会的合意（貨幣の使用）が成立しやすいところから，経済的事象には，目的合理性を持つ人間行為の結果として理解可能な事象が比較的多いのである．これは，たとえば，商品の需要と供給が調整される過程を分析する方が，政党の支持率変化を分析するよりも簡明に理論化できることを想起するとわかる．

このように，経済的事象は，それが生起する因果関係を法則性の想定によって分析する学問的方法に，比較的なじみやすいのである．もちろん，具体的な経済的事象をすべて法則で理解できるわけではない．景気変動ひとつを取り上げてみても，その予測はおろか，事後的な要因分析も完全にできるとは言い切れない．政治・社会・文化関連の事象よりも，法則的把握がやりやすいというだけのことである．ただ，人間行為の分析にどこから手をつけるかを考える際には，経済的空間のこの分析のしやすさは，大きな魅力である．「経済」の分析から着手して，ほかの行為空間との関連を検出しながら，人間行為の全体像に迫るという方法が，かなり効率的であるように思われる．このような意味で，『生きる自分を人間行為空間のなかに位置づけるため』には，「経済」を学ぶことが，役立つはずなのである．

『なぜ歴史を学ぶのか』『なぜ経済を学ぶのか』を合わせて『なぜ経済史を学ぶのか』という問いにすると，『生きる自分を経済的空間とその歴史時間のなかに位置づけるため』が答えになる．前に 4 つと見た歴史時間と経済的空間とを関連づけると，〈ひと〉は，4 つの歴史時間のなかで経済的行為を行うということになる．つまり，現代の日本人であれば，世界経済と深く結びついた日本経済が日々変化するなかで経済的行為をおこなうが，その日本経済はこれまでに人類が積み重ねてきた経済的行為のひとつの結果として存在するのであり，またさらに，人類の経済的行為は，生命の歴史・宇宙の歴史と無関係ではないということである．やや回りくどい言い方になったが，この人類が積み重ねてきた経済的行為を分析するのが「経済史（学）」であり，日本経済の変化の過程を分析するのが「日本経済史（学）」である．前者については，本文の第1章で略述し，後者の近代の部分を第2章以下で検討するのが，本書の課題である．生命の歴史・宇宙の歴史のなかでの人間の経済的行為という観点は，本書で直接に取り上げることはできなかった．問題としたい点は，『なぜ「いま」学ぶのか』という問いを考えるなかで述べてみよう．

「いま」つまり現代が，歴史の転換期であることは，さまざまな兆候から感知できる．社会主義世界の市場経済への転換，資本主義世界でのパックス・アメリカーナの解体，アメリカ的生産方式（フォード型少品種大量生産）に替わる日本的生産方式（トヨタ型多品種少量生産）の登場，ECに代表される地域的統合の展開，第3世界の混乱などなど，歴史は激動しているが，その向かう方向は定めがたい．このような時にこそ歴史を学ぶべきだ，とはよく言われている．しかし，私の言いたいのは，そのような一般論ではない．

『なぜ「いま」経済史を学ぶのか』といえば，それは，現代が人類史の危機の時代だからである．森林資源の枯渇というエネルギー危機への対応が産業革命をもたらすなかで確立した資本主義は，まさに「高度成長体質」を発揮して生産力を急速に発達させてきた．石炭へのエネルギー源転換はさらに石油へと進み，第2次大戦後の高度経済成長は，原子力発電までも出現させた．そのなかで，一部の国々の国民生活水準は，「過剰富裕化」と呼ばれるほどに上昇した．しかし，再生不能資源である化石燃料には採掘限界があり，その濫費が遠からず資源枯渇を招くことは明らかであるが，現在のところ有力な代替エネルギー源は開発されていない（現存の原子炉は，事故や放射性廃棄物の危険性が大きいばかりか，投入エネルギーに対する産出エネルギーの収支効率が老朽設備廃棄コストまでを含めると著しく低率で，原子力は代替エネルギーとは言えないとの見解は説得力が強い）．また，生産・消費活動が生み出す廃棄物・廃熱が地球環境と生態系に及ぼす破壊的影響は累積的に拡大しつつある．

つまり，経済的行為は，人間が資源と呼ぶ石炭・石油・動植物・バクテリアさらにはある種の鉱物（鉄鉱石も海水中の鉄を酸化させる酸素を放出する生命活動なしには存在しなかった）を創り出した営々たる生命活動の歴史のなかでの行為であり，根源的には太陽熱・月引力を受けながら水の惑星地球が生成変化する宇宙史のなかでの行為であることが，いまや，明白になってきている．

「地球に優しい技術」の開発が望まれてはいるが，資本主義国はもとより社会主義国も第3世界も，いぜんとして経済成長を最優先の課題としている．自然科学技術の発達のスピードが資源・環境の蕩尽のスピードに追いつくという保証はないから，このままでは，人類がこの惑星で存在し続けることがほとんど不可能になる時の訪れを覚悟せねばなるまい．近代に入った時，人々は，合理的思考から生み出される自然科学的知識が生産力を限りなく発達させ，それが人類を至福の王国に導いてくれるという明るい展望を持った．資本主義を強烈に批判したマルクスでさえ，資本主義内部で発達する生産諸力そのものは，来るべき社会主義の物質的基盤として肯定的に評価していたのである．しかし，現代のわれわれは，近代が開いた「未来への明るい展望」を，そのまま継承し続けることはできない．人類史は，まさに危機の時代を迎えているのである．巨大な生産力を制御する能力を備えた新たな社会機構を構築する方向にしかこの危機を切り抜ける道はあるまい．

新たな社会機構を構想するには，諸科学の協同作業が必要である．そもそも，生産力の発達に全面的に信頼を寄せながら，諸科学が，独自に，いわばバラバラに，それぞれの専門領域での研究を深めてきたことと，人類が現代の危機を迎えたこととは無関係ではない．自然科学が切り開いた技術的知の世界の広大さにくらべて，心的知を深めるべき人文科学が遅れをとっていることはよく指摘されるし，社会科学も技術的知を人類の平和と福祉に堅く結びつける知を開発するには到っていない．このような学問状況を打開する営為が，いま必要である．それには，まず諸科学・諸分野の間に知的交通橋を架橋しなければならない．この知的交通橋の有力な橋頭堡となる可能性を，私は経済史に期待している．すでに述べたように，人間行為の他の3空間との関わり，4つの歴史時間との関わりが明確で，なおかつ法則的把握に馴染みやすい「経済」の歴史を学ぶことから，知的交通橋を架橋し，新たな社会機構の見取図を描き出す協同作業への道を開くことができるのではなかろうか．ここに「いま」経済史を学ぶことの意味があるというのが，私の答えである．

本書を繙いていただく読者の方々に，まず，私の経済史にたいする思い入れを聞いていただくかたちになってしまった．この思い入れは，放送大学の講義テキストとして本書の底本をまとめた時から，あるいは，青山学院大学や早稲田大学で経済史を講義する時にはいつでも，私の心にあったものである．本文各章の内容は，なお，未熟であり不完全ではあるが，新しい社会機構を構想する営為のささやかな一環として本書を読んでいただければ，この上ない幸せである．

1993年2月　　三 和 良 一

目　次

図表目次

1 | 資本制社会論

加速された経済成長

高度成長　1950年代の後半から1970年代の初めまでに日本が目覚ましい経済成長を遂げたことはなお記憶に新しい．この日本経済の高度成長をもたらした要因の検討は，近代日本経済史研究のひとつの大きな研究課題であり，本書でも後にとりあげるが，ここでは，その高度成長が，近代の資本制社会の歴史的特徴を典型的に示す事例であることに注目しよう．人類の歴史のなかには，さまざまな経済社会が登場してきたが，近代の資本制社会は，それ以前の諸社会とくらべて著しく高度な経済成長を実現させたところに特徴を持っている．人口，衣食住関連の消費水準，資源・エネルギーの消費などの長期的な変遷を推測してみると，近代社会が，いかに社会的な生産能力を加速的に拡大させる能力を備えた社会であるかがわかる．正確なデータが得られるわけではないが，たとえば，日本の人口は，江戸時代初期（17世紀）にはかなり急速に増加したが，中期（18世紀）以降は停滞的になり，後期（19世紀）に若干増加傾向が現れるものの，およそ3000万人前後の水準が100年以上続いていたと推定されている．それが，明治維新以来，急速な増加を示しはじめ，約60年ほどで人口は2倍に膨張した．封建制社会と資本制社会の経済成長力の差が，このような人口動態の際立った対照を生じさせたといってよかろう．1960年代を中心とした日本の高度経済成長は，そもそも一般的に高度成長型の構造を持っている歴史社会としての資本制社会が，いくつかの好条件に恵まれた結果として実現したわけである．

資本制社会

資本制社会では，どうして高い経済成長が可能になるのであろう．この問にこたえるためには，資本制社会の構造を，それ以前の歴史社会と対比して検討しなければならない．西ヨーロッパを舞台として登場した資本制社会は，一般に，商品経済が，経済生活の基軸になった社会といわれる．つまり，社会的需要をみたすための供給が，主として商品生産というかたちでおこなわれる社会である．そして，その商品生産は，資本家（企業）が賃金労働者（従業員）を雇用して物財・サービスを生産する方式を主軸としておこなわれる．われわれが日常的に経験している資本制社会の経済構造の一般的な特質は，このように要約することができる．では，この特質は，歴史的には，どのような意味で，近代資本制社会に固有の特質なのであろう．ここでは，3つの面から見ることにしよう．

共同体が解体した社会

経済生活と共同体

近代以前の社会では，経済生活のなかで，共同体が，大きな役割を果たしていた．共同体という用語は，いろいろな意味で使われるが，ここでは，ひとまず，血縁あるいは地縁で結ばれた人々が，経済生活の場で，集団的な規制に服している関係を指すことにしよう．この規制の軸になるのは，人々が生産活動をおこなうために不可欠な生産手段（土地・労働用具・原材料など）に関するものである．近代以前の社会では，とりわけ，土地が主要な生産手段であったから，耕地・山林・原野・河川などをめぐる集団的な規制関係が，共同体のありかたを規定することになる．土地にたいする規制関係は，共同体に属する人々のあいだの土地にたいする権利関係あるいは土地所有関係が軸になっている．人類史の原始時代には，土地は，血縁的な共同体が，共同所有しており，共同体の構成員が，各個に世襲的に占有したり，自分の意思で譲渡したりできる私的所有地は，あったとしても小部分にすぎなかったと推測される．時代が進むと，共同体の構成員の自立性が強くなり，私的に所有される土地が拡大した．つまり，共同体は，その内部に，土地にたいする共同所有と私的所有という2つの所有（権利）関係をふくんでいる．

共同体の類型

共同所有がどのくらい弱まり，私的所有がどのくらい強まっているかを見ることによって，歴史に登場する共同体を類型化する仮説も提起されている．原始的共同体・アジア的共同体・古典古代的共同体・ゲルマン的（封建的）共同体の4類型が指摘されている．原始的共同体は，人類の原始時代に存在したと考えられる．アジア的共同体は，メソポタミア・エジプト・中国・インドなどの古代専制諸国家の経済社会を構成する基礎的な要素と考えられ，日本の古代国家にもその存在を想定する学説がある．アジア的共同体では，共同所有関係の力が強く，私的所有はまだ小部分に限られ弱いものにすぎない．古典古代的共同体は，ギリシャ・ローマの古代都市国家の形成基盤と考えられ，私的土地所有が，かなり拡大した類型である．封建的共同体は，中世ヨーロッパ封建社会の農村において経済生活を規制する役割を果たしたものとして想定される．

ヨーロッパの封建的共同体

ヨーロッパの封建的共同体では，農民が宅地・庭畑地・耕地を私的に所有し，共同所有の山林・放牧地などにたいしても一定の私的持分を設定するほどにまで，私的所有は強くなっている．しかし，耕地が私的に所有されているとはいえ，耕地の使用に関しては，共同体による規制が加えられる．村内の全耕地を大きく3つの耕区に分けて，順番に冬作地・夏作地・休閑地として使用する三圃制農業がおこなわれる場合には，全村民がその耕作方式に従った．農民の所有地は，約1エイカー（0.404ヘクタール）ほどの短冊型の条地が，村内の3耕区のなかにひろく散在する混在耕地制のかたちをとり，条地は農道などで周囲をかこまない開放耕地であった．そのために大型のゲルマン犁で耕したり，種子をまいたり，収穫をする時期に関しては，村民の集会で決定された日程表に従うことがどうしても必要になる．共有地の利用に関して，共同体が強い規制力を発揮するのはいうまでもない．中世ヨーロッパでは，都市においても，手工業者のギルドが，生産活動を集団的に規制していた．ギルドは，農村の共同体と類似した共同組織といえる．

共同体の役割

近代以前の社会において，このような共同体は，どのような役割を果たしていたのであろう．一般的には，生産力の水準が低い時代には，共同体のもとで共同行為をおこなうことが，生産を維持するために必要であったといえる．あるいは，自然災害などにたいする抵抗力が弱い時代には，共同体による相互扶助が必要であったともいえよう．この共同行為や相互扶助をおこなう際の原則は，「平等」であった．共同所有の土地の利用は，共同体構成員に平等に認められた．中世ヨーロッパの混在耕地制も，共同所有であった耕地が私有地になる過程で平等な配分が意図された結果とも見ることができる．共同体は，「平等原則」にしたがって，構成員の経済生活を維持する役割を果たしていた．

商品経済と共同体

このような共同体は，商品経済とは対立する性質を持っている．たとえば，ある農民が有利な商品作物を栽培しようとしても，耕地利用の共同体的規制が強いと，実行できない場合がある．共有地を商品生産のために自由に使用するのも難しい．共同体は，生活を維持するための農民の経済活動には必要であっても，利益を追求する農民の商品生産にとっては邪魔である．商品経済は，より多くの利益をめざす人々の「競争」によって促進される．共同体の「平等原則」は，商品経済の「競争原則」とはあいいれないのである．そこで，商品経済は，共同体の解体，つまり共同所有地の私的所有地化，共同体的生産規制の廃止，「平等原則」の作用停止をもとめることになる．商品経済が基軸になった経済社会である資本制社会は，共同体が解体した社会という歴史的特質を持っているといえる．

身分的支配のない社会

身分的支配

原始社会は別として，古代から近代直前までの歴史社会は，身分制社会という性格を帯びていた．社会生活のなかで，人々は，上下の序列のある身分に格づけされ，上級身分の者は，下級身分の者にたいして，なんらかの支配力を行使していた．身分的支配を柱にして，人類史のうえでは，貢納制社会，奴隷制社会，封建制社会などと呼ばれる歴史社会が出現した．これらの歴史社会では，経済生活の面でも，身分的支配関係が，強い規制力を発揮した．上級身分の者は下級身分の者の生産活動や消費生活を規制することによって，その社会で形成される経済的余剰を，自分たちのものにしようとした．

封建制社会

封建制社会の場合を見よう．封建制社会では，領主層が，農民・手工業者・商人などの経済生活を規制していた．農民にたいしては，年貢（封建地代）の納入を強制し，農民を領主直営地などで働かせたり（労働地代），生産物の一部を上納させたり（生産物地代），貨幣を納入させたりした（貨幣地代）．農民は，自分たちが生活するために必要な生産活動のほかに，封建地代にあてるための経済的余剰をつくりだす生産活動を強制されたわけである．領主は，農民が居住地から移転することを禁止し（農民の土地への緊縛），封建地代の収納を確実なものにした．また，領主が，農民の所有地にたいして，譲渡や相続を規制し，農民経営をある程度の規模に維持することによって，農民の封建地代の負担能力を持続させようとする場合もみられた．生産の面で，特定の作物の栽培を農民に強制したり，あるいは，禁止したりする場合もあるし，消費の面で，農民の生活水準を一定以下に抑制しようとする場合もある．

領主的土地所有と農民的土地所有

封建社会の農民は，共同体のなかで，共同体的規制をうけながら，私的に土地を所有していたことを前に述べた．しかし，農民の私的土地所有は，領主との関係を考えると，完全な所有とは言い難い．領主も，自分の領地の領有権を主張し，領地内の農民の土地にたいする権利に規制を加えるからである．封建地代は，農民が土地から産みだした産出物を取得する権利（所有物の収益権）にたいする大きな制限である．土地の譲渡・相続の規制は，農民が土地を処分する権利（所有物の処分権）の制限であり，特定作物の栽培規制は，農民が土地を使用する権利（所有物の使用権）の制限である．このように，領主が，農民の土地所有権を規制する状態を，領主が上級所有権を持ち，農民が下級所有権を持つと表現することができる．あるいは，領主的土地所有と農民的土地所有の二重の所有関係が存在するといってもよい．領主的土地所有は，領主の農民にたいする身分的支配のひとつの面を土地との関係で表現する言葉である．

封建制社会と商品経済

身分的支配は，農民を主体とする商品経済（農民的商品経済）の発達を阻害する．身分的支配が強力で，農民が生産する経済的余剰のすべてを封建地代として領主が取得すれば，農民が商品経済に参加する余地は少ない．土地の譲渡規制や生産物の制限が厳しければ，やはり，農民は商品生産をおこないにくい．農民の手に経済的余剰が残り，生産活動の規制が緩めば，農民は，商品生産を拡大することができる．身分的支配が弱まれば，農民的商品経済が発達するわけであるが，また，逆に，農民的商品経済の発達は，身分的支配を弱める作用を持つ．一般に，経済的余裕を持った農民は，領主にたいする抵抗力を強める．また農民的商品経済が発達すると，富裕化する農民と貧窮化する農民に農民層が分解する傾向が強まるが，これは，領主の農民支配を不安定なものにする．

このように，農民的商品経済は，封建制社会にとって，いわば破壊的要因であるのにたいして，封建制社会にとって不可欠な商品経済がある．それは，領主を主体とする商品経済（領主的商品経済）である．領主は，封建地代を主たる所得として領主経営をいとなむが，その際に，生産物の形態の所得は販売し，地代として取得できないような物財やサービスは購入する必要がある．領主は，開墾や治水・灌漑事業のような生産面に所得の一部を投入（投資）する場合もあるが，領主経営の中心は，領地確保のための武力維持と領主層（領主とその家臣団）の生活維持であり，領主的商品経済は，領主層の需要をみたす消費財の流通を軸としたものであった．封建制社会の初期から存在するこのような領主的商品経済が，封建都市と遠隔地間商業の発達をうながした．領主的商品経済は，領主が購入する商品を媒介にして，農民の商品生産をうながす面も持っている．

絶対王政と市民革命　商品経済の発達を足がかりとした農民の経済力と政治的抵抗力の増大に対抗して，領主は，身分的支配の再強化をはかろうとする．封建制社会の初期のように，共同体が農民たちを強く規制して村内が統一されている場合には，領主は，共同体を利用して，身分的支配力を強めることができた．商品経済の発達によって共同体の規制力が弱まると，領主は，支配力の新しい補強策として，農民層の分解のなかから登場してきた富裕な上層農民を，村落秩序を維持する支柱として利用しようとする．また，領主は，商品経済のなかから経済的余剰を取得しようとする．たとえば，特定の商品の売買や生産を，特定の商人や手工業者たちだけに特権的に許可し，その見返りとして貢納金をとる．身分的支配力によって，商品流通や商品生産を規制し，商人や手工業者の手許に集まる経済的余剰の一部を吸い上げるわけである．領主たちの間にも上下の格差や力の優劣があったが，有力な領主に支配権が集中して，統一的な権力機構が形成されれば，全体として領主層の身分的支配力を強めることができる．

封建制社会の解体期には，このような，領主の身分的支配を再強化するためのさまざまな試みがあらわれる．その結果，イギリスのチューダー・スチュアート両王朝やフランスのブルボン王朝のような絶対王政（絶対主義）が出現する場合がある．絶対王政は，国王が，身分的支配の維持を望む領主層，集積した土地を小農民に貸して小作料をとる地主（寄生地主），排他的独占権によって特別な利益を得ようとする特権的商人・手工業者などの支持を基礎として，広汎な政治的権限（立法権・司法権・行政権）を行使する中央集権的政治体制である．

絶対王政は，海運・貿易の奨励や輸出産業の保護育成などの政策をとって商品経済の発達を促進させる面を持っている．しかし，身分的支配が存続しているので，農民的商品生産の発達にとっての障害は残っているし，独占的特権の存在は，商品流通・商品生産の自由な展開を妨げた．絶対王政を倒したイギリスのピューリタン革命やフランスの大革命などの市民革命（ブルジョア革命）は，経済史の上では，領主的土地所有や絶対主義的経済規制を廃止し，身分的支配を解体することによって，商品経済の自由な発展に途を開く役割を果たした．

身分から契約へ

近代の資本制社会は，身分的支配が存在しなくなり，人々が，自由な個人として商品経済に参加できるようになった社会という歴史的特質を持っているわけである．人々は，身分関係によって束縛されることなく，自由な契約関係を結んで経済活動をおこなう．商品の売手と買手が，人格的には対等な立場に立ち，自由な意思にもとづいて結ぶ契約にしたがって商品の売買がおこなわれることが，近代の商品経済の基本原則である．資本家（企業）と労働者（従業員）の関係も，もちろん身分的支配関係ではなく，対等な立場に立つ両者が，契約にしたがって，労働力という商品を売買する関係と見ることができる．資本家（企業）は，契約にしたがって経済活動をおこなうなかで，社会的に形成される経済的余剰を，利潤として取得するのである．ここに，古代の王，奴隷主，封建領主などが，身分的支配によって経済的余剰を手にしたのとくらべた時の，資本制社会の特質が認められる．

「市場」を軸に再生産を行う社会

社会の再生産　人類史に現れたどのような社会であっても，その存続のためには，社会の構成員が必要とするさまざまな物財・サービスが適切に供給され，消費されなければならない．数多くの種類の物やサービスを，それぞれ必要な量だけ生産して，社会全体の需要をみたすためには，需要と供給（生産）を適合させるような社会的な仕組みが必要である．言葉をかえれば，社会が再生産を維持するためには，生産に必要な生産手段と労働力とを，各種の産業部門・生産分野ごとに適切に配分する調整機構がその社会に備わっていなければならない．たとえば，社会主義社会では，社会全体の需要をあらかじめ想定したうえで，生産手段と労働力とを各産業部門に計画的に配分する計画経済の機構が，社会の再生産を維持する基本的な仕組みとなっている．

資本制社会の再生産　これにたいして，経済活動の自由を原則とする資本制社会においては，市場機構が，社会的再生産の基軸的な調整機構となっている．ある商品の社会的需要量と供給量が不適合な場合には，その商品の価格に変化が生ずる．供給不足の場合には価格は上昇し，供給過剰の場合には価格は下落する．価格が上昇（または下落）すると，その商品を供給する産業部門の企業の利潤率は上昇（または下落）する．利潤率が上昇（または下落）した産業部門では，投資が増加（または減少）し，その結果，供給量が増加（または減少）する．こうして，需要と供給の不均衡が是正される．つまり，利潤追求を目的とする企業が，供給主体である場合には，市場における価格変動を起点にして，需要と供給の調整作用が進行するわけである．個々の商品ごとにおこなわれるこの需給調整は，社会全体として見れば，生産手段と労働力を最も適当に各産業部門に配分していることになる．

前近代社会の再生産　では，近代以前の社会では，社会の再生産はどのような仕組みで維持されていたのであろう．近代以前の社会でも生産物が商品として流通している場合には，市場における価格変動が，需給関係の調整をうながす作用を持つ．しかし，その商品の生産や流通が，共同体や身分的支配関係によって規制されていると，市場機構による調整作用は円滑には進まない．また，近代以前の社会では，消費と直結した自給的生産が，社会の生産活動のなかに占める割合が大きいのが特徴である．農耕社会の農民は，自分たちの生活に必要なものを得るために，自分たちの労働を，食料生産・衣料生産などの各種の生産に適当に投入する．そこでは，農民の個別経営体による需要と供給の内部調整がおこなわれているといえる．しかし，この内部調整のすべてを，個別の農民が自律的におこなうわけではない．前に見たような共同体が，共同所有地における生産，つまり労働の投入を規制し，さらに，私有地での生産を規制する場合もある．共同体も再生産の調整機構の一部なのである．農民の個別経営体と共同体が，農民の需要と供給を調整する役割を果たしている．

農民の生産は，自分たちの需要をまかなうためのものばかりではない．身分制社会では，上級身分の支配者の需要をまかなうための生産が強制される．下級身分の人々が，年貢などのために，どのような生産（労働の投入）をおこなうかは，身分的支配関係のなかで決定される．身分的支配関係も，社会の再生産の一部を，政治的な力によって調整する役割を果たしている．

このように，近代以前の社会では自給的個別経営体，共同体，市場，身分的支配関係などが，需要と供給をそれぞれ部分的に調整することによって，社会全体の再生産が維持されていたといえる．

市場経済の確立

封建制社会もこのような前近代社会の再生産調整のしくみを持っていたが，そのなかで，しだいに，市場の役割が大きくなった．共同体が解体し，身分制支配が廃止されて，商品経済の障害が取り除かれると，自給的個別経営体の解体も加速される．しかし，農民が道具を用いて衣料などを自給的に生産したり，手工業者が農地を所有して食料を自給的に生産するような自給的生産は，根強く残った．このような自給的生産を消滅させて，商品生産を社会的生産の基軸に据える役割を果たしたのが，産業革命（後述）である．機械の発明と採用・普及によって，道具を用いた手工業的生産は，急速に衰退し，そのなかで，市場経済が，社会の経済生活の基軸になった．

経済成長の秘密

競争・欲望・社会的分業　これまで3つの面から資本制社会の歴史的特質を考えてきた．ようやく，資本制社会で，高い経済成長が可能になる秘密はなにかという問題に，いくつかの答を出すことができそうである．第1の答は，共同体が解体して経済生活の場における「平等原則」の作用が停止し，「競争原則」の作用が圧倒的に強くなったということである．「自由な競争」を共通の価値観とする社会では，人々の「競争心」が，そのまま，経済活動の推進力となって，経済成長が加速される．

第2の答は，共同体や身分的支配による規制が解体して人々の「欲望」が解放されたことである．共同体は「平等原則」によって消費生活を規制（構成員の欲望の抑制）し，身分的支配は上級身分が下級身分の消費生活を規制して経済的余剰を増やそうとした．近代社会はこれらの欲望抑制の体系を否定して，欲望が無制限に拡張する自由を認めた．「富への欲望」「生活の豊かさへの欲望」は経済成長の原動力となる．

第3の答は，共同体や身分的支配による規制が解体して商品経済の自由な展開が可能となり，さらに産業革命によって市場経済が経済生活の基軸となったことによって，生産の社会的分業が促進されることである．専業化した生産者のネット・ワークが緻密になることは，生産技術の発達とならんで，生産力を上昇させる要因のひとつである．

経済的余剰と投資　第4の答を出す前に，社会の再生産のありかたをもうすこし考えてみよう．ある社会で生産されたものが，経済的余剰を含めて，結局，すべてその社会の構成員によって消費されてしまうような再生産のありかたでは，その社会の生産は拡大しない．生産された経済的余剰が，貯蓄されて，生産のために新しく投資されることによって，はじめて，その社会は，拡大する再生産，つまり経済成長を実現することができる．身分制社会において，社会の経済的余剰の多くを手にしたのは，おおむね，自分たちの消費の維持を目的に経済生活をいとなむ上級身分者であった．これにたいして，資本制社会では，経済的余剰の多くを手にするのは，おおむね，利潤の追求を目的に経済活動をおこなう資本家（企業）である．前者は，経済的余剰を消費に向ける性向が強いのにたいして，後者は，それを貯蓄し投資に向ける性向が強い．市場における自由な競争は，この資本家（企業）の性向を一層強化する．資本制社会では，経済的余剰が，まさに投資の専門家ともいうべき資本家（企業）の手に入るということが，第4の答である．

以上の4つの答に示される資本制社会の歴史的な特質に，機械を用いる産業革命以降の生産技術の急速な発達という要因が加わったことによって，近代資本制社会の高度成長が実現したわけである．

資本制社会の発展過程

形成期

高度成長体質を持つ資本制社会が，封建社会のなかから誕生してより今日にいたるまでの歴史を簡単に振り返ってみよう．資本制社会の経済の仕組みは，資本家（企業）が労働者を雇用して生産をおこなうというところに最大の特質があるから，資本制社会の変遷を見るときには，資本家と労働者のあり方，つまり，資本・賃労働関係に注目しなければならない．

資本家（企業）とは，資本を持つ主体であるが，この資本という言葉は，いろいろな意味で使われている．ここでは，資本を，利潤を生み出すために用いられるもの（価値物）と考えておこう．利潤を生み出す方法は，大きく分けると3つある．貨幣を持っている場合を想定すると，まず，その貨幣を貸して利子を取る方法がある．つぎに，貨幣で商品を購入して，それを仕入れ値段より高く販売して儲ける方法がある．そして，貨幣で設備・機械・原材料などを購入し，労働者を雇用して製品を製造・販売して利潤を得る方法がある．第1の方法を利子生み資本，第2を商人資本，第3を産業資本と呼ぼう．利子生み資本と商人資本は，古代から高利貸や商人として歴史に登場し，現代でも銀行や商店として繁栄しているが，産業資本の歴史はそれほど古くはない（エルガステリオンのような奴隷労働を用いた商品生産はギリシャ時代にもあったが，労働力を持続的に調達して生産を続けられるような資本とはいえない）．

産業資本が登場するには，労働力を販売する労働者がいなければならない．土地や作業場を所有する農民・手工業者が多数を占める（多くの生産者が生産手段の所有者であるような）社会では，ひとに雇われて（労働力を販売して）生活を維持しなければならない人々は少ないから産業資本は成り立たない．産業資本が成立するには，土地や作業場を失った人々（生産手段から切り離された労働力所有者）が大量に発生する必要がある．封建社会のなかで商品経済が発達するとともに，農民層が分解し，貧窮化した農民が増えて労働者の予備軍となる．また，商品経済の発達のなかで，富（貨幣）を蓄積する人々も現れる．

この貨幣と労働力が結びつくと産業資本が生まれる．産業資本登場の前提条件となるのは，貨幣的富と商品となる労働力の蓄積であり，これは，資本主義の原始的蓄積（あるいは本源的蓄積．カール・マルクスの用語）と呼ばれている．

この原始的蓄積が進行する時期が，資本制社会の形成期である．形成期には，マニュファクチュア（工場制手工業）と呼ばれる形態の産業資本が現れる．道具を用いる手工業ではあるが，工場・鉱山で労働者たちを分業体制のもとで生産に従事させる資本家経営である．しかし，マニュファクチュアには発展に限界がある．それは，労働力の調達という壁にぶつかりやすいことである．道具を用いる生産では熟練が要請されるから，労働者の予備軍があっても，そのなかで雇用できる熟練労働者の数は限られてくる．

マニュファクチュアとならんで現れるものに問屋制家内工業がある．商人が，手工業者や副業として手工業生産をおこなう農家に，原材料（場合によっては道具）を前貸して製品を作らせ，その製品を市場に販売して利潤を得る方法である．この利潤獲得方法は，商人資本のようでもあるが，前貸をうける生産者の独立性が薄れて商人から加工賃金を受け取るにすぎないかたちになると，工場制ではないが，事実上は労働者を雇用して生産をおこなう産業資本と見ることもできる．マニュファクチュアは，この問屋制家内工業と競合することになるが，むしろ，後者のほうが経営に弾力性があるために広範に発達する場合が多い（マニュファクチュアは設備・道具などの固定資本と熟練労働者を必要とするから，需要の変動に対応する機敏さでは問屋制に分がある）．

マニュファクチュアも問屋制家内工業も，産業資本として発達するには限界がある．手工業生産では，生産性向上に限度があって，同じく手工業でおこなわれている小自営業者を没落させたり，農民の自給的生産を解体させてそこに新たな買手をつくり出していく力（価格・品質両面の競争力），つまり市場を拡大させる力が弱いからである．この市場の壁と労働力の壁を打ち破ったのが，産業革命である．

確立期 18世紀から19世紀にかけてイギリスを中心に発生した一連の技術革新とそれがもたらした社会変化が産業革命と呼ばれている．この技術革新を発生させた歴史的要因は，国際貿易の拡大（16世紀商業革命いらいの），農村工業の発達（プロト工業化と呼ばれる場合もある），農業革命（エンクロージュアやノーフォーク輪作農法による），消費慣習の変化（衣料としての木綿の流行）などいくつか挙げることができるが，ここでは，欲望論と資源論からの見方に注目しておこう．

解放された欲望は，「消費社会」を誕生させた．衣料では麻から木綿へ，食料では動物性蛋白質の増加，住生活では薪から石炭へ，移動手段では馬車から汽車・汽船へという変化が大衆レベルで進み，その消費量が増大した．消費市場の多様化と拡大が産業革命を促した．

古くからのエネルギー源であった森林資源が枯渇し始めて，人々は木炭・薪から石炭へのエネルギー転換をはかった．成功の条件は，掘り出される石炭のエネルギー（産出量）が採掘に必要なエネルギー（投入量）を上回ることである．蒸気機関（はじめは大気圧機関）の開発がこの条件を満たして，人間は新しいエネルギー資源を手にすることができた．面状に広がる森林から，いわば点状に散在する石炭への資源転換は，新たな輸送需要を引起し，馬にたよる輸送体系の資源的限界（飼料生産のための耕地が，牧羊地・食料生産用農地と競合する）を克服する道が，汽船・汽車に求められた．

インド綿布輸入で開発された綿糸布市場を舞台としたイギリス綿工業の機械化は産業革命の華やかな場面であるが，それも蒸気機関の導入が決め手になっている．蒸気機関（動力機）・伝動装置・作業機で構成される〈機械〉の登場は，鉄鋼業と各種の機械工業の発達を促し，石炭をエネルギー軸とする新しい産業構造が形成された．エネルギー危機への対応の成功が，新しい時代を開いたのである．

産業革命の経済史上の意義は，市場と労働力の2面からとらえることができる．まず，市場の面では，前にも述べたように，産業革命は，手工業的生産を破壊することによって，マニュファクチュアと問屋制家内工業では開拓できなかった深さにまで市場を拡大させた．さらに，〈機械〉を身につけた産業資本は，新しい製品を開発することによって，人間に新しい欲望を持たせ，社会的需要を創出し，次々に新たな商品市場を生み出す力をそなえた．

労働力の面では，第1に，多少とも自給的性格を残していた農民・手工業者を，最終的に商品経済に巻き込んで，農民層の分解を推し進め，労働力を商品として販売せざるを得ない人々をつくり出した（原始的蓄積の完成）．第2に，〈機械〉は，熟練という技能的限界を打ち破って，不熟練労働者や女子・年少労働者までも就労させる（しばしば劣悪な労働条件で酷使する）ことを可能にした．第3に，〈機械〉は，労働力供給の自然的限界（人口の絶対数に規定された供給限界）を，労働節約型（労働生産性を上昇させる型）の技術開発によって，ある程度まで克服することを可能にした．このように，産業革命は，労働力供給の壁を，ほぼ完全に打ち破ったのである．さらに，〈機械〉は，産業資本に，労働者を管理する強い力を与えた．「飢えと失業の恐怖」に追われながら，〈機械〉体系の運転速度に応じて，労働に専念することが労働者の宿命となったのである．

このように考えると，産業革命によって，商品経済を基盤とする市場経済社会，労働力を商品として購入して利潤を獲得する産業資本を基軸とする資本制社会が確立したと言うことができよう．

資本主義の確立期は，しばしば自由主義の時代と呼ばれる．これにたいして形成期は，重商主義の時代と呼ばれ，政府が，貿易・海運・工業・農業の保護政策や労働者政策（就業強制の色彩が強い）をとるという特徴が見られた．しかし，産業革命のなかで，古典派経済学が，政府による産業保護政策などを不合理なものと批判し，自由放任（レッセ・フェール）や国際間の自由貿易を主張するようになり，イギリスもある程度まで，自由主義的な政策姿勢を示した．重商主義が「主権国家の自由」を主張したのに対して，自由主義は「主権国家の自由」のある程度の制約を掲げたといってよかろう．ところが，19世紀最後の4半世紀ころから，ふたたび政府が経済政策を積極的に展開する傾向が現れてきた．資本主義が変質期に入ったのである．

第1の変質期

資本主義の変質は，資本家（企業）と労働者の両面から見てとれる．資本主義確立期のイギリスの企業（資本家）は，おおむね個人企業か，少数の出資者による合名会社（パートナーシップ）であった．これにたいして，イギリスを追い上げたアメリカやドイツでは，多数の出資者による株式会社が発達した．株式会社は，大規模生産の利益（スケール・メリット）が大きい重化学工業には最適な企業形態であり，株式会社形態をとる大企業（ビッグ・ビジネス）が成長した．

大企業の登場は，やがてカルテル・トラスト・コンツェルンなどの独占体の形成を招き，市場のあり方は，自由競争から寡占的競争へと変化した．自由競争の時代には，企業（資本家）間の競争によって，商品価格が低下し（生産性が上昇した場合），利潤率が平均化する傾向が見られた．しかし，独占が形成された時代には，競争が制限されて，生産性が上昇しても価格は下がりにくい状態（独占価格の形成）となり，独占企業が，高い利潤（独占利潤）を獲得する傾向が現れた．

自由主義の時代をリードしたイギリスと，重化学工業を基盤に急成長するアメリカ・ドイツとの利害対立は深まり，これが，第1次世界大戦の経済的要因となった．大企業が独占体制を維持するためには，国内での競争的な商品販売・設備投資を避ける必要があり，商品・資金が過剰化する傾向が現れると，国外市場への進出衝動が高まり，列強間の経済的対立，とくに植民地・勢力圏をめぐる対立が激化するのである．このような時代が，帝国主義の時代と呼ばれている．帝国主義の時代は「主権国家の自由」が再び主張される時代であった．

帝国主義時代への移行の背景には「消費社会」，「欲望の体系」の拡大があった．衣料では絹，食料では砂糖・茶・コーヒー，住生活では電灯・電気器具，通信手段では電報・電話，移動手段では自動車・航空機，娯楽では映画が加わり，高級品を消費することで他人との差異を顕示する「衒示的消費」（T. ヴェブレン）が広がった．戦争のための武器への欲望も重化学工業化を促した．

労働者の面での変化は，労働組合の力が強くなり，資本主義を批判する思想（マルクス主義や社会民主主義）の影響が大きくなったことである．重化学工業が発達すると，男子労働者の割合が高くなり，熟練労働者が重要な役割を持つようになる．労働組合の結成が進み，団体交渉力が強化され，争議も盛んに行われる時代となる．個別企業（資本家）との対決ばかりでなく，資本主義体制そのものを変革しようとする政治運動にも労働者が積極的に参加する状況が現れる．

このような労働者の変化に対応して，政府は，労働者階級が持つ資本主義への不満を和らげるような政策を，新たに提示する必要に迫られることとなった．また，独占的大企業の行動が，農民や小商工業者の利害と対立する場面（独占価格の押しつけや農産物価格の相対的低落）も現れるので，彼らの不満も放置してはおけないことになる．社会保険制度や産業保護政策，労働組合の法的保証や参政権の拡張などさまざまな政策が，階級対立を宥和（ゆうわ）し，国民的統合を維持するために登場するわけである（反面では，反体制運動にたいする強権的抑圧措置がとられる場合もある）．自由主義の時代とは逆転して，政府がふたたび大きな役割を果たす時代が訪れた．

第２の変質期

第１次世界大戦を境に，資本主義はさらに変容して，第２次世界大戦後の高度成長期にまでつながる構造的な特質をあらわすようになった．これを，第２の変質期と見ておこう．変容したのは，産業・消費構造と政府の政策のあり方である．

第１次大戦は，パックス・ブリタニカの時代（イギリスが世界の基軸である時代）を終わらせて，パックス・アメリカーナの時代（アメリカ基軸の時代）の幕を開いたといわれるように，大戦後のアメリカは，新しい産業・消費構造を展開しながら世界経済をリードすることとなった．アメリカは，今日のわれわれにはなじみ深い，自動車・家庭用電気製品などの耐久消費財を軸にした大衆消費社会型の経済社会を，1920年代から構築しはじめたのである．

大衆消費社会は，自動車・家庭用電気製品などの耐久消費財を軸にした新しい欲望の体系が，広告宣伝・マーケティングによって刺激されながら限りなく肥大化する社会である．家庭内で生産されてきた物やサービスも市場で手に入る商品となって，家事分野への商品経済の侵入が進む．使用価値とはかかわりなく他人との差異を表示する記号としての商品の消費，「記号論的消費」（J.ボードリヤール）が広がる．欲望の体系は，資本（企業）によって操作可能な体系となって，本来の欲望とは異なった姿に変わる．

19 世紀後半期に開発された内燃機関（ディーゼル・エンジン，ガソリン・エンジン）と電動機（モーター）は，蒸気機関にかわる産業用動力機として採用されたばかりでなく，小型化改良によって，小型乗用自動車・家電製品への応用の途が開かれた．19 世紀の重工業は，産業用機械・船舶・鉄道車両・鉄鋼製品など主として生産財市場を基盤としていたが，20 世紀には，家庭用耐久消費財に新たな市場を開拓したのである．生産財は注文生産の性格が強いのにたいして，耐久消費財は見込み生産で，大量生産によるコスト・ダウンが需要を拡大させ，需要拡大がまた大量生産を可能にするという供給・需要の循環的な拡大が特徴である．部品の標準化，作業の細分化そしてコンベヤーによる流れ作業化を軸とした大量生産方式（フォード・システムに代表される）が確立され，大量販売を促進するマーケティング技法も発達した．

耐久消費財市場の拡大は，それに関連する生産財市場の拡大を招き，重化学工業化は一層進んだ．第 1 次大戦に初登場した新型兵器（航空機・戦車・潜水艦・毒ガス）も急速に進化して，重化学工業に新たな軍需市場をもたらした．同時に，エネルギー源として，石油の重要性が高まり，化石資源の濫費時代が始まった．

第 2 の変質期を特徴づける最も大きなものは，政府の役割の変化と考えられる．19 世紀後半にふたたび大きくなりはじめた政府の役割は，第 1 次大戦とロシア革命（1917 年）を経ることによって，政府が社会の経済的再生産を調整する機構の重要な一部となったといえるほどに極大化した．資本主義は，市場による再生産調整のみでは，円滑に社会を維持できない時代に入ったのである．このような時代を，20 世紀資本主義の時代と呼ぼう（現代資本主義，国家独占資本主義，修正資本主義などの呼び方もある）．

ロシア革命やドイツ革命（社会主義革命としては失敗）に示された労働者・農民の反体制エネルギーの強大さは，資本主義諸国の政府にとっては大きな脅威であった（社会主義が大きく変化しつつある現代では，この脅威は実感できないが，当時とすると，それまでイデオロギーにすぎなかった社会主義が現実の歴史に登場したことの衝撃は極めて大きかった．この脅威に対応する政策展開が資本主義を変質させ，その結果として，現代では社会主義が脅威ではなくなったわけである）．また，第 1 次大戦は，総力戦と呼ばれるように，軍隊の戦争ばかりでなく，国民を戦時体制に向けて総動員する必要のある戦争であり，そのためには，とくに労働者階級の協力（城内平和）が重要であった．この経験は，戦後，労働者の政治的影響力を強める結果をもたらした．

各国は，労働者・農民に対する宥和（ゆうわ）政策を，本格的に展開して，体制的危機を回避する努力を払うことが必要となってきた．階級間の宥和を課題とする政策は，完全雇用の実現，社会保障制度の整備，農民・小商工業者保護など経済的利益を保証する方向（福祉国家化）と，労働立法，労使協議制度，普通選挙制度などで政治的・社会的利益を保証する方向（同権化）で進められる．

しかし，労働者・農民の利益を拡大させる政策は，資本家（企業）の利潤を縮小させる可能性がある．とくに，完全雇用状態と強い労働組合の出現は賃金水準の上昇を促すが，労働者を「飢えと失業の恐怖」から解放し，労働の規律を弛緩させる場合もある．賃金水準の上昇は，生産性上昇がともなわないと，利潤の減少をもたらす．資本主義であるからには，資本の蓄積を維持することが政策課題になる．企業が，生産性上昇のために技術革新投資をおこなう資金的時間的余裕を得るには，インフレーショナリーな財政金融政策が有効になる．緩やかなインフレーション状態は，賃金上昇を製品価格に転嫁して利潤を確保しながら生産性を上昇させる機会を企業に与えるわけである（もちろん，インフレーションの急進は避けなければならない）．

このような宥和政策と利潤保証政策の展開は，一種の温室効果を持ちやすく，生産性の低い企業や産業部門の淘汰作用を鈍化させ，結局，その国の経済の国際競争力を劣化させる可能性がある．そこで，国際競争力を強化させるための産業政策（生産力保証政策）として，設備投資促進，独占規制・企業間競争促進，特定産業保護，産業構造改善など多角的な政策がとられる．

このような20世紀資本主義の政策体系（表1-1参照）のなかで，とくに，経済恐慌にともなう社会の不安定化が，体制的危機につながるおそれは大きいから，恐慌対策つまりは景気変動調整政策（恐慌・不況期の景気回復政策や，恐慌回避のための景気過熱抑制政策など）が重要な経済政策となる．フィスカル・ポリシーと呼ばれるこの政策は，1930年代から各国で全面的に展開されるようになる．景気調整政策の展開には，政策の自由度を拡大する通貨制度が望ましい．金本位制度（118ページ参照）から管理通貨制度への移行が，大恐慌

表 1-1　20 世紀資本主義の政策体系

Ⅰ　対内側面

政策課題		政策目的	政策手段	政策の介入位置	政策のマイナス効果
階級間の宥和	経済的メリットによる	完全雇用（賃金保証）	●フィスカル・ポリシー（景気調整）	人口法則	●労働力の追加的供給力の弱化 ●賃金の上昇
		社会保障	●財政	分配関係	●利潤削減
		弱者保護（農業・中小企業）	●財政 ●金融	分配関係	●低生産性企業・産業の淘汰作用鈍化→社会的分業関係のひずみ（＝生産力停滞）
	政治的社会的メリットによる	労資関係の安定（労働者の体制内化）	●労働立法 ●経営参加・労使協議の制度化 ●同権化	資本・賃労働関係	●賃金の下方硬直 ●労働力移動の制約→労働力の社会的配置（＝社会的分業）関係のひずみ（＝生産力停滞）
資本蓄積の維持		利潤保証（価値視点的再生産の維持）	●フィスカル・ポリシー（景気調整・インフレーション） ●所得政策 ●経済統制	景気循環過程 資本・賃労働関係（交換過程）	●低生産性企業・産業の淘汰作用鈍化，及び独占強化にともなう資本移動の制約→社会的分業関係のひずみ（＝生産力停滞）
		生産力保証（素材視点的再生産の維持）	●産業政策 ●資源政策 ●独占禁止政策 ●経済統制 ●経済計画	社会的分業（＝労働力の社会的配置）関係	●利害対立の激化

Ⅱ　対外側面

政策課題	政策目的	政　策　手　段	政策の介入位置	政策のマイナス効果
資本蓄積の維持	利潤保証（価値視点的再生産の維持）	●国内市場確保政策〔関税・非関税障壁〕 ●輸出市場確保政策〔資金・信用供与，勢力圏・共同体形成〕	国際分業関係	国際的対立の激化
	生産力保証（素材視点的再生産の維持）	●輸入能力＝輸出力強化政策〔輸出産業育成，輸出奨励〕 ●資源輸入確保政策〔資源外交，開発輸入奨励〕		
	国際収支の均衡（国民経済視点的再生産の維持）	●総需要調整政策 ●国際競争力強化のための産業政策 ●貿易調整政策 ●為替調整政策 ●資本移動調整政策		
国際的対立の調整	「国益」保証	●条約・協定の締結 ●国際機構への参加 ●軍事政策	国際分業関係 国内の社会的分業関係	●政策展開の自由度の制限 ●軍備＝特殊消費財の生産肥大化による生産力停滞＝素材視点的再生産障害

注：三和良一「経済政策体系」（社会経済史学会編『1930 年代の日本経済』所収）281 ページより（『戦間期日本の経済政策史的研究』5 ページ）．詳しくは，上記論文参照．

を機に，世界的に進んだわけである．

第2次大戦は，世界経済のあり方を大きく変えた．社会主義は，東ヨーロッパと東アジアの国々に広がって，資本主義圏と対抗する社会主義圏が登場した．植民地諸地域は独立して新興国家群が誕生した．東西関係と南北関係の2つの軸をめぐって戦後の世界経済は動くことになった．資本主義諸国は，20世紀資本主義化を一層進めて，高度経済成長を実現した．新産業であるエレクトロニクス・石油化学が技術革新をリードし，高度成長の中で，大衆消費社会が成熟した．福祉国家化で大衆の所得が保障されたことが耐久消費財市場を拡大させて経済成長を促進させ，経済成長がさらなる福祉国家化を可能にするという，好循環が形成された．

国際関係では，戦間期には中断されたものの国際連盟・国際連合を軸とした国際協調主義，国際自由貿易主義が，「主権国家の自由」を規制する方向で作用した．

第3の変質期

1970年代にはいると，71年の金ドル交換停止に始まる為替の変動相場制への移行や73年と79年のオイルショックと呼ばれる原油価格の暴騰を契機にして，世界経済の高度成長は終わった．低成長時代に入っても，日本と西ドイツの国際競争力は強く，アメリカ経済は相対的に弱くなっていった．経済力が弱くなったイギリスでは，1979年に保守党のサッチャー首相が，アメリカでは，81年に共和党のレーガン大統領が登場して，新しい経済政策を採用した．それは，政府の経済への介入を縮小して，再生産の調整は基本的にはすべて市場機構に委ねるという方向の政策である．景気変動を調整する効果を期待して採られていたケインズ的政策に替わって，通貨流通量だけを適正に維持することで均衡成長が可能になるというマネタリズムの主張が有力になった．公企業の民営化（プライバタイゼーション）や政府による規制の緩和（ディレギュレーション）が進められた．サッチャーリズムとかレーガノミックスと呼ばれた新しい政策は，かなりな効果を発揮し，イギリス経済は「イギリス病」から抜けだし，アメリカ経済は再び活力を回復した．

とくに，アメリカは，日本の競争力を支えていた日本的生産方式（トヨタ方式，lean production system）から学習して競争力を強化させた．また，アメリカは，パーソナル・コンピュータ関連技術で優位を確立し，さらにパソコンを通信端末とするインターネットを開発して情報技術IT革命と呼ばれる新しい技術革新を先導した．

ソ連を軸とする社会主義圏では，政治的民主化の要求が高まり，資本主義圏の物質的「豊かさ」への願望も強まって，ついに，1989年の東ドイツ崩壊に始まってソ連解体，社会主義経済から資本主義経済への移行という激変が生じた．東西の冷戦構造は崩れ去り，市場経済が世界経済の基準となった．旧ソ連・東欧諸国から中国までが開放された市場へと転化し，アジアの新興工業国・地域の発展で，世界市場は急拡大した．商品・サービス，技術，資本・資金が，世界をかなり自由に移動する時代，グローバリゼーションの時代が始まった．大企業の国際的拡大，多国籍企業化も進み，大企業間の合併による巨大企業が相次いで出現した．

経済力を再強化したアメリカは，世界最大の債務国であるにもかかわらず，ドルを基軸通貨として供給しつづけた．金との交換性を停止したドルは，過剰に発行されても，世界の信任さえ得られれば，強い通貨として，基軸通貨の地位を維持することができる．世界的に過剰化した資金は，証券・為替・国際商品から金融派生商品（デリバティブズ）など，さまざまな商品への投機に向かった．「カジノ資本主義」（S. ストレンジ）と呼ばれるような，投機性の強い資本主義が現れた．巨額の資金が，短期的な利益を求めて各国資金市場を流動するので，それらの国の経済を混乱させる事態も生じた．

政府の介入を排して市場機能を経済活動の基準とすることは，「機会の平等」は尊重しても，「結果の不平等」は無視することになり，富・所得の配分較差は拡大する．政策による所得の再配分は推奨されず，国際的な所得再配分機構は存在しないから，国，地域，国民のあいだの所得較差は拡大し続ける．また，財政赤字を理由に，社会保障制度の水準引き下げや年金などの民営化も進められ，福祉国家は色あせてきた．

20世紀資本主義を特徴づける階級宥和（ゆうわ）のための政策，完全雇用と社会保障が，積極的には推進されなくなったのは，やはり，対抗関係にあった社会主義が，資本主義的「豊かさ」のまえに敗北し，ついには解体したこととつながりがある．福祉国家は，それ自体に価値があるが，より直接的には，社会主義化を予防するための措置として，資本主義諸国が採用した面が強かった．社会主義が崩壊した結果，福祉国家への動きが止まっても不思議はない．

このような新しい動きは，1980年代を境にして，資本主義が，第2の変質期，20世紀資本主義の時代から第3の変質期，21世紀資本主義の時代に入ったことを示している．

第3の変質期への移行の背景には大衆消費社会（欲望の体系）の拡散と変化がある．大衆消費社会は新興国・地域へとグローバルに拡散し経済成長を加速させた．先進諸国では「欲望の体系」が過剰なほどに充足され，新しい欲望は情報通信技術ICT関連のハードウエアとソフトウエアに向かった．しかし，自動車や家電と較べるとICT関連商品の市場規模は小さく，物の生産が経済成長を押し上げる力は弱くなる．インターネット上で情報を媒介するプラットフォームの経営は巨額の利潤を生みだすものの，利潤追求の場が，生産活動から貨幣金融市場に重点を移すことになる．

第3の変質期もすでに40年ほどを経過した．改革開放で国家主導型市場経済を採った中国は目覚ましい経済成長を続け，先進資本主義諸国との間に商品・資本流通のネットワークを構築した．中国をはじめとする新興経済国・地域の成長は，多国籍企業の利潤獲得機会を拡大させながら，先進諸国内労働者には賃金抑制効果を及ぼした．労働保護政策が見直されて，いわゆる労働市場の柔軟化のなかで，ふたたび「飢えと失業の恐怖」にさらされた労働者は，所得の低迷を堪え忍ぶほかなくなった．富や所得の較差の拡大が進んだ．

2008年の世界金融危機の発生は，カジノ資本主義のひとつの帰結であった．低所得者を対象とした融資（サブプライムローン）を分割して証券化した金融商品の運用破綻からはじまってリーマン・ブラザースの破産，世界の銀行，大企業の破綻へと進んだ経済危機は，21世紀資本主義が抱えていた構造的不安定性をさらけ出した．各国政府は，公的資金の投入，公的管理による大企業救済に乗り出した．市場原理に任せていては危機からの脱出は見込めないという判断で，マネタリズムの限界が明らかになった．

EU誕生で地域経済統合への動きが進んだが，他方では湾岸戦争以来，中東とアフリカにおける紛争が増えて，国際協調と国際対立という背反的な動きがせめぎ合う情勢が続いた．中東やアフリカからの移民受入をめぐってEUに亀裂が走り，イギリスはEU脱退を決めた．

情報通信技術ICT革命と呼ばれる新しい技術革新を先導して国際競争力を再強化したアメリカは，中国をはじめとする新興国・地域の成長のなかで競争力を弱め，経済成長は鈍化した．アメリカ・ファーストを掲げたトランプ大統領は，中国との貿易戦争，国際機関・国際協定からの離脱，同盟国との関係見直しなど，国際協調とは異なる外交政策を選んだ．中国の習近平政権は，国内の民主化要求を抑圧しながら対外緊張を高める道へ進んだ．権力維持に固執する指導者達の独善的な行動が，世界の分断をもたらす危険性が高まった．20世紀資本主義では「主権国家の自由」を抑制する力が作用していたが，21世紀資本主義では「主権国家の自由」の再拡大が進んでいる．

2020年の新型コロナウイルスによるパンデミック発生は，各国の経済に大きな影響を及ぼした．影響の大きさはまだ確定できないが，経済の回復を市場メカニズムに任せることは不可能であり，経済活動の停滞による企業の破綻と国民の窮乏化に対して政府の財政支援が不可欠となり，政府の役割が再び大きくなることは確実である．政府の活動が，富と所得の不均等を是正したり，最低生活を保障するシビル・ミニマム給付の方向に向かうとすると，21世紀資本主義は変質する可能性がある．

21世紀の状況は，地球資源と地球環境の限界のなかで，人類が生存し続けられるような経済社会の構築を要請している．市場メカニズムでは対処できない資源・環境問題は，国際的な連携のなかで「主権国家の自由」を規制しながら対応を進めなければならない課題である．市場至上主義，政府の経済への不介入を基本とする21世紀資本主義は，人類史的課題に対応するには不適格な体制と評価せざるを得ない．

2 | 幕末の経済と開港

鎖国下の経済構造の変化

商品経済の発達

開国も間近になった頃の江戸後期の経済社会は，封建制社会とはいっても，江戸初期の姿とは，大きくことなってきていた．変化をもたらした要因は，商品経済の発達である．鎖国政策のために，外国貿易は，極めて限られた影響しか及ぼさなかったから，商品経済は，もっぱら，国内市場がゆるやかに拡大するというかたちで発達した．三都（江戸・大阪・京都）と諸大名領国の城下町を中心に，江戸初期から存在した領主的商品経済は，年貢米と特産物の流通を軸に，全国的市場の発達をうながした．農業生産力の上昇と商品作物の栽培，副業的手工業などを足がかりとして，農民的商品経済が発達し，地域的市場も拡大した．もちろん，地域によって，農民的商品経済の発達には大きな差異があり，瀬戸内，近畿，東海地方など先進地帯では，江戸後期に，村落内部に多様な職業分化が生じている事例が見られるのにたいして，東北，北陸，山陰，九州などでは，自給的経済の色彩を強く残した村落が多かった．

農民層の分解

商品経済の発展とともに，農民は集約的な労働投入によって収穫の増加を図る「勤勉革命」（速水融〔34〕．出典は巻末の参考文献参照，以下注記は同様）に向かい，人口の増加も可能になった．商品経済の農村への浸透は，農民層の分解をすすめる．綿花・菜種・藍・煙草・茶・甘蔗の栽培，養蚕，綿糸・生糸・織物・紙・蠟の製造や余剰米の販売を通して，あるいは，塩・金物類・陶器・衣料品・肥料・農具の購入を通して，農民が商品経済に参加するようになると，農民の経済生活は，商品の価格と流通機構によって影響を受けるようになる．貨幣のかたちで経済的余剰を手に入れる農民が登場するが，その反面では，負債をかかえる農民も出てくる．年貢納入者である本百姓は，年貢皆済のために米や貨幣を借り入れなければならない場合がしばしばある．この年貢の圧力が存在するところに，商品経済の作用が加わると，負債の処理のために所有地を手放す農民が増えてくる．農村内で，中堅的な高持百姓が没落して，零細な土地所有農民や無高の者が増加する傾向が現れる．没落する農民の所有地は，村役人の特権を持ったり，商人・高利貸・酒屋などを兼業する富裕な農民や町の商人の手に集積する場合が多い．

地主経営

土地を集積した上層農民が，土地を利用する仕方は2つある．第1は，自分で農業経営に利用する方向で，自家労働力で不足する分を他人労働力の雇用で補いながら商品生産をおこなう地主手作（てづくり）経営あるいは豪農経営となる．第2は，他人に土地を貸す方向で，小作料を取得する貸付地主（寄生地主）経営になる．このうちで，主流になったのは，第2の貸付地主化の方向であった．

その理由としては，次のような点が指摘されている．地主手作経営が必要とする農業年雇など雇用労働力の賃金が上昇したが，農産物価格はそれをカバーするほど上昇せず，価格関係が，手作経営に不利な動きを示した．地主手作が，大規模経営として，他の小農民経営より高い生産性を発揮できるような農業技術の発達はなかった．このために，地主手作の展開には限界があった．これにたいして，小作地需要の強さと領主権力の支持によって，貸付地主経営は，高水準の収益を得ることができた．小作地需要の強さは，土地喪失農民の農村滞留の結果であり，農村滞留は，身分的支配による移住規制と工業発達の低位性による農村外雇用機会の狭さがもたらすものであった（出稼ぎ形態での農村から都市への人口移動はかなり多かった事実を指摘する研究もある．速水融〔33〕）．領主は，はじめは，経済的余剰の一部が地主取分として横流れすることをきらって，貸付地主の発生を抑制しようとしたが，のちには，村落支配の末端機構として，経済的実力者である貸付地主を利用するようになり，地主の小作料取得を公認した．

貸付地主は，新田畑が，民間資金で開発される場合にも発生した．たとえば，町人請負新田では開発費を投入した町人が地主となり，開発に従事した農民が小作人になるのが普通であった．中世的土豪の系譜をひく大土地所有農民が，従属農民に所有地を貸与するかたちで発生した貸付地主も見られた．貸付地主制が，どのくらい発達していたか確定はできないが，山口和雄博士は，「幕末には全体として，自作兼小作農と小作農との合計が全農民数の過半を占めるようになった村落が，すでに多数になったようである」（山口和雄〔7〕96ページ）と推定している．

問屋制家内工業とマニュファクチュア　商品経済が発達するなかで，工業経営の新しい型も形成されてきた．織物業，醸造業，製糖業，製鉄業，鋳物業などで，マニュファクチュア（工場制手工業）経営が見られるようになった．しかし，江戸後期には，マニュファクチュアは，まだ部分的に存在したにすぎず，商品生産としては，自家労働力を中心に生産をおこなう小経営と，その小経営を商人が支配した問屋制家内工業が優勢であった．たとえば，織物業では，商人や織元から原料の織糸を供給されて，自分の作業場で機織をおこない，製品の布を商人や織元に渡して織賃を受けとる賃機（ちんばた）が，農家副業として普及していた．また，織物業（縞木綿）のマニュファクチュアとして知られている尾張藩の起村の例では，1844年に44軒の織屋が185台の織機を使用していたが，そのうち45台は出機であった（塩沢君夫・川浦康次〔27〕151ページ）．出機は，農家に織機を貸し出して賃織りさせる形態である．マニュファクチュアが同時に問屋制的経営をおこなう姿は，マニュファクチュアの限界（第1章参照）をよく示している．

領主・共同体　商品経済の発達にともなうこのような経済構造の変化は，村落共同体と身分的支配のありかたにも大きな変化をもたらした．江戸時代の村落共同体は，水田耕作に不可欠な水利の共有・共同利用と，肥料用素材（刈敷（かりしき）などの緑肥，落葉）・薪・建築用材などを得るための山林・原野の共有・共同利用を軸に構成されていた．商品作物栽培と農間副業の拡大，油粕・魚肥など購入肥料の使用増加とともに，農民の経済生活における共同体の重要度は低下しはじめ，「競争原則」がしだいに浸透していった．

江戸中期からの百姓一揆件数の増加傾向が示すように，領主の身分的支配体制も動揺しはじめた．領主経営も収支不均衡となり，大商人からの借入が累積する藩も多かった．身分的支配を再強化して年貢の増徴をはかる一方，発達する商品経済を利用して，藩専売制などによって経済的余剰を獲得する政策もひろく採用されるようになった．

世界資本主義との接触

世界資本主義　19世紀後半の世界は，先進国イギリスとそれを追う後発国ドイツ・フランス・アメリカ・ロシアなど資本主義諸国と，それらの国々の勢力下におかれた植民地・従属国という2つのグループに分かれつつあった．開国した日本は，資本主義諸国の仲間入りができるか，それとも，植民地・従属国になってしまうかという重大な岐路に立たされたのである．

産業革命の自生的な展開によって高い生産力を身につけたイギリスは，綿工業を主軸，鉄鋼業・機械工業を副軸とする産業構造を持つ「世界の工場」として，後発資本主義諸国をも含む世界の他の部分を，綿製品・鉄鋼・機械類の輸出市場，食料品・原料の輸入市場とする国際分業関係をつくりだしていた．圧倒的な生産力的優位に立つイギリスは，経済的自由主義，自由貿易主義を標榜しながら，政治的経済的勢力圏の拡大をはかった．イギリスの圧力に対抗しながら産業革命を進めた後発資本主義諸国は，国内市場からのイギリス製品の排除につとめると同時に，海外市場においても，イギリス製品との競争を挑み，それぞれ勢力圏の拡大に向かった．19世紀後半は，イギリスと後発資本主義諸国とが，しだいに対抗関係の内圧を高めながら，後進地域への勢力拡大を競いあうにいたった時代であった．

不平等条約　イギリスと対抗して東洋への進出をねらうアメリカの圧力によって開国を強制された日本は，まず，国際条約上で，不利な立場に立たされた．開国4年後の1858（安政5）年に締結された各国との修好通商条約で，幕府は，片務的な領事裁判権と協定関税制を承認した．司法権の侵害と関税自主権の喪失は，単に，政治的な国家主権の問題にとどまらず，経済的にも重大な影響を及ぼすものであった．領事裁判権の存在は，外国人の日本における経済活動を側面から支援する役割を果たした．協定関税制は，とくに，1866（慶応2）年の改税約書で関税率が原則2割から原則5分に引き下げられてから，世界的に稀な自由貿易主義の実践国に日本を固定し，産業育成の政策手段として保護関税を採用する自由を奪った．

安政条約のこのような不平等性とは別に，資本主義国との国際条約が，封建制日本にたいして，「営業の自由」の原則を強制することによって，封建制の解体を促進させた面を見逃すことはできない．商品経済を流通面から権力的に規制して支配の経済的基盤を再編成しようとする絶対主義的な試みは，五品江戸廻送令（1860 年）の実質的な失敗が示すように，資本主義諸国の圧力の下では，もはや成功する可能性を失っていたのである．

通貨体系の調整　世界資本主義との接触は，まず，通貨体系の調整を緊急な課題とした．幕府の貨幣発行権独占のもとで，江戸時代には金・銀・銭の三貨制度が，国内商品流通のみを媒介する通貨体系として独自に発達した．開港（自由貿易開始）直前の時期に流通していた天保小判と天保 1 分銀（定位銀貨）は，1 両＝4 分の公定相場で計算すると，地金 1 対地銀 4.58 の金銀比価であった．天保小判と天保丁銀（ちょうぎん）（秤量銀貨）は，1 両＝72 匁の実勢相場で計算すると，およそ 1 対 10.23 の金銀比価になる．1 分銀は，幕府の強制通用力の付与によって，実質価値の約 2 倍の名目価値を持つにいたった法定補助貨幣と見ることができる．

ところで，当時の国際的な金銀比価は，1 対 15 程度であったから，開港に際しては，当時アジアにおける国際通貨であったメキシコ・ドル（洋銀）と国内の実勢相場を表示する丁銀とを地銀価値で交換する原則をたてたうえで，小判・1 分銀と丁銀の国内交換関係を調整するのが合理的な方法であった．ところが，実際には，修好通商条約の貨幣同種同量通用の条項によってメキシコ・ドル 1 箇と補助貨幣である 1 分銀 3 箇が等価とされ，国内通貨体系の調整をまたずに開港が実施された．このことによって，第 1 に，日本は，当時の実勢金銀比価 1 対 10 からではなく，強制力によって維持された約 1 対 5 の金銀比価から出発して，国際比価にまで通貨体系を調整しなければならなくなった．通貨価値の変動は，より大幅なものにならざるをえない．第 2 に，日本から大量の小判が流出した（流出量は 80 万両との推計もあるが，近年は 10 万両強と見られている．杉山伸也〔5〕）．メキシコ・ドルを 1 分銀に交換し，1 分銀を小判に替え，小判を輸出してメキシコ・ドルに替えることで，元手が約 2.6 倍になる商売が成立したからである（実際には小判価格が上昇したから 2.6 倍にはな

表 2-1　主要輸出品価額構成　(1860～67 年)

年	生　糸	蚕　種	茶	計
	%	%	%	1000ドル
1860	65.6	—	7.8	3,954
61	68.3	—	16.7	2,682
62	86.0	—	9.0	6,305
63	83.6	—	5.1	10,554
64	68.5	2.2	5.2	8,997
65	83.7	3.8	10.2	17,467
67	53.7	22.8	16.7	9,708

表 2-2　主要輸入品価額構成　(1860～67 年)

年	綿織物	毛織物	綿　糸	艦　船	金　属	計
	%	%	%	%	%	1000ドル
1860	52.8	39.5	—	—	1.2	945
61	46.0	26.7	4.9	1.1	8.6	1,494
62	19.4	17.9	4.2	16.2	38.7	3,074
63	15.9	28.3	—	12.3	21.5	3,701
64	30.9	29.2	13.6	2.0	9.6	5,553
65	35.8	43.8	6.6	1.8	3.1	13,153
67	25.3	23.4	9.0	2.7	0.9	14,908

注：三和良一・原朗編『近現代日本経済史要覧（補訂版）』(47 ページ）による．原資料は『横浜市史』第 2 巻．合計は品目が判明する分の合計で，実際の貿易額は，これよりやや多い．1866 年は不詳．

らない）．

結局，幕府は，小判の金含有量を約 3 分の 1 に切り下げ，丁銀・豆板銀の銀含有率を従来の 2 分の 1 に落とす貨幣改鋳をおこなって，金流出を喰い止めた．大幅な貨幣の実質価値の削減は，やがて物価騰貴をひきおこし，封建制社会の解体を促進させる結果となった．

居留地貿易

1859（安政 6）年 7 月から開始された自由貿易は，居留地貿易のかたちをとった．開港場の特定区域が居留地に指定され，外国人は，居留地内に商館をかまえて日本人と商取引をすることになった．外国人が居留地を出て日本国内で自由な経済活動をおこなうことは，幕末の条約では禁止されていた．日本人商人が，居留地の外国人商人（外商）と輸出品・輸入品の売買をするかたちで，貿易が開始されたのである．居留地には欧米人に限らずインドや中国の商人も進出し，東西貿易だけでなくアジア間貿易も仲介した．居留地貿易は，1899 年に「内地雑居」が実現するまで継続された．外国商による国内での営業の自由が制限されていたことは，日本商を保護する「非関税障壁」の役割を果たした（杉山伸也〔5〕）．

幕末の貿易は，はじめ急速に伸びたが，国内の政治的社会的動揺が大きくなった 1866 年頃からは停滞気味になった．貿易の内容を見ると，輸出品では，生糸が最も大きな割合を占め，茶・蚕種（蚕卵紙）がこれにつづいた（表 2–1 参照）．生糸と蚕種の輸出は，1860 年ころからフランス・イタリアで蚕の微粒子病が流行して養蚕製糸業が大きな打撃を受けたという事情を背景としていた．このほか，銅・原綿・水産物などが輸出された．輸入品では，綿織物と毛織物が大きく，艦船・金属（鉛・錫・鉄など）も重要輸入品であった（表 2–2 参照）．小銃など兵器輸入も大量におこなわれたと推定できる．砂糖・米・石油（灯油）も輸入された．

開港の経済的影響

絹　業　生糸輸出の開始は，日本の絹業に大きな影響を与えた．養蚕（繭生産）・製糸（生糸生産）・織布（絹織物生産）の 3 つの基本工程を含む絹業は，それぞれの特産地が，地域的分業関係を結ぶかたちで発展していた．生糸輸出は，まず，織布部門に，原料糸不足・価格騰貴を通じて破壊的な打撃を与えた．西陣や桐生など代表的な絹織物業地方では，休業する機屋が続出し，職人の暴動が起こったり，生糸貿易停止の駕籠訴がおこなわれるほどであった．博多・丹後・八王子・秩父・郡内などの機業地も打撃を受けた．これとは逆に，養蚕・製糸業は発展の好機をつかんだ．従来の手挽・胴繰にかわって座繰（ざくり）が製糸技術の中心となり，長野・山梨・群馬などでは，一部に製糸マニュファクチュアも出現しはじめた．とはいえ，領主的規制の存在が，桑園の拡張にブレーキをかけていたし，生産拡大に必要な資金の供給体制もととのえられていなかったから，生糸の生産は伸び続けたわけではない．幕府の流通規制も働いて，生糸輸出は，数量的には，開港数年後に頭打ちになってくる．

綿　業　綿製品輸入の影響はさらに大きかった．庶民衣料である木綿の生産は綿作（綿花生産）・手紡（てぼう）（綿糸生産）・織布（綿織物生産）の 3 基本工程が，各地で，地域的分業関係をともなう商品生産として発展していたが，なお，自給的生産も広汎に存在していた．産業革命の産物である機械製の綿布は，アメリカ南北戦争の終結（1865年）前後頃から，大量に日本に流入しはじめた．綿布輸入は，まず，綿織物生産地に打撃を与え，没落する機業地が続出した（輸入綿布は薄地布であり，厚地の在来木綿とは競合しなかったという見解，機業地の没落を産地間競争に求める見解もある．川勝平太〔32〕，阿部武司〔31〕）．しかし，大阪・愛知・埼玉・栃木などの先進機業地では，原糸を輸入綿糸に転換して新しい発展の方向を求める動きが盛んになった．こうして，綿糸の輸入が急増する．原料転換によって織布部門が再編成されたのにくらべて，手紡部門は，大きな打撃を受けた．紡績機械製の綿織糸は，糸車による手紡糸を圧倒したのである．綿作部門は，南北戦争期に日本綿花が輸出品となったこともあり，また，雑用綿市場も拡大したので，手紡部門より打撃は軽かった．

原始的蓄積の進行　綿糸布の輸入は，綿と代替性のある競合商品毛織物の輸入とあいまって，日本の農民の代表的な商品生産である綿業に大打撃を与えた．賃機や手紡・綿打ちなどの副業や綿作によって現金収入を得て生活を維持してきた農民たちは，没落の途を歩まされることになった．土地を手放して無産者化し，賃金労働者か小作農にならざるをえない人々が増加した．砂糖輸入は，甘蔗（かんしゃ）作・製糖業に，石油輸入は，菜種作・絞油業に，類似の作用を及ぼした．また，綿製品等の輸入が，農民の衣料品自給生産を縮小させ，商品経済を農村に浸透させる力を発揮したことも見逃せない．養蚕・製糸・製茶の発展は，農民を，輸出につながる商品経済にまき込んだ．商品経済の拡大は，農民層の分解を促進させる．鎖国時代から穏やかに進行してきた，いわゆる「原始的蓄積」，つまり，資本制社会の形成に不可欠な2つの要素，資金と賃金労働者の蓄積，とくに後者の蓄積は，開港を機に，急速に展開されることとなった．輸出入品の圧力，つまりは，産業革命を終えた先進資本主義国の産業資本の圧力によって，自給的経営の解体と農民の土地喪失が促進され，封建制社会の経済的基盤が掘り崩されていったのである．

半植民地化の危機　圧倒的に優勢な先進資本主義諸国の経済力のもとで，日本が，経済的自立性を失って半植民地化する危険性が現れた．綿製品輸入・生糸輸出という貿易パターンが続けば，モノカルチュア型経済として世界資本主義に組み込まれ，内発的な経済成長の力を喪失するかもしれなかった．居留地の外商は，輸出入業・貿易金融業・海運業・海上保険業を手中にお

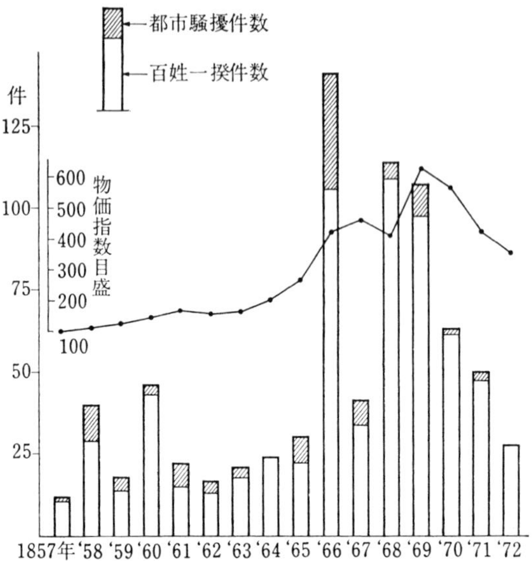

注：青木虹二『百姓一揆総合年表』32，315-50，409-10ページ，新保博『近世の物価と経済発展』282ページにより作成．

図2-1　物価変動と農民一揆（1857～72年）

さめることによって，貿易活動からうまれる利益を独占し，日本人による資金の蓄積を阻害した．外商は，幕府や諸藩にたいして，軍備近代化や殖産興業のための資金の供給をおこなうことで，経済的利権や政治的発言力を獲得しようとした．とくに，幕府が権力強化のために，フランスから借款を受けるとともに，対日貿易の独占権，北海道の産物開発権をフランスに供与する計画を実施しようとしたことは，日本がフランスの半植民地となる大きな危険性をはらんでいた．

徳川幕府の崩壊

幕府と雄藩が，国内政治の主導権を争い，そのために身分的支配の体系を再編成して経済的余剰の吸収力を強化しようとする方向，つまり絶対主義化の方向からは，半植民地化の危機打開の途は開けてこなかった．徳川将軍を盟主とする絶対王政形成のくわだては，政治的対立を激化させると同時に，経済的混乱をまねいた．幕府財政をまかなうために発行された巨額の貨幣（前述のように国際関係で実質価値を下げた貨幣）は，貿易にともなう商品需給の不均衡などの要因とあいまって，激しい物価騰貴をひきおこした（図 2-1 参照）.

物価騰貴によって，商人・地主・豪農など一部の階層は潤ったが，小農民・日雇・都市住民などの生活は苦しくなった．領主財政は，一部雄藩をのぞいて一層悪化し，下級武士層の困窮は激しくなった．農民一揆・都市騒擾の頻発（図 2-1 参照）が，身分的支配体制を揺り動かし，社会の統合力は弱まった．経済的秩序の混乱が，社会的政治的不安定に拍車をかけ，下級武士層の主導する政治変革運動の力が強まり，徳川幕府は倒れた．徳川絶対王政の形成が挫折したところから，半植民地化への途とはことなった，近代的国民経済形成への途が開けたのである．

3 | 明治維新

中央集権体制の確立

維新政府の誕生　1867（慶応3）年11月（太陽暦表示，以下同じ）に，将軍徳川慶喜は，大政奉還・将軍辞任を朝廷に申し出た．翌68年1月には，王政復古の大号令が出されて，維新政府が誕生した．戊辰戦争で旧幕府勢力を倒した維新政府は，王政とはいえ，実態は，公卿と雄藩の藩主が政府中枢を構成した連合政権というべきものであった．維新政府の経済的基礎は，幕府領と戊辰戦争で朝敵となった東北諸藩などの没収所領からの年貢収入と貿易関税収入であり，諸藩は，従来通り独自の領主経営を続けていた．維新政府は，巨額の戦費や行政費をまかなうために，政府紙幣（太政官札，金札・官札ともいう）を発行したり，三都の商人等から会計基立（もとだて）金の名目で借入をおこなった．諸藩も，藩専売制の再編，藩札の発行，商人よりの借入などで藩財政を維持しようとした．農民一揆の激発（前掲図2-1参照）は，年貢収入を不安定なものにし，政府・諸藩の財政難を悪化させた．

版籍奉還　藩体制の解体による集権化を意図した木戸孝允・大久保利通らは，版籍（土地と人民）の朝廷への返上を雄藩藩主に進言した．奉還を不満とする藩主も，返上した版籍の再配分を期待しながら，これに同意した．1869（明治2）年7月に，維新政府は，全藩の版籍奉還決定を告知し，藩主を，改めて知藩事に任命した．翌70年10月には藩制を布告して，藩高の10%を知事家禄，90%を公費と定め，公費から藩高の4.5%を海軍費の名目で政府に納入させることとした．政府は各藩に，藩高に応じて太政官札を下付し金銀貨を上納させ，通貨面で新政府の統治力の浸透をはかった．商品流通に関しても，諸藩の津留（つどめ）（商品の藩外移出の制限）を禁止したり，藩専売制を規制したりする一方，通商司を設置し，為替会社・通商会社の下に全国的に商品流通を統制する政策を実施した．諸藩は，藩債・藩札の整理計画の実行を維新政府に指示され，財政再建のため，家臣の家禄の削減などを実施したが，財政破綻状態の藩が多かった．

廃藩置県 藩主層を中央政府の中枢から排除しながら実権をにぎることに成功した木戸・大久保・西郷隆盛らは，鹿児島・山口・高知3藩から戦闘部隊を集めて組織した親兵（天皇の護衛兵）を武力的背景にして，1871（明治4）年8月に廃藩置県を断行した．藩主が知藩事として保有していた領国支配権が否定され，維新政府の統治力は，日本全国に及ぶこととなり，中央集権体制が樹立された．政府は，旧藩主と家臣たちに家禄支給を約束し，藩札の政府通貨との引換えを一般に公示して，廃藩による混乱の発生を防いだ．当時，諸藩（277藩）のかかえた負債は，内債外債あわせて7813万円（両），藩札は3855万円（両）で，これを諸藩の収租額推計年額3430万円とくらべると，諸藩にとって，藩財政維持が，危機的状況にあったことが推測される．

このような藩財政破綻の事実が，廃藩置県を，抵抗なく進めさせた大きな要因であった．中央集権体制をととのえた明治政府は，内部に政治的対立関係をはらみながら，集権化を実質的に推進するための諸改革を実施したのである．

封建的規制の廃止

身分制度の改変 江戸時代の身分制的支配は，武士を上位に百姓・町人などを下位に位置付ける社会的身分秩序，農民をおもな対象とする居住移転規制（土地への緊縛），武士・農民を主対象とする職業規制，農民・町人の経済活動規制，農民的土地所有権の規制などを内容とするものであった．

社会的身分秩序に関しては，明治政府は，国民統合の理念にもとづいて，その再編成を進め，結局，華族・士族・平民の3種の族籍区分を設けた．つまり，公卿・諸侯を華族に，武士を士族に，農民・町人とえた・非人身分を平民に統一した．平民の苗字許可，士族の斬捨御免の禁止，華族・士族・平民間の通婚許可，訴訟上の差別廃止などの措置で，新しい身分は，人格的不平等を意味する上下秩序ではなくなった．1872年の徴兵制採用は，徴兵告諭に「四民漸ク自由ノ権ヲ得セシメントス」とあるように，前近代的身分制を否定して「皇国一般ノ民」として国民を統合する方向を明確に示した．同年の学制制定の際の学制被仰出書も，「自今以後，一般ノ人民華士族農工商及婦女子必ス邑ニ不学ノ戸ナク家ニ不学ノ人ナカラシメン事ヲ期ス」と平等就学をかかげた．もちろん，実際に国民平等がただちに実現したわけではなく，差別・被差別関係は，いわば近代日本の社会構造のなかに再編入されたといえるが，明治国家形成の原則は，前近代的身分制の否定であったといえる．

移転・職業の自由

1868（慶応4）年4月の五榜の掲示の第5札は，士民に本国（領国）からの脱走を厳禁する禁令であった．また，1871（明治4）年2月に発布された「新律綱領」（最初の刑法）には，「本籍ヲ脱シテ逃亡スル者ハ杖八十」と逃亡罪の刑罰が設けられていた．

しかし，1869年3月には諸道の関所が廃止されて，移転は事実上自由になり，廃藩置県で領主の人民支配権が消滅したことで，農民の土地への緊縛は解かれた．廃藩置県の直後，1871年の9月には，他府県への寄留・旅行鑑札制が廃止され，11月には，宗門人別帳（寺請制度）の廃止，五榜掲示第5札の撤回がおこなわれた（刑法上の逃亡罪規定は，ややおくれて1877年廃止）．のちに大日本帝国憲法（1889年発布）で明文化される居住・移転の自由は，藩体制解体で保証されたのである．

職業の自由は，1871年10月のえた・非人の職業差別廃止，72年1月の華士族（在官者をのぞく）の農・工・商業の営業許可，同年10月の農民の商業営業の自由化などによって公認された．

営業の自由

経済活動に関する諸規制も廃止された．1868（慶応4）年7月の商法大意は，株仲間の冥加金上納を廃止してその独占的特権を否定する内容のものであり，72年前後には，大阪府が，株仲間解散令を出したように，各地方官庁が，同業仲間を抑制して勝手営業つまり営業の自由を確立させる政策を実施した．通商司による流通規制策が失敗して，1871（明治4）年に通商司が廃止された後には，政府は，直接に商品流通を統制する政策はとらなかった．米・麦の輸出禁止も解除し，金・銀・銅の国内売買も自由にした．交通・通信・鉱山・金融など，政府が直轄したり強く規制する分野はあったが，全体として見るならば，営業の自由は，基本的に保証されたといってよかろう．

1871 年には金銀貸借利子の制限が廃止され，72 年の地代・家賃および傭人給料に関する太政官布告では，「双方相対ヲ以テ取極」ることが勝手とされ，経済活動における契約の自由が明示されている．72 年の人身売買禁止の布告とあわせて，雇用関係は，身分関係ではなく契約関係であるとの原則が示されたといえる．

土地所有権の確立

維新政府は，1869 年 1 月に「村々之地面ハ素ヨリ都テ百姓持之地タルヘシ」と布告したが，これは，江戸時代いらいの農民的土地所有を確認したにとどまり，領主的規制を廃止したわけではなかった．維新政府は，同年 9 月の府県奉職規則で，「農ハ田畑永代売ヲ停止スル旧制ニ依リ貧民ニテモ田畑ヲ離レヌ様良制ヲ立」てて農業を振興するよう官吏に指示している．諸藩はもちろんのこととして，政府直轄の府県においても，土地所有権に対する領主的規制は存続していたのである．廃藩置県後の 1871 年 10 月になって，政府は，田畑勝手作許可を布告し，ついで，翌 72 年 3 月には土地永代売買禁制の解除を布告した．田畑勝手作は，米納年貢を米価換算して貨幣で納入する石代納を認めたことと関連した措置であり，土地売買解禁は，地租改正につながる地券交付と関連した措置であった．新しい土地税制が誕生する過程で，まず，土地の使用権と処分権にたいする領主的規制が廃止されたのである．残るのは，収益権にたいする規制というべき封建地代（年貢）の処理と，土地利用の共同体的関係の処理であった．地租改正・秩禄処分により，この処理が進められて，近代的な土地所有権が確立する．

地租改正と秩禄処分

明治初期の財政状態

明治初期の政府財政を，1867 年 12 月から 75 年 6 月までの総合数値で見ると，表 3-1 のようである．歳入では，紙幣発行による例外歳入が大きいことと，通常歳入のうち地税（旧年貢・新地租）が圧倒的に大きい割合を占めていることが特徴である．歳出では，軍事費も大きいが，その約 2 倍の額を諸禄・扶助金の支払についやしているのが目立つ．政府にとって，地税と秩禄，そして政府紙幣は財政運営上の 3 つの大きな

表 3-1　明治初期の財政収支　（1867 年 12 月～1875 年6月）

歳入	100万円	%	歳出	100万円	%
地税	232.7	57.3	各官省経費	28.6	8.0
海関税	8.4	2.1	陸海軍費	47.8	13.3
各種税	17.2	4.2	各地方諸費	38.7	10.8
官工収入	6.7	1.7	在外公館費	1.3	0.4
通常貸金返納	2.5	0.6	国債元利償還	8.7	2.4
官有物所属収入	6.3	1.6	諸禄および扶助金	95.2	26.5
通常雑入	8.7	2.1	営繕堤防費	12.1	3.3
通常歳入合計	282.8	(69.6)	恩賞賑恤救貸費	5.0	1.4
紙幣発行	73.3	18.1	通常雑出	5.0	1.4
借入金	21.2	5.2	通常歳出合計	242.8	(67.5)
臨時貸金返納	16.5	4.1	征討諸費	12.9	3.6
旧幕および旧藩所有金其外公納	9.0	2.2	旧幕，旧藩に属する諸費	14.9	4.2
臨時収入	3.2	0.8	官工諸費	28.3	7.9
例外歳入合計	123.4	(30.4)	御東幸官吏洋行勧業其他諸費	7.8	2.2
			臨時貸金	31.3	8.7
			借入金返償および還禄賜金	18.0	5.0
			臨時雑出	3.1	0.9
			例外歳出合計	116.6	(32.5)
歳入総計	406.3	100.0	歳出総計	359.4	100.0
			残	46.9	

注：『近現代日本経済史要覧（補訂版）』52 ページ，原資料は『明治前期財政経済史料集成』第4巻，万円位以下切捨．

問題点であった．明治政府は，地租改正によって歳入の基礎をかため，秩禄処分によって歳出の重荷を取り除き，財政の安定をはかったうえで，紙幣整理を実行することになる．

旧貢租継承の問題点

政府が旧幕府・藩から継承した貢租は，本年貢である本途（ほんと）物成（ものなり）と，雑年貢である小物成などで，その内容は複雑をきわめていた．貢租の種類と賦課量は，領国ごとにばらばらであったから，廃藩置県で統一国家のかたちができたとはいえ，国民の税負担の公平にはほど遠い状態にあった．また，田租は米納が原則であり，畑租や雑年貢のなかにも物納のかたちをとるものがあったから，政府は，現物貢租を売却しなければならなかった．現物納の場合には，運搬費・保管費・売却経費がかかり，徴税コストは高くなる．さらに，米価等の変動によって，現物貢租の貨幣表示の歳入額は変動せざるをえないから，予算編成が技術的に困難になる．また，田畑年貢は，不作年の減免慣行があったので，この点からも，予算編成は制約された．年貢賦課の不満からの農民一揆はあとをたたなかったから，政府は，国民統合の面からも，財政確立の面からも，旧貢租の改革をせまられた．

貢租改革の諸案

地租の改革については，早い時期から，各種の意見が出されていた．1869年には，のちに地租改正の担当者となる陸奥宗光（当時摂津県知事）が，土地の等級を定めて，金納の地租を賦課する建白書を提出した．同じ年に，制度寮の官吏で学者でもあった神田孝平は，土地の売買を許可し，売買価格を記した沽券（こけん）（地券）を作成し，その沽券価格に金納地税を賦課するという案を公議所（1869年開会の立法機関，神田は公議所議員であった）に提案した．陸奥と神田の2人は，その後も，政府に改租案を建議し，地租改正の方針決定に大きな影響を与えた．陸奥・神田の提案は，農民的土地所有のみを念頭に置いて地租の課税方法を検討したものであったが，全く異なった発想の提案もあった．

旧高知藩士南部彦蔵の建議で立案された分一税（ぶいちぜい）法案（1873年）は，土地所有権を，領主取分（年貢）に対応する公有部分と農民取分（作徳）に対応する私有部分との2種に分け，旧貢租を存続させながら，漸次その徴収権，つまり，公有部分の土地所有権を民間に売渡し，2種の所有権のそれぞれに対して収益（作徳または年貢）の4%の地税を賦課するという内容であった．農民は，まず，旧貢租を負担するうえに，私有部分の土地所有権者として，収益（作徳）の4%分を地税として上納する．その農民が，政府から公有部分の土地所有権を購入すれば，旧貢租負担はなくなり，私有部分の収益の4%分と公有部分の収益（旧貢租分）の4%分とを納入する完全な土地所有権者になるわけである．旧領主・家臣団の家禄を，公有部分の土地所有権の譲渡のかたちで処理すれば，旧領主層は，領主的土地所有権を実体的な権利として保ちつづけられる仕組みになっている．領主的利害を代表する地租改革提案であった．

壬申地券の発行

政府は，家禄と土地所有権を切り離す方向で，地租改正を実施した．第1段階は，1872年2月の太政官布告にはじまる市街地地券の発行であった．神田案を東京府などの市街地に適用して，売買地価を表示した地券を土地所有者に交付し，地価の100分の2（当初）の地租を賦課した．同年4月には「地所売買譲渡地券渡方規則」が公布され，郡村部の土地にも地券を交付することとなった．ただし，郡村地券は，土地所有権確認証書であったが，市街地地券と異なって，記載地価は課税基準とならず地税は旧貢租のままであった．郡村地券交付は，全面的な地租改正に備えて土地価格を確認する準備措置という性格のものであった．この地券（壬申地券と呼ばれる）の交付は，一部の府県をのぞいて，急速には進まなかった．とくに，土地価格の確認は難問で，旧貢租を前提とする売買価格では，貢租率の差異によって，同一条件の土地でも価格が異なるという不均衡が避けられなかった．

地租改正条例

はじめは，地券交付完了をまって地租率等を決定するつもりでいた政府は，地券発行が難航する状況を見て，急遽，地租改正をいそぐことにし，1873 年に地方官会同（知事など地方長官・次官と大蔵省官僚の会議）を開いて原案を策定し，同年 7 月に地租改正条例を布告した．地租改正の基本的内容は，⑴土地調査をおこなって 1 筆ごとの地価を決定する，⑵土地所有権者を確定して地券を交付する，⑶地価の 3% を地租として土地所有者から貨幣で収納するという 3 点であった．地租改正事業は，1873 年から開始され 1881 年に全国的に完了するまで，8 年をついやす大事業となった．

地租改正事業の実施

改正事業は，まず，村・字の境界を確定し，土地 1 筆ごとの面積測量をおこなう土地調査から着手された．土地調査は，農民の協力を得て順調に進んだが，問題は，次の地価決定であった．地価決定方法の基本線として地方官に示されたのは，表 3-2 のような計算例であった．第 1 則は自作地，第 2 則は小作地について，土地収益の資本還元計算方式で地価を算定するわけである．自作地の種肥代（労賃以外の生産費）15% は低率すぎるし，利率も当時の貸借利子率と比較すると格段に低いのは，地価が低く評価されることを政府がきらったためであろう．そもそも，政府は，旧貢租と同水準の地租を収納する目標をたてていたので，地租率を 3% と決定した以上，全国地価総額が所定規模に達するよう各地地価を操作する必要があった．

地価算定の出発点になる収穫額の決定には，1 筆ごとの実収の確認は困難なので，地位等級制度（府県内の各郡・村を土地生産力基準で位づけし，村内の土地を 10 等級ほどに等級分けし，等級ごとの平均収穫量を決めて各筆の収穫を決定する制度）が採用された．その際，府県の平均収穫量を政府が内示することで，全体の地価額を政府の期待する額に引き上げることがはかられた．高

表 3-2　地価の計算式（田 1 反歩）

第1則（自作地）	地価＝（収穫−種籾・肥代−地租−村入費）÷利率 (40.8円) (4.8円) (0.72円) (1.224円) (0.408円) (0.06) 〔仮定数値〕収穫米：1.6 石，米価：1 石＝3 円，利率 6％ 〔確定数値〕種籾・肥代：収穫の 15%，地租：地価の 3％，村入費：地租の 1/3
第2則（小作地）	地価＝（小作料−地租−村入費）÷利率 (40.8円) (3.264円) (1.224円) (0.408円) (0.04) 〔仮定数値〕小作米：1.088 石，米価：1 石＝3 円，利率：4％ 〔確定数値〕地租：地価の 3％，村入費：地租の 1/3

注：「地方官心得」（1873 年 7 月 28 日，地方官宛大蔵省達）第 12 章検査例による（『明治前期財政経済史料集成』第 7 巻所収）．自作地に高い利率を適用するのは自作の労働費を考慮したためと説明されている．利率は，自作地 7％，小作地 5％が上限と定められている．

い地価，つまり高い地租の押し付けに，農民は強く反発し，農民一揆が激発した．不平士族の叛乱にも手を焼いていた政府は，1877 年 1 月に地租を地価の 2.5% に減率する措置をとって農民の不満をしずめざるをえなかった．

所有権者の確定　所有権者の確定にも困難がともなう場合があった．永小作地や質流地については，紛議が生じたが，地主・質取主に地券が交付されるのが普通であった．山林原野については，明確な証拠（領主帳簿・証書等）がある場合は，個人有や村有と認められたが，薪炭下草採取などの入会（いりあい）慣習があっても所有権が認められず国有地に編入される場合がしばしばあった．入会地の官有は，農民の共同体的結合を弱めたし，農民の自給的経済を崩す作用を持った．

共同体関係の特殊な例として存在した割地（わりち）（地割（ちわり））制度（共有地の定期的割替・籤（くじ）替制）に対しては，すでに，1872 年の農民旧慣廃止の布告で共有地を個人所有に分割するよう指示されていたが，地租改正でもこの方針が採られ，かなりの地方で割替廃止がおこなわれた．政府の「一地一主」主義が，旧来の共同体的所有関係を崩す役割を果たしたのである．

地租改正の意義　このような内容の地租改正は，歴史的にはどのような意義を持つと評価できるであろう．第 1 は，旧貢租体系を廃止して，土地の収益権に対する前近代的規制を除去し，近代的土地所有権を確立したことである．新地租も，収益を強制的に国が徴収する点では収益権規制であるが，(1)土地所有者に課税後の収益が残ることを前提とした税率であり（表 3-2 のように自作地で地価の6％程度の税引後収益――生産費控除は不完全ではあるが――を見込む)，(2)税額は一定期間固定されている（年の豊凶によって増減しない）という2点で，旧貢租と基本的に異なっている．旧貢租は，(1)農民の経済的余剰を可能な限り多く取得することを原則とし，したがって，(2)豊凶等によって経済的余剰が増減すれば，それに応じて貢租額は変動するわけで，それがどの高さで決まるかは，その時々の領主対農民（明治維新後は徴税者対納税者）の力関係によるという性格のもので，農民の収益権は，常に不安定であった．これと対比して，新地租は，土地の収益権を安定させた点で近代的租税と見ることができるのであり，制度としては，近代的土地所有にもとづく農業経営の自立的展開を保証するものであった．初期の地租が，旧貢租と同程度の重課であった点に問題は残るが，他に財源を求めることができない初期近代国家の暫定的な措置と考えてよかろう（実行されなかったが，地租改正条例は地租を将来地価1％に引き下げることを約束していたし，長期的には農民にとっての地租負担は軽減する傾向にあった)．

第2は，納入形態が旧貢租の現物納から新地租の金納にかわったことが，農民を商品経済にまき込み，農民層分解を促進させた点である（本書56ページ参照)．入会地の官有化も同様な意味を持ったことは前に述べた．第3は，地租改正によって，近代国家の財政的基礎が確立されたことである．財政収入に大きな割合を占める地租が，安定して徴収できることになった意義は大きい．地租として政府に吸い上げられた経済的余剰は，資本制生産に不可欠な資金として使用されることになる．第4は，共同体の解体が促進されたことである．「一地一主」主義の所有権認定，入会地の処理の影響は前述の通りである．さらに，旧貢租の村請制（むらうけ）（年貢が村単位で賦課され，村の連帯責任で納入される仕組）が廃止されて，土地所有者個人が直接に地租納入義務者となったことは，村請制（行政的関係）が果たしていた，共同体（経済的関係）を強化する機能が消失したことを意味する．水田耕作にともなう水利の共同利用は，なお共同体的規制として存続するが，個々の農民経営を共同体的に規制する力は，江戸時代の村にくらべて，明治の村（部落）では，大幅に縮小されたといってよかろう．

地租改正の直接的結果とはいえないが，近代的土地所有権の確立が，貸付地

表 3-3 秩禄処分の内容（金禄公債交付基準と発行の実績）

金禄元高	公債交付額基準（年分）	公債利率（%）	公債受取人員（人, %）	公債発行総額（1000円, %）	1人当発行額(円)
1000円以上	5～7.5	5	519 (0.2)	31,414 (18.0)	60,527
100円以上	7.75～11	6	15,377 (4.9)	25,039 (14.3)	1,628
100円未満	11.5～14	7	262,317 (83.7)	108,838 (62.3)	415
売買家禄	10	10	35,304 (11.3)	9,348 (5.4)	265
	合計		313,517(100)	174,638(100)	557

注：「秩禄処分参考書」(『明治前期財政経済史料集成』第8巻所収)，『明治財政史』第8巻 436-7 ページによる．売買家禄は禄券として売買の対象となっていた家禄で鹿児島が 92% を占めている（丹羽邦男『明治維新の土地変革』232-3 ページ）．

主（寄生地主）制の展開をもたらした点も見逃せない．地主制については，後に検討することにしよう（本書 85 ページ参照）．

秩禄処分

地租改正によって，旧貢租が廃止される一方で，貢租の取得権ともいうべき旧領主・家臣の家禄についても，処分が進められた．明治政府は，1873 年 12 月に，陸海軍費充実の名目で，家禄税を新設して家禄負担の実質的削減（全体で 11% 削減見込）をはかると同時に，家禄奉還制を実施した．これは，家禄の奉還希望者に，就業資金として家禄 6 年分を現金と秩禄公債で一時に下賜する制度であった．この 2 つの措置で，家禄支給高は約 20% 減少したが，なお，政府財政に占める家禄の比重は大きかった．

政府は，1875 年 9 月に，それまで米石高で表示された家禄を，貨幣額表示の金禄（きんろく）に改めた．そして，翌 76 年 8 月に金禄公債証書発行条例を公布し，金禄の 5 年～14 年分を，金禄公債（年利 5～10%）で交付することによって，全家禄の処分をおこなった．金禄公債の交付基準と交付実績は，表 3-3 の通りである．公債交付基準は，高禄者に薄く低禄者に厚くなってはいるが，1 人平均交付金額に見られるように，実質的な上下格差は大きい．下級士族の公債額平均 415 円は年間 29 円 5 銭の利子収入しか生まず，1 日約 8 銭では，到底，生活は維持できない（当時東京の土方人足日給 24 銭）．反面，旧大名・上級公卿など華族層は，多額の金融資産の保有者に転化したわけで，その資産は，やがて，工業化のための資本として機能することになる．

明治維新の評価

近代国家の成立　これまで見てきたように，明治維新のなかで中央集権体制が確立し，江戸時代の領主支配を支えていた身分的支配の体系は解体した．地租改正と秩禄処分によって，領主的土地所有が否定され，農民的土地所有が，近代的土地所有権として確立した．また，共同体的所有関係が，私的所有権にもとづく関係に組み替えられ，共同体の解体が促進された．このような明治維新の諸変革によって，近代資本制社会が成立するための基本的な前提条件，つまり，商品経済の自由な展開に不可欠な，経済活動をおこなう人々の人格的自由（法的平等，移転・職業の自由）と経済活動そのものの自由（契約の自由と営業の自由）とが保証されたといってよかろう．この意味で，明治維新は，世界史上の市民革命（ブルジョア革命）と匹敵する歴史的役割を果たしたと評価できる．そして，明治維新によって誕生した明治国家は，基本的には，近代国家と呼ぶことができる．

絶対主義成立説　しかし，これとは異なる明治維新の評価もある．明治維新によって，絶対主義（絶対王政）が成立したという学説である．その論拠はかなり複雑であるが，主要な点は，次の通りである．⑴明治維新をもたらした要因が，西欧の市民革命と異なっている（明治維新を進めた主体がブルジョアジーでない）．⑵封建領主は，金融資産を持つ華族として新しい支配階級に転生し，権力を失わなかった（封建的領有権が国家に集中した）．⑶農民は，封建貢租と変わらぬ量の地租を負担した（国家は，租税審議権に関しては無権利状態の農民に，高率地租を押し付けた）．⑷西欧の絶対王政の社会的基盤であった寄生地主制（半封建的土地所有）の展開が制度的に保証された（耕作権・小作権にたいする所有権の優位を国家が保証した）．⑸国家主権のあり方が国民主権でなく君主主権であり，基本的人権は制約されていて，政治構造の上で，天皇を戴く藩閥官僚の専制的性格が強かった．⑹社会構造の上で，家族制度や共同体的関係が，個人の人格的自立を妨げていた．

明治維新の評価をめぐっては，昭和初期から今日にいたるまで，学者・研究者の間でさまざまな見解が提起され，議論が続けられている．1920年代末から30年代初めには「日本資本主義論争」が「講座派」と「労農派」の間で展開されたが（小山弘健・山崎隆三〔35〕），当時の日本共産党の日本革命の戦略論争との関係が深く，現代ではこの論争は継承されていない．本書は，絶対主義成立説の論拠としてあげられている諸点は，近代日本の歴史的特質を示すものではあるが，明治以降の日本が，基本的には身分制的支配を廃絶した近代国家であることを否定する論拠にはならないという立場に立っている．

4｜殖産興業と松方財政

近代的生産技術の導入

明治初期の経済状態　明治初期の日本の経済は，農業を中心とした産業構造を持っていた．就業人口の構成では，1872（明治5）年の有業者2137万人のうち，農林業就業者は72.6%を占めていたと推定されている（梅村又次推計）．生産に関する十分な統計は得られないが，1874（明治7）年の「府県物産表」の集計によると，生産物総額のうち，農産物は61%，工産物は30%，原始生産物（林・水・鉱産物）は9%であった（山口和雄〔37〕5ページ）．このような農業国的状態からスタートして，先進資本主義国に追いつくには，まず，農業生産を拡大させ，そこで発生する経済的余剰を，近代的工業生産の育成に投入することが必要である．地租改正は，土地所有権確立によって農業生産拡大に途を開き，同時に，地租を財源とする殖産興業政策の展開を可能にした点で，日本経済の近代化に不可欠の経済政策であった．

殖産興業政策　近代的工業生産の育成と，農業生産の拡大を目指す，もうひとつの政策が殖産興業政策であった．後進国日本にとって，先進国が，産業革命以降開発してきた近代的生産技術を導入し移植することが第1の課題であった．そのためには，近代的企業の発達が必要であるから，資金供給体制を確立させることが第2の課題となり，政府資金の投入，通貨・金融制度の近代化，会社制度の普及がはかられた．さらに，経済活動を担当する企業の担い手である経営者，そして，労働者の形成の促進が，第3，第4の課題となる．この4つの課題を実現するための諸政策を，殖産興業政策と呼ぶことにしよう．

表 4-1　殖産興業関係の政府資金
(1867 年 12 月〜1886 年 3 月合計額)

中央財政	常用部	経常歳出	工部省	1,540万円
			内務省	312
			農商務省	493
			開拓使	1,813
			営業資本欠額補塡	85
		臨時歳出	官営事業諸費	5,294
			開拓事業費	463
			貸付金	3,291
			勧業資本	68
			会社補助金	147
		(小　計)		13,508
	別途金	準備金		5,826
		起業基金		1,229
		中山道鉄道公債支出金		30
		勧業資本金		166
		勧業委託金		18
地方財政		府県勧業費		164
合　計				20,942

注：石塚裕道『日本資本主義成立史研究』130-1 ページによる．1000 円位 4 捨 5 入のため，小計・合計は各項集計値と不突合．

殖産興業政策に関連する財政資金支出を総括的に示すと表 4-1 のようになる．1867 年 12 月から 1886 年 3 月まで約 18 年の期間に 2 億円を超える政府資金が投入されている．このうち臨時歳出の貸付金・別途金中の準備金などは，政府資金の融資活動を示し，主として大蔵省が運用に当たった．工部省（1870 年 12 月設置）は，鉱山・鉄道・電信・製鉄など官営事業を所管し，内務省（1873 年 11 月設置）は，繊維関係官営事業と農牧業の育成事業（農作物・家畜の新品種の欧米からの導入，農具の輸入・模造のため，試験場・農園・牧場・製作所を官営し，農業共進会・集談会で篤農の技術普及をはかった）を所管した．農商務省の設立（1881 年 4 月）は，官営事業払下げなど勧業政策の転換に対応した措置で，大蔵・工部・内務 3 省の勧商勧工部門（鉄道・電信・鉱山は除く）が同省に統合された．表 4-1 のほかに，陸軍省・海軍省が軍事工業部門を持ち，独自の育成政策を展開した．

運輸・通信網の建設　運輸・通信手段の近代化は，商品流通の発展に不可欠であるとともに，軍事的にも重要な意味を持つ．明治政府は，幕府老中がアメリカ人に与えた江戸・横浜間鉄道敷設免許を否認したうえで，官営鉄道の建設方針を決定した．政府は，イギリス東洋銀行を通じて外債100万ポンド（関税収入・鉄道収益担保，9分利付，円換算約480万円）を募集し，イギリス人技師の指揮の下で，輸入資材を用いた鉄道建設を進め，1872（明治5）年10月に，新橋・横浜間鉄道を開業した．高利外債から列車運行にいたるまで，イギリスに依存した鉄道ではあったが，外国の直接投資・事業経営を排除した点は，清国などの半植民地化の経緯と対比して，高く評価すべきである．1874年5月には大阪・神戸間，77年3月には大阪・京都間が開通し，三都と開港場をつなぐ路線ができた．

電信の場合も，政府は，外国人からの電信建設申請を拒否して，官営方針を決定し，外国人技術者を傭って建設を進め，1870年1月には東京・横浜間で公衆電報取扱を開始した．その後，国内電信幹線の整備が進められた．しかし，国際電信については，1870年にデンマークの大北電信会社に長崎と横浜への海底電線陸揚げを免許したので通信主権の一部を失うこととなった．長崎と横浜間に海底線が敷設されると，国内通信主権が犯されるおそれがあり，政府は，横浜・長崎陸上線の建設を急いで1873年2月に完成させ，海底線敷設を阻止することができた．1871年3月には三都間に官営郵便が開設され，73年5月からは郵便事業は政府専掌となって，均一料金制の近代郵便制度が成立した．

鉱山・工場の官営

明治政府は，幕府や諸藩が建設した軍事工場や鉱山を引き継いで直営とした．のちの陸軍の東京・大阪砲兵工廠，海軍の横須賀海軍工廠，海軍造兵廠などが，そこからうまれた．鉱山に関しては，とくに，貨幣素材としての金・銀・銅鉱を中心に，生野・佐渡・小坂など旧幕府所管の鉱山を，外国人技術者を雇用して再開発する努力が払われた．1873（明治6）年7月には日本坑法を公布して，鉱物を政府専有とし，日本人のみに採掘を許すこととした．政府は，佐賀藩が外国商会と共同経営していた高島炭坑を1874年に官収する際に，外国商会に償金を支払って利権を回収し，外資排除方針を貫いた．

軍事工業以外の機械工業の導入も，工部省の長崎造船所（旧幕営），兵庫製作所（1872年2月買収，旧金沢藩所管），赤羽工作分局（1873年12月赤羽製作所として設置）を中心におこなわれ，前2者は船舶等，後者は各種機械・器具の製造・修理をおこなった．工部省深川工作分局（1875年5月工場竣工）

表 4-2　主要官業の払下げ

払下年月	払下物件	投下資本額	財産評価額	払下価格	払受人
		万円		万円	
1874.11	高島炭坑	＊ 39.4	—	55.0	後藤　象二郎
82. 6	広島紡績所	＊ 5.4	—	1.3	広島綿糸紡績会社
84. 1	油戸炭坑	4.9	1.7	2.8	白勢　成熙
84. 7	中小坂鉄山	8.6	2.4	2.5	坂本　弥八　他
84. 7	深川セメント	10.2	6.8	6.2	浅野　総一郎
84. 7	深川白煉化石			1.2	西村　勝三
84. 9	小坂銀山	54.7	19.2	20.0	久原　庄三郎
84.12	院内銀山	70.3	7.3	7.5	古河　市兵衛
85. 3	阿仁銅山	167.3	24.1	25.0	古河　市兵衛
85. 5	品川硝子	29.4	6.6	8.0	西村　勝三　他
86.11	愛知紡績所	5.8	—	—	篠田　直方
86.12	札幌麦酒醸造所	—	—	2.7	大倉　喜八郎
87. 6	新町紡績所	13.9	—	14.1	三　井
87. 6	長崎造船所	113.1	45.9	45.9	三　菱
87. 7	兵庫造船所	81.6	32.0	18.8	川崎　正蔵
87.12	釜石鉄山	237.7	73.3	1.3	田中　長兵衛
88. 8	三池炭鉱	75.7	44.9	455.5	三井（名義人佐々木）
89.11	幌内炭礦・鉄道	＊ 229.2	—	35.2	北海道炭礦鉄道
93. 9	富岡製糸所	＊ 31.0	—	4.3	三　井
96. 9	佐渡金山	141.9	44.5	173.0	三　菱
96. 9	生野銀山	176.1	96.7		三　菱

注：小林正彬『日本の工業化と官業払下げ』138-9 ページ，他より作成．投下資本額は，興業費と欠額補塡の合計で，＊印は払下時まで，新町紡績所は 1880 年末まで，他は 1885 年末までの合計．財産評価額は 1885 年 6 月末現在，払下価格は土地・建物・設備代のみで，この他に在庫品代がある．佐渡・生野鉱山払下価格には大阪製錬所分を含む．

ではセメント・煉瓦，工部省品川硝子（ガラス）製造所（1876 年 4 月設置）ではガラスの製造がおこなわれた．銑鉄生産も釜石鉱山（旧南部藩所管）で試みられたが，結局失敗に終わった．繊維工業では，富岡製糸場（1872 年 11 月開業），堺紡績所（旧薩摩藩所管），愛知紡績所（1881 年 12 月開業）など模範工場が設けられ，近代的技術の民間への伝播に力が注がれた．千住製絨（せいじゅう）所（1879 年 9 月開業）では，軍・警察用中心に毛織物生産がおこなわれた．

官業払下げ

政府直営の諸事業は，近代技術の移植という面で成果を挙げたとはいえ，経営の面では，官業特有の不能率も目立ち，採算上は赤字となる事業も多かった．官業が民業発達を妨げるとの批判，官営事業費負担が過重で民力を損なうとの批判が起こり，政府にとっても，財政が逼迫（ひっぱく）するとともに，官営事業が重荷となってきた．後に述べる大隈重信が主導した緊縮財政への政策転換の一環として，1880 年 11 月に「工場払下概則」が定められ，官営事業の民間への払下げが実施されることになった．「払下概則」は，工場払下げ条件をかなり厳しく規定し，財政的見地から，官業への投入資金の回収も意図されていたから，払下げはあまり進まなかった．1884年10月に「工場払下概則」が廃止され，払下げ条件が緩和されてから，払下げは急速に進んだ（表4-2参照）．政府は，軍事工業（赤羽工作分局は海軍省，千住製絨所は陸軍省に移管）と鉄道・電信などを除いて，すべての鉱山工場等を民間に払下げた．払下げ価格は，財産評価額よりやや高い場合が多いが，投下資本額にくらべれば，はるかに安く，支払方法も長期年賦が認められている（三菱が長崎造船所の払下げを受けた時には，45万9000円無利子50年賦の条件であったが，三菱はこれを年10%の利子で計算して一時払いとしたので，支払い代価は9万1017円であった）．払受人は，いわゆる政商が多く，官業払下げは，近代的企業家の誕生，政商の財閥への転化に大きな力をかすことになった．

政商とは政府・政治家との関係を利用して事業活動の基盤を築いた事業家を指すが，その範囲が明確に定義されているわけではない．

通貨金融制度の整備

新貨条例　通貨制度の統一は，商品経済の展開のための大前提であり，同時に，統一国家として対内的にも対外的にも信任を得るために必要なことであった．政府は，1871（明治4）年6月に「新貨条例」を布告して，円・銭・厘の単位を用いる新貨幣体系を採用した．1円を純金4分（1.5グラム）と定めて，金貨（5種類）を発行する金本位制であったが，貿易銀（1円銀貨，純銀24.26グラム含有）を鋳造して貿易取引では本位貨幣並みに取扱い（貿易銀100円＝本位金貨101円の公定交換比率），国内では私的取引に限って自由相場（時価）による通用を認めたので，事実上は，金銀複本位制であった（1878年5月から貿易銀の国内一般通用を許可したので，事実上は，銀本位制となった）．旧幕府発行の3貨，旧藩発行の藩札，維新政府発行の太政官札・民部省札，為替会社発行の為替会社札などは，1両＝1円の平価で新貨幣と交換されたが，新貨幣の不足を補うために紙幣（大蔵省兌換証券・開拓使兌換証券）も発行された．1872年5月から，新紙幣（9種類）が発行されて，各種旧紙幣との交換が進められ，紙幣の整理統一がはかられた．しかし，この新紙幣は，本位金貨との交換（兌換）規定を持たない不換紙幣であった．新しい通貨制度は，金本位制とはいえ，不換紙幣をともなうために，通貨価値の安定という点では不完全なものであった．

国立銀行条例 不換紙幣を兌換紙幣に切り換えるという課題と近代的銀行制度を導入するという課題の同時解決の妙案として，政府は，アメリカのナショナル・バンク制度を参考とした国立銀行制度を設けた．1872（明治5）年12月に公布された「国立銀行条例」は，次のような内容である．(1)5人以上の組合（株式会社）で一定元金（大都市は50万円以上など）以上の国立銀行（実体は私立の発券銀行）を各地に設立する，(2)元金の10分の6の政府紙幣で金札引換公債を購入して大蔵省に預託する，(3)元金の10分の4を本位貨幣で準備する，(4)預託公債と同額の通用紙幣（国立銀行券）を大蔵省から下付されて運用するが，発行額の3分の2にあたる本位貨幣を準備し，兌換請求に応ずる．この妙策は成功せず，第一（東京），第二（横浜），第四（新潟），第五（大阪）の4国立銀行が設立されたにとどまり，兌換銀行券も兌換請求が多くてあまり流通しなかった．国際的な銀価低下とともに，日本の金銀比価が銀高・金安となり，銀貨→国立銀行券→金貨という交換で利益が発生する状況が現れたためである．

国立銀行条例の改正 政府は，兌換制度の早期樹立をあきらめ，通貨供給体制の確立に目標をしぼって，1876（明治9）年8月に「国立銀行条例」改正をおこなった．新制度は，(1)資本金の10分の8を公債証書で大蔵省に預託する，(2)資本金の10分の2は政府発行通貨で準備する，(3)預託公債と同額まで紙幣を発行できるが，発行額の4分の1の政府通貨（紙幣）を準備し，引換請求に応ずる，という内容であった．この改正は，地租改正と秩禄処分に深く関係している．地租改正が進展するとともに，納税のための貨幣需要が各地で大きくなったが，貨幣の供給体制は，国立銀行の不振・旧両替商の破産（1874年末，小野組・島田組破産）などで整備が遅れた．このため，通貨不足が，米価の下落を促して，地租改正反対の農民一揆激発の一因になる状況が生じた．地租金納化に対応した通貨供給体制の整備が，緊急の課題となったわけである．一方，秩禄処分のため，総額1億7400万円を超える金禄公債

表 4-3 銀行の発達 (1876〜85 年)

年末	国立銀行		私立銀行		銀行類似会社	
	行数	資本金	行数	資本金	社数	資本金
		万円		万円		万円
1876年	5	235	1	200		
77	26	2,299	1	200		
78	95	3,360	1	200		
79	151	4,062	10	329		
80	151	4,304	39	628	120	121
81	148	4,389	90	1,045	369	590
82	143	4,421	176	1,715	438	796
83	141	4,439	207	2,049	572	1,207
84	140	4,454	214	1,942	741	1,514
85	139	4,446	218	1,876	744	1,540

注：銀行は，日本銀行『明治以降本邦主要経済統計』196-9 ページ，銀行類似会社は『日本帝国統計年鑑』各年版より．資本金は 1000 円位で 4 捨 5 入．

が発行されることとなった．金禄公債を，国立銀行の紙幣発行抵当に用いれば，資金供給を一挙に拡大させることもできるし，同時に，金禄公債の市価維持の効果も期待できることになる．

「国立銀行条例」の改正は，金禄公債を貨幣に転化させて地租改正の成果を安定させる妙策であった．2 度目の妙策は，とりあえず成功し，金禄公債の売買・抵当入が解禁された 1878 年以降，国立銀行設立申請が続出した（表 4-3 参照)．そして，79 年 11 月に，京都第百五十三国立銀行の設立が認可されたところで，153 行の資本金合計が，予定の 4000 万円を超えたので，認可は打切られた．

私立銀行

国立銀行以外の金融企業は，銀行類似会社と呼ばれていたが，各地で年々増加していた（表 4-3 参照)．1876（明治 9）年 7 月には，三井銀行が，「私立銀行」（紙幣発行権を持たない銀行）としてはじめての許可を得て開業した．国立銀行の設立認可打切り後，私立銀行の数は急速に増加した（表 4-3 参照)．1880 年 2 月には，横浜正金（しょうきん）銀行が，特殊銀行（資本金 300 万円中 100 万円政府出資）として設立され，当初は正金（銀貨）需給調節，次いで貿易金融を目的に活動を開始した．

金融機関の整備は進められたが，通貨・金融制度の確立には，政府紙幣の整理と中央銀行の設立が必要であり，財政経済政策の大転換のなかで，それが実現される．

大隈財政と松方財政

インフレーションの発生　1877（明治10）年に西南戦争で士族の叛乱を最終的に鎮圧し，明治政府は，政治的国内統一を完成させたが，戦費支出は，新しい経済問題を発生させた．戦費は，第十五国立銀行（資本金1782万円，華族出資による当時最大の銀行）からの借入金1500万円と政府紙幣2700万円の発行でまかなわれた．これに，国立銀行設立ブームが加わったから，紙幣流通量は急増した（表4-4(1)(2)欄参照）．財政担当者大隈重信（1873年10月～80年2月まで大蔵卿，その後も81年10月まで参議として政策決定の主導権を持った）は，一方では，政府紙幣の漸減をはかったが，他方では，1878年に起業公債1250万円を起債して，殖産興業資金の供給を拡大させた．戦費支出・国立銀行増設・大隈の積極政策の3要因は，1878年頃から激しい物価騰貴を惹きおこした（表4-4(4)(5)欄参照）．紙幣価値は下落して，銀貨との間に大きな打歩（うちぶ）（価格差）が発生した（表4-4(3)欄参照）．

大隈は，1879年に入って政府紙幣消却額を増加させたが（1878年度の消却額約717万円），彼の現状認識は，紙幣価値下落は紙幣過剰のためではなく，輸入超過による銀貨不足によって生じたというものであった．そこで，短期的には，政府所有銀貨の市中売却，洋銀取引所・横浜正金銀行設立で銀貨騰貴を抑制し，長期的には，殖産興業政策・直（じき）輸出（外商の手を経ないで日本商社が直接おこなう輸出）奨励政策によって輸入防遏（ぼうあつ）・輸出促進をはかる政策が採用された．

大隈財政の転換　インフレーションの進行は，政府歳入の実質的削減をもたらした．大隈は，1880（明治13）年5月に，5000万円の外債を発行し，政府所有の1750万円の正貨とあわせた原資6750万円で，政府紙幣7800万円（銀1円＝紙幣1.155円の計算）を一挙に整理する案を政府に建議した．この建議は否決されたので，大隈も，政策転換を，はからざるをえなくなった．1880年9月に，大隈は，伊藤博文と連携して「財政更革ノ議」を提案し，政府内の合意を得た．新政策は，酒税等の増徴，地方税の増徴（地方費国庫負担削減），官業の払下げ，行政費（各省経費）の削減等によって財政余

表 4-4　紙幣整理と物価・金利　(1876〜86 年)

年	紙幣年末現在高		銀貨1円に対する紙幣の年平均相場 (3)	物価指数		金　利 (6)
	政府紙幣 (1)	国立銀行券 (2)		農 産 物 (4)	工業製品 (5)	
	万円	万円	円			銭
1876	10,515	174	0.989	87.3	97.9	3.29
77	10,580	1,335	1.033	94.0	99.2	2.74
78	13,942	2,628	1.099	105.2	107.8	2.85
79	13,031	3,405	1.212	139.4	120.7	3.33
80	12,494	3,443	1,477	166.7	145.2	3.59
81	11,891	3,440	1.696	177.0	175.7	3.84
82	10,937	3,439	1.571	147.8	159.3	2.77
83	9,800	3,428	1.264	110.0	126.0	2.08
84	9,338	3,102	1.089	95.4	112.6	2.99
85	8,835	3,016	1.055	111.8	108.6	3.12
86	6,780	2,950	1.000	102.7	105.4	2.49

注：(1), (2)欄は日本銀行『明治以降本邦主要経済統計』166 ページ, (3)欄は日本銀行『日本金融史資料・明治大正編』第 16 巻, 120 ページ, (4), (5)欄の, 農産物は 1874〜76＝100, 工業製品は 1874＝100 とする指数で大川一司他『長期経済統計 8　物価』165, 195 ページ, (6)欄は, 東京の貸付金の日歩（年中平均）で後藤新一『日本の金融統計』273 ページによる. 1885 年から日本銀行兌換券の発行が開始された. 年末現在高は 1885 年 365 万円, 1886 年 3903 万円. 紙幣現在高は 1000 円位で 4 捨 5 入.

剰をつくりだし，それを政府紙幣の消却に充当しようという内容であった．新政策は，1880 年秋から実行に移された．しかし，大隈は，1881 年 7 月に，伊藤と連名で，内国債 5000 万円発行案（外国人にも応募を許可）を建議し，紙幣整理と中央銀行設立の新しい政策を提起した．この紙幣整理公債発行の新方針を，政府は採用することに決定したが，81 年 10 月の政変で，大隈は参議を罷免され，財政担当者は，松方正義にかわった．

松方財政

1881（明治 14）年 10 月に大蔵卿に就任した松方正義は，内国債発行案を否定し，緊縮政策による紙幣整理を強力に推進させた．松方の政策構想は，紙幣価値の下落は不換紙幣の過剰発行にあるとの現状認識を前提に，一方で政府紙幣の消却をすすめ，他方で準備金の運用で正貨の蓄積をすすめ，紙幣価値が回復したところで，中央銀行が兌換銀行券を発行するというものであった．松方は，大隈財政が残した 1881 年度予算を執行して，財政余剰 1083 万円のうち，700 万円を直接に紙幣消却に充当し，383 万円を準備金に繰入れた．1882 年度以降は，各庁経費 3 カ年据置の厳しい方針をたてたが，不況にともなう酒税等の減少と壬午事変（1882 年 7 月の朝鮮の軍事政変）発生にともなう軍事費膨張等で財政収支は悪化した．松方は，売薬印紙税・醤油税・菓子税等の新設と酒税・煙草税の増徴を実施して85年度までの4年間に，2927万円の財政余剰を捻出した．このうち，664万円を直接に紙幣消却にあて，残りは準備金に繰入れた．この間に，財政運営の制度の改正を実行することによって，国庫金不足を埋めるために用いられていた予備紙幣（松方大蔵卿就任時で1450万円）を1883年1月までに全額回収した．

一方，準備金中の紙幣を，横浜正金銀行に輸出荷為替（にがわせ）資金として貸与し，輸出代金が正貨で回収された時に正貨で返却される方式によって，政府の正貨所有を増やした．1881年10月から85年12月までに，政府の正貨所有額は，3359万円増加して4227万円に達した．

松方財政については，銀円表示の財政支出が拡大基調にあったことから「緊縮財政」ではなく「赤字財政」であったという新評価が提起されている（室山義正〔36〕）．流通通貨は紙幣であったから紙円表示による財政規模から「緊縮財政」とみて良かろうが，軍事費・鉄道費・海運助成費などの新規支出を認める予算執行をおこなっている松方は過剰な緊縮効果を避ける財政運営をおこなったとも評価できよう（三和良一〔16〕）．

日本銀行の設立

松方は，大蔵卿就任直後から，中央銀行設立計画の立案に着手し，1882（明治15）年3月には「日本銀行創立ノ議」を政府に建議した．金融の全国的平準化，国立銀行等の資力拡張，金利の引下げ，財政と金融の調整，国際金融の調整の5つの目標をかかげて，日本銀行の創立の必要性が説かれた．82年6月に，「日本銀行条例」が公布され，同年10月に，日本銀行が開業した．1883年5月には，「国立銀行条例」が改正され，営業期限（20年）満了後の私立銀行への改組と国立銀行券の消却方法が定められた．そして，紙幣価値の回復をまって（表4-4(3)欄参照），1884年5月には，「兌換銀行券条例」が公布され，翌85年5月から，兌換銀行券（日本銀行兌換銀券）の発行が開始された．1886年1月からは政府紙幣の銀貨兌換も開始された．こうして日本銀行を発券中央銀行とする体制がととのえられ銀本位制による近代的通貨・金融制度が樹立されたのである．

1888年の「兌換銀行券条例」改正で，日本銀行券は保証発行屈伸制限制（正貨準備発行，公債などの資産を保証とした保証準備発行，制限外発行）となり，保証準備発行の限度額は当初7000万円で，その後拡張が重ねられた．

表 4-5　土地売買・抵当化の動向

	1883	1884	1885
耕地売買率	% 3.8	% 5.0	% 5.2
年間地所書質入率	11.2	11.6	10.8
年末現在地所書質入率	13.3	18.4	19.0
地価100円当り売買価格	円 110.68	円 99.53	円 90.55

注：1883年は23府県，'84年は38府県，'85年は33府県についての数値，書質入率は，各府県民有地総地価に対する書質入地価の割合．古島敏雄『資本制生産の発展と地主制』500ページより，原資料は『第6次統計年鑑』．

デフレーションと農民　大隈財政期のインフレーション対策の効果は，1881（明治14）年中に現れてきた．紙幣価値は，81年4月をピーク（銀1円＝1.795円）に下げ止まり傾向を示し，米価（深川正米相場）も1880年12月をピーク（1石＝12.5円）に下落しはじめた．松方財政の展開は，景気の転換に追い打ちをかけることになり，激しいデフレーションが進行した．物価は急落し，金利も低下した（表4-4 (4)(5)(6)欄参照）．

インフレーションの時代には，農民は，生産物が高値で売れて所得が拡大する一方，地租公課は固定額であるから，可処分所得が増大し，経済的余剰を，消費の拡大にも農業投資の拡大にも用いることができた．この時期に，農村に，輸入繊維品の使用が普及し，農民の米食への移行（雑穀食から）が進んだことは，当時の文書でしばしば指摘されている．反面で，定額利子を受け取る金禄公債所有者の下層部分は，生活が一層困難になって，公債証書を売却する者が増え，士族の無産者化が進んだ．

デフレーションの進行は状況を逆転させた．農産物価格が下落する一方，地方税・間接税は増徴され，定額地租の重圧が加わって，農民の経営は急速に悪化した．負債の累積，地租滞納などで，所有地を売却する農民が続出した．全国数値は得られないが，判明する限りでは，1883年の耕地売買率（耕地地価合計額に対する売買耕地地価額の割合）は3.8%であり，それは，85年には5.2%まで増加している（表4-5参照）．土地の書入（抵当に入れるが土地管理は借主が続ける借入）・質入（抵当に取った貸主が土地を管理する借入）の年末現在率も，85年には19%と高い数値を示し，抵当流れによる土地移動も多かったことを予想させる．法定地価に対して売買地価は急速に下落した（表4-5参照）．農家戸数は，1880年の550万戸から1885年に548万戸，1890年に545万戸に減少したと推定されており（大川一司他〔11〕3，238ページ），離村する農民も多かった．しかし，近代工業は未発達であり，鉱工業の労働力需要はまだ大きくなかったから，土地喪失農民は，小作農化する場合が多かったと思われる．小作地率は，1883・84年に35.9％と推計されているが（山口和雄〔37〕48ページ），1887年には39.5％，1892年には40.2％（『帝国統計年鑑』）に増加している．

原始的蓄積の進展 大隈財政と松方財政は，地租金納化によって商品経済と接触せざるをえなくなった農民を，インフレーションとデフレーションの激しい経済変動の渦にまき込むことによって，農民層分解を急速に進行させる作用を及ぼし，農民を土地から切り離して，資本制生産に不可欠な賃金労働者の供給源をつくり出した．江戸時代から進みはじめて，開港とともに加速化された「原始的蓄積」は，地租改正以降の経済政策によって，さらに進展したわけである．

「原始的蓄積」のもうひとつの面，つまり，資金の蓄積に関しても，銀行制度が創出され，日本銀行を中心とした金融機構が整備されたことによって，ひとまず，必要条件はみたされた．政府が，地租を主たる財源として，直接官営や勧業資金貸付による近代産業の移植と在来産業の育成をおこなう時代は過ぎて，民間の手による近代産業の展開，在来産業の発展がおこなわれる時代が訪れることになる．

5 | 近代産業の発達(1)——軽工業——

日本の産業革命

企業勃興

松方財政下のデフレーション期に，物価は低値に安定し，低い賃金で労働力を提供する労働者群が形成され，さらに，低い利子率による資金供給体制がととのえられた．一方，国際的な銀価下落（各国の金本位制への移行と銀生産量の急増によって，金銀比価は，1880年の金1＝銀18から89年には金1＝銀22となる）によって輸出は拡大し，とくに，1886（明治19）年からの伸びは著しかった．輸出に主導されたかたちで，1887年頃から景気は回復に転じ，88年頃からは設備投資が急増し，いわゆる「企業勃興」の時期が訪れた．全国の会社資本金（未払込分を含む公称資本金）は，1886年から88年に約2.3倍，さらに88年から90年に約1.9倍と急拡張している（表5-1参照）．拡張の主軸は工業と運輸業で，なかでも，紡績業と鉄道業が，「企業勃興」の主導産業であった．

1890年恐慌

「企業勃興」ブームは，1890（明治23）年恐慌で中断された．1889年後半期から資金需給が逼迫（ひっぱく）し金利が急上昇しはじめ，1890年1月から株価が暴落し，恐慌状態が発生した．「企業勃興」期の企業設立は，明治初年からその導入奨励が続けられてきた「株式会社制度」を利用する場合が多かった．当時の「株式会社」は，設立時に株式の一部払込で発足し，年を追って未払込分の追加払込をおこなう資本調達方式をとっていた（たとえば，1889年設立の摂津紡績会社は公称資本金120万円で株式2万4000株を発行し，初年度に50円株1株につき17円50銭の払込，その後2年以内に残り32円50銭の払込の予定であった）．設立時払込が少額なので，会社設立は容

表 5-1　会社企業の発達

（公称資本金額，1885〜90 年）

年	農　業	工　業	商　業	運輸業	合　計
	万円	万円	万円	万円	万円
1885	145	777	1,585	2,558	5,066
86	105	1,473	994	2,477	5,049
87	292	2,001	1,924	2,568	6,786
88	596	3,903	2,141	5,127	11,767
89	812	7,020	3,544	6,986	18,362
90	823	7,753	3,609	10,363	22,548
91	631	7,023	2,812	9,486	19,959

注：日本銀行『明治以降本邦主要経済統計』324-5 ページより作成．工業には鉱山業，商業には銀行類似会社も含まれる．銀行業は本表には含まれていない．1000 円位で 4 捨 5 入．

易であるが，株主にとって，追加払込資金の調達は必ずしも容易ではない．企業設立ブームが起こってほどなく，追加払込のための資金需要が急増した．株主は，一部払込の株式を担保に，銀行から資金を借入れて，追加払込に応じる場合が多かった．銀行は，株主融資を通じて，企業の設備投資資金を供給し，産業金融をおこなったのである．しかし，1889 年末で約 6600 万円の未払込分があったと推計されたが（東京商工会＝東京商業会議所の前身の調査），同年の銀行（国立・私立）の払込資本金及び預金合計は 1 億 2600 万円程度であり，未払込分の資金需要に対して資金供給力は過少であった．工場・線路の建設が進むにつれて追加払込資金需要は増加し，金融市場は逼迫した．追加払込が順調に進まない場合が続出した（たとえば，前の摂津紡績会社は第 4 回までの払込で，ようやく 1 株 10 円払込済になったにすぎなかった）．株式投機ブームは金利高騰のなかで崩壊した．

金利高騰は，米穀の凶作によっても促進された．1889 年産米は約 3300 万石（495 万トン）で，前 3 年（1886〜88 年）平均の約 30% 減であり，この凶作は，米価騰貴を惹き起こし，(1)米穀投機を盛んにして投機決済資金需要を増大させ，(2)米穀輸入超過をもたらして貿易決済資金需要を増大させることによって金融市場を圧迫した．さらに，凶作による農家所得の減少と米価騰貴による主食費負担増が国内消費財市場の急激な縮小をもたらし，企業勃興期に拡大した消費財供給力は，はやくも過剰化し，「過剰生産」状態が発生したのである．紡績業界は，25 日間の短期ではあったが，最初の操業短縮を実施した．アメリカのシャーマン購銀法制定（1890 年 6 月）による一時的な銀価騰貴と 1890 年後半期の世界恐慌発生は，日本からの輸出を激減させて，90 年恐慌の打撃を深くした（三和良一〔15〕第2章参照）.

日本銀行は，銀行界の要請にこたえて，1890年5月から，担保品付手形割引制度を設けて，株式（主として鉄道株）を担保とする手形割引による資金供給を開始し，金融逼迫を緩和させる措置をとった．1890年恐慌を機会に，日本銀行が，民間銀行による産業金融をバックアップする体制が整えられたことになる．

「企業勃興」から1890年恐慌にいたる日本経済の動きは，日本において資本制生産の本格的な発達が開始されたことを示している．日本における「産業革命」の時代，あるいは，産業資本確立の時代がはじまったのである．

日本の産業革命　イギリスの産業革命に約100年遅れて近代化を開始した日本の場合には，世界史上の技術発達過程をくりかえす必要はなく，最先端技術の導入による後発国型産業革命が可能であった．しかし，後発国であることは，先進国製品の輸入圧力の下で工業化を進めねばならないことを意味したから，産業革命には，特殊な歪が生ずる．イギリスの場合のように，軽工業と重工業，あるいは，消費財生産と生産財生産の各部門で，連鎖的，並行的に，機械技術体系を備えた生産方式（機械制工業，工場制工業）の普及が進むことは，日本においては出現しなかった．

そこで，日本の産業革命（日本における資本制社会の確立）のとらえ方をめぐっては，諸説が提起され，議論が多い．衣料生産（綿工業）を中心とした工場制工業の確立が資本主義の確立をもたらすという見解（大内力〔40〕第6章），生産手段生産部門と消費資料生産部門の2部門における資本制生産の発達（または発達の見透しの確立）を資本主義確立の要件とする見解（山田盛太郎〔41〕32–3ページ）が代表的である．

本書では，次のような考え方を提起したい．まず，綿工業における機械制工業の発達は，自給的衣料生産を解体させて農民を商品経済に巻き込む点で，第1に必要な条件である．開港以来，輸入綿製品が果たしてきた役割を，国内産の機械製綿製品が，一層徹底的に遂行するわけである．綿製品国産化は，経済的半植民地化を回避するための第1条件としても重要である．次に，諸産業における機械制工業の創設と維持に不可欠な，機械・装置類とエネルギー源（石炭）の供給が確保されることが，第2の必要条件である．石炭業の近代化は急速に進められ輸出産業になるほど発達したが，機械類を供給すべき重工業部門の発達は，国際競争圧力が強かったために，容易ではなかった．しかし，後進国の場合，鉄鋼・機械類の供給を，輸入に頼る途がある．そこで生産財を輸入する能力の確立，つまり，外貨（正貨）獲得力のある輸出産業の確立によって，とりあえず，第2の必要条件は充たされると考えよう．製糸業・綿業の輸出産業としての確立がその主な内容となる．機械ばかりでなく原綿輸入も必要な綿業は，厳密な意味では外貨獲得産業（関連品の輸出入収支が黒字になる産業）にはならないが，綿製品輸出は，外貨節約効果を持った．とはいえ，重化学工業製品のすべてを輸入に頼るわけにはいかない．特に，19世紀末・20世紀初という帝国主義的国際対立が激化する時代状況を考慮すると，近代国家としての自立の条件として，軍備は不可欠であり，軍需品の自給体制の確立が必要であった．そこで，第3の条件は，軍需工業の確立（鉄鋼業のある程度の発達も含む）ということになる．この3つの必要条件が充たされたところで，日本の産業革命は完成し，資本制社会が確立したと見ることにしたい．3条件がすべて充たされる時期（つまり，綿工業が国内市場を制覇してさらに輸出産業化し，製糸業が安定した国際競争力を備え，石炭業・軍需工業が近代技術を基礎に生産体制を確立させた時期）は，以下の諸産業の概観からして，日露戦争後の1900年代後半と考えられる．

綿業と絹業

近代紡績業の導入

薩摩藩営鹿児島紡績所（1867〈慶応3〉年設立）にはじまる近代機械紡績業の導入は，輸入綿糸布の圧力で，順調には進まなかった．明治政府は，模範工場建設，機械の年賦払下げや資金貸付などの奨励策をとり，1880（明治13）年代前半に，2000錘（すい）規模（精紡機の紡錘（スピンドル）の数で紡績工場の規模を表す）の紡績工場が18カ所に誕生した．しかし，2000錘紡績は，(1)規模が過小であり，(2)水車を動力源としたが，日本河川の流水量変動の激しさのため安定操業が難しく，(3)綿作地で水力利用可能地を立地に選んだために，労働力調達・製品販売面に不利が生じ，(4)機械操作の技術者が不足であり，(5)資金調達力も弱かったなどの理由から，経営は不振におちいる場合が多かった．

近代紡績業の確立

1883（明治 16）年に開業した大阪紡績会社は 1 万 500 錘規模の大型工場で，開業第 1 期から利益を計上し，好成績を続けて，86 年には 3 万 1320 錘に規模を拡大させた．大阪紡績会社の成功は，まず，(1)規模が大きく（当時イングランドの紡績工場平均規模は 1 万 5000 錘程度，中心地オールダムのそれは 6 万 5000 錘程度で，大阪紡績発足時の規模は，国際競争に耐えうる限界規模といえる），(2)蒸気機関使用によって安定操業が可能であり，(3)立地が製品市場，労働力市場に隣接し，(4)イギリスで紡績技術を修得した技術指導者（山辺丈夫）を配し，(5)華族株主など有力株主による強力な資金調達力を備えたことなど，2000 錘紡績の欠点をすべて克服したところに原因があった．さらに，(6)昼夜連続操業によって資本回転率を高め，(7)輸入中国綿花使用によって原綿コストを低下させたことも，利潤率を高めた．

大阪紡績会社の成功は，大規模紡績会社の設立ブームを惹き起こし，「企業勃興」の一因となった．紡績会社数・紡錘数は，1888 年から急速に増加し，綿糸生産量は，1890 年あるいは 1891 年には，綿糸輸入量を超えた（表 5-2 参照）．近代紡績業は，一方で，国内に残る手紡糸や国産技術で急成長したガラ紡糸（臥雲辰致が発明したガラ紡機による太糸）との競争に，他方で輸入糸のうちインド糸（16〜24 番手の中糸）との競争に打ち勝って，国内市場の制覇にひとまず成功したのである（イギリス産の高級細糸輸入は残る）．

紡績業の輸出産業化

1890（明治 23）年恐慌の時に，紡績連合会の提唱で開始された綿糸の中国市場向け輸出は，インド糸との競争力が弱く，伸び悩んだ．競争力強化のために，綿糸輸出税と綿花輸入税の撤廃，綿花輸入運賃の軽減が望まれた．1893 年 11 月の日本郵船会社によるボンベイ航路開設は，郵船・紡績会社・綿花輸入商社 3 者の協力によって実現したものであり，約 20% のインド綿花運賃低減をもたらした．1894 年 7 月には，綿糸輸出税廃止が実施され，輸出価格の 5% の関税負担がなくなった．綿花輸入税（繰綿 100 斤当り 39.8 銭の従量税，1895 年輸入平均価格に対して約 2.3%）は，政府歳入上やや多額であったのと綿作農民の廃止反対が強かったために，おくれて 1896 年 4 月になって廃止された．

このような輸出価格低減措置によって，日本綿糸の競争力は強化され，日清

表 5-2　綿紡績業の発達 (1883〜99 年)

年次	会社数	錘　数	綿糸				原綿消費量	構成比			
			生産量A	生産量B	輸入量	輸出量		外国綿	中国綿	インド綿	米国綿
		万錘	1000トン	1000トン	1000トン	1000トン	1000トン	%	%	%	%
1883	16	4.4	2.1		14.8						
84	19	5.0	2.4		12.7						
85	22	6.0	2.9		12.8						
86	22	7.2	2.8	2.9	14.8						
87	21	7.7	4.2	4.5	20.0		4.7	45			
88	24	11.6	5.7	6.0	28.5		6.5	46			
89	28	21.5	12.1	12.6	25.7		15.5	75	68	7	0
1890	30	27.8	18.9	19.5	19.1	0.006	24.5	86	63	19	4
91	36	35.4	26.1	28.8	10.4	0.02	32.0	86	40	39	8
92	39	38.5	36.9	38.4	14.6	0.02	41.2	92	30	48	12
93	40	38.2	38.7	40.0	11.6	0.2	48.3	97	46	38	8
94	45	53.0	52.6	54.8	9.6	2.1	67.3	98	51	35	8
95	47	58.1	66.0	69.0	8.8	2.1	82.7	99	45	40	10
96	61	75.7	72.3	77.2	12.0	7.8	93.3	99	27	58	11
97	65	97.1	92.0	98.0	9.7	25.2	116.3	100	17	63	17
98	74	115.0	116.0	120.6	9.6	41.3	145.1	100	8	57	31
99	78	119.0	136.3	141.4	4.9	61.4	167.8	100	4	64	30

注：会社数・錘数は『内外綿業年鑑（昭和 15 年版）』29 ページ，綿糸生産量Aは『日本経済統計総観』1213 ページ，生産量Bは高村直助『日本紡績業史序説』(上) 146，183 ページ．輸入量・輸出量は『日本貿易精覧』50, 230 ページ，原綿消費量・構成比（消費量合計を 100 とする構成比）は高村同書 129, 191 ページより作成．
1 梱＝0.18 トン　1 ピクル＝100 斤＝0.06 トンで換算．

戦争後，輸出量は急速に拡大し，1897 年には，輸入量を凌駕するにいたった（表 5-2 参照）．綿糸紡績業は，輸出産業に成長したのである．日本紡績業の国際競争力の強さをもたらした要因としては，(1)精紡機について，早くからミュール機（糸の撚りかけと巻取りを 2 作動でおこなう仕上げ機）をリング機（糸の撚りかけと巻取りを同時におこなうアメリカで開発された仕上げ機）に転換し，高い労働生産性を実現したこと，(2)賃金の安い若年女子労働者を使用したこと(リング機採用が男子労働者削減を可能にした)，(3)日本独特の深夜業を実施したこと（女子労働者を寄宿舎に住ませて，昼夜 2 交替制で酷使した），(4)各種の外国綿花を使用し（表 5-2 参照，国内市場制覇段階では中国綿とインド綿，輸出産業化段階ではインド綿と米国綿が主力），独自の混綿技術（各種綿花を混合して最低コストで一定品質の綿糸を生産する技術）を開発したこと，(5)国際的な銀価格の下落（金銀比価は，1890 年で金 1 対銀 20，97 年で金 1 対銀 34）が，金本位国の綿製品の価格を相対的に上昇させたこと（日本は，1897

年9月まで銀本位国）などが挙げられている．また，金融・流通面における国家的バックアップの存在を重視するべきことも指摘されている（高村直助〔21〕下40-5ページ）．

近代的製糸技術の導入　明治維新で封建的な諸規制が撤廃された後も，製糸業は急速に発達したわけではなかった．蚕種（蚕の卵）の品質悪化（優良蚕種の輸出ブームが1865年から約10年間続いたため）による原料繭の品質低下と輸出向生糸の粗製濫造が，日本生糸の国際評価を低くしたうえに，生産資金供給体制が不備であったことが，製糸業の発達を阻げた．政府は，蚕種規制策を講ずるとともに，近代的製糸技術の導入を奨励した．1870（明治3）年に前橋藩が，翌71年に小野組が，それぞれイタリア式技術の製糸場を開設した．1872年11月には，官営模範工場である富岡製糸場がフランス式技術を導入して操業を開始した．富岡製糸場は，ボイラー6基（1基は繰糸機等を動かす蒸気機関用，5基は煮繭等の熱源蒸気供給用）を備え，フランス式鉄製繰糸機300釜（釜＝繰糸鍋の数で製糸工場設備規模を表現する．ただし，1釜の繰糸鍋から繰る糸の数は，装置によって異なり，富岡は最初は2本＝2口繰りあるいは2条繰りで，のちに4本＝4口（条）繰り等に改良された）を持つ，300人繰り（繰糸工300人が同時に作業をする）の大工場であった．

器械製糸の発達　フランス式・イタリア式製糸機は，機械とはいえ，索緒（さくちょ）（1個の原料繭から最初の糸口を引き出す作業）や接緒（せつちょ）（5個程度の一定数の繭から1本の生糸を繰るので，1個の繭が切れ落ちた時，すぐに新しい繭の糸を添え足す作業）や繋糸（糸枠に巻きとる途中で生糸が切れた時，生糸を結び合わせる作業）は，工女の手作業でおこなわれた．完成度の低い「器械」であったために，綿紡績業の場合とは異なり，小規模工場で使用が可能であり，イタリア式とフランス式を折衷し，簡便化した製糸技術が工夫された．煮繭・加熱用のボイラーを持ち，折衷型繰糸機を，水車などで駆動させる10〜30人繰りの小工場が，「器械製糸」として，1870年代後半から長野・山梨・岐阜地方を中心に普及した．器械製糸の製品は，品質の点で国際競争に耐えうる水準であり，価格の点では，原料繭を低価格で仕入れ，低賃金女子労働者を「等級賃金制」（賃金総額を固定したまま，作業成績の優劣によって賃金配分をおこなう方式）で競争させて生産費の低減を実現させたから，強い国際

表 5-3　製糸業の発達　(1878〜1910 年)

年	生産		輸出		米国輸入の日本糸シェア
	生産量	器械生糸	輸出量	米国向	
	トン	%	トン	%	%
1878	1,360		871	17.4	
80	1,999		877	37.6	
85	1,905		1,474	53.8	
90	3,255	42.5	1,266	66.0	52.0
91	4,187	40.4	3,195	58.5	54.0
92	4,203	46.2	3,244	61.1	49.8
93	4,626	47.7	2,227	41.2	53.3
94	4,863	56.6	3,290	57.0	47.5
95	6,012	56.4	3,486	57.6	49.4
96	5,410	56.3	2,351	47.5	53.3
97	5,766	54.3	4,152	57.0	51.3
98	5,549	53.2	2,902	60.2	46.6
99	6,578	53.2	3,568	64.2	42.3
1900	6,584	56.4	2,779	57.1	51.0
01	6,564	59.3	5,219	59.1	49.1
02	6,723	59.5	4,847	60.4	49.9
03	6,916	63.1	4,389	62.7	53.0
04	6,978	64.3	5,795	67.9	46.6
05	6,897	65.6	4,345	74.6	51.3
1910	11,230	74.7	8,802	70.2	62.0

注：生産量は，1890 年からは器械生糸と座繰生糸の合計で玉糸は含まない（『農林省累年統計表』78 ページ）．輸出量は『日本貿易精覧』55 ページ．輸出中の米国向割合は『横浜市史・資料編 2』181 ページ．米国輸入中の日本糸シェアは，石井寛治『日本蚕糸業史分析』43 ページ（生糸年度の数値．例：1890 年は 1890 年 7 月〜1891 年 6 月）．

競争力を発揮した．

一方，在来型の座繰製糸は，装置の改良や共同揚返し（小枠に繰った生糸を，太枠に巻き直して仕上げる工程を共同でおこなうことによって，一定品位の生糸を大量に供給できる体制をととのえること）によって，輸出市場においてある程度の競争力を維持する場合もあったが，おおむね国内絹織物原料市場への供給者化していった．

輸出製糸業の確立　はじめ，ヨーロッパ（とくにフランス）向けに輸出されていた日本生糸は，1870 年代からアメリカ絹織物業が急成長しはじめると，輸送路開設（太平洋航路と米大陸横断鉄道）もあって，アメリカに市場を転じ，1884（明治 17）年以降はアメリカ向けが生糸輸出の 50% 以上を占めるにいたった．アメリカ市場の拡大とともに生糸輸出は拡大した（表 5-3 参照）．そして，1894 年には，器械製糸の生産量が座繰製糸を追い越し（表 5-3 参照），一応，製糸業の輸出産業としての基礎が確立した．しかし，1890 年代後半に，輸出がやや伸び悩む状態が現れた．1891〜95 年の 5 カ年にくらべて，

1896〜1900年の5カ年は，生糸輸出量合計は，2%しか伸びていない．輸出中のアメリカ市場の比重は高まる傾向にあるが，アメリカ市場における日本糸シェアはやや低下している（表5-3で，1893・94年と1898・99年を対比すると顕著）．これは，アメリカ絹織物業の製品高度化とともに，日本生糸の品質の低位性が顕在化し，イタリア糸・上海器械糸との競争に圧迫されたためであった（石井寛治〔20〕44-5ページ）．

日本の製糸業は，この危機を，「普通糸」（織物の横〈緯〉糸用）から「優等糸」（縦〈経〉糸用）へと生産を高度化することによって切り抜けた．1901〜05年の5カ年の生糸輸出は，1896〜1900年の5カ年にくらべて，56.1%も増大し，アメリカ市場におけるシェアも回復に向かった．1894年に生産量の56.6%に達していらい，むしろ比重を低下させていた器械生糸は，1900年以降，急速に比重を増大させた．ここで製糸業は，輸出産業として本格的に確立したと認めることができよう．その後日本生糸の競争力を高めたのは一代交雑蚕種の開発による品質向上で，1911年の蚕糸業法によって設立された政府・府県営の原蚕種製造所を中心に進められた（石井寛治〔3〕51ページ）．

製糸業の確立には，製糸金融の発達が大きな役割を果たした．横浜の生糸売込商による原料繭購入資金（原資金）の前貸金融，地方銀行による製糸業者に対する繭担保金融・荷為替金融，横浜の市中銀行による在庫生糸担保金融，横浜正金銀行による輸出金融，そして，地方銀行・市中銀行・正金銀行に対する日本銀行のバックアップという，日本銀行を頂点とする製糸金融体制が，製糸業の発展を可能にしたのである．

織物業　綿織物・絹織物・絹綿交織物の生産の形態は複雑である．まず，綿紡績会社が，輸入力織機を設備して，綿布生産を兼業するというかたちを中心に，織物業が工場制工業として発達した．力織機の製品は，中国・朝鮮向に輸出されるようになり，1909年には，綿織物輸出価額が，綿織物輸入価額を超えた．この反面，同じ綿織物業で，手織機や，バッタン機構（1733年にジョン＝ケイが発明した飛杼（とびひ）装置）をもつ手織機による小規模生産も広汎に発達した．マニュファクチュアも存在したが，多くは，問屋制家内工業であった．

絹織物業では，ジャカード機（型板による紋織機構を持つ高機（たかばた））を用いるマニュファクチュアが，福井・石川・富山など輸出羽二重産地で発達した．桐生や西陣では，力織機を用いる経営も出現した．しかし，なお，問屋制家内工業の力は強かった．

1900年代に入ると，豊田佐吉らによって開発された小幅力織機が普及しはじめ，中小工場の発達が著しくなる．そして，手織機台数は，1900年代後期には決定的な減少傾向を示すようになる．織物業の工場制工業化は，原料糸部門にくらべて，かなり遅れたのである．

6　近代産業の発達(2)——重工業——

エネルギー・素材産業の発達

石炭業と鉱業条例　製塩用燃料等として19世紀前半から石炭は採掘されていた．開国とともに，内外の蒸気船用焚炭(ふんたん)需要が出現し，諸藩による炭坑経営が活発になった．明治政府は，藩営炭坑を官有化するとともに，1873（明治6）年7月に日本坑法を公布し，埋蔵鉱物の政府所有原則と，15年の期限を設けた借区制（土地所有権とは別に坑区の借区権を設定し，政府がその許可権限を持ち，自由譲渡を禁止した）を定めた．

洋式採炭技術の導入は，幕末の佐賀藩・グラバー商会共同経営の高島炭鉱（1874年一時官営後，後藤象二郎に払下げ，81年より三菱が経営）にはじまり，明治初期には，同炭鉱と，官営三池炭鉱（三池藩営鉱山を1873年に官収，76年から積極的に開発，88年より三井が経営）が，技術導入の拠点となった．機械化は，石炭の坑外搬出過程への蒸気捲揚機採用と排水のための蒸気機関使用ポンプ採用を軸に進められた．

1889年に，政府は，選定鉱区制（広い鉱区を選定し，1鉱区単位で借区させ，零細炭鉱の乱立を防止する方式）を採用し，大規模炭鉱経営の発達を促した．そして，1890年9月には鉱業条例を公布し（施行は92年6月），借区期限を廃止して採掘権を無期限に許可し，採掘権の譲渡・抵当入など自由な処分を認めた．鉱業権（試掘権と採掘権）が所有権とほぼ同じ性質の権利となったことによって，石炭業で，長期的計画的投資がおこなえる条件がととのった．

近代石炭業の確立　石炭産出量は，1875年の56.7万トンから，90年の260.8万トン，1905年の1159.3万トンと急速に増大した（表6–1参

表 6-1　石炭生産の拡大
(1875〜1910 年)

	産出量	輸出量	工場用消費量
	万トン	万トン	万トン
1875年	56.7	5.1	
80	88.2	13.2	
85	129.4	19.2	
90	260.8	85.4	42.4
95	477.3	137.6	118.9
1900	648.9	243.8	265.3
05	1,159.3	253.3	327.6
1910	1,568.1	281.6	477.6

注：『日本経済統計総観』1222 ページより．輸出量には外国船の舶用炭は含まれていない．

照)．明治初期には，唐津炭田が主産地であったが，しだいに筑豊炭田の比重が高まって，1897 年以降全国産出量の 50% 以上を占めるにいたった．筑豊炭田では，貝島・安川・松本・麻生などの地方資本と三菱・三井・住友・古河などの財閥が経営する大規模炭鉱が多く，機械化も早く進み，1897 年頃で，91 坑中，ポンプ設備坑 80，捲揚機設備坑 56 と高い設備率を示している（隅谷三喜男〔23〕309 ページ)．運搬と排水を中心に機械化は進められたが，採炭作業は鶴嘴などを用いる先山（採炭夫）の手作業であり，切羽から運搬坑道までの石炭運搬もスラ（木製の箱）等を用いた後山（運搬夫，女性も就労した）の人力作業であった．坑夫は，納屋制度と呼ばれる労務管理方式のもとで，苛酷な労働を強いられた．機械類を取扱う労働者は，企業の直傭（直接雇傭）であったが，採炭・坑内運搬をおこなう坑夫は，実態としては，納屋頭（頭領）を介した間接雇傭になっていた．納屋頭は坑夫の募集・雇入れを担当し，納屋（長屋）に住む坑夫の生活を管理し，出来高払賃金を一括受領して坑夫に配分した．しかし，長壁式切羽（後述）への移行，坑内の機械化の進展とともに，近代的労務管理が可能となり，納屋制度は，坑夫直傭制（直轄制）に移っていく．

燃料炭としては競合外国炭の輸入圧力が存在しなかった（明治末から満州炭との競合関係が生ずる）ので，日本石炭業は，国内市場の拡大とともに順調に成長し，同時に初期から輸出産業としても重要な役割を果たした（表 6-1 参照)．採炭作業の機械化の遅れ，残柱式切羽（炭層を碁盤目状に採掘し，未採掘炭柱が支柱の役割を果たす採炭法）から長壁式切羽（2 本の平行坑道間に長い切羽を設けて切羽面を坑道に沿って移動させながら，石炭を全部採掘する採炭法）

への移行の遅れ，労務管理方式の非近代性の残存など，多くの問題点を残しながら，日本の石炭業は，1890年代には，近代石炭業として確立したと言えよう．

近代鉄鋼技術の導入　江戸時代には，砂鉄を原料とする「たたら吹き」を軸に，自給能力を持っていた日本の製鉄業も，開国後の軍需を中心とする近代的需要の増大には，対応できなかった．幕府・諸藩は，反射炉・高炉の導入を試み，明治政府が，その設備を引き継いだ．明治政府は，釜石鉄山と中小坂(なかこさか)鉄山（群馬県下仁田町）を官営して銑鉄・鋼鉄生産をおこなおうとしたが，失敗した（1882年中小坂鉄山廃業，83年釜石鉄山廃業）．失敗の原因は，釜石鉄山は，鉄鉱石と木炭の不足，中小坂鉄山は高炉築造不完全とされているが，木炭に代るべきコークスと炉材（耐熱レンガ）の製造技術，国産原料による操業技術がともに未熟であったことと，外国鉄鋼の輸入圧力とが真因であった．洋式製鉄に失敗した政府は，広島鉄山（広島県下の「たたら製鉄」産地を大蔵省が管理した）の砂鉄製錬法改良を試みる程度で，しばらくは，銑鉄製造をあきらめていた．

一方，政府は，軍事的必要上，陸海軍工廠における製鋼技術の発展には力を注いだ．1882（明治15）年の海軍省兵器局兵器製造所（東京築地）における坩堝(るつぼ)製鋼開始，1890年の大阪砲兵工廠における小型酸性平炉操業（製造が軌道にのったのは92年），1896年の大阪砲兵工廠における塩基性平炉操業と，近代製鋼法が導入された．

政府が放棄した釜石鉄山の一部の払下げをうけた田中長兵衛（陸海軍御用達の鉄商）は，試験操業に成功して，1887年に全施設を払い受け，釜石鉱山田中製鉄所を設立した．野呂景義（工科大学＝東京大学工学部の前身の教授）等，日本人技術者の指導のもとに，田中製鉄所は，はじめは木炭による製銑，1894年にコークスによる製銑に成功した．軍需用銑鉄として需要を確保した釜石銑の生産量は，1894年に1万2700トンに達して中国地方の「たたら吹き」の製銑量（8900トン）を超えた．しかし，増加する銑鉄需要に供給は追いつかず，1895〜99年の5カ年間平均で，銑鉄自給率は35.8%に低下した（表6-2参照）．鋼材（錬鉄・鋳鋼・鍛鋼も含む）の自給率は，同じ5カ年間平均で1%という低率を示し，完全な海外依存状態にあった（表6-2には軍工廠内の製鋼量は含まれていないと思われるので，軍需鋼材は別である）．

表 6-2　鉄鋼生産と自給率　(1875・79〜1905・09 年)

期間	銑鉄				鋼材			
	生産	輸出	輸入	自給率	生産	輸出	輸入	自給率
年　年	1000トン	1000トン	1000トン	%	1000トン	1000トン	1000トン	%
1875〜1879	3.9	0.0	2.3	63.1	2.9	0.0	14.6	16.5
80〜 84	5.1	0.0	6.4	44.6	4.9	0.0	24.0	16.9
85〜 89	9.9	0.1	9.9	50.3	4.4	0.1	55.0	7.4
90〜 94	17.7	0.1	19.0	48.4	2.5	0.1	60.4	4.0
95〜 99	22.5	0.6	41.1	35.8	1.7	0.7	161.0	1.0
1900〜 04	39.2	0.1	39.1	50.1	27.8	2.0	180.8	13.4
05〜 09	143.2	0.4	112.0	56.2	86.8	6.6	306.5	22.4

注：5カ年平均値，鉄鋼統計委員会『統計からみた日本鉄鋼業 100 年間の歩み』2-3 ページより作成．自給率は生産/(生産＋輸入－輸出)．銑鉄の輸出には鋼塊・半製品を含む場合がある．鋼材生産には，軍工廠分が含まれていないと思われる．

官営八幡製鉄所

鉄鋼国内生産体制の確立の重要性は，常に強調され，いくつもの製鉄所建設案が提起された．政府は，1893（明治 26）年から 3 回にわたって調査会を設け，検討を加えた結果，日清戦争後の 1896 年 3 月に，製鉄所官制を公布し，農商務省所管の官営製鉄所を福岡県八幡村に建設することとした．当初計画（野呂景義案）は，年産銑鉄 8 万トン・鋼材 6 万トンで，軍需用鉄鋼（錬鉄・るつぼ鋼）と兵器部品（大砲砲身）の生産も含まれていた．建設準備が進められるなかで，製鉄所技監大島道太郎の提案で計画は変更され，銑鉄 12 万トン・鋼材 9 万トンに規模が拡大され，軍需用特殊鉄鋼・兵器部品生産は後まわしとなった（海軍はこれを不満とし，呉工廠拡張計画を実施して，特殊鋼生産能力を拡大した）．

ドイツのグーテホフヌンク製鉄会社に委嘱して製銑・製鋼・圧延一貫生産設備の建設が進められ，1899 年には中国の大冶鉄鉱石の購入契約が締結されて，1901 年 2 月から第 1 高炉（公称能力日産 160 トン）の操業が開始された．ところが，高炉操業は，翌 1902 年 7 月に中止された．日露戦争開始直後の 1904 年 4 月に操業は再開されたが，わずか 17 日で再び失敗し吹止めとなった．高炉の構造上の欠陥とコークスの品質不良などが原因で，外国技術に全面的に依存した性急な大工場建設方針の失敗であった．在野の野呂景義（関係会社の不正事件のため公職を去り，製鉄所立案者でありながら建設を指導できなかった）が顧問に起用され，改善案をたて，再建を指導した．釜石鉱山田中製鉄所いらい蓄積されてきた日本人の製鉄技術が，1904 年 7 月からの第 3 回目の高炉操業を成功させた．この間，転炉・平炉による製鋼作業と圧延作業も技術的苦心の末に軌道に乗り，操業後3年半を経てようやく銑鋼一貫操業が順調に進むことになった．設備拡張計画も実施されて，官営八幡製鉄所は，1910年には，銑鉄12.7万トン，鋼材15.3万トンを生産するにいたった．

民間製鋼業の創業 八幡製鉄所設立を背景に，民間でも製鋼業の創業が相ついだ．釜石製鉄所は1903（明治36）年から平炉製鋼を開始して，民間最初の銑鋼一貫工場となった．住友財閥は，1899年に設立された民間最初の平炉メーカー日本鋳鋼所に出資していたが，1901年には同所を買収し，住友鋳鋼場として製鋼業に進出した．1905年には鈴木商店が小林製鋼所（1905年設立）を買収して神戸製鋼所を設立し，1906年には，川崎造船所が鍛鋳鋼工場を建設し，1907年には北海道炭礦汽船会社が，イギリスのアームストロング社，ヴィッカース社と合弁で日本製鋼所を設立した．これらの製鋼会社は，軍需（とくに海軍向）と鉄道院向けの生産を軸としていたが，1912年には，民需用鋼管の生産を主とする日本鋼管も設立された．また，のちの植民地製鉄3社（南満州鉄道の鞍山製鉄所＝満州〈中国東北部〉，三菱財閥の兼二浦製鉄所＝朝鮮，大倉組の本渓湖煤鉄公司＝満州）の建設計画も，1910年前後から進みはじめた．

このように，八幡製鉄所設立を基軸として，日本の近代製鉄業は発展しはじめ，鉄鋼の自給率は，大幅に改善の方向にむかった（表6-2参照）．輸入依存度はなお大きいが，1900年代後半期に，製鉄業は基礎を確立し，とくに軍需用鉄鋼に関しては，ほぼ自給体制をととのえたといえる．

兵器生産と機械工業の発達

軍工廠 幕府・諸藩の兵器工場は，明治政府に引き継がれ，官営の軍需工場が，強兵政策に沿って，急速に整備された．陸軍では，東京砲兵工廠が小銃，大阪砲兵工廠が火砲（大砲）の生産を主として分担した．小銃は，1880（明治13）年の13年式村田銃（口径11ミリ）の創製にはじまり，18年式村田銃，その改造による22年式村田連発銃で量産体制がととのった．日清戦争を国産銃で闘った後，「新銃」30年式歩兵銃（口径6.5ミリ）が開発され，日露

表 6-3　軍工廠の拡大　(1899, 1909 年)

軍工廠名		職工数		原動機馬力数	
		1899 年	1909 年	1899 年	1909 年
		人	人	馬力	馬力
海軍工廠	横須賀	3,832	11,569	402	6,139
	呉	6,383	20,917	2,320	32,833
	佐世保	2,510	5,591	446	3,672
	舞鶴	—	3,762	—	5,592
	その他共合計	14,278	44,658	3,323	49,713
陸軍	東京砲兵工廠	6,874	12,561	3,352	19,642
	大阪砲兵工廠	2,877	8,075	1,455	25,858
	その他共合計	10,795	23,947	5,115	47,350

注：小山弘健『日本軍事工業の史的分析』116, 120-1 ページによる.

戦争の主力銃となった. その後, 改良されて 38 年式歩兵銃が制定される. 火砲は, 青銅砲・鋼銅砲・鋳鉄砲など旧式砲は製造したものの, 鋼砲生産は日清戦争後の 31 年式野砲・山砲（口径 75 ミリ速射砲）で開始された. 日露戦争は, なお, 輸入クルップ砲にたよるところが大きかったが, 戦後, 各種の大中口径火砲を制式化して, 自給体制を確立した.

海軍では, 木造・鉄骨木皮艦建造にはじまって, 1890 年から鋼製艦建造時代に入るが, 初期は小艦艇の建造にとどまった. 1894 年の巡洋艦（または海防艦）竣工（「橋立」4278 排水トン, 「秋津洲(あきつしま)」3172 排水トン, ともに日清戦争に参加）を経て, 1905 年の戦艦「薩摩」(1 万 9350 排水トン, 1910 年竣工）の起工で, 軍艦建造技術は, 世界水準に達した. 日露戦争の主力艦（戦艦 6 隻, 装甲巡洋艦 6 隻）はすべて輸入艦であったが, 軍艦の国外発注は, 1911 年の装甲巡洋艦（完成後は巡洋戦艦)「金剛」(2 万 7500 排水トン）が最後になった. こうして, 明治末には, 横須賀・呉において大艦（戦艦・装甲巡洋艦), 佐世保・舞鶴において中小艦（巡洋艦・海防艦・砲艦・駆逐艦), 民間造船所において中小艦艇（砲艦・駆逐艦・水雷艇）を主として生産する体制がととのえられた.

陸海軍工廠の規模は, 表 6-3 のように拡大し, 兵器ばかりでなく, 鉄鋼等の素材や工作機械も自製する能力を備え, 官営八幡製鉄所の操業とあいまって, 1900 年代後半には, ほぼ兵器自給体制が確立したのである.

表 6-4　汽船の増加　(1885～1910 年)

年度	国内建造		輸　入		年末在籍船	
	隻数	総トン数	隻数	総トン数	隻数	総トン数
		1000トン		1000トン		1000トン
1885	19	1.5	7	7.0	228	(　59.6)
90	30	4.3	10	8.3	335	(　93.8)
95	47	5.6	35	43.1	528	331.4
1900	53	15.3	13	28.5	859	534.2
01	71	31.8	12	19.3	969	577.2
03	65	33.6	17	33.4	1,088	656.7
05	103	30.1	100	138.7	1,390	932.1
07	79	29.9	34	32.0	1,574	1,109.4
08	77	68.1	21	19.2	1,618	1,152.6
10	71	35.6	20	40.3	1,703	1,224.1

注：登簿汽船（20 トン以上）についての数値．国内建造と輸入は新規登簿船で，『明治大正国勢総覧』628 ページ，年末在籍船は『日本経済統計総観』835 ページ．1885, 90 年の（　）内は 20 トン未満船を含む登簿トン．

造船業　伝統的な大和型帆船建造業とは異なる系列で，近代鉄鋼船建造業は発達した．1876（明治 9）年に，平野富二が，官営石川島修船所を借用して，最初の民間近代造船所を創業したのを皮切りに，1884 年に長崎造船所を借用して岩崎弥太郎（のち岩崎弥之助）が，86 年には兵庫造船所を借用して川崎正蔵が，造船業を開始し，それぞれ，施設の払下げを受けて，本格的造船会社に育てあげた．1881 年には，イギリス人の E. ハンターが，大阪鉄工所を開業した．はじめは，近海・沿岸航海用の小型船建造に限られていたが，1896 年 3 月に造船奨励法が公布（同年 10 月施行）され，700 総トン以上の国産鉄鋼船に奨励金が交付されることになり，航洋船建造の足がかりがつくられた．1899 年 3 月に航海奨励法（後出）が改正され，外国製造船への航海補助金が半減されると，海運会社は，国内造船所に新造船を発注する方向にむかった．国内建造量は，1901 年以降ほぼ 3 万総トン前後となり，1908 年以降さらに増大した（表 6-4 参照）．汽船の自給率は，1886～90 年 5 カ年平均で 25.4% であったが，1906～10 年平均では 62.9% になっている．造船用鋼材は輸入に多くを頼っていたが，造船業としては，1900 年代後半にほぼ確立したと言える．

その他の機械工業　鉄道車両の製造は，客車・貨車にはじまり，蒸気機関車も 1893（明治 26）年に国産第 1 号が鉄道局でつくられた．日露戦争期から機関車生産は増大し，鉄道国有化（1906 年）後，自給率は 50%

を超え，1908 年に機関車国内発注の方針が確立され，1911 年には輸入関税が高められ，国内生産体制が確立した．

工作機械は，軍工廠で自製されたほか，民間では池貝鉄工所（1889 年設立）が，はじめ英国式旋盤等の製作をおこない，1905 年には米国式工作法による旋盤製作を開始して，一応の技術水準を確立した．1910 年には，新潟鉄工所が設立されるなど，日露戦争後に，工作機械メーカーの創業が続いた．輸入機独占市場，内外機競合市場，国産機独占市場という重層的な工作機械市場が形成され，それに対応した重層的な生産構造が形成された（沢井実〔25〕第 1 章）．

原動機，鉱山機械・電気機械などの生産はかなり発達したが，繊維機械は，小型力織機以外国産化が難しかった．

運輸業の発達

鉄道業

1881（明治 14）年に設立された日本鉄道会社は，政府が，東京・高崎間の官営鉄道敷設計画を取消したあと，華族の出資を軸に誕生した最初の民間鉄道会社であった．政府は，鉄道線路建設を技術的に援助し，利益保証（配当 8% を可能にする補助金交付）を約束した．日本鉄道は，83 年に上野・熊谷間開業後，良好な営業成績をあげ，これに刺激されて，鉄道ブームが起こり，鉄道業は「企業勃興」期の主導産業になった．後の全国の主要幹線が，私鉄各社によって敷設され，地方鉄道・都市近郊鉄道も開設されて，私鉄営業線は急速に発達した（表 6-5 参照）．私鉄経営が経済恐慌で悪化した時には，しばしば，国による私鉄買収案が提案された．

日露戦争中に，政府は鉄道国有化方針を決定し，1906 年 3 月に鉄道国有法を制定し，同年 10 月から翌 1907 年 10 月までに，国内 17 私鉄会社（路線 4534 キロ）を買収し（公債交付額 4 億 5620 万円），国有化した．同時に，朝鮮から敷設権を獲得して官民合同で建設した京釜鉄道（京城・釜山間，京城・仁川間）も買収した．ここに，本国内と植民地を通じた国有鉄道幹線網が形成された．社会資本の充実と軍事輸送体系の確立がはかられたのである．

海運業

岩崎弥太郎の三菱会社を助成することによって近代海運業の導入をはかった政府は，1881（明治 14）年政変で大隈重信が失脚したのち，

表 6-5　鉄道の発達
(1872〜1910 年)

年　度	国　鉄	私　鉄
1872	29 km	0 km
77	105	0
83	292	101
87	484	472
90	984	1,365
95	1,052	2,731
1900	1,626	4,674
05	2,562	5,231
06	4,978	2,722
07	7,153	717
10	7,838	823

注：営業線の年度末数値.
『明治以降本邦主要経済統計』114, 116 ページより.

表 6-6　貿易貨物積取比率
(1885〜1914 年)

年次	内国船	外国船
1885 年	9.2%	90.8%
90	10.7	89.3
95	3.0	97.0
97	18.6	81.4
1900	30.7	69.3
05	8.2	91.5
07	39.6	60.0
10	45.2	54.2
14	56.9	41.9

注：輸出・輸入合計価額の内・外船別積取比率. 1905 年以降は不明分を含むので合計は 100 にならない.『日本貿易精覧』449 ページより.

政策を転換して，半官半民会社の共同運輸会社を設立（1883 年 1 月開業）して両社を競争させた．両社は，1885 年 9 月に合併して，日本郵船会社が誕生した．日本郵船は，1893 年に綿紡績業者らと共同して日本最初の遠洋航路であるボンベイ航路を開設し，96 年には欧州航路，北米（シアトル）航路，豪州航路を開いた．政府は，1896 年に航海奨励法を公布し，外国航路に就航する 1000 トン以上の鉄鋼船に航海距離を基準に奨励金を交付する措置と，命令特定航路に対する助成金交付措置とを実施した．1898 年には，東洋汽船（1896 年設立，前身の浅野回漕部は 1887 年設立）が，北米（サンフランシスコ）航路を開き，1905 年には南米西岸航路を開設した．大阪商船（1884 年 5 月開業）も，近海航路から 1909 年には遠洋航路（北米タコマ線）に進出した．1909 年に，政府は，航海奨励法にかわって遠洋航路補助法を制定して，一般航海奨励金をやめて，補助金を 4 大航路（欧州・北米・南米・豪州）に集中する政策変更をおこなった（三和良一〔15〕第 7・8 章参照）.

日本の船腹保有量は，前掲表 6–4 のように増加し，輸出入貨物の日本船による積取比率も，表 6–6 のように改善されていった．積取比率の改善は，日本の国際収支によい影響を与えた．こうして，日本の海運業は先進国海運業との激しい競争のなかで，政府の強力な助成策にバックアップされて 1900 年代後半にほぼ確立したのである.

7 | 日清・日露戦争と日本経済

日清戦争と日露戦争

天皇制国家

後発国日本は，1900 年代後半に，資本制生産を軸とした経済社会を確立させた．この間に，政府が果たした役割は，極めて大きかった．明治政府の構成は，1885（明治 18）年 12 月に太政官制が廃止されてから，内閣制にかわった．1881 年に，自由民権運動の高揚に対応して，憲法制定・国会開設を公約した政府は，憲法制定準備の一環として，府中つまり行政府の機構を整備したのである．府中と区別された宮中は，宮内大臣を長とする宮内省が事務を管掌し，天皇の補佐役の内大臣が詔勅など文書や奏請の取扱を所管する体制がととのえられ，皇室財産の増加がはかられた（1897 年末現在で，貨幣的資産 2264 万円，林野約 370 万ヘクタール）．1889 年 2 月に大日本帝国憲法が発布され，日本は，立憲君主制国家となった．法治国家としての形式がととのえられ，所有権の不可侵性が確立され，近代資本制社会が発達する法的条件は充たされた．しかし，政治体制としては，天皇大権が強大であり，基本的人権が制約されているところに，近代国家として未成熟な面が残されていた．とくに，統帥権が内閣や議会から独立した天皇大権であったことは，陸海軍部の政治的発言力を強める結果をもたらし，日本の近代史に大きな影響を与えた．

戦争と財政

日本が近代国家を形成する時期は，世界史の上では，帝国主義時代の開幕期にあたっていた．先発国イギリスを追う，後発国ドイツ・アメリカは，重工業を中心に生産力を拡大させ，重化学工業部門の独占体形成とともに，対外進出衝動を強めた．イギリス対ドイツの対立を軸に，アメ

表 7-1　財政規模の拡大　(1880〜1910 年)

年度	歳入 総額	歳入 租税	歳入 地租	歳入 公債	歳出 総額	歳出 行政費	歳出 軍事費	歳出 国債費
	100万円	100万円	100万円	100万円	100万円	100万円	100万円	100万円
1880	63.4	55.3	42.3	—	63.1	27.2	12.0	22.4
85	85.3	64.4	43.3	9.2	83.2	35.6	20.5	24.1
90	106.5	66.1	40.1	—	82.1	32.3	25.7	20.3
95	118.4	74.7	38.7	—	85.3	32.8	23.5	24.2
1900	295.9	133.9	46.7	43.6	292.8	117.5	133.1	34.8
05	535.3	251.3	80.5	73.9	420.7	321.5	34.5	49.1
10	672.9	317.3	76.3	3.6	569.2	196.9	185.2	154.3

注：中央政府一般会計決算額.
日清・日露戦争期の臨時軍事費特別会計は次の通り.

戦争名	歳入	公債	支出
	100万円	100万円	100万円
日清戦争	225.2	116.8	200.5
日露戦争	1,721.2	1,418.7	1,508.5

『明治以降本邦主要経済統計』130-1,136,143 ページより.

リカ・フランス・ロシア等列強の植民地・勢力圏獲得の競合が強まった．半植民地化の危機を，近代国家・資本制社会確立の方向で，どうにか切り抜けた日本は，諸列強の側圧をうけつつ，より後進的な諸国に対する政治的支配力の確保に関心を向けた．朝鮮に対する権益をめぐって，1894（明治 27）・95 年に日清戦争を，同じく朝鮮と満州（中国東北部）をめぐって，1904・05 年に日露戦争を闘った日本は，多くの人命の犠牲のうえに，勝利を得た．

戦争は，財政規模を一挙に拡大させた（表 7-1 参照）．日清戦争後の「戦後経営」では，(1)陸海軍備の拡張　(2)製鉄所の創立　(3)鉄道の改良　(4)電信・電話の拡張　(5)海運・造船の奨励　(6)特殊銀行の設立（1896 年日本勧業銀行法・農工銀行法，1899 年北海道拓殖銀行法，1900 年日本興業銀行法各公布）(7)台湾経営　(8)治水事業　(9)教育施設の増設などが実施され，日露戦争後の「戦後経営」では，(1)軍備の拡張　(2)鉄道の国有と拡張　(3)製鉄所・電信・電話事業の拡張　(4)植民地経営　(5)治水事業　(6)教育施設の増設などが実施された．積極財政をまかなうために，増税がおこなわれ，租税収入のうちで間接消費税（酒税・砂糖消費税・織物消費税など）が占める割合が大きくなり地租の比重は低下した．1899 年には所得税法改正がおこなわれ，法人所得も課税対象に追加され，近代租税制度が整備された．また，煙草と塩の専売制度も実施された．一方，戦費調達のための公債（外債を含む）発行によって，歳出中の国債費の額が増加し財政を圧迫することとなり，1908年以降，財政整備が大きな課題としてとり上げられた（塩専売制については，三和良一〔15〕第4・5章参照）．

金本位制の成立

1897（明治30）年3月に貨幣法が公布され，同年10月から，日本は，金本位制（118ページ参照）を採用した．1870年代に世界各国で金本位制への移行がおこなわれ，銀価下落がはじまるなかで，日本は銀本位制を採ってきたが，1890年代の急激な銀価低落（1890年金1対銀20，1897年金1対銀34）は，日本の貿易に大きな影響を及ぼした．銀価下落にともなう円の為替相場の下落は，輸出促進・輸入防遏（ぼうあつ）のプラス効果を持ったが，反面，金本位制国からの機械・鉄鋼・綿花などの輸入価格は上昇したし，為替相場の大幅な変動が貿易の阻害要因となるなどマイナスの効果も現れた．政府は，貨幣制度調査会を1893年に設置したが，1895年提出の同調査会報告書では，通貨制度改正を必要なしとする者7名，必要ありとする者8名，うち金本位制賛成者6名，複本位制賛成者2名であった．1896年9月に首相兼蔵相に就任した松方正義は，金本位制採用を決定し，日清戦争の賠償金（英貨約3800万ポンド）を正貨準備として，純金2分（0.75グラム）を1円とする金本位制を実施した．日本銀行券は金兌換券となり，正貨準備発行は日本銀行所有の正貨（在外正貨と在内正貨）を引き当てにし，所有公債などを引き当てにした保証準備発行の限度額は1899年に8500万円から1億2000万円に拡張された．金本位制の採用によって，日本も国際金本位制の一翼に加わることとなり，近代国家として国際的な信任を得た．

植民地経営

日清・日露の戦争で，日本は，台湾・朝鮮・南樺太を植民地として獲得し，満州にも勢力を伸ばした．清国から引渡しを受けて領有した台湾では，自然発生的な抗日運動を鎮圧し，治安対策をとりながら，地租改正事業を実施して台湾財政の自立化をはかり，台湾銀行（1899年設立）による通貨・金融制度の整備をすすめた．台湾は，砂糖の原料産地であり，その領有は日本近代製糖業の確立を可能にした．また，米の生産地としても，重要な役割を果たすことになる．

朝鮮にたいする日本の影響力は，日清戦争の勝利によって強化されるはずであったが，実際には，清国にかわってロシアの政治的力が強くなり，閔妃暗殺事件（1895年）で反日感情を高揚させてしまった日本は政治的には後退を余儀なくされた．経済的には，綿糸布輸出と米・大豆輸入の貿易が拡大し，第一銀行韓国支店の銀行券発行（1902年），京仁・京釜鉄道建設などによる関係強化が進んだ．日露戦争後，日本は韓国を保護国とし，抗日民族闘争を鎮圧しながら，1910（明治43）年8月には韓国合併を強行した．朝鮮は，日本の食料（米・豆）・原料（綿花・皮革・鉱産物）基地，金地金供給地，輸（移）出市場となったのである．朝鮮銀行（1911年3月朝鮮銀行法公布によって，1909年設立の韓国銀行が改称）を中央銀行として，貨幣・金融制度が整備された．

満州経営は，南満州鉄道（1906年11月設立，資本金2億円，半額政府現物出資）を軸に進められた．満鉄は，鉄道・鉱山（撫順など）の経営を中心に据えたが，鉄道付属地の一般行政権も与えられていた．満鉄沿線には，鉄道守備隊の駐兵権が認められ，軍事進出の足場にもなっていた．満鉄は，イギリスで社債（政府保証）を募集し（1907年第1回400万ポンド，1911年までに4回合計1400万ポンド募集），輸入外貨による植民地開発投資（資本輸出）をおこなったのである．

条約改正　不平等条約である安政条約の改正は明治政府の大きな課題であり歴代の内閣がそれに取り組んできた．1894年に第2次伊藤内閣（陸奥宗光外相）が日英通商航海条約の締結にこぎつけた．新条約は，5年後の1899年に発効し，治外法権は撤廃されて内地雑居が実現し，関税自主権も一部が回復されることとなった．新条約の締結は，朝鮮を廻って対立していた清国との戦争開始に道を開いた．日清戦争のさなかに米国，イタリアとの，戦勝後にドイツ，フランス，オランダ，オーストリアなどとの新条約が締結され，それぞれが1899年に発効して，日本は不平等条約からの離脱の第一歩を達成した．条約発効までに日本は国内法（民法・商法）を整備した．

新条約では特定品目の協定関税が残されていたが，新条約の期限が満期を迎える1911年には，日米通商航海条約が調印され関税自主権が完全に回復された．イギリス，フランス，ドイツなどとも改正通商航海条約をむすんで，税権の回復が達成された．

日清・日露戦争の勝利によって，日本の国際的地位は高められたのである．

表 7-2　綿紡績業における経済力集中　(1914 年)

払込資本金区分	会社数	払込資本金	利益金	錘数	綿糸生産量
	社	%	%	%	%
500 万円以上	3	50.0	55.0	43.5	45.7
万円未満　万円以上 500 — 200	8	30.5	31.6	36.9	31.7
200 — 100	7	10.5	8.6	11.4	14.6
100 — 50	9	7.9	4.4	7.0	6.9
50 万円未満	3	1.2	0.4	1.3	1.2
		万円	万円	万錘	万トン
合計	30	8,194	1,401	255.3	28.7

注：会社数以外は合計を100とする割合.『現代日本産業発達史11　繊維(上)』383 ページによる.

財閥と地主制

独占の形成

2 つの戦争によって植民地を獲得した日本は，政治的には帝国主義列強の仲間入りをしたが，国内経済の面では，重工業を基盤とする独占体制を特徴とする帝国主義的経済構造を持っていたわけではない．とはいえ，1900 年代後半に，後発国としての産業革命を完了した日本経済は，同時に，独占の時代への移行も開始した．

綿紡績業では，日清戦争後の第 1 次恐慌（1897〜98 年）後から企業合併がはじまり，第 2 次恐慌（1900〜01 年）で合併が促進され，日露戦争後の好況期（1905〜07 年）にも大紡績会社への企業集中が進み，企業数は，1900（明治 33）年の 79 社を最高に，1911 年の 34 社にいたるまで減少した．1914 年末の綿紡績業の経済力集中状態は，表 7-2 の通りである．綿紡績業では，1910 年前後の時期には，上位企業による独占体制が成立し，紡績連合会による本格的なカルテル活動，高番手綿糸の高率関税による保護，綿糸布のダンピング輸出など，独占の時代に特有な経済現象が見られるようになった．

銀行業においても，普通銀行数は，1901 年の 1867 行をピークに減少しはじめ，1911 年には 1613 行になった．1901 年の恐慌時に不健全経営をおこなった多数の中小銀行が破綻し，政府は，小銀行設立を抑制して銀行合同を奨励する政策をとった．このなかで，財閥銀行をはじめ大手銀行の力が強まり，のちの 5 大銀行（三井・第一・住友・安田・三菱，1910 年末の預金額順）は，1910

表 7-3　三井・三菱主要部門の利益金

（1910〜12 年 3 カ年平均）

三井		三菱		
部門	利益金	部門	利益金	割合
	万円		万円	%
三井銀行	221.3	銀行部	58.5	14.7
三井物産	529.3	営業部	80.9	20.4
三井鉱山	(338.6)	炭坑部	43.1	10.8
		鉱山部	134.9	34.0
		造船部	45.9	11.5
		地所部	34.2	8.6
		合計	397.4	100.0

注：1910〜1912 年度の 3 カ年を平均した年間純益額．ただし三井鉱山は「総益金」．三井は松元宏『三井財閥の研究』381 ページより．三菱は旗手勲『日本の財閥と三菱』70-71 ページ（1911 年度は，銀行部以外は 15 カ月数値を 12 カ月に単純換算）より作成．

年末で，全国普通銀行預金額の 21.5%（1900 年末には 17.8%）を占めるにいたった（1915 年以降については後掲表 10-1 参照）．

財　閥　いくつもの産業部門にわたって大企業を傘下におさめ，大きな経済力を集中する財閥も，1900 年代後半から，コンツェルン形態（持株会社である本社が傘下の関係会社を統括する形態）をととのえた．

三井は，江戸時代から両替商・呉服商として資金を蓄積し，明治維新後，銀行・商業貿易・炭鉱の 3 部門を中心に，急速に成長した．1909（明治 42）年に三井家同族 11 家を出資社員とする三井合名会社を設立し，三井銀行・三井物産・東神倉庫・三井鉱山を株式会社に改組（三井鉱山部は 1911 年に独立）して，全株式を三井合名が所有するコンツェルンの形になった．三井合名は，芝浦製作所・王子製紙・小野田セメント・堺セルロイドなど関係会社株式も所有した．中核 3 企業の収益は，表 7-3 のように，三菱を大きく引きはなしており，三井財閥は，突出した資本蓄積力を持っていた．

三菱は，土佐出身の岩崎弥太郎が，海運業を軸に多角的経営を展開して基礎を築き，弟の岩崎弥之助が，海運業分離（1885 年日本郵船設立）後，鉱山（炭鉱と金属鉱山）・造船・銀行を中心に育てあげた財閥である．1893 年に岩崎家同族 2 家を出資社員とする三菱合資会社が設立され，銀行部を除く諸事業を直轄する体制がとられた．岩崎弥之助の没後，1908 年からは鉱業部（のちに炭坑部と鉱山部に分かれる）と造船部が，1911 年からは営業部と地所部が，それぞれ独立採算制の事業部とされ，実質的にコンツェルン形態が採用された（事業部の株式会社への改組独立は1917年〜1919年におこなわれた）．三菱財閥は，規模は三井より小さいが，生産部門の割合が大きい点で，流通部門が中心である三井財閥とは異なった特徴を持っている（表7-3参照）．また，東京丸ノ内の官有払下地や新潟県蒲原平野の小作農地など土地所有が大きい点，岩崎2家（特に弥太郎系）の私有財産（三菱合資とは別の資産）が巨大である点も，三井と異なる特質である．

住友は，江戸時代から別子銅山の経営を軸に発達し，明治維新の危機を乗り越えて，事業を多角的に発展させた．1909年に，住友本店（1875年設置）を住友総本店と改称し，傘下の住友銀行（1895年設立，1912年個人企業を株式会社に改組），住友別子鉱業所，住友伸銅場，住友鋳鋼場，若松炭業所，住友倉庫，土地建物業などを統轄する体制の整備に着手した．住友が関係事業を株式会社として住友合資会社（1921年設立）の傘下に置くのは大正後期・昭和初期になる．

安田は，安田善次郎が，幕末に両替商を開業していらい，一代で築きあげた金融業中心の財閥で，三井・三菱・住友にくらべれば，規模はかなり小さい．安田財閥と3大財閥は，それぞれ，政府の財政金融活動と深いかかわりを持ちながら発達したのである．

地主制と小農制

鉱工業部門で資本制生産が発達したのにたいして，農業部門では，小農制と地主制を特徴とする生産が定着した．借地を農業労働者を雇用して経営する資本制的大規模農業は，日本では展開せず，所有地を年雇や季節雇・日雇労働力を用いて耕作する豪農（地主手作）経営も，結局は発展しなかった．

耕地を集積した大土地所有者たちは，所有地を，小農経営者に賃貸する貸付地主（寄生地主）化したのである．

農地の小作地率は，1883（明治16）・84年頃で，35.9%と推定されていた（山口和雄〔37〕48ページ）が，1892年には40.2%，1903年には44.5%，1913年には45.5%に増大した（『帝国統計年鑑』，『農業統計』による，後掲表10-5参照）．農家を，自作・自小作・小作に分けると，1883・84年に37.3%であった自作農は，1913年には32.7%に減少し，同じ期間に，小作農は20.9%か

表 7-4　農地の所有と耕作規模別戸数　　(1908，18，28 年)

規模別区分	1908年 所有戸数		1908年 耕作戸数		1918年 耕作戸数		1928年 耕作戸数	
	戸　数	構成比	戸　数	構成比	戸　数	構成比	戸　数	構成比
	1000戸	%	1000戸	%	1000戸	%	1000戸	%
50 ha 以上	2	0.0						
ha未満ha以上								
50〜10	34	0.7	42	0.8	25	0.5	15	0.3
10〜5	94	2.0						
5〜3	227	4.7	125	2.4	109	2.0	87	1.6
3〜2	900	18.8	306	5.8	316	6.0	294	5.5
2〜1			1,031	19.6	1,109	21.0	1,183	22.3
1〜0.5	1,278	26.6	1,754	33.3	1,805	34.1	1,859	35.0
0.5 ha 未満	2,267	47.2	2,003	38.1	1,927	36.4	1,873	35.3
合　　計	4,803	100	5,261	100	5,291	100	5,311	100

注：北海道・沖縄を除く全国数値．50 ha 以上所有戸数は 2217 戸．『日本農業基礎統計』97，134，136 ページより作成．

ら 27.6% に増加している（自小作農は 41.8% から 39.7% に減少）．

1908 年の土地所有状態を見ると，表 7-4 のように，1 ヘクタール未満の零細所有者が圧倒的に多く，耕作規模でも 1 ヘクタール未満の小規模な零細耕作農民が多い（北海道は除く数値）．5 ヘクタール以上所有者は約 13 万戸あるが，5 ヘクタール以上耕作者は 4 万 2000 戸で，大土地所有者が貸付地主化していることをうかがわせる．5 ヘクタール以上の耕作者は，雇用労働力を用いる豪農あるいは富農層であるが，その数は 1908 年以降，年々減少する．1908 年以降は，中農標準化傾向（1〜2 ヘクタール耕作農家とその前後の階層が増加し，3 ヘクタール以上の富農層と 0.5 ヘクタール未満の零細農層が減少する傾向）が現れる（表 7-4 参照）．1908 年以前の時期の農民層分解の動向については，両極分解傾向を認める見解（大内力〔26〕158 ページなど）とそれを批判する見解（石井寛治〔2〕236 ページ，中村政則〔28〕133-41 ページなど）とがあるが，資料の制約から，確定しがたい．いずれにせよ，日本の農業は，土地耕作の面から見れば，自家労働力中心に小規模な耕地を耕作し，家計の維持を第一の目的とする（利潤獲得を経営目的とはしない）農民によって担われた，小農制として発展したのである．そして，小農が耕作する耕地のかなりの部分が，大地主の貸付地（小作地）である地主制が，土地所有の面から見た，日本農業の特徴となった．

地主制の特質 地主制の歴史的特質をめぐっては，それを「半封建的土地所有」とする見解と近代的土地所有にもとづく土地貸借関係とする見解とがある．前者の見解は，小作料が，現物納（田は米納が普通で，畑は金納もある）で，高率（収穫高に対する小作料の割合は1885年頃で，田は56.7%，畑は44.0%と推定される．大川一司他〔11〕9，96ページ）である事実を，封建社会いらいの身分的支配関係の残存（絶対王政にバックアップされた地主の社会的・政治的規制力＝経済外的強制の存在）から説明しようとする．あるいは，小作権（土地用益権，耕作権）にたいして所有権が優位にある状態（1896年公布・98年施行の明治民法では，小作権が物権ではなく債権とされ，第三者対抗力を持つための登記や譲渡・転貸が自由でない状態）が，近代的土地所有の未成立，「半封建的土地所有」の存在を示していると見る．これにたいして，後者の見解は，地租改正を経て近代的土地所有権は確立したとの評価のうえに，高率小作料を，耕地の賃借需要の強さから説明しようとする．つまり，後進国日本の工業における資本制生産の発達が，(1)はじめから労働節約的な技術を導入し，(2)軽工業を中心におこなわれたために，成年男子労働力の需要が相対的に小さく，農村人口を急激には吸収せず，農民層分解で生じた土地喪失農民が，農村に滞留し，小作地需要が強くなったと見るのである．

本書は，後者の見解を支持している．江戸時代の領主による身分的支配の下に形成された地主制（寄生地主制）は，「農民の土地への緊縛」によって離村が困難な状況に置かれた土地喪失農民が，年貢確保のために地主を利用しようとする領主の圧力を受けながら，高率小作料を納入するという封建的な性格のものであった．しかし，領主的土地所有が解体し，土地緊縛と年貢圧力が消失した後の明治期以降の地主制は，小作料の水準を旧時代から引継いだとはいえ，やはり，工業化の後進国的特質という経済的事情を主たる原因として発達した，近代的土地貸借関係と見るべきであると思われる．

再生産の構造

市場構造 資本制社会が確立する時期の日本経済の再生産の構造を概観してみよう．まず，最終需要（原材料など中間生産物を対象外にして，最

表 7-5　総需要の推移　(1885〜1910 年)

	年　次	民間 個人消費支出	民間 粗固定資本形成	政府 政府経常支出	政府 粗固定資本形成	輸出	合計 (総需要)
		%	%	%	%	%	% 1000 万円
構成比	1885 年	76.6	8.7	7.1	2.7	4.9	100 (85.1)
	1890	75.4	11.1	5.7	2.2	5.6	100 (115.3)
	1900	69.7	9.0	6.7	5.2	9.4	100 (274.7)
	1910	64.7	9.8	7.4	5.3	12.8	100 (458.3)
							(総需要増加額)
増加寄与率	年　年						1000 万円
	1885→1890	71.8	17.9	2.0	0.7	7.6	100 (30.2)
	1890→1900	65.6	7.5	7.3	7.4	12.2	100 (159.4)
	1900→1910	57.4	10.8	8.4	5.5	17.9	100 (183.6)

注：大川一司他『長期経済統計1　国民所得』178, 184-5 ページより作成，増加寄与率は総需要の増加額に対する各項の増加額の割合.「輸出」は「輸出と海外からの所得」.

終生産物・サービスにたいする需要を推計する）を，個人消費（家計による消費財・サービスの購入で，国民経済計算の国民総支出の中の個人消費支出として推計される），民間固定資本形成（企業による設備・建設投資，住宅建設），政府固定資本形成（政府による設備・建設投資），政府消費（政府による消費財・サービスの購入で，政府経常支出として推計される），輸出（商品・サービスの輸出）の 5 項目の合計としてとらえると，表 7-5 のようになる．総需要（名目額）は，1885 年から 25 年間で約 5.4 倍に成長しているが，物価上昇を差引くと，実質的には，約 2.5 倍の拡大と推定される．成長にたいする各項目の寄与率を見ると，個人消費支出の拡大の比重が最も大きい．1885 年から 1910 年にかけて，日本の人口は，3831 万人から 4918 万人に増え，1 人当り実質個人消費支出は，約 1.5 倍（大川一司他〔11〕6, 140-1 ページ）になった．第 2 次大戦後の高度成長期には，5 年間で 1 人当り実質個人消費は 1.5 倍になったから，これとくらべると，資本制社会確立期の消費需要拡大テンポはおそい．しかし，資本制確立期に，着実な国内市場の拡大が存在した事実は見逃せない．個人消費支出の拡大寄与率は年を追って減少するのにかわって，企業勃興期にあたる 1885 年から 1890 年への拡大では民間粗固定資本形成の寄与率が，日清戦争をはさんだ 1890 年から 1900 年への拡大では政府部門（経常支出・固定資本形成）の寄与率が，日露戦争をはさんだ 1900 年から 1910 年への拡大では輸出の寄与率が，それぞれ大きいのが特徴的である．総需要のなかで輸出つまり

表 7-6　国内生産の推移　(1885〜1910 年)

	年　次	農　林水産業	鉱工業	建設業	運輸・通信公益事業	商業・サービス業	合　計(純国内生産)
	年	%	%	%	%	%	%　1000 万円
構成比	1885	45.2	11.5	3.2	2.4	37.7	100　(75.0)
	1890	48.4	11.8	3.5	2.1	34.2	100 (102.4)
	1900	39.4	16.8	4.5	3.9	35.4	100 (217.7)
	1910	32.5	21.5	4.6	6.7	34.7	100 (344.8)
							(純国内生産増加額)
	年　年						1000 万円
寄与率	1885→1890	57.3	12.8	4.4	1.1	24.4	100　(27.4)
	1890→1900	31.4	21.2	5.3	5.5	36.6	100 (115.3)
	1900→1910	20.5	29.6	4.7	11.4	33.8	100 (127.1)

注：大川一司他『長期経済統計1　国民所得』202 ページにより作成．当年価格による純国内生産．寄与率は純国内生産の増加額に対する各産業の増加額の割合．

国外市場の占める割合は，1885 年の 4.9% から 1910 年には 12.8% に上昇し，資本制確立期の経済成長が，輸出拡大によって加速されていたことを示している．

産業構造　拡大する総需要にたいして，国内生産は，表 7-6 に示されるような構成変化をとげながら拡大した．構成比は低下傾向にあるものの，この時期の農林水産業の比重は大きい．耕地面積は，1885 年の 481 万ヘクタールから 1910 年には 558 万ヘクタールに増加し（大川一司他〔11〕9，216 ページ），米穀収穫量は，1880〜84 年平均の年間 448 万トン（10 アール当り収量 175 キロ）から 1905〜09 年平均の年間 713 万トン（同，248 キロ）に増加した（三和良一・原朗〔14〕16 ページ，表 17）．しかし，米供給は，需要の拡大に対応できず，1890 年代後半には，米輸出額を米輸入額が上回るにいたった．単位面積当り収量の増加は，品種改良，治水事業，施肥量増加などによるもので，とくに肥料投入の増加は著しく，全国の購入肥料使用量は 1910 年には，1885 年の約 3.5 倍に増加したと推定されている（大川一司他〔11〕9，186 ページ）．

鉱工業生産の増加は目覚ましく，生産量は，1885 年から 1910 年にかけて，約 3.5 倍に拡大した（大川一司他〔11〕10，145-7，263-5 ページより推計）．1900 年から 1910 年にかけての国内生産拡大に対する寄与率で，鉱工業が農林水産業を超えたことは，日本経済が，鉱工業部門を軸として成長する時代に入ったことを示すと言ってよかろう．とはいえ，それは資本制工場生産が圧倒的地位を占めたということではない．後掲表 9-8 に見るように，1910 年の生産額で，金属・機械・化学3部門の合計は全体の21.3%を占めるが，食料品は34%，繊維も33.6%を占めている．食料品では製糖，ビール，缶詰など移植技術による工業化を進めた分野もあるが，大部分は在来技術による小規模生産であり，繊維も前述したように織物業では在来技術による家内工業が多かった．1909年の工業有業者構成では，5人以上の工場で働く労働者は91.7万人でそれ以外の仕事場で働く労働者が242万人，つまり工場労働者は工業労働者の27.5%に過ぎないことが指摘されている（沢井実・谷本雅之〔4〕147ページ）．

この時期の日本経済は移植産業と在来産業が共存しながら成長する姿を呈していた．移植産業と農業を含めた在来産業の共存状態は，日本経済の不均衡成長を示すものとの見解があり，産業間の有機的関連が不充分な「分断的構造」と判定される場合（高村直助「産業・貿易構造」大石嘉一郎〔39〕上）もあるが，明治期には「均衡成長」が実現したとの見解（中村隆英〔6〕）もあり，「複層的経済発展」と評価される場合もある（沢井実・谷本雅之〔4〕）．本書では，個人消費支出の拡大に対応した在来産業の成長を重視する立場をとりたい．

貿易構造　総需要の拡大とともに，国外からの供給，つまり輸入も拡大し，輸出入の不均衡，輸入超過が大きくなった．1890〜94年の5年間の商品輸出入は約800万円の黒字であったが，1895〜99年の5年間合計では2億2000万円の赤字（入超）となり，1900〜04年の5年間合計は，入超1億7900万円で，やや収支改善傾向が見られたが，1905〜09年の5年間では，2億6300万円に入超額は拡大した（表7-7参照）．主要な商品群ごとの輸出入とその収支を見ると，絹（中心は生糸）の輸出超過分が，順調に拡大していること，絹の黒字は鉄鋼・機械の輸入超過分をはるかに上回っていることが，まず確認できる．重工業の未成熟なところを，輸出製糸業が十二分に補っているわけである．綿は，輸出額を急速に伸ばし，綿輸入額（綿花が主）に対する綿輸出額（綿糸布が主）の割合は，1890年代前半期の4.8%から，1900年代後半期の42.6%にまで上昇してはいるが，なお，輸入超過分は年々拡大している．これは，国内の綿製品消費が，人口増加と消費水準上昇とともに拡大した結果であり，米・砂糖・毛（毛織物・羊毛が主）の入超拡大も同じ理由であり，また，肥料の入超拡大も同様である．つまり，国内市場の拡大とともに，消費財関係の輸入が大きくなり，絹・綿の輸出拡大にもかかわらず，輸入超過は大幅

表 7-7　貿易の推移　（商品群別輸出入・収支，1890-94～1905-09 年）

	5カ年間	米	砂糖	綿	毛	絹	鉄鋼	機械	肥料	その他	合計
		1000万円	1000万円	1000万円	1000万円	1000万円	1000万円	1000万円	1000万円	1000万円	1000万円
輸出	1890～94	2.2	0	0.6	0	20.2	0	0.1	0	19.9	43.0
	95～99	3.7	0	8.4	0	33.4	0	0.2	0	34.1	79.8
	1900～04	2.7	0.1	16.5	0	54.9	0	0.7	0.1	57.4	132.4
	05～09	2.0	2.6	25.9	0.1	75.2	0	2.5	0.2	88.4	196.9
輸入	1890～94	3.0	5.0	12.6	3.4	0.1	1.8	3.4	0.3	12.6	42.2
	95～99	8.6	9.1	30.2	6.8	0.8	5.7	9.8	2.2	28.6	101.8
	1900～04	15.0	11.9	42.2	8.5	0.9	10.0	9.4	5.0	47.4	150.3
	05～09	14.1	9.0	60.8	14.1	1.3	17.9	18.4	14.9	72.7	223.2
収支	1890～94	△ 0.8	△ 5.0	△12.0	△ 3.4	20.1	△ 1.8	△ 3.4	△ 0.3	7.3	0.8
	95～99	△ 4.8	△ 9.1	△21.7	△ 6.8	32.6	△ 5.7	△ 9.6	△ 2.2	5.5	△22.0
	1900～04	△12.4	△11.8	△25.7	△ 8.5	54.0	△10.0	△ 8.7	△ 4.9	10.0	△17.9
	05～09	△12.1	△ 6.4	△34.9	△14.0	73.9	△17.9	△15.9	△14.8	15.7	△26.3

注：綿は綿花・綿糸・綿織物・綿製品（ハンカチーフ・シーツ・シャツ等），毛は羊毛・毛糸・毛織物，絹は繭・生糸・絹織物・絹製品，鉄鋼は鉄鉱石・銑鉄・鋼塊・鋼材の合計，『日本貿易精覧』等より作成，△は輸入超過を示す．

になったわけである．

貿易収支の改善のためには，輸出の拡大と輸入の抑制が必要である．輸出拡大は，勢力圏拡張の方向に結びついた．輸入抑制は，1900 年代後半期の米・砂糖収支の改善が示すように食料・原料供給基地としての植民地の獲得によって実現される面があった．しかし，輸入抑制の鍵は，やはり，輸入品の国内生産化であり，重化学工業をはじめとする未成熟な産業部門の発展が，日本経済の大きな課題になった．

金融構造　この時期の産業に資金を供給する仕組みを見てみよう．1910（明治 43）年の会社企業は 1 万 2308 社（払込資本金額 14 億 8140 万円）でこのうち株式会社は 5026 社（12 億 4449 万円），合資会社は 4783 社（9621 万円），合名会社 2499 社（1 億 4070 万円）であり，株式会社が払込資本金の 84% を占めていた（三和良一・原朗〔14〕85 ページ）．1910 年の銀行（普通銀行・貯蓄銀行）の貸出金合計は 14 億 2090 万円（表 7-8 参照）であるから，資金調達において株式・持分などによる直接金融の役割は大きかった．とはいえ，前に触れたように，当時の株式会社制度では，資本金の分割払込が普通であり，株主は株式を担保に銀行から追加払込資金を調達したから，直接金融も銀行融資に支えられた面があった．銀行の株式担保金融については，1910 年で民間銀行融資の 38.6% が株式担保であったとの推計がある（石井寛治〔3〕55 ペー

表 7-8　金融機関の構成　（1890〜1910 年）

年末	国立銀行		私立・普通銀行		貯蓄銀行		特殊銀行	
	行数	貸出	行数	貸出	行数	貸出	行数	貸出
		100 万円		100 万円		100 万円		100 万円
1890	134	157.9	217	39.5			1	6.8
1895	133	286.9	792	89.2	86	2.7	1	8.7
1900			1802	662	419	63.7	50	84
1905			1697	796.4	481	101	51	150.9
1910			1618	1249	474	171.9	52	317.6

注：特殊銀行は，横浜正金銀行，日本勧業銀行，農工銀行，台湾銀行，北海道拓殖銀行，日本興業銀行，朝鮮銀行．『明治以降本邦主要経済統計』196, 198, 202, 204 ページより．

ジ）．

銀行の構成は表 7-8 の通りであり，国立銀行は営業期間満了になり次第解散・改組し 1899 年で消滅した．貯蓄銀行は 1893 年の貯蓄銀行条例に基づいて設立された複利の預金を受け入れる銀行である．1910 年で銀行（普通銀行・貯蓄銀行・特殊銀行）貸出合計の 71.8% を占める普通銀行は，資産家層，都市商人，寄生地主などの遊休資金を産業資金に動員する仲介役として重要な役割を果たした．しかし，預金吸収力の弱さを日本銀行からの借入で補いながら資金供給をおこなったので「鞘取り銀行」と呼ばれたり，銀行出資者が関係する会社への無担保貸出が大きくなって「機関銀行」と呼ばれるような特徴をもつものもあった（加藤俊彦〔18〕）．

特殊銀行は貿易金融をおこなう横浜正金銀行に次いで，農業不動産金融機関として日本勧業銀行，農工銀行，工業金融機関として日本興業銀行，植民地銀行として台湾銀行，朝鮮銀行などが設立された．しかし農業金融機関として構想された日本勧業銀行と府県の農工銀行は期待された役割を果たせず，日本興業銀行も外資導入と対外投資の機関化した．日本勧業銀行や日本興業銀行は金融債を発行して資金を調達した．

1874 年の駅逓局貯金に始まる郵便貯金は 1910 年末残高で 1 億 6103 万円に達し，その運用は大蔵省預金部が担当して国債・地方債を引き受けたが，勧業銀行債・農工銀行債・興業銀行債の引受も開始した．郵便局を介して零細な資金が吸収され，一部は産業資金として供給されたのである．

産業資金供給の中軸は日本銀行であった．日本銀行の国内民間貸出（定期貸・当座貸・手形割引）は1897年には民間銀行の貸出残高の32.1％に相当していた（神山恒雄「財政政策と金融構造」石井寛治・原朗・武田晴人〔38〕，99ページ）．前述した担保品付手形割引（60ページ）は，1897年から見返品付手形割引に変わった．これは，日本銀行が金本位制採用に際して，金融政策の転換を上申し，政府もこれを了承した結果で，その狙いは見返品付手形割引の利用を抑制して市中銀行の日本銀行借入依存からの脱却を促すところにあった（日本銀行〔19〕第2巻第3章1．金本位制の採用と金融政策の転換）．ところが，実態としては，日本銀行の民間貸出額は1899，1900年頃をピークに傾向的に低下したものの，1907年から1911年の5年間累計で日本銀行の手形割引高のうちの見返品付手形割引の割合は89.1％であり，見返品付手形割引は対民間貸出の主要経路であった（日本銀行〔19〕第2巻56-57ページ）．

8 | 第 1 次世界大戦と日本経済

1910 年代初期の経済

国際収支の悪化

1910 年代に入ると，国際収支の不均衡，経常収支の赤字が大きくなった．日露戦争後の 1906 年から 1909 年までの 4 年間は，貿易収支赤字 1 億 1120 万円（4 年間合計以下同じ），経常収支赤字 7610 万円であったのにたいして，1910 年から 13 年までの 4 年間は，貿易収支赤字 2 億 2130 万円，経常収支赤字 3 億 9300 万円と大幅になった（大川一司他〔11〕14，222-4 ページによる．植民地との移出入も，輸出入に含めた数値）．貿易収支の赤字が，国内市場拡大にともなうものであることは前に見たが，ここで，1912 年の貿易を，商品群と貿易相手国の両面から検討しておこう．表 8-1 は，商品群ごとの輸出入収支を地域・相手国別に算出したものである．大きな特徴は，(1)中国・朝鮮・台湾との関係は，食料品入超・繊維など出超という先進国型貿易（素材輸入・製品輸出）のかたちを示して大幅な黒字になっているのにたいして，(2)ヨーロッパとの関係は，繊維出超，機械・金属等入超という後進国型貿易（軽工業製品輸出・重工業製品輸入）のかたちをとって，大幅赤字になっており，(3)インドなどのアジア地域との関係は，先進国型ではあるが，食料品・繊維（とくに綿花）の入超が巨額になっており，(4)アメリカとの関係は，後進国型であるが，繊維（とくに生糸）の出超が巨額になっている（アメリカ綿花輸入が巨額であるにもかかわらず）ことの 4 点である．欧米にたいする後進国型貿易からの脱却，アジアにたいする先進国型貿易の一層の徹底がまだ進行途上にある時期に，大幅な貿易収支赤字が現れたわけである．これに，外債利払い増加などの要因が加わって，経常収支は大きな赤字になった．

表8-1　貿易の構造　(1912年)

	商品群 / 地域・国名	輸出入収支						構成比	
		食料品	繊維	機械	金属	その他	合計	輸出	輸入
		100万円	100万円	100万円	100万円	100万円	100万円	%	%
輸出入収支	アジア	△80.4	△9.1	8.6	8.6	49.3	△23.1	49.0	47.3
	中国	△14.7	55.1	2.6	4.4	14.4	61.9	23.3	11.8
	朝鮮・台湾	△25.5	23.2	3.8	4.0	15.6	21.0	13.8	9.3
	インド他	△40.3	△87.4	2.2	0.2	19.3	△106.0	11.9	26.2
	ヨーロッパ	0.4	25.3	△38.5	△38.4	△35.0	△86.2	19.3	29.9
	イギリス	0.1	△18.7	△24.3	△23.5	△19.9	△86.4	4.9	17.0
	ドイツ	△0.7	△6.6	△12.3	△13.9	△14.1	△47.6	2.2	9.0
	他	1.1	50.6	△2.0	△1.0	△1.0	47.7	12.2	3.9
	アメリカ	10.1	66.9	△10.5	△10.1	△10.0	46.3	28.8	19.0
	米国	7.9	64.2	△10.3	△10.2	△9.9	41.7	27.6	18.6
	他	2.2	2.7	△0.2	0.1	△0.2	4.6	1.2	0.4
	アフリカ・大洋州・他	4.1	△7.6	0	△2.8	△1.7	△8.0	3.0	3.8
	オーストラリア	0.3	△3.7	0	△2.8	2.0	△4.2	1.4	1.9
	他	3.8	△3.9	0	△0.1	△3.6	△3.8	1.6	1.9
	全地域	△65.8	75.4	△40.4	△42.8	2.6	△71.0	100	100
構成比		%	%	%	%	%		100万円	100万円
	輸出	11.8	55.3	1.5	5.9	25.4	100	611.1	
	輸入	20.2	38.5	7.2	11.6	22.4	100		682.1

注：行沢健三・前田昇三『日本貿易の長期統計』140-9ページより作成．食料品は食料品等（X1，M1），繊維は繊維品（X3）と繊維原料（M2）・繊維製品（M8-3），機械は機械機器（X8，M7），金属は金属品（X7）と金属原料（M3）・鉄鋼（M8-1）・非鉄金属（M8-2）で金属製品輸入はその他に含まれる．

外資の導入

経常収支の赤字は，外資導入と正貨流出によって補われた．明治初期政府の外資排除方針は，日清戦争時まで継続され，日本は世界でも珍しく外資に依存せずに産業革命を進めた．日清戦争賠償金で金本位制に移行後，戦後経営の財源として内国債のロンドン市場での売却（1897・1902年）と外債の募集（1899年）による合計1億9000万円の外資導入がおこなわれた．日露戦争の戦費調達のための4回にわたる戦時外債募集（10億4000万円）の後，1906年から1913年の間に，借換債も含めて，国債約6億1300万円，地方債1億7400万円，満鉄・東洋拓殖など政府関係社債約2億円，合計9億8700万円が，ロンドンを中心に発行された．導入外資は，鉄道建設など国内インフラ整備に向けられるとともに，植民地開発と海外事業の拡大にも投入された．

1899年の条約改正で「内地雑居」が許容され外国人の直接投資も解禁され

表8-2　対外債務・債権対照表　(1914, 18年)

債務	1914.7末	1918末	債権		1914.7末	1918末
	100万円	100万円			100万円	100万円
外債発行高	1,525	1,313	対外貸付	対中国借款	55	326
流出内国債見込	86	32		その他	0	541
地方債発行高(13年末)	177	169	外国証券放資		7	194
社債発行高(〃)	167	166	企業放資	満州	282	556
外国人内地株式放資(〃)	22	27		その他	103	309
計	1,977	1,706	総計		447	1,925
〔控除〕外債（国債・地方債・社債を含む）本邦人所有高見込	14	68				
総計	1,963	1,638				

注：『近現代日本経済史要覧（補訂版）』100ページ.
原資料は『日本金融史資料・明治大正編』第22巻.

たが，直接投資は，1913–14年時点で日本製鋼所（72ページ参照），大阪瓦斯，東京電燈，芝浦製作所，日本電気など少数の企業に限られていた（村上勝彦「貿易の拡大と資本の輸出入」石井寛治・原朗・武田晴人〔38〕）.

正貨現在高は，1906年末の4億9500万円から，1912年末には，3億5000万円に減少した．第1次世界大戦の直前の時点で，日本の対外債務・債権を整理すると，表8-2の通りで，1914年7月で，日本は約15億1600万円の債務超過国であった．年間輸出額の2倍以上の債務をかかえ，経常収支が赤字基調にあった日本経済は，国際収支の危機に直面していたのである.

関税改正と商権回復

国際収支改善の方法のひとつである関税政策に関しては，新通商航海条約が発効する1899年に関税定率法が施行され，さらに関税自主権がほぼ回復された1911年には改正関税定率法が施行された．改正法は，原料関税を軽減し，製品関税を引き上げる国内工業保護政策を指向していたが，保護関税は，精糖・ガラス・洋紙・ペイントなどが対象で，まだ，鉄鋼・機械などには及んでいなかった．農業保護を名目に地主層が主張した米穀関税引き上げは，米価・生計費の高騰が輸出工業の競争力を減少させるとの資本家層の反対を押し切って実現された．1899年，1906年，1911年と関税定率法の制定・改正を経て，関税率は，1898年の3.7%（有税品輸入総額に対する輸入関税総額の割合）から，1912年の18.6%まで上昇した．関税自主権の回復は，保護関税を可能にすると同時に，関税収入を増やして財政にも好影響をもたらした．1898年度の関税収入909万円（租税収入の9.3%）は

1912年には6850万円（租税収入の19%）になった．

貿易活動における外国企業の優位も，日本企業の発達とともに後退し，商権回復が進んだ．貿易の取扱高のなかで，日本商がおこなう直（じき）貿易の割合は，1880年で，輸出13.4%，輸入2.6%であったが，1900年には輸出35.9%，輸入39.2%にまで拡大した（農商務省『大日本外国貿易四十六年対照表』）．神戸港貿易では，1911年で，日本商取扱割合は輸出51.5%，輸入63.8%になった（朝日新聞社〔8〕236ページ，全国数値は1901年以降不詳）．外国貿易貨物の輸送においても，日本船の積取比率は1913年に49.1%となり，第1次大戦勃発の1914年に56.9%と過半を制するにいたった（前掲表6-6参照）．

税権・商権の回復は国際収支改善の要因とはなったが，なお国際収支の危機は解決されなかったのである．

工場法と労働運動

鉱工業部門における資本制生産の発達とともに，鉱山・工場で働く労働者が増加した．1909（明治42）年で職工5人以上の民間工場の労働者数は78万人（うち男子30万人）であったが，1914（大正3）年には，表8-3のように，94万人となり，官営工場も含めて，鉱工業の企業労働者は137万人となった．産業別には，紡織業労働者が多いこと，男女別では，女子労働者が多いことが目立つ．また，重工業部門で官営工場労働者が多いことも大きな特徴である．さらに，このような工場労働者のほかに，零細企業や家内工業の労働者が大量に存在していた．労働者の賃金は，日露戦争後，実質的に上昇する傾向にあったが，一般的には，労働者の供給源であった農村の生活水準の低さに規定されて，低い水準にとどまっていた（1914年の製造業平均1日当り賃金は，男子65銭・女子33銭，同年の白米小売価格は1升＝1.425 kg約21銭，大川一司他〔11〕8，153，243ページ）．賃金以外の労働条件も，一般的には劣悪で，不良な労働環境のもとでの長時間労働が普通であった．

政府は，1911年に工場法を公布し，幼年労働者（12歳未満）の就業禁止，年少労働者（15歳未満）・女子労働者の就業時間制限，労働環境改善命令権などを規定した（1916年に施行）．しかし，女子深夜業禁止条項には，紡績業などの反対を考慮した例外規定が設けられ，その例外規定削除にはなお時間がかかった（1923年工場法改正，1929年7月実施）．

表 8-3 鉱工業等労働者の推移

(1914, 24, 34年)

業種別		1914年	1924年	1934年
		万人	万人	万人
民営工場	食料品	7.7	16.9	14.8
	(うち男子)	(6.4)	(11.9)	(12.1)
	紡織	58.3	96.7	102.8
	(うち男子)	(8.8)	(18.8)	(20.8)
	化学	4.0	10.5	19.2
	(うち男子)	(2.9)	(7.2)	(12.5)
	金属	2.8	10.1	19.0
	(うち男子)	(2.5)	(9.0)	(17.5)
	機械	7.4	23.1	30.8
	(うち男子)	(7.2)	(22.2)	(28.4)
	その他	13.9	21.0	28.9
	(うち男子)	(9.9)	(16.2)	(22.6)
	小計	94.2	178.3	215.5
	(うち男子)	(37.8)	(85.3)	(113.9)
官営工場	金属	1.4	2.6	0.1
	機械	8.3	8.2	9.6
	その他	4.0	5.4	8.0
	小計	13.8	16.2	17.7
工業合計		107.9	194.5	233.2
鉱業		29.4	30.5	23.6
鉄道業		15.0	27.0	30.2
海運業		23.4	41.8	16.9
電力業		3.0	5.7	8.0
〔参考〕総計		178.8	299.6	311.9

注：民営工場は職工5人以上の工場で『工業統計50年史・資料編1』4-12ページ．官営工場1924，34年も同書288-96ページ，1914年の官営工場は『第31次農商務統計表』370-4ページ．鉱業は金属精錬を含む数値で1934年については0.8万人だけ民営金属工場と重複がある(『日本労働運動史料』第10巻，174-5ページ)．鉄道業・電力業は南亮進『長期経済統計12 鉄道と電力』200-1ページ．海運業は船員手帳受有者数で『日本労働運動史料』第10巻，188ページ．

労働運動も，1897年の労働組合期成会結成頃から，近代的運動として現れ，ストライキも，1907年には60件（参加人員1万1483名）が記録されている(『日本労働運動史料・第10巻』440–1ページ)．1912年には，友愛会が結成され，全国的労働者組織に成長しはじめた．政府は，1900年に治安警察法を公布し，ストライキ扇動の禁止（第17条）などを規定し，労働運動の抑圧をはかった．

景気変動 1890（明治23）年恐慌以降，日本経済は，景気変動を経験しながら成長を続けてきた．国民総生産の対前年増加率を，名目粗国民支出の3カ年移動平均値について算出してグラフ化すると，図8–1のようになる．日清戦争後，1897〜98年の第1次戦後恐慌を経て1900〜01年に第2次恐慌が起こった．日露戦争後は，1907〜08年に戦後恐慌が発生した．1900年，1907年の世界恐慌が，欧米への生糸輸出の減少・中国への綿糸輸出の減少を介して，日本に波及したのである．

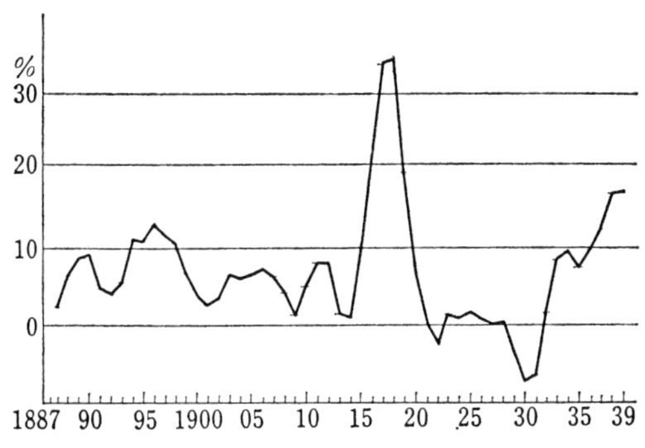

注：粗国民支出（当年価格）の3カ年移動平均値の対前年増加率．原資料は大川一司他『長期経済統計1　国民所得』178ページ．

図8-1　国民総生産の対前年増加率（1887〜1939年）

日露戦後恐慌のあと，1910年には，借換外債発行による金融の緩慢化・金利下落によって，一時的に景気は好転し，「中間景気」が出現した．しかし，1912年下半期からは景気は沈滞し，さらに，1913年には，北日本が大凶作（北海道・青森県では米穀が平年作の20%前後に激減）に見舞われた．国際収支の危機が進むなかで，日本経済は，「行詰り」状態に陥ったのである．

大戦ブーム

輸出の拡大と正貨蓄積　1914（大正3）年7月の第1次世界大戦の勃発は，日本経済を，まったく新しい局面にみちびいた．

大戦当初は，重要物資の輸入途絶・生糸輸出の停滞が懸念され，むしろ不況が深刻化する傾向も見られたが，1915年からは，輸出の拡大とともに，大戦ブームが出現した．

輸出は，①連合国（英・仏・露）の軍需品・食料品需要，②交戦諸国の輸出が減退して一種の空白地帯となり，さらに，戦略物資（スズ・生ゴムなど）輸出で活況を呈したアジア諸国などの日本製品需要，③大戦景気にともなうアメリカの生糸需要の3要因によって，急激に拡大した．

海運業の運賃など貿易外受取も急増して，1915年から5年間は，日本（植民地を含む日本帝国）の経常収支は大幅な黒字となり，5年間合計黒字額は，

表 8-4　国際収支と正貨保有高の推移　(1913〜20年)

年次	貿易収支			貿易外収支			経常収支	正貨保有高(年末)
	輸出	輸入	収支	受取	支払	差引		
	100万円	100万円	100万円	100万円	100万円	100万円	100万円	100万円
1913	651.3	779.3	△128.0	148.8	159.4	△10.6	△138.6	376
14	610.5	633.6	△23.1	144.2	150.6	△6.4	△29.5	341
15	733.1	563.6	169.5	223.9	154.7	69.2	238.7	516
16	1,192.4	800.3	392.1	422.5	158.1	264.4	656.5	714
17	1,703.9	1,088.5	615.4	594.4	219.1	375.3	990.7	1,105
18	2,032.0	1,745.2	286.8	877.5	317.0	560.5	847.3	1,588
19	2,221.7	2,336.4	△114.7	850.1	410.0	440.1	325.4	2,045
20	2,077.9	2,503.3	△425.4	770.4	415.8	354.6	△70.8	2,178

注：朝鮮・台湾を含む日本帝国の収支．山澤逸平・山本有造『長期経済統計 14　貿易と国際収支』234-5ページにより作成．正貨保有高は『明治以降本邦主要経済統計』169ページ．

30億5900万円に達した（表8-4参照）．政府と日本銀行が所有する正貨（在外正貨も含む）は，1913年末の3億7600万円から，1920年末の21億7800万円に増大した．対外債権・債務関係も，1918年末には，2億8700万円の債権超過になり，日本は債務国から債権国に転化した（前掲表8-2参照）．第1次世界大戦によって，日本の国際収支の危機は，ひとまず切り抜けられたのである．

経常収支の黒字は，正貨流入による通貨供給量の増大とそれにともなう物価騰貴の発生を危惧させた．政府は財政資金によって外貨を買い上げ，在外正貨として保有する金（正貨）不胎化政策を実施した（伊藤正直〔42〕53ページ）．大戦によってフランス，ドイツなどは金本位制を停止したが，日本は，1917年4月に参戦したアメリカが9月に金輸出を禁止したのに対応して，金の輸出を禁止し，金本位制を停止した．

諸産業の活況　大戦ブームは，まず海運業の活況からはじまった．海上運賃と傭船料が高騰し，それとともに船価は急上昇して，造船業がブームに入った．つづいて，輸入が途絶したために供給不足となった薬品・染料など化学品工業，鉄鋼業，機械工業が活況を呈し，ややおくれて，輸出拡大に刺激された織維業が活況に入った（綿業では，1917年から綿布輸出額が綿糸輸出額を上回るようになった）．企業の新設・拡張が盛んに計画され，大戦終結の1918年の年間投資計画額は，開戦の年，1914年の10倍以上に達した（表8-5参照）．船舶保有量・汽船建造量は急増し，その他の鉱工業部門の生産活動も大幅に拡大した（表8-6参照）．しかし，大戦中には，鉄鋼・機械などの国外

表 8-5　事業新設・拡張計画の動向

(1914, 18, 19 年)

事業別	1914年	1918年	1919年
	100万円	100万円	100万円
海運業	19.3	196.0	195.5
鉱業	16.7	297.8	289.4
重化学工業　化学	14.6	185.2	249.3
重化学工業　造船	0.2	58.0	22.4
重化学工業　金属	1.3	137.4	44.7
軽工業　紡績業	1.7	33.5	260.2
軽工業　織布業	3.2	115.2	213.9
銀行業	52.0	240.5	642.6
鉄道業	31.2	73.7	217.1
電力業	31.0	155.8	461.0
その他とも合計	250.8	2,676.9	4,068.5

注：1件10万円以上の新設・増資・起債の計画を集計した数値.『明治以降本邦主要経済統計』350-1ページ．高橋亀吉『大正昭和財界変動史』(上) 97ページより作成.

からの供給が縮小したために，設備投資と素材入手に隘路が発生し，計画通りの設備・生産の拡張は実現されなかった.

中国進出

1914（大正3）年8月に，日本はドイツに宣戦を布告して第1次大戦に参加した．膠州湾のドイツ租借地を攻略した日本は，ドイツ権益の継承を狙い，さらに，一層の権益拡大を意図して，1915年1月に，中華民国大総統袁世凱に，対華21カ条要求を提示した．山東省のドイツ権益の継承，南満州・東内蒙古に関する要求，中国政府への日本人顧問傭聘などが主な内容であった．アメリカ・イギリスの反発を考慮しながら，日本は，日本人顧問傭聘などの部分を除いた修正要求を中国に最後通牒を発して承認させた（1922年のワシントン会議で，日本は山東省権益を放棄した）．日本の露骨な中国進出への態度は，中国の対日感情を悪化させ，反日運動の高揚を招いた．さらに，日本（寺内正毅内閣）は，国内が政治的に分裂していた中国の北方軍閥政府（北京の段祺瑞政府）に対して，1917年から18年にかけて，総額1億4500万円の経済借款（日本興業銀行・台湾銀行・朝鮮銀行3行を債権者とした借款で，媒介者西原亀三〈寺内首相の私設秘書〉の名をとって西原借款と呼ばれる）を供与し，権益の強化をはかった（反日反段運動などで段が失脚したので，西原借款のうち1億4000万円は，回収不能となり，政府は1926年から公債交付によって3銀行の債権を引き継いだ）．紡績業の中国での工場経営（在華紡）も，第1次大戦を画期に急拡大した（高村直助〔43〕，西川博史〔22〕）.

表 8-6　主要品生産量の推移　(1913〜29年)

		1913年	1919年	1920年	1924年	1929年
船舶保有量(万総トン)		152.8	287.0	304.7	356.5	386.2
汽船建造量(万総トン)		5.5	63.6	48.7	8.5	9.9
(生産量)	銑　鉄(万トン)	24.0	59.6	52.1	58.6	108.7
	粗　鋼(万トン)	38.2	81.3	81.1	110.0	229.4
	綿　糸(万トン)	27.5	34.9	33.0	37.6	50.7
	綿　布(億ヤード)	4.2	7.4	7.6	10.3	15.4
	生　糸(万トン)	1.4	2.4	2.2	2.8	4.2
	石　炭(百万トン)	21.3	31.3	29.2	30.1	34.3

注：『明治以降本邦主要経済統計』98-100, 106, 120ページ,『統計からみた日本鉄鋼業100年間の歩み』4ページ,『現代日本産業発達史11 繊維（上）』付表50, 54ページより作成. 綿布は紡織会社兼営織布生産高, 生糸は玉糸を含む生産高.

日本の帝国主義　第1次大戦を経て日本は帝国主義国としての形を整えたといえる. 1900年代から進み始めた財閥のコンツェルン化（直系会社の株式会社化）は, 三井では1911年の三井鉱山, 三菱では1921年の三菱電機, 住友では1923年の住友倉庫・住友ビルで完了し, 新興財閥（新興コンツェルン）も, 野口遵（したがう）が日本窒素肥料（1908年設立）鏡工場を1914年に完成させ, 鮎川義介（よしすけ）が1920年に日立製作所を分立させ, 森矗昶（のぶてる）が1917年に東信電気を設立し, 中野友礼（とものり）が1918年に日本曹達を設立するなど活動を開始した. 紡績業では, 三重・大阪紡績が1914年に合併して東洋紡績が, 尼崎・摂津紡績が1918年に合併して大日本紡績が誕生して, 鐘淵紡績との3大紡体制が確立した（1918年工業会社資産ランキングで3社は4〜6位を占める. 経営史学会編〔30〕422ページ). 国内で独占体制が固まり, 重化学工業も発達させた日本は, 帝国主義列強に最後に仲間入りしたのである.

休戦と反動恐慌

米騒動　第1次大戦中の1917（大正6）年にロシア革命が起こり, 世界で最初の社会主義国が誕生した. 社会主義政権の成立をきらって, 資本主義列強諸国は, 反革命勢力を支援する革命干渉をおこなった. 極東地帯では, 反革命軍となったチェコスロヴァキア軍団の捕虜救済の名目で, 連合国によるシベリア出兵がおこなわれた. 日本は, イギリス, アメリカからの出兵要請をうけて，1918年8月2日に，シベリア出兵を宣言した（革命干渉は結局失敗し，1920年1月にアメリカは撤兵を声明し，各国もこれにつづいたが，日本は1922年までシベリア派兵をつづけた）.

第1次大戦ブームとともに，物価騰貴が起こるなかで，米価は，1914年いらいの連続豊作で，1917年春頃までは，大戦開始前の水準（1石20円前後）を下回っていたが，その後上昇が目立ちはじめた．1918年7月に1石30円台になった米価は，シベリア出兵が宣言された8月には39円以上に暴騰した（深川正米相場）．7月23日の富山県魚津町の漁民妻女の米穀の県外船積み中止要求にはじまる米騒動が，8月中旬をピークに，全国的に発生した（1918年7月〜9月に，全国の37市134町139村で民衆の暴動や示威行動がおこなわれた）．米騒動の結果，寺内内閣が倒れ，1918年9月に原敬政友会内閣が成立し，大正デモクラシーと呼ばれる時代が開かれた．

戦後景気　1918（大正7）年11月には，ドイツで革命が起こり，皇帝は退位し，休戦協定が結ばれて，第1次世界大戦は終わった．戦争終結は，日本の大戦ブームに冷水をあびせたが，ヨーロッパ交戦国の復興が容易でないことが判明し，また，アメリカの好景気の持続と中国市場への輸出の好調に支えられて，1919年夏頃から，大戦期を上回るほどの好景気が訪れた．1919年の好況では，重化学工業部門ではなく，繊維業や電力業が中心的な担い手になっていた（前掲表8-5参照）．同時に，綿糸布・生糸・米などの商品投機，土地投機，株式投機が広汎に発生した．1919年7月にアメリカが金本位制に復帰し，正貨流入の途が開かれたので，為替銀行等が正貨を取り入れ，日本銀行の正貨準備は急増し，日銀券発行高も激増したことが，投機を過熱させることとなった（1919年6月で日銀券発行高10億8031万円，正貨準備7億537万円，1919年12月で，日銀券発行高15億5510万円，正貨準備9億5198万円，日本銀行〔19〕第2巻，549ページ）．政府は，投機的物価騰貴の抑制のために，公定歩合の引上げ（1919年10月，11月），生活物資の輸入税減免，綿糸の輸出許可制などを実施した．

1920年恐慌　1920（大正9）年3月15日の東京株式市場の大暴落，4月7日の大阪の増田ビルブローカー銀行の破綻，つづく株式・商品市場の暴落（表8-7参照），銀行取付（とりつけ）の続出（1920年4月〜7月の取付行数169行，う

表 8-7 1920年恐慌の諸指標 （1920年各月中の最高・最低値）

		最高（月）	最低（月）
株式	東京株式取引所 売買株数（万株）	658 (3)	143 (7)
	〃 1株平均価格（円）	188.2 (1)	76.7 (10)
	〃 東株価格（円）	549.0 (3)	100.5 (9)
	大阪株式取引所 売買株数（万株）	286 (3)	60 (8)
	〃 1株平均価格（円）	260.8 (3)	114.4 (10)
	〃 大株価格（円）	510.1 (3)	87.2 (10)
商品	東京卸売物価指数	425 (3)	272 (12)
	米（東京・正米）（円）	54.6 (1)	26.3 (12)
	綿糸（大阪・先物）（円）	649.1 (3)	221.1 (10)
	綾木綿（大阪・現物）（円）	22.5 (3)	7.3 (12)
	綿花（大阪・米綿現物）（円）	145.5 (3)	58.0 (12)
	生糸（横浜・現物）（円）	4,360 (1)	1,100 (7)
	銑鉄（東京）（円）	151.7 (3)	95.0 (10)
	電気銅（大阪）（円）	59.6 (1)	39.0 (12)

注：『日本経済統計総観』997，1020，1047，1058，1123-4，1165，1175，1180，1183-4，1187-8ページより作成.「東株」は東京株式取引所株式，「大株」は大阪株式取引所株式. 米は1石，綿糸は180 kg，綿花は100ポンド，生糸は60 kg，銑鉄は1トン，電気銅は60 kg当りの価格.

ち休業21行）というかたちで，戦後反動恐慌（1920年恐慌）が勃発した．6月には欧米でも反動恐慌が起こり，その影響を受けて，日本の恐慌は深刻化した．輸出と生産活動は，前掲表8-4，8-6に見られるように縮小した．投機ブームの崩壊は，商社・商人に大きな打撃を与えた．鈴木商店をはじめ，久原商事・古河商事・高田商会などは，のちの破綻につながる損失をこうむった．鈴木商店は，1877年ころに砂糖商として神戸で開業し，台湾の樟脳油販売権を獲得してから，番頭金子直吉の指揮のもとで，急成長し，貿易業を軸に樟脳製造・製糖・製鋼・製粉など製造業に進出，コンツェルン化していった．第1次大戦が始まると，投機的な商業で規模を拡大し，1917年の年商は三井物産を凌ぐにいたった．金子は，三井・三菱と並んで天下を3分するとの意気込みを示したが，大戦終結時の市況判断を誤り，巨大な損失を抱えることとなった．また，横浜の貿易商茂木商店は倒産し，その機関銀行七十四銀行も休業し，生糸金融に悪影響を及ぼした．同じく横浜の貿易商増田貿易と阿部商店も破綻し整理に入った．綿糸商も大きな打撃をこうむった．

政府は，日本銀行等の救済融資（株式市場・商品市場・銀行・製糖業・製鉄業・産銅業などが対象，合計2億5500万円，日本銀行調査局「世界戦争終了後ニ於ケル本邦財界動揺史」『日本金融史資料・明治大正編』第22巻605ページ）によって，恐慌の沈静化をはかった．これまでも，恐慌時に政府が救済融資をおこなうことはあったが，1920年恐慌時ほど大規模な救済措置がとられたのははじめてであった．恐慌は，1920年夏には底入れして，以後，不況期に移るが，政府の救済措置は，財政面での積極政策の展開とあいまって，恐慌によって淘汰されるべき低生産性・不良企業の整理を不徹底なものにした．これが，1920年代の日本経済に大きな問題を残すこととなった．

9 | 1920 年代

世界経済の新しい局面

基軸国アメリカ

第 1 次世界大戦は，世界経済の構造を大きく変化させた．第 1 に，20 世紀資本主義への変容が開始された（第 1 章参照）．第 2 の構造変化は，世界経済の基軸国が，イギリスからアメリカに移行したことである．大戦前のイギリスは，食料や原材料を輸入し，工業製品を輸出するというかたちで国際分業を組織しながら，貿易収支の赤字を貿易外収支の黒字でカバーし，経常収支の黒字分を海外へ資本輸出するという具合に，商品流通と資金流通の両面で世界経済の基軸としての役割を果たしていた．これに対して，アメリカは，工業国であると同時に世界最大の農業国であって，イギリスのような国際分業の組織者にはならなかったし，貿易収支も黒字基調であったから，ドルは，ポンドのように多角的に国際決済関係を媒介する基軸通貨ではなかった．しかし，大戦後の再建金本位制を支えたのはドルであった．それは，ドイツ復興のために資本輸出されたドルが，やがて賠償支払いのルートでイギリス・フランスに流れ，それが戦時債務の償還によって，アメリカに還流するという特殊な国際資金移動が，重要な意味を持ったからであった．アメリカは，自動車・家庭用電機製品など新しい耐久消費財を軸に大量生産方式を発達させ，最も生産力の高い国として世界経済をリードするようになったのである．

日本経済の国際的比較

ここで，1920 年代の日本経済の構造・規模・成長率を国際的に比較してみよう．まず，1920 年頃の産業別人口構成を見ると，資本主義諸国のなかで，日本は際立って第 1 次産業就業者の比率が高いことがわかる（表 9–1 参照）．日本は農業国的色彩を強く残しながら，

表 9-1　産業別人口構成の国際比較　(1920 年)

部　門	日　本	アメリカ	イギリス	ドイツ	フランス
	%	%	%	%	%
第 1 次産業	55	27	7	30	29
第 2 次産業	22	34	50	42	36
第 3 次産業	23	39	43	28	35

注：第 1 次産業は農林水産業，第 2 次産業は鉱工業・建設業，第 3 次産業は公益事業・サービス業．イギリス・フランスは 1921 年，ドイツは 1925 年の数値．『明治以降本邦主要経済統計』374-5 ページ．

表 9-2　製造工業の構成の国際比較　(1929 年)

部　門	日　本	アメリカ	イギリス	ドイツ	フランス
	%	%	%	%	%
金属・機械	24.0	38.4	27.1	34.7	31.6
化　学	11.8	9.4	6.3	8.6	5.7
食料品	23.8	11.0	22.5	24.1	14.9
繊　維	27.0	13.7	25.4	15.1	30.5
その他	13.4	27.5	18.7	17.5	17.3

注：付加価値構成比．イギリスは 1924 年の数値．『近現代日本経済史要覧（補訂版）』29 ページによる．

表 9-3　鉄鋼業・綿業の国際比較　(1910, 20, 30 年代)

項　目		年	単　位	日　本	アメリカ	イギリス	ドイツ	フランス
粗鋼生産量		1912/13	100 万トン	0.4	31.8	7.3	18.1	4.6
		1927/28	〃	3.6	49.0	8.9	15.4	8.9
		1937/38	〃	6.1	40.0	11.9	21.2	7.1
綿業	紡錘数	1913	100 万錘	2.3	31.5	55.7	11.2	7.4
	(うちリング機)	〃	〃	(2.2)	(27.4)	(10.4)	(6.1)	(3.4)
		1927	〃	6.0	36.7	57.3	10.8	9.6
		〃	〃	(5.9)	(34.1)	(13.5)	(6.5)	(6.0)
		1937	〃	11.9	27.0	38.8	10.2	9.8
		〃	〃	(11.9)	(26.5)	(10.8)	(7.3)	(7.5)
	綿花消費量	1909/13	1 億ポンド	5.8	23.7	19.8	8.7	4.9
		1927/29	〃	13.2	32.1	14.0	6.9	5.9
		1935〜37	〃	17.4	32.1	13.4	5.1	5.7
	綿布生産量	1910〜13	1 億平方ヤード	10.0	62.0	80.5	インド	11.4
		1926〜28	〃	26.4	82.0	55.0		21.5
		1936〜38	〃	38.7	86.0	36.7		39.3
	綿布輸出量	1910〜13	1 億平方ヤード	2.0	4.0	66.5		0.9
		1926〜28	〃	13.9	5.4	39.4		1.7
		1936〜38	〃	25.1	2.5	17.2		2.0

注：粗鋼の日本は『統計からみた日本鉄鋼業 100 年間の歩み』4 ページ，アメリカ他は，『現代日本産業発達史Ⅳ 鉄鋼』付表 12 ページ，綿業は安藤良雄編『近代日本経済史要覧』29 ページによって作成．1912/13 は，1912 年と 1913 年の 2 年の平均値，1910〜13 は 1910 年から 1913 年までの 4 年間の平均値．

表9-4　輸出・輸入の構成の国際比較

(1925〜29年平均)

区分		日本	アメリカ	イギリス	ドイツ
輸出	食料品	7.3%	16.9%	6.6%	4.8%
	原料品	5.9	25.8	14.7	14.7
	中間製品	43.9	14.1		20.6
	全製品	41.2	43.2	78.7	59.1
	その他	1.6			0.5
輸入	食料品	14.2	19.6	42.1	28.8
	原料品	55.7	45.9	37.9	38.8
	中間製品	15.4	16.3		17.4
	全製品	14.2	18.3	20.0	9.2
	その他	0.6			5.6

注：『近現代日本経済史要覧（補訂版）』31ページより作成．
中間製品は，原料用製品・半製品．

表9-5　経済成長率の国際比較

(1880年代〜1930年代)

期間	日本		アメリカ		イギリス		ドイツ	
	総額	1人当り額	総額	1人当り額	総額	1人当り額	総額	1人当り額
1880's→1890's	27.6%	19.4%	34.8%	9.4%	36.9%	23.5%	37.4%	23.6%
1890's→1900's	23.4	10.7	57.1	31.4	19.2	7.6	29.2	12.1
1900's→1910's	33.2	17.7	33.4	10.9	11.5	3.2	27.8	11.8
1910's→1920's	38.3	21.5	38.0	19.6	7.3	2.5		4.4
1920's→1930's	41.1	22.7	3.5	△7.2	22.7	17.6	19.3	11.9

注：GNP・NNPなどの10年間平均値の成長率（10年率）．日本の1880's は1885〜89年．アメリカの期間は1880's が1879〜88年のようにずれている．ドイツの1910's は1910〜13年．『近現代日本経済史要覧（補訂版）』26ページによる．

帝国主義列強の仲間入りをしたといえる．製造工業の構成比（1929年）では，金属・機械部門の比重が低いことが特徴的で，アメリカ・ドイツとの差が大きい（表9-2参照）．金属・機械と食料品・繊維の構成比では，日本は，イギリスと類似した構成になっているのは興味深い．工業のうち，鉄鋼業と綿業をとると，表9-3の通りであり，粗鋼生産量は，先進国との較差を縮めているとはいえ，1927・28年で，アメリカの約14分の1，イギリスの5分の2にすぎない．日本は，重工業部門の弱い帝国主義国であった．綿業は，据付紡錘数では，1927年でフランスより小さいが，綿花消費量（1927・29年平均）では，イギリスに迫り，綿布輸出量（1926〜28年平均）では，イギリスの約3分の1にまで拡大している．世界貿易における日本の比重は，1920年で，輸出3.1%

(世界輸出額に占める日本輸出の割合), 輸入3.4%で, フランスより小さく, 輸出入ともイギリスの約8分の1にすぎなかった. 貿易構成を見ると, 日本の輸出における中間製品, 輸入における原料品の比重が大きい点, 食料品輸入の比重が小さい点が目立つ(表9-4参照).

経済成長率を見ると, 日本は, 1880年代から1900年代にかけては, 各国とくらべて特に高い成長率を示してはいないが, 1900年代から1910年代の成長率で, 各国を大きく上まわり, さらに, 1910年代から1920年代にも, アメリカと肩を並べる成長をとげたことがわかる(表9-5参照). 1910年代以降, 日本は, 本格的な高度成長の軌道に乗ったと見てよかろう.

日本経済の新しい局面

国内市場の拡大

第1次大戦を経て日本経済の規模は大きく拡張した. 1911～13年平均の国民総生産にくらべて, 1918～20年平均のそれは, 実質値で1.4倍になった(大川一司他〔11〕1, 213ページ). 第1次大戦期の拡大は, 輸出増大によるところが大きく, 表9-6に見るように, 1910年代前半期(1910～14年)の5カ年平均に対する1910年代後半期(1915～19年)の5カ年平均の総需要(名目値)増加における寄与率では, 輸出が27%に及んでいる. これにくらべて, 1920年代前半期の総需要の拡大では, 個人消費支出の増加寄与率が大きい. 1920年代後半期には, 総需要拡大のテンポは鈍化し, そのなかでは, 輸出の役割が大きくなり, 増加寄与率では, 個人消費支出を越える数値を示している. 固定資本形成の中では, 電力・鉄道中心の建設投資が目立つ.

1920年代前半期に急拡大し, 20年代後半期にも高い水準を維持した個人消費支出の動向は, 第1次大戦期のブームが, タイム・ラグをもって, 個人所得水準を引き上げたことを示している. 1人当り実質個人消費支出は, 1910(明治43)年にくらべて, 1920(大正9)年1.2倍, 1925年1.4倍に拡大している(大川一司他〔11〕6, 141ページ). 製造業労働者の実質賃金が, 1910年にくらべて, 1920年1.4倍, 1925年1.7倍になったこと(大川一司他〔11〕8, 243ページ), 1920年代前半期に, 農産物価格が工業製品価格に対して, かなり有

表 9-6　総需要の拡大　(1910-14年～1930-34年)

	期間	民間 個人消費支出	民間 粗固定資本形式	政府 政府経常支出	政府 粗固定資本形成	輸出	合計(総需要)
		%	%	%	%	%	%　億円
構成比	1910～14	64.8	9.9	6.7	5.3	13.3	100 (　53.8)
	15～19	58.2	13.0	4.7	3.8	20.3	100 (110.8)
	20～24	63.8	10.3	6.3	6.1	13.5	100 (181.9)
	25～29	62.6	8.3	7.1	6.1	15.9	100 (195.6)
	30～34	60.7	7.3	10.3	6.2	15.5	100 (175.7)
							(総需要増減分)
増減寄与率	1910～14→1915～19	51.9	15.9	2.8	2.4	27.0	100 (　57.0)
	1915～19→1920～24	72.5	6.1	8.8	9.6	2.9	100 (　71.1)
	1920～24→1925～29	47.0	△18.2	16.8	6.1	48.3	100 (　13.6)
	1925～29→1930～34	△79.4	△17.7	21.5	△5.1	△19.3	100 (△19.8)

注：大川一司他『長期経済統計 1　国民所得』178，184-5ページより作成．5年間の平均値．増減寄与率は，総需要増減分に対する各項の増減分の割合．△は減少を示す．

表 9-7　消費量の増大
（1人当り年間消費量 1900年代～1930年代）

年代	米	砂糖	綿糸	絹糸	羊毛
	kg	kg	kg	kg	kg
1900	154.1	4.5	2.2	0.05	0.26
1910	161.3	5.4	2.6	0.07	0.23
1920	168.4	11.5	3.7	0.10	0.52
1930	162.4	13.7	3.5	0.22	0.66

注：三和良一「第一次大戦後の経済構造と金解禁政策」（安藤良雄編『日本経済政策史論』(上)所収）272-3ページより（『戦間期日本の経済政策史的研究』132-3ページ）．

利に変動したこと（農産物価格上昇率が相対的に高く，価格低落率も農産物価格の方が小さい，大川一司他〔11〕8，23ページ）が，個人所得水準の上昇を支えたのである．

食料品・衣料品の1人当り年間消費量を推計すると，表9-7のように，1920年代の拡大が際立っている．日本人の消費生活は，幕末開港いらい西欧文明の影響を受けて変化し始めた．しかし，明治期には，上流階層など一部をのぞくと，庶民レベルでは消費量の増加はあったものの，なお江戸時代からの伝統的な衣食住パターンが持続していたように思われる．この消費慣習が変容し始めたのが，1920年代ではなかろうか．衣生活では洋服，食生活ではパン・洋菓子（キャラメル・チョコレート・ビスケットの類）・ハム・ソーセージ・コーヒー・洋食（コロッケ・豚カツ・カレーライスの類），住生活では立ち働き向

表 9-8　製造工業の構成　(1885〜1940年)

	金属	機械	化学	(小計)	食料品	繊維	その他	合計(総生産額)
	%	%	%	%	%	%	%	%　100万円
1885	2.9	1.8	13.9	(18.6)	41.5	28.4	11.5	100 (289)
90	3.2	2.1	13.5	(18.8)	35.2	36.1	9.9	100 (444)
95	2.1	2.2	10.6	(14.9)	27.9	47.3	9.9	100 (784)
1900	2.6	4.0	10.7	(17.3)	35.9	35.8	11.0	100 (1,196)
05	4.0	7.1	11.6	(22.7)	34.4	31.9	11.0	100 (1,437)
10	3.4	6.5	11.4	(21.3)	34.0	33.6	11.1	100 (2,083)
15	8.3	9.3	11.7	(29.3)	27.1	32.9	10.7	100 (2,899)
20	6.4	14.2	12.2	(32.8)	23.4	33.6	10.2	100 (9,779)
25	6.4	7.2	10.1	(23.7)	25.6	39.4	11.3	100 (10,100)
30	8.7	11.3	12.8	(32.8)	25.0	30.6	11.6	100 (8,838)
35	12.8	16.3	14.4	(43.5)	16.4	29.1	11.0	100 (14,968)
40	16.4	25.9	16.6	(58.9)	12.2	16.8	12.1	100 (33,252)

注：『近現代日本経済史要覧（補訂版）』11ページより，原資料は篠原三代平『長期経済統計10　鉱工業』(当年価格系列)．(小計）は金属・機械・化学の小計．

き台所（伝統的な日本の台所は座って働く様式)・郊外文化住宅（畳敷の和室のほかに板の間の洋室を持つ住宅)・コンクリート集合住宅などが，都市庶民層に受容され始めたのである．全国数値では，1人当り栄養摂取量（カロリー）が，1920年代中にそれまでの増加傾向から転じてやや減少するとの推計が得られるが，これも，伝統的な麦・芋・雑穀食からの離脱の結果と見ることができる．表9-7の数値は，1920年代から，日本において，西洋化の方向での消費慣習の変化をともないながら，大衆消費社会化への胎動がはじまったことを示しているのではなかろうか．このように，日本経済は，第1次大戦を画期に，一段階高い水準の経済規模に移行したと言うことができる．

重化学工業化

市場規模の拡大と同時に，産業構造の変化も目立つ．第1次大戦期と戦後ブーム期に急拡大した重化学工業の製造工業生産額における構成比（重化学工業化率）は，1920（大正9）年には32.8%に達した（表9-8)．しかし，1925年には，重化学工業化率は23.7%に低下し，1930年に32.8%に回復した．つまり，1920年代前半期は，ワシントン海軍軍縮条約（1922年調印）による軍艦建造量の縮小，大戦後の世界的商船船腹過剰による商船建造量の縮小（前掲表8-6参照)，先進重化学工業国の競争圧力の強化などによって，機械・化学部門の国内生産が後退し（金属部門は拡張)，拡大した国内需要と輸出需要に支えられながら繊維・食料品部門が伸びて（前掲表8-6参照)，産業構造の重化学工業化が，一時的に停滞した時期という特徴を示している.

1920年代後半期は，電力利用の普及，都市化にともなう近郊電鉄業の発達など，電力業関連需要を中心に，再び，重化学工業化が進行した時期となった.

電力業では，1914年に完成した猪苗代発電所が，大型水力発電と長距離送電の時代を開いていらい，5大電力会社（東京電燈・宇治川電気・大同電力・東邦電力・日本電力）による電源開発が進み，1929年までの10年間で，発電量は約4.3倍に増加した（資金面では外債発行が盛んにおこなわれ，1923年から31年までの間に5大電力は約4億7700万円にのぼる外資を導入した).この間に，消費量では産業用電力が電灯を上回るにいたった．電動機などの電気機械や電線ケーブルの生産が拡大した．肥料・ソーダ・電気精錬など電力を大量に消費する工業も，関連する人絹・紙パルプ・ガラス工業と相まって発達した．とはいえ，発電機など重電機器は国際競争力を持つにはいたらなかったし，耐久消費財としての電気製品は，扇風機が普及し始めた程度で欧米水準には遠かった.

近郊電鉄業では，旧来の私鉄の電化が進むとともに，新線の開通によって，路線は伸長し，私鉄営業線は1920年代に倍増した．近郊私鉄は，沿線に住宅地を開発して，乗客の確保を計ったが，これは都市化を促進することとなった.国有鉄道も鉄道敷設法改正（1922年）で新規に149予定線が決定され，1920年代に営業線は約42% 拡張し，複線化と電化も進められた．鉄道の発達が，電力・鉄道車両など関連産業の需要を拡大させたことは言うまでもない.

新しい交通手段としての自動車と航空機については，軍需が支えるかたちで生産が開始された．自動車は，軍用自動車補助法（1918年公布）のもとでトラック・バス生産はある程度進んだが，乗用車では，日本フォード（1925年横浜工場操業開始)・日本ゼネラルモータース（1927年大阪工場操業開始）の2社によるノックダウン生産（部品を輸入して現地で完成車を組み立てる生産）が主力で，国産車は太刀打ちできなかった．日本のモータリゼーションは,輸入車・ノックダウン車から始まったわけである.

自動車にくらべると，軍用航空機の国産化は早かった．陸海軍の要請に応えて，三菱と中島（海軍機関大尉中島知久平が退役して創設）が試作を開始し，川崎・川西・愛知・日立・石川島（のちの立川）など各社がこれに続いた.

1920年代は，外国技術の模倣であったが，30年代には技術的に自立時代（プロペラは除く）に入り，やがて，零式艦上戦闘機や空冷星型発動機「栄」「金星」など世界水準の製品を生産するにいたった．

国際収支の危機　国内市場の拡大は，1910年代初期に顕在化した国際収支悪化問題を一層深刻化したかたちで，1920年代の国際収支危機をもたらした．日本（内地）の輸出入収支（植民地との移出入は含まない）は，関東大震災（1923年9月1日に起こった大地震とそれによる火災で，死者・行方不明者約10万5000人，全半壊・焼失建物約37万戸の大被害が発生した．後掲表19-1参照）後の復興需要という特殊要因も働いて，1920年代10年間合計で32.6億円という巨額の入超を記録した．入超の原因を，商品類別収支で見ると，表9-9の通りである．生糸輸出を軸とした絹貿易は，大幅な出超を実現したにもかかわらず，国内市場拡大による食料品（それと関連した肥料）・衣料原料・木材（住宅関連）の輸入増と，国際競争力の弱い鉄鋼・機械の輸入増が，大入超を招いたのである．1920年代後半期には，生糸輸出の拡大によって，前半期の約半分に入超額は減少してはいるが，この巨額の入超は，1920年代の大きな経済問題となった．

低い利潤率　日本経済全体にとって，国際収支の大幅入超は，再生産の危機を意味していたが，企業利潤率が1920年代に，ほぼ一貫して低下傾向をたどったことは，資本蓄積の危機を意味していた．代表的企業60社前後の経営実績を見ると，使用総資本利益率（使用総資本に対する利益の比率）は，1920年上期の25.7%（年率）から，1925年上期には8.9%と，ほぼ1914年上期頃の水準に下り，さらに1929年上期には6.6%にまで低下している（日本銀行統計局〔10〕335ページ）．利潤率の低下傾向は，一方で，実質賃金の水準が上昇したのに対応するべき労働生産性の上昇が不十分で，生産費の上昇圧力（または下方硬直性）が強かったのにたいして，他方で，製品価格は，カルテル等独占組織による価格支配力の弱さと国際競争圧力の強さとによって，生産費上昇をカバーするほどの水準を維持できなかった（日本の物価水準は，国際的に比較して1920年代には割高であったにもかかわらず）ことのために生じたと考えられる．

表9-9　貿易の推移

	5カ年間	米	小麦 小麦粉	砂糖	綿	毛	絹
		1000万円	1000万円	1000万円	1000万円	1000万円	1000万円
輸出	1910～14	2.4	0	5.0	47.8	0.4	101.6
	15～19	4.8	3.0	10.3	147.2	6.3	237.6
	1920～24	1.3	0.5	11.2	210.1	1.7	345.1
	25～29	1.0	9.9	17.0	271.5	2.0	467.8
	1930～34	3.8	10.8	8.2	202.6	7.2	221.6
	35～39	1.8	19.7	13.1	298.0	31.0	254.4
輸入	1910～14	13.0	4.1	9.7	101,7	16.4	1.1
	15～19	26.6	6.2	13.1	204.2	28.0	4.1
	1920～24	21.0	25.9	28.3	278.1	80.6	5.0
	25～29	30.7	36.4	33.1	344.8	87.8	2.5
	1930～34	5.1	21.2	6.7	249.9	67.9	0.9
	35～39	2.2	12.6	5.8	333.4	89.2	0.8
収支	1910～14	△10.6	△ 4.0	△ 4.7	△53.9	△16.0	100.6
	15～19	△21.8	△ 3.2	△ 2.8	△57.0	△21.7	233.5
	1920～24	△19.7	△25.4	△17.2	△68.0	△79.0	340.1
	25～29	△29.7	△26.4	△16.1	△73.4	△85.8	465.3
	1930～34	△ 1.3	△10.4	1.5	△47.3	△60.7	220.7
	35～39	△ 0.4	7.0	7.3	△35.4	△58.2	253.7

注：前掲表7-7と同じ．ただし1934～39年は『大日本外国貿易年表』による．

労資関係の変化

実質賃金水準の上昇は，第1次大戦ブーム期の高利潤によって一時的に高まった企業の賃金支払能力を前提にして上昇した名目賃金水準が，大戦後の物価下落期に，下方硬直性を示した結果として生じたものであった．名目賃金の下方硬直性は，労働力市場の需給関係を反映すると同時に，大戦末期頃から急増し，1920年代を通じて多発した労働争議（表9-10参照）に示された労資関係の変化も反映していた．重化学工業化にともなう男子労働者の増加（前掲表8-3参照）とともに，日本においても，本格的な労働運動が展開される時代が訪れた．社会主義思想が，労働運動に影響を持つ面もあらわれてきた．

企業は，技術革新による労働生産性上昇を実現させるために，良質な労働力を確保することに強い関心を払うようになり，前借金で労働者を束縛するような古い労務管理方法（繊維業の前借金女工，鉱山業の納屋制度）を改めて，近代的な雇用関係と労務管理方法の採用に向かった．企業内福利厚生事業にも力が入れられ，さらに，労働組合の浸透防止をめざして，労資協議の場としての工場委員会制度の採用もおこなわれるようになった．熟練労働者を，企業内で

（商品群別輸出入・収支，1910-14～1935-39年）

鉄　鋼	銅	機　械	肥　料	石　油	木　材	その他	合　計
1000万円	1000万円	1000万円	1000万円	1000万円	1000万円	1000万円	1000万円
0.2	12.3	2.3	0.4	0	4.3	88.9	265.6
6.2	28.9	30.8	1.1	1.4	7.8	264.6	750.0
3.7	2.7	13.6	0.5	0.5	8.5	210.1	809.3
2.6	1.7	14.7	1.2	0.3	9.3	247.3	1,046.3
11.6	5.9	29.1	3.7	1.2	7.8	292.5	806.0
45.1	5.6	117.7	6.4	5.2	25.9	639.5	1,463.4
25.2	0.2	19.6	23.5	7.2	0.9	69.6	292.2
94.5	3.3	29.1	44.8	7.4	3.2	152.1	616.6
101.3	25.5	83.5	75.5	21.7	37.0	244.2	1,027.6
74.9	4.1	78.1	81.2	36.7	48.4	295.5	1,154.2
59.1	4.1	53.3	26.3	50.7	21.2	274.9	841.3
191.7	36.7	113.6	56.6	115.6	23.1	478.7	1,460.0
△25.0	12.1	△17.3	△23.1	△ 7.1	3.3	19.3	△ 26.6
△88.4	25.6	1.7	△43.7	△ 6.0	4.6	112.5	133.3
△97.7	△22.8	△69.9	△75.0	△21.3	△28.6	△34.1	△218.3
△72.3	△ 2.5	△63.4	△80.0	△36.4	△39.2	△48.2	△107.9
△47.4	1.8	△24.2	△22.6	△49.5	△13.4	17.6	△ 35.3
△146.7	△31.1	4.1	△50.2	△110.4	2.8	160.8	3.3

育成し保持するために，養成工制度，年功序列型賃金体系も，大企業で採用されるようになり，産業間・企業間労働力移動の部分的制約や大企業・中小企業間の賃金格差など，労働力市場の「二重構造」も発生するにいたった．

地主制の後退　日本農業を特徴づけた地主制にも変化が生じた．上昇傾向にあった小作地率は，1920年代には46%台で頭打ち状態を示し（後掲表10-5参照），50町歩（約50ヘクタール）以上所有の大地主の戸数は，1923年をピークに減少傾向に入った（北海道を除くと1919年がピーク）．自小作別農家戸数の動向も，1920年代には，小作農の減少と自小作農の増加，自作農の安定という特徴を示し，自作化傾向が現れている．これは，地主の側から見ると，1920年代に小作争議が多発する情勢（後掲表10-6参照）となって小作料収入が不安定となり，また，小作料利回り（耕地価格に対する小作料の割合）が，預金利率，有価証券利回りとくらべて有利でなくなったことから，小作地所有が資産所有形態として魅力を減じた結果であった．また，小作農の側から見ると，電力（小型モーター）利用による小幅力織機使用の中小工場の発達で手機（てばた）使用の農家家内工業が圧倒され，副業機会が縮小したために，従来

表9-10 労働争議 (1914〜34年)

年次	参加人員	件数	主要要求事項別件数			
			賃金増額	賃下げ反対	賃金支払	解雇反対
	人	件				
1914	7,904	50	25	11	—	—
16	8,413	108	71	4	—	—
18	66,457	417	340	17	—	—
20	36,371	282	151	64	—	—
22	41,503	250	71	67	—	—
24	54,526	333	134	30	—	—
26	67,234	495	226	47	—	4
28	46,252	397	109	58	—	30
30	81,329	906	80	291	94	128
32	54,783	893	196	140	113	191
34	49,536	626	295	32	48	78

注：『近代日本経済史要覧』120ページより．原資料は相原茂・鮫島龍行編『統計日本経済』別冊付表.

の高率小作料の負担能力が減少する場合があったこと，農村外の雇用機会が拡大したことなど，小作地需要を減退させる要因が存在した．零細小作地耕作農民が減少する反面，1〜2ヘクタール程度の耕作農民が増大し，中農標準化傾向がしだいに進行した（前掲表7-4参照）.

経済政策の新しい展開

積極財政と救済融資

第1次大戦を画期に，財政の役割にも新しい特徴が現れた．財政規模（中央政府支出純計）は，大戦前の9〜10億円から，1920（大正9）年28.8億円，1929年37.4億円と大きく拡大した．前掲表9-6でも，総需要に占める政府需要（政府経常支出と粗固定資本形成）の割合が，1920年代に大きくなっていることがわかる．軍縮時代を反映して，1920年代の財政支出では，軍事費の比重が低下して，土木（都市化にともなう社会資本整備）・交通（鉄道・電信）・産業（製鉄・造船・染料・ソーダ灰等への補助金，農村振興など）など経済関係費，教育関係費，植民地関係費の比重が高まった．とくに，政友会の原敬内閣（1918〜21年）・高橋是清内閣（1921〜22年）で展開された積極財政は，1920年恐慌とその後の不況にたいして，景気調整政策の役割を果たしたと評価できる．積極財政を可能にした財源のひとつには，大戦期に買い入れた在外正貨の払下げがあった．在外正貨の払下げは，金輸出禁止下での円為替相場を低位に安定させる役割も果たした（対ドル相場は平価100円49.845ドルのところ1920年から22年の間は年平均48.5ドルで，関東大震災後に急落した）．金本位制を停止しながら為替相場を維持し，財政による景気回復がはかられたことは，1930年代に世界的に採用されるフィスカル・ポリシーの先駆的な出現とも言える．

また，1920年恐慌時の日本銀行による救済融資活動（前出．102–3ページ参照），1922年の銀行動揺，1923年の大震災，そして1927年の金融恐慌の際の救済融資など，たびたび資本救済措置（資本蓄積の維持政策）がとられたことも，経済過程に対する政府の介入が積極化する時代の到来を示している．とはいえ，重化学工業の弱体など産業構造上の不備，金融構造の不備（独占的金融体制の未成熟）のために，積極財政・救済融資は，十分に景気調整効果を発揮するにはいたらず，むしろ，国際収支危機を悪化させたり，日本企業の国際競争力強化を阻害したりするマイナス効果をもたらす面があったのである．

労働立法と小作立法　労働運動・農民運動の高まりに対応して，労働者や小作農の経済的地位の向上・諸権利の公認に向けての政策立案の動きも現れた．労働組合に関しては，労働組合を法認する労働組合法の制定が，内務省社会局を中心に進められ，1926（大正15）年2月には，若槻礼次郎憲政会内閣が法案を議会に提出したが，審議未了に終わった．しかし，1926年に，治安警察法改正（ストライキ扇動禁止条項の削除）がおこなわれるなど，体制内の労働運動を認める方針が採られた．小作権を物権化して小作農の経済的立場を強化する小作法の立案も検討されたが，実現せず，1924年に小作調停法が公布された．小作調停法は，小作争議を調停機関に委ねて解決する方式を定めたが，運用の如何によっては，小作農側に有利にもなる性質のものであった．公共事業の労働争議を対象とする労働争議調停法も1926年に制定された．

実現しなかったが，労働組合法・小作法制定が政策として取り上げられ，また，労働運動弾圧の治安政策から，調停法による階級利害の政府による調整政策に方向が転換されたことは，1920年代に，日本でも階級間の宥和（ゆうわ）政策が展開されはじめたと評価してよかろう．1925年の普通選挙法の制定も，労働

表9-11　20世紀資本主義的政策の推移（日本）

<table>
<tr><td colspan="4"></td><td>第1次大戦～1929年</td></tr>
<tr><td colspan="3" rowspan="2">危機の指標</td><td>政治的</td><td>●ロシア革命
●米騒動，労働・小作争議激発
●大正デモクラシー</td></tr>
<tr><td>経済的</td><td>●恐慌
●国際収支</td></tr>
<tr><td rowspan="6">対内側面</td><td rowspan="4">階級宥和</td><td rowspan="3">経済的メリットによる</td><td>完全雇用（賃金保証）</td><td></td></tr>
<tr><td>社会保障</td><td>22　健康保険法</td></tr>
<tr><td>弱者保護（農業・中小企業）</td><td>●救済融資
21　米穀法</td></tr>
<tr><td>政治的社会的メリットによる</td><td>労資関係の安定
地主小作関係の安定</td><td>20　社会局　25　小作調停法
25-6　労働組合法案
26　自作農創設
26　治警法改正．労働争議調停法
25　普通選挙法・（治安維持法）</td></tr>
<tr><td colspan="2" rowspan="2">資本蓄積の維持</td><td>利潤保証（価値視点的再生産の維持）</td><td>●金本位制停止下の積極財政
●救済融資</td></tr>
<tr><td>生産力保証（素材視点的再生産の維持）</td><td>18　軍需工業動員法
26　製鉄業奨励法改正
27　商工審議会・資源局</td></tr>
<tr><td rowspan="4">対外側面</td><td colspan="2" rowspan="3">資本蓄積の維持</td><td>利潤保証</td><td>●為替低位安定策
●関税改正
●国産振興</td></tr>
<tr><td>生産力保証</td><td>●満州経営
25　重要輸出品工業組合法
25　輸出組合法</td></tr>
<tr><td>国際収支の均衡（国民経済視点的再生産の維持）</td><td>●為替低位安定策
●関税改正</td></tr>
<tr><td colspan="2">国際的対立の調整</td><td>「国益」保証</td><td>●ワシントン体制
●国際連盟</td></tr>
</table>

注：三和良一「経済政策体系」（社会経済史学会編『1930年代の日本経済』所収）293ペー

者・農民に体制内における政治参加を承認して，社会体制の安定度を高める措置であった（反体制運動に対しては，同時に治安維持法が制定され，1922年結成の日本共産党をはじめ，社会主義的結社などは厳しく弾圧された）．

1921年には，政府が米穀の売買・貯蔵をおこなって需給を調整し，米価を安定させる措置を規定した米穀法が制定された．農民経営・労働者家計双方に大きな影響を及ぼす米価の調整政策が開始された．また，1926年には，自作

井 上 財 政 期	高 橋 財 政 期	準 戦 時 ・ 戦 時 期
●恐慌下の争議激化 ●満州事変	●5・15事件	●日華事変
●国際収支 ●恐慌	●恐慌 ●生糸没落	●物資需給の逼迫 ●労働力需給の逼迫
●失業救済対策	●財政支出	●軍事支出
●救済融資	●時局匡救対策 33　米穀統制法	
29　社会政策審議会 31　労働組合法案．小作法案 衆院通過（不成立）		38　農地調整法
31　重要産業統制法 31　官吏減俸（所得政策）	●財政支出 ●低金利政策	●インフレーション ●経済統制（価格・賃金）
●金解禁による合理化強制 30　臨時産業合理局 31　重要産業統制法	33　日本製鉄株式会社法 34　重要産業統制法発動 35　内閣調査局	●経済統制（物資・労働力） 38　国家総動員法，物動計画 38　電力国管
●国産振興	●低為替政策 ●関税改正 ●ブロック化	
31　工業組合法 31　硫安輸出入許可規則	33　船舶輸入許可規則 34　輸出生糸取引法 34　貿易調節通商擁護法	●対外進出
●金解禁	●低為替政策 32　資本逃避防止法 33　外国為替管理法	37　輸出入品等臨時措置法
●幣原外交 ●ロンドン軍縮	●軍備増強 ●会商	●軍備拡張

ジより（『戦間期日本の経済政策史的研究』318-9 ページ）.

農創設維持補助規則が公布され，小規模ながら，小作地の自作地化促進政策が採用され，土地所有関係への政策的介入，つまり，後の農地改革につながる政策が開始された．このように，1920 年代の経済政策には，20 世紀資本主義的な新しい特徴が現れたのである（表 9-11 参照）.

10 | 昭和恐慌

金融恐慌

金本位制の機能

金解禁問題を取り上げるまえに，金本位制の機能を簡単に見ておこう．まず金本位制には，為替を安定させる機能がある．金本位制は，貨幣単位を金重量で法定し（1円は純金0.75グラム，1ドルは1.504789グラム），中央銀行は，この基準（平価）で銀行券と金貨・金地金を自由に交換する責任を負い，金貨・金地金の輸出入は自由に認める制度である．貿易などにともなう国際決済には，外国為替が用いられ，その相場（通貨の交換比率）は，外国為替にたいする需要（輸入代金の支払いなどで生じる）と供給（輸出代金の受取りなどで生じる）の関係で変動する．たとえば，日本が対米輸入超過になってドル建て為替にたいする需要が大きくなると，相場は金平価（100円＝49ドル84セント5）よりも円安になる．いまかりに，100円が49ドルになったとしよう．輸入代金4900ドルをドル為替で支払うためには1万円必要なことになる．ところが，1万円を日本銀行に持参して兌換請求すると7.5キログラムの金地金，つまり米貨にすると4984.5ドルが手に入るのであるから，この金地金をアメリカに輸出して連邦準備銀行でドルに換えるほうが得である．ただし金地金を輸送するには，費用（運賃・保険料）がかかる．1930年頃の輸送費用（金現送費）は，アメリカ向けで，金75グラム当り約47セントであったから，7.5キログラムで47ドルかかり，差引き得は37.5ドルとなる．この得が出る限り，為替による決済よりも金地金現送による決済が選ばれるはずであるから，為替相場はこの得がゼロになるところ，つまり，100円＝49.375ドル（金平価マイナス金現送費）よりも円安にはならない．円高の場合も同様で，為替相場が100円＝50.315ドル（金平価プラス金現送費）を越えると，輸出代金などをドル為替で受け取るよりも，アメリカから金地金を日本向けに現送する決済方法が選ばれるから，これ以上円高にはならない．つまり，金本位制のもとでは，為替相場は金平価±金現送費の値幅のなかでしか変動せず，その意味で安定するのである．

これには，金地金（あるいは金貨）の輸出入が自由であることが絶対的条件であり，金輸出禁止の状態では，為替相場は，この値幅枠を越えて，需給関係に応じて上下に変動する．対米為替は，アメリカが金輸出を禁止した翌1918年には52.125ドルまで円高になったし，1924年には38.5ドルまで円安になった．

もうひとつの金本位制の機能として，自動調節作用があげられる．かりに金本位制の下で日本が輸入超過（好景気で国内需要が拡大して）になったとしよう．為替相場は円安下限にはりついて，金地金が流出する．通貨が日本銀行に持ち込まれて金地金に兌換されるのであるから，その分だけ通貨流通量は減りデフレ効果が生じる．さらに金流出が続けば，兌換制度維持に責任を持つ日本銀行は，公定歩合引上げなど金融引締め政策を取って輸入超過状態を改善する措置を講じなければならなくなる．デフレ効果が現れれば，輸入が減り輸出が増えて貿易収支が均衡して金流出は止む．逆に輸出超過（不景気で輸入が減り輸出ドライブが強いため）が続いたと仮定すると，金流入が生じて通貨流通量が増え，景気刺激のインフレ効果が出て，輸入増・輸出減で収支は均衡して金流入は止む．

このように，金本位制の下では，国際収支の不均衡が金移動によって調整されて均衡化に向かう自動調節作用が働くというわけである（中央銀行の金融政策も，金本位制維持という大前提から必然的に発動されるという意味で「自動的」と見る）．この自動調節作用は，利子目当ての国際資金移動を入れて考えると複雑になり，論理的には疑問の点も出てくるが，当時は，井上準之助をはじめとしてこの作用に期待を寄せる人々が多かった．

ところで，この自動調節作用は，国内景気動向に影響を与えることで国際収支均衡化を実現する仕組みになっている．したがって，国際的に見ると，各国の景気と国際収支の動向にばらつきがある場合には，それを均（なら）す作用，つまり，国際的な経済均衡を実現させる作用であるとも言える．第1次大戦後，金本位制再建を各国が目指し，1922年のジェノア国際会議でもその再建（金貨・金地金兌換制が困難な国は，金兌換を保証している外国通貨建て為替を兌換準備とする金為替本位制を採用）が合意されたのは，為替相場の安定と同時に国際的経済均衡を実現させたいとの期待からであった．

しかし，国際均衡を実現することは，反面では，国内均衡を犠牲にすることにつながる場合がある．好景気の持続が望ましい時に，自動的にデフレ効果が作用するのは好ましいことではない．20世紀資本主義の時代に金本位制が放棄されるのは，このような自動調節作用から離れて，ひとまず，国内景気を調整する政策的自由を確保しようとするからである．いうならば，国際均衡よりも国内均衡を重視する政策を展開しようとすれば，管理通貨制の方が都合がよいのである．

第1次大戦後の国際金本位制再建の努力は，国際均衡重視の姿勢の現れであり，ワシントン体制の示す国際協調主義とマッチしている．金解禁・金本位制維持を主張する井上財政と，国際協調を重視する幣原外交とは，合理的なポリシー・コンビネーションだったのである．

金解禁への努力

1919（大正8）年に，アメリカが金本位制に復帰した時から，日本でも金輸出解禁が問題となったが，原敬・高橋是清両内閣の蔵相高橋是清は，金解禁を実施しなかった（中国進出のために正貨〈金〉が必要であるとの政治的判断，金解禁の前提となる積極政策の緊縮政策への転換が政友会内閣では採用され難いという事情などがその理由であった）．しかし，1920年恐慌の後，1921年から国際収支の大幅赤字が発生すると，金解禁は，大きな政策争点に浮び上った．野党憲政会は，日本の物価水準の国際的割高状態を是正するには，緊縮政策への転換と金解禁が必要であると主張し，与党政友会は，なお積極路線を継続して金解禁には消極的態度をとり続けた．政友会の経済政策は，国内的に積極政策をとって産業を振興させる一方，貿易収支の悪化にたいしては，在外正貨払下げによって為替相場を金平価より低い水準に安定させる一種の低為替政策で対処するという構造を持っていた．しかし，これで国際収支が均衡を回復する保証はなく，在外正貨の枯渇が，積極政策の継続を不可能にする可能性が大きかった．

高橋政友会内閣が内部不統一で倒れた後に登場した加藤友三郎内閣（1922年6月成立）の市来乙彦蔵相は財界の意向を反映して，緊縮政策への転換をおこない，金解禁の準備を進めたが，首相病没で内閣交替となり，機会を失した．山本権兵衛新内閣の組閣準備中に発生した関東大震災（1923年9月）は金解禁を当面のところ不可能にした．為替相場は急激に下落し，1924年末には，平価を23％下回る100円＝38ドル50セントの水準にまで落ち込んだ．一方，1925年にイギリスが金本位制に復帰したのをきっかけに，各国の金本位制復帰が進み，再建国際金本位制が成立し，日本の金解禁への国際的圧力が強まった．

1925年8月に第2次加藤高明内閣が憲政会の単独内閣として成立してから，金解禁への本格的取組みが再開された．若槻礼次郎内閣（1926年1月成立）にも蔵相として留任した浜口雄幸を中心に，緊縮財政，税制整理，西原借款のあと始末，関税改正など，金解禁の準備に関係する政策が実施された．関税改正（1926年）は，重化学工業の保護強化を中心的課題のひとつにした措置であり，金解禁政策にともなう為替相場上昇によって，従来の低為替相場が持つ輸入防遏（ぼうあつ）・産業保護効果が消失することの補償措置という性格も持っていた．

震災手形処理問題　金解禁の準備措置として，震災手形処理は，不可欠なもののひとつとされていた．1923（大正12）年の関東大震災後の救済措置として，震災被害者が債務者である手形（震災手形）を日本銀行が再割引し，取立てを猶予すると同時に，政府が1億円以内で日本銀行の損失を補償する趣旨の日本銀行震災手形割引損失補償令が公布された．震災手形の大口債務者は，鈴木商店・久原商事・原合名・高田商会など，震災被害者というよりも，第1次大戦から戦後にかけての投機的経営に失敗した企業であり，大口債権者は，これら企業と関係が深かった台湾銀行・朝鮮銀行などであった．震災手形の支払期日は再度延期されて，1926年9月末となっていたが，債務者の支払能力は不十分で，多くが支払不能となることが予想され，この巨額の不良債権の存在（1926年末現在で震災手形日本銀行再割引分の未決済額は2億680万円であった．『日本金融史資料・昭和編』第24巻12ページ）が，金融業界の不安定要因（財界の癌と呼ばれた）になっていた．若槻内閣（片岡直温蔵相）は，震災手形所持銀行にたいする公債交付によって不良債権の政府肩替りをおこなう処理法案を議会に提出した．

表 10-1　銀行の集中　(1915～35年)

年末	普通銀行			5大銀行の割合	
	行数	1行当り払込資本金	1行当り預金	払込資本金	預金
	行	万円	万円	%	%
1915	1,440	24.8	118.0	14.8	23.9
20	1,322	71.7	440.7	18.5	26.9
26	1,417	104.8	647.8	18.9	24.3
27	1,280	114.8	705.3	19.6	31.2
28	1,028	133.4	907.7	21.1	33.5
30	779	165.5	1,121.7	24.9	36.5
35	466	243.4	2,135.2	28.5	42.5

注：5大銀行（三井・三菱・住友・安田・第一）の割合は全国普通銀行の払込資本金・預金総額に対する割合．普通銀行数は1922年に貯蓄銀行の普通銀行への転化がおこなわれて一時増加した．『金融事項参考書』昭和12年調，116，118-9ページ．後藤新一『日本の金融統計』117-9ページ．

金融恐慌　震災手形の処理法案が可決された後，衆議院予算総会で，片岡蔵相が失言した（東京渡辺銀行が手形決済不能のため休業という大蔵省内情報をもとに，議会で答弁したが，その時点では，渡辺銀行は決済資金をどうにか調達して営業を継続していた）のをきっかけに，金融恐慌が発生した．すでにこの年，1927（昭和2）年初から，地方銀行の一部で休業銀行が出て，金融界は動揺気味であったところに，片岡蔵相失言で東京渡辺銀行が休業していらい，各地で銀行取付（預金者が預金引出しのために銀行に殺到する現象）が起こり，休業銀行が続出した（1927年1月から9月までに44行が休業．44行の預金高は，全国普通銀行預金高の約9%を占めた．このなかには，十五銀行はじめ近江，村井，中井，左右田，第六十五など有力銀行が含まれている）．このなかで，鈴木商店の経営破綻が明らかになり，関連して台湾銀行が経営危機におちいった．若槻内閣は，緊急勅令によって台湾銀行救済措置を実施しようとしたが，枢密院は緊急勅令案を否決したので内閣は倒れた（若槻内閣幣原喜重郎外相の外交政策を対中国軟弱外交であると批判する勢力が枢密院に存在した）．田中義一政友会内閣（1927年4月成立）には，高橋是清が蔵相として入閣し，金融恐慌の沈静に努めた（支払延期令を発して3週間のモラトリアム，つまり賃金支払などを除く金銭債務の支払延期措置をおこない，この間に日本銀行特別融通及損失補償法・台湾金融機関資金融通法を公布して，台湾銀行と普通銀行を救済した）．

銀行の集中 金融恐慌を経て，二流の有力銀行と弱小銀行の淘汰が進行した．金融恐慌の渦中に制定された銀行法（1927〈昭和2〉年3月公布，28年1月施行）は，資本金の最低額を100万円（特定地域では200万円）に定めて，小銀行の整理を促した．銀行合併政策と金融恐慌の結果，普通銀行数は，表10-1に見るように減少し，1行当り資本金・預金額は拡大した．このなかで，5大銀行への集中度が高まり，1930年には，全国預金額の36.5%が，5大銀行に集中するにいたった．銀行業における大銀行の独占体制がほぼ確立した．地主資金の地方的流通を媒介していた地方銀行が，地主制の後退と並行して弱体化し，地方的金融市場は，大銀行が支配する都市金融市場に従属する関係が生じた．

井上財政と金解禁

金解禁論争 金融恐慌の後，田中内閣は金解禁に消極的で，為替政策も自由放任を旨としたので，円相場は下落し，さらに相場変動も激しくなった．中国進出政策に対する日貨排斥の動きなど中国問題が円相場の不安定要因となったのに加えて，1928年のフランスの金本位制復帰以後は，金解禁思惑（おもわく）からの円投機もはじまったからである．経常収支は，赤字が縮小したものの不均衡が続き，外資輸入がおこなわれたが，正貨保有高は，減少し続けた（表10-2参照）．

為替相場安定を望んで金解禁の実行を求める声が，貿易関連業界（生糸業・貿易業など）で高まり，遊休資金をかかえた銀行業も，これに同調した．しかし，重化学工業部門をはじめ製造工業では，全般に，金解禁に反対ないし尚早論が強かった．旧平価（1円＝金0.75グラム）による金解禁は，円為替相場を引き上げ（1928年の平均為替相場100円＝46ドル1/2に対して旧平価は約7%高），輸入品の円価格下落，輸出品の外貨価格上昇をもたらし，貿易収支に悪影響をおよぼす可能性があった．入超の継続が金流出をもたらし，通貨が収縮してデフレーション効果があらわれる可能性も大きかった．そこで，平価を切り下げて，新平価で金解禁を実行する方法が提案された．金解禁即行論・反対論・時期尚早論，旧平価解禁論・新平価解禁論など金解禁をめぐる論議が

表 10-2　正貨保有高と為替相場　(1920 年，1925～35 年)

年	正貨保有高		対米為替相場		経常収支	外資輸入現在高
	合　計	在外正貨	最　高	最　低		
	100万円	100万円	ドル	ドル	100万円	100万円
1920	2,178	1,062	50 5/8	47 3/4	△ 70.8	1,681
25	1,413	258	43 1/2	38 1/2	△201.8	1,987
26	1,357	230	48 3/4	43 1/2	△304.8	2,148
27	1,273	186	49 —	45 5/8	△146.1	2,146
28	1,199	114	48 —	44 3/4	△173.7	2,307
29	1,343	255	49 —	43 3/4	15.5	2,158
30	960	134	49 3/8	49 —	△ 28.9	2,268
31	557	88	49 3/8	34 1/2	△ 56.6	2,224
32	554	112	37 1/4	19 3/4	35.0	2,102
33	495	38	31 1/4	20 1/4	24.6	2,035
34	495	28	30 3/8	28 1/2	1.8	1,991
35	531	27	29 1/8	27 3/4	163.1	1,931

注：正貨保有高は『金融事項参考書』昭和 4 年調，52-3 ページ，『昭和財政史19 統計』2-3 ページ．対米為替相場は 100 円につき電信売相場で『明治以降本邦主要経済統計』320 ページ．外資輸入現在高も同書 317 ページ．経常収支は山澤逸平・山本有造『長期経済統計 14　貿易と国際収支』235-7 ページ．

盛んにおこなわれた．

井上準之助の構想

田中内閣も，ひそかに金解禁準備に着手した．三土忠造蔵相は，海外駐在の津島寿一財務官に，金解禁のためのクレジット（対日借款）問題を研究したうえで帰国するよう訓令した．これを金解禁方針の内示と理解した津島財務官は，欧米諸国の通貨当局や銀行家と接触し，新平価による金解禁の構想を抱いて帰国の途についた．ところが，田中内閣は，張作霖爆殺事件（1928 年 6 月）の事後処理問題で総辞職し，1929（昭和 4）年 7 月に浜口雄幸民政党内閣が登場した．浜口内閣は，対外協調・軍備縮小の外交方針（幣原喜重郎外相による「幣原外交」），財政緊縮・金解禁・社会政策確立の内政方針を掲げ，それぞれの具体化に積極的に取り組んだ．蔵相に就任した井上準之助（日本銀行総裁・蔵相経験者）は，金本位制度の熱心な信奉者で，田中政友会内閣の積極政策の時代には，金解禁尚早論を唱えていたが，緊縮政策を標榜する民政党が政権をとると，金解禁実施の担当者として，意欲的に入閣した．

井上は，金本位制停止下の日本は，通貨膨張，物価騰貴，輸入超過で経済的安定を得られず，「金本位制の妙用が円滑に行われていない結果は経済界全般に天然自然の調節を欠かしめ，今日の日本を八方塞(ふさ)がりという危機に臨ましめた」(井上「金解禁―全日本に叫ぶ―」1929年9月,『日本金融史資料・昭和編』第22巻,514ページ)と判断していた.そこで,「金解禁の定石」として財政緊縮と国民の消費節約をはかり,為替相場を回復させて旧平価で金解禁を実行する.一時的な不景気に耐えながら,産業合理化を進め生産費低下をはかって輸出を促進し,他方で海運振興策によって貿易外受取りを増加させれば国際収支は均衡する.ここに,日本経済の「真の好景気」が訪れ,金本位制の自動調節作用が働くかぎりは,ふたたび「八方塞がり」の危機におちいることはない.このような構想を持って,井上は,着実に金解禁の実行に着手した.

緊縮政策と金解禁

浜口内閣は,前内閣がのこした昭和4年度予算を約5%削減する予算緊縮をおこない,横浜正金銀行を通じて正貨を買い取って在外正貨の充実をはかり(前掲表10-2参照),英米金融界からのクレジット設定をおこなうなど,金解禁準備を進めた.そして,1929(昭和4)年11月21日に,翌年1月11日より金輸出を解禁する旨の大蔵省令が公布された.

株式市場・商品市場は,金解禁準備の進行とともに安値傾向をたどり,不況状態が訪れた.1929年10月24日には,ニューヨーク株式市場の暴落(世界恐慌の口火)が発生したが,当時は,アメリカの景気過熱が沈静し,金利が低下することは,むしろ,日本の金解禁には好条件と考えられ(高金利を求める資金流出が抑制されるから),金解禁は断行された.

1930年2月の総選挙で民政党は圧勝し,4月にはロンドン軍縮条約の調印にこぎつけ,5月には日露戦争直後の外債(4分利付ポンド債,2億3000万円)の借換外債(5分半利付,ポンド債・ドル債)の発行に成功し,浜口内閣の政治運営は順調に進んだ.しかし,この頃から,世界恐慌の影響が波及し,不況は深刻化しはじめた.昭和5年度には,井上蔵相の手で,前年度当初予算の約10%減の緊縮予算が組まれ(歳出決算額は後掲表11-1参照),一般会計においては,20数年ぶりに公債金がゼロとなった.ところが,不況にともなう租税減収で,歳入欠陥が生じ,一層の歳出削減がはかられたが,ついに公債発行が必要となり,非募債主義は,井上財政初年度からつまずいた.昭和6年度にも前年度より8%弱の緊縮予算が組まれ,官吏の減俸も反対を押し切って実行され,恐慌下にも,緊縮政策が続けられた.

井上財政期の経済政策 1920年代の日本経済が，国際収支悪化と利潤率低下という危機的状況にあり，積極財政・救済融資による資本蓄積維持政策も，むしろ不良企業・低生産性企業の淘汰を遅らせるマイナス効果を持つという時点で，井上財政が登場したことは，一見，古典的経済政策に見える井上財政に，すぐれて，20世紀資本主義的経済政策としての役割を与えている（前掲表9-11参照）．旧平価金解禁と緊縮財政による強烈なデフレーション政策は，一方で，企業に合理化を強制し，低生産性企業の淘汰を進めて国際競争力を強化させる生産力保証政策として機能し，他方で，利潤率低下の一要因であった賃金の高水準を政策的に修正する（低下させる）役割を果たした．しかも，資本と労働に犠牲を求めながら，いわば，その補償措置として，資本の側には，カルテル活動の強化保護政策として重要産業統制法（1931年4月公布）を，労働の側には，結局，不成立に終わったが，労働組合法案（1931年衆議院通過，貴族院で審議未了）を提供した（しようとした）ところにも，資本蓄積維持と階級間宥和(ゆうわ)を政策課題とする20世紀資本主義の経済政策の特徴が現れている．臨時産業合理局（1930年6月，商工省外局として設置）を中心とした産業合理化政策が展開されたことも，生産力強化に政府が政策的に介入する新しい動きであった．金本位制についても，1930年に非公式に設置された「日本銀行制度改善に関する大蔵省及日本銀行共同調査会」で発券制度改正が検討され比例準備法（金準備の一定倍率までの準備発行を認める方法）導入と保証準備発行限度額の拡大が合意されたこと（井手英策〔44〕第1章）は，実現にはいたらなかったが，井上財政が古典的な金本位制下の経済政策を意図していたのではないことを示している（三和良一〔16〕第6章）．しかし，世界恐慌の発生という予想外の外的要因が加わった時点では，井上財政の存続は，資本蓄積の維持のためにも，階級間宥和のためにも，もはや，不適切になったのである．

昭和恐慌

世界恐慌 1929（昭和4）年10月24日（暗黒の木曜日と呼ばれた）のニューヨーク株式市場の暴落は，アメリカ恐慌の口火となった．1920年

表 10-3 世界恐慌の指標 (1929 年＝100；1930〜35 年)

		1930	31	32	33	34	35
卸売物価	日本	82.3	69.6	77.2	88.5	90.2	92.5
	アメリカ	90.7	76.6	68.0	69.2	78.6	83.9
	イギリス	87.5	76.8	74.9	75.0	77.1	77.9
	ドイツ	90.8	80.8	70.3	68.0	71.7	74.2
	フランス	88.4	80.0	68.2	63.6	60.0	54.0
鉱工業生産	世界（ソ連除）	86.5	74.8	63.8	71.9	77.7	86.0
	日本	94.8	91.6	97.8	113.2	128.7	141.8
	アメリカ	80.7	68.1	53.8	63.9	66.4	75.6
	イギリス	92.3	83.8	83.5	88.2	98.8	105.6
	ドイツ	85.9	67.6	53.3	60.7	79.8	94.0
	フランス	99.1	86.2	71.6	80.7	75.2	72.5
輸出（価額）	日本	72.8	56.4	37.5	37.7	50.5	57.2
	アメリカ	73.3	46.1	30.6	24.8	24.8	26.4
	イギリス	78.3	49.9	36.1	34.3	38.9	43.9
	ドイツ	89.5	71.2	42.6	36.1	31.0	31.8
	フランス	85.4	60.7	39.4	36.8	35.6	31.0
世界貿易	数量	93.0	85.5	74.6	75.4	78.2	81.8
	価格	81.0	57.9	39.1	35.2	34.0	34.7

注：『近現代日本経済史要覧（補訂版）』114 ページによる．原資料は『明治以降本邦主要経済統計』，楊井克巳編『世界経済論』．

代の繁栄のかげで，所得分配の歪み，耐久消費財中心の需給不均衡（供給能力の過剰化）が激しくなっていたが，株式ブームの崩壊による個人投資家の所得・資産の削減（暗黒の木曜日後の数週間で，150 万の人々が，当時のアメリカの GNP の約 3 分の 1 に当たる 300 億ドルの損失をこうむったと言われる）は，この不均衡を表面化させ，恐慌に導いた．

1920 年代の再建金本位制を支えたドルの崩壊は，世界恐慌を発生させた．ドイツへの資本輸出停止にはじまる国際的なドルの流れの攪乱，ドイツ・イギリスの生産激減，世界的な農産物価格暴落（世界農業恐慌），世界貿易の衰退と連鎖反応的に恐慌は進行し，1931 年 5 月のオーストリアの大銀行クレディト・アンシュタルトの破綻がヨーロッパに金融恐慌の嵐をまきおこした．世界経済は，かつて経験したことのない大規模な恐慌に見舞われたのである（表 10-3 参照）．

日本の恐慌

世界恐慌は，金解禁で開放体制をとった日本に痛烈な打撃を加えた．井上財政の展開とともに低落した株価は，1930（昭和 5）年

表 10-4 昭和恐慌の指標 (1929 年＝100；1928〜35 年)

		1928	1930	1931	1932	1933	1934	1935
価格	米	106.2	87.4	63.5	72.8	73.7	89.8	102.3
	マユ	91.5	43.7	42.3	49.3	74.6	35.2	63.4
	生糸	100.8	65.8	45.1	53.2	57.8	40.7	54.4
	綿糸	101.4	65.5	56.1	63.7	88.5	93.5	91.0
	鋼材	108.5	76.6	62.8	71.3	104.3	107.4	98.9
生産量	米	101.3	112.3	92.7	101.4	118.9	87.0	96.5
	マユ	91.9	104.3	95.1	87.7	99.1	85.4	80.4
	生糸	93.7	100.6	103.5	98.2	99.6	106.8	103.3
	綿糸	87.8	90.4	91.9	100.6	111.0	124.3	127.5
	粗鋼	83.1	99.8	82.1	104.6	139.4	167.6	205.1
民営工場労働者数		99.1	90.0	81.7	82.0	89.9	100.2	109.7
民営工場実収賃金		101.4	95.0	87.3	84.8	85.9	87.8	87.7
銀行会社新設増資		97.2	66.4	65.0	49.1	108.2	174.5	144.2
全国手形交換高		108.1	81.0	72.5	83.1	105.4	101.5	100.6
株価(東京)		125.1	61.7	62.7	78.6	113.1	138.0	126.3

注：『近現代日本経済史要覧(補訂版)』115 ページ(原資料は『明治以降本邦主要経済統計』,『金融事項参考書』,『東京株式取引所史』),『農林省累年統計表』第 24 巻, 72 ページより作成.

3 月の崩落以降, 恐慌相場となり, 商品市場もこれに続いた (表 10-4 参照). 輸出 (価額) は, 1932 年まで減少を続け (表 10-3 参照), 個人消費をはじめとする国内市場も大きく縮小した (前掲表 9-6 参照). 民間工場労働者数は, 1931 年には, 1929 年より 18% も減少し, 労働者の実収賃金も低下した. 製造工業の利潤率は低下し (約 200 社の使用総資本収益率は, 1929 年上期の 5.0% から, 1930 年下期には 1.0% に下落した. 『明治以降本邦主要経済統計』341 ページ), 銀行会社の新設・増資は大幅に減退した (表 10-4 参照).

恐慌局面を国際的に比較すると, 日本の場合は, 物価下落が急激であり, また大幅であるのに, 鉱工業生産の縮小は小さいという特徴が見出せる (表 10-3 参照). これは, 日本の産業が, 製品単価下落を販売量増加でカバーしようとする傾向 (輸出の場合は, 飢餓輸出・ダンピング輸出) を持ったこと, そして, 製品単価下落を生産費の引き下げ (原材料価格・労賃価格の引き下げ, 生産性の上昇) である程度カバーできたことを示している.

表 10-5　小作地率の推移

(1903〜49 年)

年　月	全耕地	田	畑
	%	%	%
1903	44.5	49.3	38.9
05	44.4	49.8	38.1
10	45.6	50.6	40.3
15	45.8	51.2	40.2
20	46.3	51.7	40.8
25	45.8	51.2	40.2
30	47.7	53.7	40.7
35	46.8	52.9	40.0
40	45.5	51.5	38.8
41.8	45.8	53.1	37.2
45.8	46.3	52.3	38.8
47.8	39.5	44.1	33.5
49.8	13.1	14.0	11.9

注：『近現代日本経済史要覧(補訂版)』18ページによる. 原資料は『農林省累年統計表』,『農地改革顛末概要』.

諸産業の打撃

世界恐慌の打撃を最も直接に受けたのは製糸業で，アメリカの奢侈(しゃし)的需要の縮小による生糸価格の暴落で，経営は悪化し，製糸工場の賃金不払いが社会問題化した．製糸業は，原料繭価格と労賃へのしわ寄せ，生産調整・共同保管などで対応したが，低価格の飢餓輸出状態におちいり，伝統的な主導的輸出産業としての地位は，大きく低下した．綿業も，世界農業恐慌と銀価格の暴落で後進諸国の購買力が減退したうえに，インドの綿布輸入関税引き上げなどが加わって，大幅な綿糸価格の下落に見舞われた．綿紡績業は，操業短縮・生産性上昇・労賃引き下げ・綿織物業へのしわ寄せなどで対処し，原綿安もあって，比較的早い時期に，経営を立て直した．

重化学工業部門は，旧平価解禁による輸入品価格の低下による競争圧力のうえに，世界恐慌による各国のダンピング輸出圧力が加わって，大きな打撃をこうむった．製銑業は，インド銑鉄の低価格輸入に悩まされ，製鋼業も，ヨーロッパ鋼の輸入に圧迫された．ソーダ灰・硫安・染料なども事情は同様であった．海運不況と海軍軍縮で，造船業も不振をきわめた．カルテル活動が活発になったが，国際競争圧力下に十分な効果はあげられなかった．

農業恐慌と農村

世界恐慌は，生糸価格崩壊のしわ寄せをうけた繭価格暴落で，まず日本農村に打撃を加え，さらに，国内市場の縮小にともなう農産物価格（とくに米価）の暴落で，農村を恐慌の淵に沈めた．1930（昭

表 10-6 小作争議 (1918～40 年)

年次	争議件数	原因 1	原因 2	参加小作人数	1 争議平均 参加小作人数	1 争議平均 関係土地面積
	件	%	%	1000人	人	町
1918	256					
20	408	25.0		34.6	84.9	67.1
22	1,578	30.9		125.7	79.7	57.2
24	1,532	66.6	1.6	110.9	72.4	45.9
26	2,751	71.1	11.5	151.0	54.9	34.8
28	1,866	47.3	24.7	75.1	40.3	26.1
30	2,478	22.9	40.4	58.5	23.6	16.1
32	3,414	31.0	44.5	61.4	18.0	11.4
34	5,828	33.3	46.4	121.0	20.8	14.7
36	6,804	20.2	53.6	77.1	11.3	6.8
38	4,615	19.4	55.5	52.8	11.4	7.4
40	3,165	18.3	46.9	38.6	12.2	8.7

注：原因 1 は風水旱病虫害その他の不作を原因とするもの，原因 2 は小作権関係または小作地引上げを原因とするもの．加用信文監修『日本農業基礎統計』107 ページによる．

和 5）年は，米作は豊作でありながら「豊作飢饉」が，翌 31 年は，東北・北海道の凶作と一層の米価下落が，農村経済を窮乏化させた．農家負債は累積し，東北農村を中心に，娘の身売りや欠食児童が続出した．1920 年代には頭打ちになった小作地率は，農業恐慌のなかでふたたび増大し，史上最高に達した（表 10–5 参照）．また，小作争議も頻発したが，1920 年代の争議が，大地主を相手とする小作料引き下げ要求を主としたのに対して，1930 年代には，中小地主の小作地引き上げに対する反対争議が主になり，争議形態も激しいものになっていった（表 10–6 参照）．労働争議の激化とあいまって（前掲表 9–10 参照），恐慌下に社会的不安定性は増大した．

11 | 高橋財政

金輸出再禁止

満州事変と国際金本位制崩壊　1931（昭和6）年9月18日に，関東軍が開始した対中国軍事行動，満州事変は，日本を15年にわたる戦争の時代に導くことになった．この時期に軍部が軍事行動を開始した原因については，陸軍も含めた国際連盟軍縮会議が近づき国内でも軍縮推進の動きが高まった状況にたいして危機感を強めた陸軍の組織防衛反応という見方がある（石井寛治〔3〕第7章）．国際協調主義の「幣原外交」は破局にさしかかり，緊縮財政主義の「井上財政」も，軍事費負担増から苦境におちいった．さらに，同年9月21日には，イギリスが金本位制を停止し，国際金本位制は解体に瀕した．旧平価で金本位制に復帰したイギリスは，新平価を採用したフランスとは対照的に国際競争力を弱め，世界恐慌のなかで金流出の危機に見舞われ，ついに，イングランド銀行の金売却を停止したのである．イギリスの金本位制離脱は，連鎖的に各国の対応を生じさせ，1933年のアメリカの金本位制停止にいたる国際金本位制崩壊をもたらした（ドイツは1931年7月に事実上離脱，フランスは1936年まで金本位制維持）．

ドル買いと井上蔵相　イギリス金本位制停止は，日本の金輸出再禁止思惑からのドル買い（日本円でドル建の外国為替や証券を買い，再禁止後に円相場が下落した時点で，ドル為替や証券を売ると為替差益が得られる）を激発させた．井上蔵相は，金輸出再禁止はしないと声明し，ドル買いに売り応じながら（日本銀行と協議のうえ，横浜正金銀行が，当初は無制限にドル為替を売った），金融引締め（公定歩合引き上げ）などでドル買い側を屈服させようとした．ジャーナリズムを動員して，ドル買いを「国賊」扱いする雰囲気もつくりだされたが，これは，のちの財閥批判，テロリズム活動の導火線になった．井上蔵相の強硬方針で，ドル買い思惑が失敗寸前にまで追いつめられた時，第2次若槻内閣（狙撃された後，病状悪化した浜口首相にかわって，若槻礼次郎が，1931年4月に同じ民政党内閣を組織した）は，閣内不一致で総辞職した．

金輸出再禁止と為替下落

閣内不一致とは，安達謙蔵内相が，軍部独走を抑えるためには政友会との連立内閣が必要であると主張して若槻・井上・幣原らと対立し，閣議に出席しなくなったことである．帝国憲法のもとでは，首相に閣僚を罷免する権限はなかったから，若槻は，首相に再任されることを期待しながら総辞職に踏み切った．ところが，最後の元老西園寺公望は，政友会の犬養毅を後継首班に指名した．西園寺は，幣原外交を攻撃する軍部のなかに，幣原を支持する昭和天皇にたいする批判の空気があることを感じ，さらに，天皇批判のうしろに共産主義者の影響がありはしないかと危惧して，天皇制護持の観点から，若槻再任を選択しなかったのである（増田知子〔45〕）．

井上が政友会との連立内閣に反対した理由として，内大臣木戸幸一は井上が軍部を制御しないと国家は滅亡に瀕すると危惧していたと書き残している（『木戸幸一日記』上巻，114ページ）．井上は，金本位制を維持することによって軍事費を抑制し，軍部の制御を図ろうとしたと推察できる（三和良一〔16〕179ページ）．

1931（昭和6）年12月13日に成立した犬養毅政友会内閣（蔵相高橋是清）は，即日，金輸出を再禁止した．円の為替相場は暴落し，12月中に100円＝34ドル半と，平価より約30％安になり，ドル買い側は莫大な利益を獲得した．昭和恐慌にあえぐ庶民は，財閥非難と政治不信の念を強くした．ドル買いは，ファシズムの温床をつくりだしながら，井上財政にとどめをさし，その後には，高橋蔵相による積極政策，20世紀資本主義的な景気政策が展開された（前掲表9-11参照）．

高橋財政期の経済政策

経済政策の構図

犬養内閣から斎藤実内閣（1932年5月成立），岡田啓介内閣（1934年7月成立）と3代の内閣で蔵相をつとめ，1936（昭和11）年の2・26事件で暗殺されるまで，高橋是清は，日本の経済政策を主導した（岡田内閣では，藤井真信が5カ月間蔵相に就任した）．高橋蔵相は，この4年余りの時期の前半期には，まず不況克服を重点課題として経済運営にあたり，不況からの回復が進んだ後半期には，膨張する軍事費の抑制，財政の健全化という困難な課題に取り組んだ．

高橋財政期の経済政策を概念図に整理すると，図11-1ができる．図の上部には前半期の，下部には後半期の政策目的と政策効果の関連を図式的に示し，中間には対応する諸政策を略年表風に示した．図の右側には，商品・労働力市場に直接の影響を与える政策，いわば，実体的政策を掲げ，左側には，実体的政策を支える貨幣的政策を掲げてある．

高橋財政期前半には，昭和恐慌下に低迷する日本経済を活性化させるために，需要を拡大させ，生産を回復させる効果をもたらす措置，すなわち，(1)有効需要を創出し国内市場の絶対的拡大を目的とする政策（軍事費拡大・時局匡救事業・船舶改善助成），(2)輸入を防遏し国内市場の相対的拡大を目的とする政策（関税改正・低為替政策），(3)輸出を促進し国外市場拡大をはかる政策（低為替政策・満州経営），(4)農村救済・中小企業救済を目的とする政策（時局匡救事業・低利資金融資・農産物価格支持政策など）がとられた．さらに，(5)産業合理化を目的とする政策（臨時産業合理局の行政活動，カルテル強化など）も，ひきつづき採用された．これらの実体的政策と併行して，(6)金本位制停止後の通貨価値維持を目的とする政策（管理通貨制整備・外国為替管理），(7)財政資金創出のための政策（赤字公債の日銀引受発行），(8)金利低下を目的とする政策（公定歩合・公債利率引下げ）などの貨幣的政策が展開された．

高橋財政期後半，およそ1934年頃からは，政策パターンは変化した．赤字公債発行が悪性インフレーションを招く懸念が生じ，安定的な景気上昇を持続させるために，(1)需要創出政策の抑制（軍事費膨張の抑制）が大きな政策課題

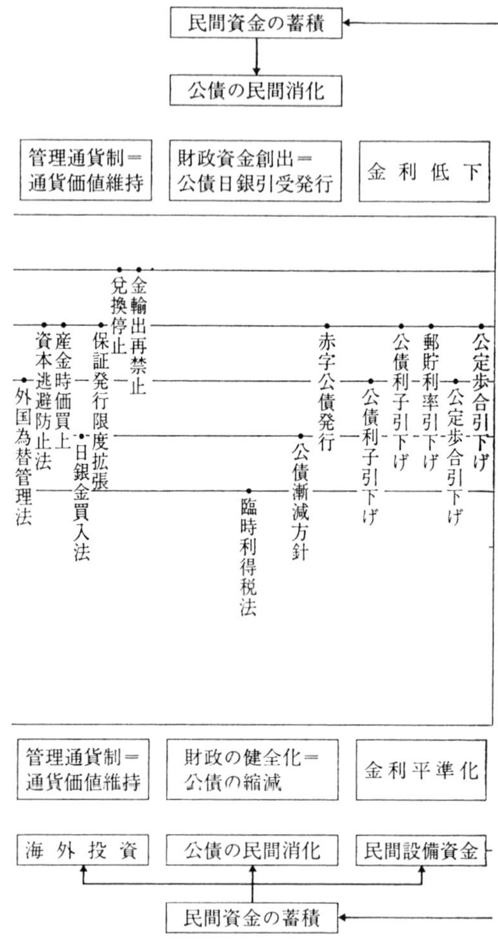

注：三和「経済政策体系」(社会経済史学会編『1930 年代の日本経

図 11-1　高橋財政期の経済政策

となった．また，(2)輸入防遏・輸出促進政策としては，円ブロック強化と対外通商関係の調整が，新しい政策目的に加わった．(3)農村・中小企業振興政策は，時局匡救事業が打ち切られたが，公共事業は預金部資金を用いて継続的に実施された（井手英策〔44〕第 2 章）．(4)産業政策としては，合理化の促進から生産能力の調整的拡大へと力点の移動があらわれた．貨幣的政策では，(5)通貨価値

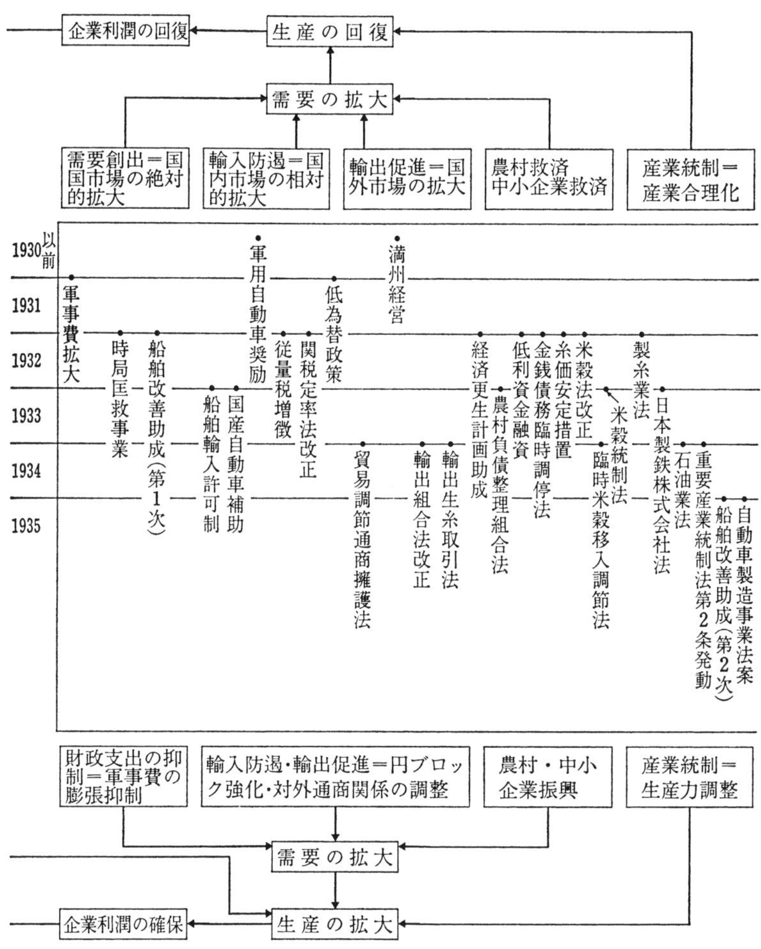

済』所収）310ページ（『戦間期日本の経済政策史的研究』261ページ）.

維持と(6)財政の健全化の両面から，公債の縮減が大きな政策課題となり，(7)低金利政策の重点は，低下した金利水準を各種の金利に波及させることに移った．

このような構図を持つ高橋財政期の経済政策のうち，主要なものを見てみよう．

表 11-1　軍事費の推移　(1928〜38 年)

年度	歳　出	軍事費	軍事費の割合	軍事費の寄与率
	1000万円	1000万円	%	%
1928	181.5	51.7	28.5	
29	173.6	49.5	28.5	△28.4
30	155.8	44.3	28.4	△29.2
31	147.7	45.5	30.8	14.5
32	195.0	68.6	35.2	49.0
33	225.5	87.3	38.7	61.2
34	248.0	94.2	38.0	30.8
35	256.6	103.3	40.3	105.8
36	266.6	107.8	40.4	45.3
37	520.7	327.1	62.8	86.3
38	856.2	596.2	69.6	80.2

注：「歳出」は一般会計歳出総額（決算）に 1934 年度以降分離された通信事業特別会計の歳出決算額と 1937 年度以降の臨時軍事費特別会計の陸・海軍省年度別支出済額を加えた額.「軍事費」は一般会計陸・海軍省歳出決算額に 1937 年度以降，臨軍費同上額を加えた額,「軍事費の割合」は歳出中の軍事費の割合,「軍事費の寄与率」は歳出増減額に対する軍事費増減額の割合.『大蔵省年報』,『昭和財政史 4　臨時軍事費』より作成.

軍事費と時局匡救事業　財政支出を通しての需要創出政策，いわゆるスペンディング・ポリシーとしての役割を果たした軍事費拡大の姿は，表 11-1 に見る通りである．井上財政・幣原外交期に縮減傾向にあった軍事費は，満州事変勃発以降拡大しはじめ，歳出に占める軍事費の割合は，1930（昭和 5）年の 28.4% から，1935 年には 40.3% にまで上昇した．上昇テンポは，高橋財政期前半には速いが，後半には鈍くなる．歳出総額との関連では，前半期には軍事費拡大を主因として歳出規模が急膨張し，後半期には，軍事費を含めた膨張抑制がおこなわれたが，軍事費拡大圧力のため歳出漸増は避けられなかったことがわかる．

1932 年の 5・15 事件（海軍将校らのクーデター未遂事件で，犬養首相が暗殺され，政党内閣時代が終わった）の衝撃からうまれた時局匡救事業は，農村救済・失業救済をねらいとした公共事業中心の財政資金支出で，これもスペンディング・ポリシーの性格を持っていた．船舶改善助成施設（後述）を含む時局匡救事業費の予算総額（地方財政を含む）は，1932 年度 2 億 6400 万円（軍事関係 3700 万円を含む），33 年度 3 億 6600 万円，34 年度 2 億 3500 万円であった．絶対額では，軍事費より小さいが，増加額の比較では，時局匡救事業費の支出は，1932，33 年度については，軍事費と匹敵する規模である．

低為替政策と関税改正　金輸出再禁止とともに暴落した為替相場にたいして，高橋蔵相は，放任主義でのぞみ，一方で，積極財政を展開したから，為替相場は一層低落した．1932（昭和 7）年末に，対米為替相場は，

100円＝20ドル前後にまで低落した（前掲表10-2参照）．そこで，翌33年3月に外国為替管理法が制定され，5月から外国為替の統制が開始された．アメリカが金本位制を離脱（1933年4月）した後の為替相場は，100円＝29ドル前後に安定し，低為替水準が定着した．低為替政策による輸出促進は，ブロック経済化の方向に進んだ世界各国との貿易摩擦を激化させ（日本の綿布輸出量は，1932年下期にイギリスのそれを超えた），その対応策として，通商会議（1933～34年の日印会商，日英会商，1934～35年の日蘭会商など）の開催や，貿易調節及通商擁護法制定（1934年）などがおこなわれた．

低為替政策とならんで，関税政策も，輸入品防遏＝国内市場の相対的拡大策として実施された．1932年には，関税定率法改正（重化学工業製品を中心とする輸入税引き上げ）と従量税品目の税率一律35%引き上げ（為替下落による輸入品価格上昇で従量税品目の実効税率が下がったことに対応する措置で，有税品輸入総額中で従量税品目は約80%を占めていた）がおこなわれた．低為替と関税引き上げで，有税品輸入率（輸入額中の有税品輸入額）は，1920年代の39%前後から，1933年には29%に低下した．

産業政策　1932（昭和7）年から実施された船舶改善助成施設（第1次）は，老齢船40万総トンを解体し新鋭船20万総トンを新造するために1100万円の助成金を交付するスクラップ・アンド・ビルド計画であった．これは，(1)過剰船腹を整理する海運不況対策，(2)船質を改善する海運競争力強化対策，(3)新造船需要を創出する造船不況対策（スペンディング・ポリシーの一環）という3つの政策目的を持った措置であり，大きな効果を発揮した．1935，36年には，不況対策ではなく，日本商船隊の質的強化に力点を置いた第2次，第3次の船舶改善助成施設が実施された（それぞれ，5万トン解体5万トン新造計画．船腹拡大の軍事的な要請のために解体は数隻にとどまった）．

1933年には，日本製鉄株式会社法が公布され，34年1月に，官営八幡製鉄所と民間鉄鋼会社5社（釜石・輪西・三菱・九州・富士の5社，3月に東洋製鉄も参加）の合同によって，日本製鉄株式会社（資本金3億4594万円）が誕生した．製鉄合同は，1920年代いらいの懸案で，鉄鋼業の国際競争力強化のきめ手とされていたが，合同方法をめぐる利害対立などから，実現は遅れていた．昭和恐慌下の鉄鋼業の経営悪化と満州事変以降の鉄鋼の軍事的意義増幅とが，製鉄合同を実現させたのである（参加予定の浅野，日本鋼管などの製鋼会社は，市況好転・資産評価方法に対する不満などのため不参加）．全国製銑能力の 97%，製鋼能力の 58% を持つ半官半民の日本製鉄の設立によって，政府は，基礎素材である鉄鋼に関して強い政策的統制力を手にしたわけである．

重要産業統制法は，カルテル強化の「伝家の宝刀」としての役割を果たしたが，反面では，公益の観点から，価格吊上げを規制する根拠法としても活用された．需給関係・価格関係に対して政策的に介入する動きが現れたことは，市場を軸に社会的再生産を調整する経済社会としての資本制社会が，20 世紀資本主義の方向に変質する徴候のひとつと見ることができる．

このように，国際競争力強化・基礎素材需給（価格）調整をねらいとした産業政策の展開は，景気調整政策の展開とならんで高橋財政期が，日本における 20 世紀資本主義の本格的成立期であることを示している．

公債の日銀引受発行　需要創出のスペンディング・ポリシーを可能にしたのは，公債の日本銀行引受けによる発行であった．高橋蔵相は，積極政策の財源を公債に求めたが，従来の公募発行にはよらずに，日本銀行引受発行（及び日銀の公債売出し）という新方式を採用した．この新方式は，1931 年 4 月に「日本銀行制度改善に関する大蔵省及日本銀行共同調査会」の合意事項としてまとめられた文書のなかに記載されていた（井手〔44〕第 1 章）．高橋蔵相は，同時に，歳入補塡公債（赤字公債）の起債という財政史上初の措置も採った．そして，日本銀行の日銀券保証準備発行限度の拡大（1932 年 7 月，兌換銀行券条例改正，1 億 2000 万円を 10 億円に拡張）などの準備をととのえて，1932 年 11 月から，公債の日銀引受発行が開始された．この新しい公債発行方式の特質は，①公債の日銀引受発行は，まず政府預金（日銀勘定）を増加させ，次に小切手振出による財政支出が民間への通貨供給を増加させることになるので，公債公募発行の場合に生ずる民間資金引揚げによる一時的なデフレ効果を避けながら，資金供給をおこなうことができる，②日銀が引受公債を適宜市中に売却して通貨を吸収すれば，日銀券の過剰発行を避けることができるという 2 点にあった．

軍事費を含む需要創出政策の財源を確保しながら景気刺激的な資金供給を拡大させる一石二鳥（これに金利水準低下効果を加えて，一石三鳥の妙手という

表 11-2 公債発行と日銀券 (1932〜37 年)

年度	一般会計歳入		新規公債発行		日本銀行引受公債		日銀券流通高
	総 額	公債比率	総 額	日銀引受率	引受額	消化率	
	1000万円	%	1000万円	%	1000万円	%	1000万円
1932	204.5	32.2	77.2	88.3	71.5	98.3	137.3
33	233.2	33.6	84.0	89.7	76.0	99.3	147.0
34	224.7	33.0	83.0	81.7	67.8	99.6	153.8
35	225.9	30.0	76.1	86.9	66.1	77.2	160.7
36	237.2	25.7	68.5	82.5	56.5	91.9	175.6
37	291.4	20.8	223.0	74.5	178.0	87.4	208.0

注：一般会計歳入・日銀券流通高（年末）は『明治以降本邦主要経済統計』132，172 ページ（公債比率は総額に対する「公債及借入金」の割合）．他は『昭和財政史 6 資料 2』26-7 ページと本文 254 ページ（消化率は日銀引受額に対する市中売却額の割合）．

評価もある．深井英五『回顧七十年』）の公債政策は，当初は好成績をおさめた．表 11-2 のように，一般会計歳入の公債依存度は，高橋財政前期に 33% 程度にはねあがったが（1929〜31 年平均で 5.2%），新規公債は，90% 近くが日銀引受けで起債され，日銀引受け分は，1934 年度までは，100% 近く市中に消化された．しかし，1935 年度の市中消化率の大幅な減退が示すように，景気が回復に向かうとともに，民間投資向けの資金需要が拡大して，公債発行による供給通貨が，日銀に還流しない状態，つまり，過剰な公債発行が，インフレーションを高進させるおそれのある状態が生じた．高橋蔵相は，1934 年度予算から公債漸減方針をとり，財政支出とくに軍事費の伸び率抑制をはかりはじめた．高橋蔵相は，日銀引受発行制度が，悪性インフレーションを惹(ひ)きおこす可能性を十分考慮に入れながら，財政運営をおこなっていたのである．

高橋蔵相は 1936 年度予算編成で健全財政を強力に主張し軍部からの怨嗟を招いたが，健全財政を促したのは，日本銀行と大蔵省であった．大蔵省は，国債消化力の限度について日本銀行に調査を要請し，深井英五副総裁の意見を受け，1935 年には金融機関の国債所有高は飽和点に達したとの認識を持つにいたって健全財政への転換を蔵相に進言したのである（井手〔44〕第 4 章）．

景気の回復

景気回復の要因

日本経済は，ほぼ 1931（昭和 6）年を恐慌の底として，1932 年以降，景気回復に向かい（前掲表 10-3，10-4 参照），1933 年

表 11-3 総需要の回復 (1930～37 年)

	年 次	民 間	政 府	輸 出	合計（総需要）
		%	%	%	% 億円
構成比	1930	71.1	14.4	14.5	100 (171.3)
	31	70.1	16.8	13.1	100 (154.3)
	32	66.6	18.1	15.3	100 (161.7)
	33	65.8	17.5	16.7	100 (184.9)
	34	66.9	15.7	17.4	100 (206.3)
	35	65.8	15.6	18.6	100 (223.0)
	36	65.5	15.2	19.3	100 (237.3)
	37	63.6	17.7	18.7	100 (288.1)
					(総需要増減分)
増減寄与率	1930→31	△80.5	7.4	△26.9	100 (△17.0)
	31→32	△5.0	46.3	58.7	100 (7.5)
	32→33	59.7	13.3	27.0	100 (23.2)
	33→34	77.1	0.1	22.8	100 (21.4)
	34→35	51.7	13.7	34.6	100 (16.7)
	35→36	60.6	9.8	29.6	100 (14.2)
	36→37	54.7	29.1	16.2	100 (50.8)

注：大川一司他『長期経済統計1 国民所得』178, 184-5 ページより作成, 「民間」は個人消費支出と粗固定資本形成民間分の合計. 「政府」は政府経常収支と粗固定資本形成政府分の合計. 「輸出」は商品・サービスの輸移出額.

上期には，製造業利潤率が 1929 年上期の水準にまで回復した（製造業 200 社前後の使用総資本収益率は，1929 年上期 5.0%，1933 年上期 5.9%. 日本銀行統計局〔10〕341 ページ). 景気回復の要因を，総需要の面から見ると，表 11-3 のように，1931 年から 32 年にかけては，輸出（移出も含む）と政府部門の需要増加寄与率が高く，1932 年から 33 年にかけて民間部門の寄与率が高くなる. つまり，景気回復第 1 年目には，輸出と政府支出が需要拡大の第 1 次衝撃として作用し，2 年目以降，その波及効果を含みながら民間部門の需要拡大が続いたわけである. 政府部門の比重は，1920 年代にくらべて一段と大きくなり（前掲表 9-6 参照)，1932 年前後 3 年間は，輸出を上回る数値になっている. 財政活動の役割が拡大したことは明白であるが，景気刺激効果は，とくに，景気回復第 1 年目に大きく，その後は，日中戦争開始の 1937 年にいたるまでは大きくない. 高橋財政期の軍事費を含むスペンディング・ポリシーは，景気回復初期に，「1 回限りの衝撃効果」（中村隆英〔6〕205 ページ）を発揮したといえる. これにたいして，輸出の需要増加寄与率は，1932 年以降もかなり高く，低為替政策は持続的な景気支持効果を持った.

高橋財政前半期の経済政策は，井上財政期に進められた企業の合理化による国際競争力の強化とあいまって，日本経済を，各国にさきがけて恐慌の淵から救出するのに成功したと評価することができる（ただし，農業部門の回復は遅れた）.

また，金融恐慌（1927 年）が先行したために，世界恐慌のなかで金融界が安定していたことも，欧米各国と比べて景気回復を早めた要因のひとつであった.

貿易構造の変化

昭和恐慌を経て，日本の貿易構造は大きく変容した．前掲表 9–9（植民地貿易は含まない）に見るように，伝統的な輸出商品であった絹（生糸・絹織物）の地位が大幅に低下し，綿の地位が上昇した．1934（昭和 9）年以降，綿織物輸出額が生糸輸出額を超えた．また，機械・鉄鋼など重工業製品の輸出が伸長した．輸入面では，重工業関係原料及製品と石油の比重が上昇した．輸出入収支は，1920 年代とくらべて，1930 年代には顕著に改善された．輸出入収支では，地位が低下したとはいえ，なお絹類が外貨獲得商品として重要な役割を果たしている点は見逃すことができない.

貿易相手国別・地域別構造を，1935 年について見ると，表 11–4 の通りである（植民地貿易を含む）．1912 年時と比較すると（前掲表 8–1 参照），対ヨーロッパ貿易の比重低下と対アジア貿易の比重上昇，アメリカの輸出相手国としての比重低下と輸入相手国としての比重上昇が目立つ．輸出入収支では，対アジア貿易が大幅な出超に転じ，対アメリカ貿易が大幅な入超に転じた点が大きな特徴である．アジア貿易では，インドを含めて繊維類が巨額の輸出超過を示すこと，重工業品の出超も大きいこと，そして，食料品入超が巨額であること（大部分は植民地からの入超で，植民地領有の意義を端的に示している）が特徴となっている．対アメリカ貿易では，繊維類の出超額が僅少となり，金属類の入超が拡張したこと，対ヨーロッパ貿易では，対英貿易が出超に転じ，対独貿易の入超幅が拡大したことが目立つ.

産業構造の変化

貿易構造の変化と対応する産業構造の変化は，前掲表 8–3 の鉱工業の労働者構成，表 9–8 の製造工業生産額構成に示されている．重化学工業化が進行し，生産額構成比では 1935 年で 43.5%，民営工場労働者構成比では 1934 年で 32.0% に達している.

表 11-4　貿易の構造　(1935年)

	商品群 / 地域・国名	輸出入収支 食料品	繊維	機械	金属	その他	合計	構成比 輸出	輸入
		100万円	100万円	100万円	100万円	100万円	100万円	%	%
輸出入収支	アジア	△440.6	450.6	233.7	53.3	93.1	390.2	62.8	51.0
	中国	△0.2	97.0	112.4	33.4	△17.8	224.8	17.6	10.7
	朝鮮・台湾	△443.7	149.3	88.9	36.0	146.3	△23.1	23.7	24.5
	インド他	3.4	204.3	32.4	△16.1	△35.4	188.6	21.5	15.8
	ヨーロッパ	37.8	123.5	△64.3	△77.2	△88.1	△68.3	8.8	10.8
	イギリス	24.2	43.2	△17.2	△19.4	6.5	37.3	3.7	2.5
	ドイツ	1.5	9.3	△38.5	△18.8	△47.5	△94.1	0.8	3.7
	他	12.1	71.0	△8.6	△39.0	△47.1	△11.6	4.3	4.6
	アメリカ	5.9	76.4	△51.3	△157.6	△133.6	△260.2	19.9	27.9
	米国	22.0	8.9	△58.1	△134.7	△112.2	△274.1	16.3	24.7
	他	△16.1	67.5	6.8	△22.9	21.4	13.9	3.6	3.2
	アフリカ・大洋州・他	△38.0	△14.9	8.6	△6.3	△7.3	△57.9	8.5	10.3
	オーストラリア	△31.7	△124.1	4.7	△9.6	5.2	△155.4	2.6	7.4
	他	△6.3	109.2	3.9	3.3	△12.5	97.5	5.9	2.9
	全地域	△434.9	635.6	126.7	△187.8	△135.9	3.7	100	100
構成比		%	%	%	%	%	%	100万円	100万円
	輸出	9.7	50.5	8.9	7.5	23.4	100	3,276.0	
	輸入	23.0	31.1	5.0	13.3	27.6	100		3,272.3

注：行沢健三・前田昇三『日本貿易の長期統計』160-9ページより作成．商品群内訳は前掲表8-1注参照．

重化学工業化が進行した大きな要因は，低為替と関税によって輸入品にたいする価格競争力が高まったことである．主要な重化学工業品の輸入比率を見ると，表11-5のように，1930年代前半に大幅に低下している．機械のうちで，電力機器を例にあげると，1922年から1927年までに新設された水力発電用水車の65.5%は外国製であったが，1933年から1937年までのそれは21.2%に低下している．同様に，水力発電機は58.7%から14.4%に，火力発電用の蒸気タービンは97.2%から23.3%に，火力発電機は87.8%から20.5%に低下している（『日立製作所史』1，6ページ，原資料は『電気事業要覧』）．

輸入品圧力の軽減で生産を伸ばした重化学工業は，景気回復とともに拡大する国内市場を基盤に成長し，設備投資がさらなる設備投資を生むという内部連関的な拡大軌道に乗ることとなった．重化学工業の拡大にたいして軍需がどのような役割を果たしたかを推計してみると，表11-6のような数値が得られる．軍需の波及効果は計算していないので，軍需の役割が過小評価になっているか

表 11-5　重化学工業製品の輸入率　(1926〜36 年)

年次	銑　鉄	鋼　材	機　械	ソーダ灰	苛　性ソーダ	硫　安
	%	%	%	%	%	%
1926	49.4	73.6	33.4	217.6	148.0	201.4
28	52.7	48.0	29.9	254.8	214.8	122.4
30	68.1	22.7	20.4	114.0	108.6	113.9
31	56.2	16.0	18.4	69.2	85.7	57.0
32	49.0	11.1	17.4	54.8	37.3	25.9
33	45.6	14.7	13.4	41.8	10.8	22.9
34	46.4	12.8	6.1	27.8	5.6	32.6
35	40.8	9.0	6.5	19.3	8.6	39.1
36	54.5	7.8	9.1	16.7	4.2	35.7

注：橋本寿朗『大恐慌期の日本資本主義』237-9 ページより作成.
輸入率は，生産高を 100 とする輸入高の比率.

もしれないが，高橋財政期に軍需が重化学工業生産に占める割合は，日中戦争期にくらべてかなり低いことは明白である．また，重化学工業生産の増加にたいする軍需の寄与率が，1932 年にはかなり大きいがその後は年々小さくなっていることも確認できる．これらの事実は，高橋財政期には，重化学工業が，軍需に依るよりも平和的需要を基盤に成長を実現したことを示すと言ってよかろう．

とはいえ，この時期の重化学工業には，弱点もあった．国内市場において輸入品との競争に打ち勝ったといっても，国際市場に進出するにはまだ競争力が不十分であり，前掲表 11-4 で概観できるように，機械・金属類の輸出は，アジア市場とくに植民地・勢力圏向けが中心である．中国向けは主として満州国向けで，日本からの資本輸出に対応した重化学工業製品輸出であった．

また，機械をつくる機械として重要な工作機械については，輸入依存度はこの時期にも低下せず，とくに高級機（歯車・ベアリング製造用機械など）製造の技術的立ち遅れは克服できていなかった．乗用自動車生産は，外資 3 社（フォード・GM に次いでクライスラーも日本進出）が強く，日産・豊田は苦戦し，1936 年の自動車製造事業法で強力な保護が計られた（外資系は 1939 年で生産停止に追い込まれた）．しかし，すぐ戦時期に入ったのでトラックに生産が集中され，結局，乗用車国産は本格化しなかった．あるいは，原材料面にも弱点があった．当時の製鋼技術では，銑鉄のほかに副材料として屑鉄が必要であったが，国内の屑鉄供給力は弱く，モータリゼーションが進んだアメリカからの

表11-6　重化学工業化と軍需　(1929〜39年)

年次	重化学工業生産額 (1)	対前年増減 (2)	軍事費中民間重化学工業への支払分 (3)	対前年増減 (4)	軍事費の増減寄与率 (5)＝(4)／(2)	軍事費の割合 (6)＝(3)／(1)
	万円	万円	万円	万円	%	%
1929	264,965		16,343			6.2
30	222,607	△42,358	13,810	△2,533	△6.0	6.2
31	181,128	△41,479	12,640	△1,170	△2.8	7.0
32	222,907	41,779	21,400	8,760	21.0	9.6
33	321,934	99,027	31,546	10,146	10.3	9.8
34	406,832	84,898	38,819	7,273	8.6	9.5
35	506,965	100,133	42,487	3,668	3.7	8.4
36	592,608	85,643	41,196	△1,291	△1.5	7.0
37	877,690	285,082	97,515	56,319	19.8	11.1
38	1,174,506	296,816	191,176	93,661	31.6	16.3
39	1,517,688	343,182	244,296	53,120	15.5	16.1

注：三和「高橋財政期の経済政策」（東京大学社会科学研究所編『戦時日本経済』所収）167ページ（『戦間期日本の経済政策史的研究』306ページ）.

輸入に大きく依存せざるをえなかった（1940年10月のアメリカの対日屑鉄禁輸の意味はここにある）.

軽工業では，綿工業が主軸になった．1929年の女子深夜業禁止（1923年改正工場法の適用）に対応してハイドラフト機・自動織機などによる生産性上昇に努めてきた綿工業は，低為替を武器に急成長をとげた．しかし，原料綿花の輸入価格上昇や対日貿易制限の強化のために発展には限界が生じつつあった．これにたいして，人絹（レーヨン）工業は急成長を続け，1937年には，人絹糸生産量でアメリカを超えて世界第1位となった．製糸業では，片倉・郡是・鐘紡の3社が，靴下用高級糸の多条繰糸機による生産を基礎に，独占的地位を確立するという構造的変化が進んだ.

独占体制の強化

1920年代以降，とくに金融恐慌・昭和恐慌のなかで，資本集中・生産集中が進み，独占体制が強化された．1937（昭和12）年の数値では，後掲表13-3に見られるように，主要な産業部門における上位企業3社への集中度は，高い水準を示している．このなかで，財閥の力も強化され，1937年には，表11-7のような姿を呈するにいたった（在内地会社のみの数値で，他に在外会社がある）．三井・三菱・住友・安田の4大財閥は，全国会社払込資本金の10.4%を集中し，つづく5財閥（鮎川・浅野・古河・

表 11-7　財閥の構成と集中度　(1937年)

部門別	内部構成比 三井	三菱	住友	安田	対全国比率 4大財閥	5財閥	9財閥	全国数値構成比
	%	%	%	%	%	%	%	%
鉱砿業	26.5	18.6	8.8	0	20.9	14.6	35.5	8.2
重工業	22.1	27.1	35.2	3.3	12.1	8.5	20.6	20.5
(金属)	(2.4)	(2.2)	(14.5)	(0)	(9.2)	(5.5)	(14.7)	(5.2)
(機械)	(6.6)	(18.6)	(10.8)	(2.5)	(14.9)	(12.3)	(27.2)	(7.4)
(化学)	(13.1)	(6.4)	(9.9)	(0.9)	(11.3)	(7.0)	(18.3)	(7.9)
軽工業	13.8	11.5	9.4	8.6	7.0	6.5	13.5	16.9
(繊維)	(6.7)	(0.9)	(7.8)	(5.0)	(8.2)	(2.1)	(10.3)	(1.7)
(窯業)	(4.2)	(5.7)	(1.4)	(0)	(21.5)	(25.1)	(46.6)	(6.1)
金融業	11.5	22.1	15.1	55.2	22.5	1.1	23.6	9.3
(銀行)	(9.8)	(10.9)	(12.9)	(48.8)	(21.0)	(0.8)	(21.8)	(8.0)
その他	26.0	20.7	31.4	32.9	6.1	1.4	7.5	45.1
払込資本金合計	100	100	100	100				100
	100万円	100万円	100万円	100万円	100万円	100万円	100万円	100万円
(実数)	612.6	574.1	386.9	255.1	1,828.6	842.3	2,670.9	17,654.5
(対全国比率)	3.5	3.3	2.2	1.4	10.4	4.8	15.1	100

注：持株会社整理委員会『日本財閥とその解体・資料』472-3ページにより作成．5財閥は鮎川・浅野・古河・大倉・野村の各財閥．持株会社傘下会社の払込資本金基準の数値．財閥本社を含めると，対全国比率は表記よりも大きくなる．

大倉・野村）は4.8%を集中している．表記以外に，日窒・日曹・森（昭電）・理研の新興財閥（新興コンツェルン．前掲の鮎川＝日産もこのグループに入る）も，重化学工業部門で目覚ましく発展してきた．

4大財閥の傘下会社の構成では，安田が金融財閥として異色であり，三井が鉱業・商業（三井物産等で表では「その他」に含まれる）の構成比が高く，三菱は重工業（特に「機械」）・保険・海運（日本郵船等で「その他」に含まれる），住友は重工業（特に「金属」）・鉄道・不動産（「その他」）の比重が高いのが特徴である．昭和恐慌下に，「ドル買い」問題などで財閥批判が高まり，団琢磨暗殺事件（1932年3月に三井合名理事長，日本経済連盟会会長の団が血盟団員に暗殺された．このひと月前には，井上準之助も血盟団員によって暗殺された）も発生した状況に対応して，財閥家族の第一線からの引退，持株の公開，利益の社会還元など，いわゆる「財閥の転向」の動きも現れた．持株公開は，閉鎖的な自己金融を特色としていた財閥の資金調達方式の変化として注目すべきであり，重化学工業部門への進出にともなう資金需要拡大に対応した措置という面を持っていた（本社による集中的株式所有から傘下主要企業によ

表 11-8 カルテルの設立 （1932年現在）

部門別	1914年以前	1914〜26年	1927〜29年	1930年以後	不 詳	計
重 工 業	—	5	6	19	3	33
化学工業	5	6	1	18	1	31
繊維工業	1	1	3	6	—	11
食品工業	1	—	2	5	—	8
計	7	12	12	48	4	83

注：『近現代日本経済史要覧（補訂版）』123 ページ．原資料は高橋亀吉『日本経済統制論』．1932 年現在で存続するカルテルの設立年別・部門別の数．鉱業は重工業中に含まれる．

る株式持合という財閥結合関係の変化という面もあった）．

諸産業におけるカルテル活動も，広汎に展開され，市場価格規制力も強化された（橋本寿朗・武田晴人〔29〕）．1932 年末に存在した 83 のカルテルの成立年別・産業別の数値は，表 11–8 の通りであり，昭和恐慌期には，とくに重化学工業部門でカルテル設立が盛んにおこなわれたのが特徴的である．

国民生活 高橋財政による景気回復のなかで，国民生活の回復は遅れた．民間工場労働者数は，1929 年を 100 として 1931 年には 81.7 に減少し 33 年でも 89.9 に留まり 34 年にようやく 100.2 に回復した．民間工場労働者の実収賃金は，1929 年を 100 として，1932 年には 84.8 にまで下がり，35 年にも 87.7 にしか回復しなかった（前掲表 10–4）．農業恐慌からの回復が遅れた農村では，1930 年に 2478 件であった小作争議が 34 年に 5828 件，36 年にも 6804 件発生している（前掲表 10–6）．

昭和恐慌とそこからの脱出の過程で，日本の国内の所得分配は著しく不平等になった．税務統計を用いた推計では，ジニ係数は 1930 年の 0.537 から 37 年には 0.573 となり，第 2 次大戦後（後掲図 18–2）に較べて高かった不平等度はさらに強まって（南亮進「日本における所得分布の長期的変化」『東京経大学会誌』219 号，2000 年，44 ページ），民衆の不満が蓄積した．この不満は，対外侵略衝動を醸成する土壌になった．

軍事費抑制と 2・26 事件 金本位制を放棄して管理通貨制度に移行したうえで，スペンディング・ポリシーを軸に景気政策を採用した高橋財政は，日本における本格的な 20 世紀資本主義（現代資本主義・国家独占資本主義）の経済政策と評価してよかろう．高橋財政期に，産業貿易構造の重化学工業化が進み，独占体制も強化されて，日本経済は，20 世紀資本主義としての実質を備えるにいたった．ただし，労働組合を基礎とした労働運動の展開が，他国と比較して弱いことは，日本的特質であった．

高橋財政をめぐっては，公債の日銀引受発行制度を創設して軍事費の拡張，つまり日本経済の軍国主義的膨張に途を拓いたとの評価がある．しかし，本書は，高橋蔵相が，とくに後半期において，軍事費拡大を抑制して財政健全化に力を尽くしたことを重視したい．たしかに，満州問題で国際連盟を脱退（1932 年）した日本は，国際的に孤立して軍備強化に向かう圧力を強めていた．また，世界経済のブロック化にともなう経済対立激化の潮流のなかで，ワシントン体制維持の見込みはほとんどなくなり，軍備拡張競争の再発は避けがたい状況でもあった（日本は 1934 年にワシントン条約廃棄を通告，36 年にはロンドン軍縮会議脱退）．しかし，なお，大蔵省の健全財政主義の主張に支えられながら，軍事費拡張に歯止めをかけようとした高橋蔵相の政策姿勢は，厳しい状況下の勇気ある選択として評価すべきであろう．高橋財政期には，経済軍事化が進んだとはいえ，日本経済が「平和的」経済成長の途に進む選択の余地が残されていたと見ることができる（三和良一〔46〕169–70 ページ）．しかし，軍部ファシズムがひきおこした 2・26 事件（1936 年）は，高橋財政を暴力的に粉砕し，「平和的」経済成長の途を否定して，経済軍事化を，唯一の日本経済の進路に設定することとなったのである．日中戦争，太平洋戦争と続く悲劇の歴史が，もし異なって展開しえたとすれば，その最後の分岐点は，高橋財政の時期にあったのではなかろうか．

12 戦時経済

ブロック経済と戦争

世界経済のブロック化 世界恐慌の嵐の中で，各国は，自国経済の回復を最優先課題として保護政策を展開した．アメリカは，1930（昭和5）年6月にホーレイ・スムート関税法を制定して農産物・繊維品を中心に禁止的高率関税を設け，国際関税戦争の口火を切った．イギリスは，1932（昭和7）年夏に，英帝国諸国とオタワ会議を開催し，特恵関税制度を主内容とするいくつかの協定を締結した．これによって英帝国諸国はスターリング・ブロックと呼ばれる排他的経済圏を構成することになった．スターリング・ブロックの形成は，ドイツ・日本等の諸国を多角的貿易体制から排除することによって，それぞれのブロック化を促進した．対西欧向輸出拡大の途をとざされたドイツは，東欧，南欧およびラテン・アメリカを含むマルク・ブロックの形成に進み，日本も，アジア英帝国諸国向輸出拡大を阻害されたために，自らの植民地・半植民地市場を確保する必要に迫られたのである．

日満支ブロック 日本のブロック形成は満州侵略による日満ブロックの形成を出発点とした．満州（中国東北部）では，まず南満州鉄道会社経由の資本輸出を軸に，一業一社の特殊会社を設立するという方式で経済開発がはかられた．しかし，1935年ごろから対満投資資金が枯渇し，さらに，華北を根拠地とする抗日運動が激化したために，満州の経済開発ははやくも困難に直面した．そこで，満鉄に代る満州開発の担い手として，日産コンツェルンの満州移駐によって満州重工業開発会社が1937年に設立された．

一方，1933年いらい，華北（中国北部）への勢力拡大が試みられ，華北5

省の自治化をはかる華北分離工作がおこなわれていたが，1937年7月からの日中戦争で，全面的な中国侵略が開始された．日満ブロックは，日満支ブロックへ拡大されたのである．石炭・鉄・工業塩など，満州だけでは十分に確保できない重要物資の獲得が，華北進出の経済的目的となった．華北経済開発には1935年から満鉄子会社の興中公司があたったが，1938年以降は三井・三菱等の既成財閥が全面的に出資した国策会社北支那開発がこれに代った．同年に，中支那振興会社も設立されて，華中の経済的支配の先兵となった．

大東亜共栄圏 1939（昭和14）年9月の，ドイツのポーランド進撃で，第2次ヨーロッパ大戦が始まり，翌1940年には，長期化した日中戦争の局面を打開するため，いわゆる援蔣ルート遮断をめざして仏印（現在のベトナム）進駐がおこなわれ，日独伊3国同盟も締結された．日本を牽制して，日米通商航海条約の破棄を通告（1939年7月，40年1月失効）し，航空機用ガソリンの西半球以外への輸出を禁止（1940年7月）していたアメリカは，北部仏印進出に対して，屑鉄（当時の製鋼法では副原料として不可欠）の禁輸（1940年10月）でこたえた．さらに，1941年7月に日本が南部仏印に進駐すると，アメリカは日本の在米資産凍結と石油の全面的輸出禁止（発動機燃料・航空機用潤滑油を追加）という措置を取った．日本のアジアに対する経済的・軍事的進出とともに高まったイギリス・アメリカとの対立関係は，ついに頂点に達し，日本は，1941年12月に太平洋戦争を開始した．日満支ブロックは，南方地域（東南アジア）を含む大東亜共栄圏にまで拡大したのである．

円ブロックの実態 円ブロック内では，基本的には円系の通貨が用いられた．対中国貿易は外資決済と無関係となり，対中国出超で対欧米入超を決済するというそれまでの決済構造が解体した．そこで，外貨不足に悩む日本は外貨受取りにつながらない対中国輸出を制限せざるをえず，日中の貿易関係はブロック形成によってかえって人為的に抑制されることになった．一方，南方地域がブロックに組入れられた時には，すでに海上輸送力が制約要因となっており，大東亜共栄圏内諸地域間の物資移動は円滑を欠いた．南方地域は対旧宗主国および地域内の貿易を切断されたためにはげしい物資需給の不均衡に陥った．しかも日本の側から見ても，南方地域から日本が獲得しえた物資量は，米・英・蘭3国からの輸入消滅という日本が南方侵略に対して支払った代償より小さかったのである.

経済統制と戦争経済力

経済統制への途 高橋財政のもとで景気回復を実現させた日本経済は，同時に，構造的な不安定性をはらむ状態になっていた．重化学工業化を進めた日本は，鉄鉱・金属・石油などの資源的基盤が弱く（表12–1参照），また高級工作機械などの生産能力も未成熟であるために，それらの輸入確保は不可欠であり，それを可能とする輸出能力を備えない限り，経済的再生産は安定しえない．しかし，人絹工業の発達によって日本絹業の外貨獲得力は大幅に縮減され，ブロック経済化の傾向は日本綿業輸出の大きな障壁となった．重化学工業化が，①軍需生産に偏ることなく発展して，生産財供給力の拡大→国内生産の一般的拡大→重化学工業製品を含む輸出の拡大→必要物資輸入の確保という筋道で日本経済の安定的再生産を可能にするか，②特殊な消費財生産という性質を持つ軍需生産に特化する方向で肥大化して，生産財供給力の停滞→国内生産の一般的停滞→輸出力の減退→必要物資の輸入困難という筋道で日本経済を行き詰まり状態におとしいれるか，重大な分岐点に，日本経済は直面していたのである.

また，1935（昭和10）年頃までは，財政資金の散布による有効需要の拡大に対して，遊休生産力の稼働を軸とした供給の増加がともなって物資の需給バランスは保たれていたし，赤字公債も日本銀行の売オペレーション（市中売却）を通して消化されて日銀券の膨張も制御されていたから，物価は比較的安定していた．しかし，1936年頃からは，日銀券の膨張は激しくなり，物資需給バランスもくずれて物価は目立って上昇しはじめた.

高橋是清蔵相が努力した軍事費を含む財政支出の縮減は，日本経済の分岐点において採用されるべき正統な経済政策の方向に即していた．しかし，2・26事件によって高橋財政は暴力的に否定され，広田弘毅内閣（1936年3月成立）の馬場鍈一蔵相は公債漸減方針の放棄，低金利促進政策の方向に進んだ．軍備拡充の至上命令に，財政は追随するにいたった．軍需生産特化の方向で重化学工業化を進める以上，経済的矛盾の爆発をしばらくの間にせよ回避するために

表 12-1　主要資源の輸入依存度

	%		%		%
銑　鉄	9.8	鉄　鉱	52.3	鋼　　鉄	0.2
銅	36.3	鉛	93.2	亜　　鉛	52.8
錫	52.9	水　銀	97.8	マンガン鉱	72.5
石　炭	8.0	重　油	80.1	塩	63.0
生ゴム	100.0	皮　革	48.1	燐　　鉱	87.7
綿　花	99.9	羊　毛	99.8	木　　材	19.8
米	1.2	小　麦	12.2	大　　豆	50.7

注：『近現代日本経済史要覧（補訂版）』125ページより．原資料は，『朝日経済年史』昭和12年版．需要量に対する輸入量の割合．

は，政府の経済過程への直接的介入，つまり経済統制のほかに途はなくなったのである．

馬場積極財政による内需拡大を見越して，輸入は急増し，外貨不足が懸念される事態が生じたので，政府は，1937年1月に輸入為替許可制の実施に踏み切った．いよいよ，経済統制が開始されたのである．

生産力拡充と財政経済3原則

馬場財政は，あまりに軍事費に寛大であったので，そのしわ寄せが増税というかたちで利潤に影響することをおそれた財界は，強く反発した．林銑十郎内閣（1937年2月成立）の結城豊太郎蔵相は，予算の削減，増税の緩和をはかり，軍部と財界の調整をめざして，「軍財抱合」財政の方向を打ち出した．財閥（特に旧財閥）批判の雰囲気を持っていた軍部も，軍備拡張のためには財閥の経済力に頼らざるをえず，軍事化をためらっていた財閥も，軍需産業への進出に踏み切らざるをえない情勢に立ちいたったのであった．

来るべき大戦争を想定しながら（当初はソビエト連邦を仮想敵国とした），陸軍は，1935（昭和10）年頃から軍需工業と基礎産業の生産力を拡充するための計画作成に着手し，1937年に「重要産業5ヶ年計画要綱」を，第1次近衛文麿内閣（1937年6月成立）に提案した．近衛内閣は，これを受けて「我国経済力の充実に関する件」を閣議決定するとともに，賀屋興宣蔵相と吉野信次商相が，財政経済3原則（生産力の拡充・物資需給の調整・国際収支の均衡）を発表した．この3原則は，国際収支均衡という条件の下で短期的には輸入増加要因となる生産力拡充計画を実行するとすれば，戦略部門への物資の人為的重点配分が必要とされる，という論理構造を持っており，生産力拡充が経済統制を要請することを表明したものであった．

表 12-2 国家総動員法関係勅令 (1938〜42 年)

A 人的資源の統制および利用に関するもの
国民職業能力申告令（1939. 1），従業員雇入制限令（39. 3），工場就業時間制限令（39. 3），賃金統制令（39. 3），工場事業場技能者養成令（39. 3），国民徴用令（39. 7），賃金臨時措置令（39. 10），会社職員給与臨時措置令（39. 10），船員徴用令（40. 10），従業員移動防止令（40. 11），労務調整令（41. 12），重要事業場労務管理令（42. 2）
B 物的資源の統制および利用に関するもの
価格等統制令（39. 10），地代家賃統制令（39. 10），電力調整令（39. 10），小作料統制令（39. 12），総動員物資使用収用令（39. 12），土地工作物管理使用収用令（39. 12），臨時農地価格統制令（41. 1），臨時農地等管理令（41. 2），生活必需物資統制令（41. 4），配電統制令（41. 8），金属類回収令（41. 8），物資統制令（41. 12），農業生産統制令（41. 12）
C 資金統制および運用に関するもの
会社利益配当及資金融通令（39. 4），会社経理統制令（40. 10），銀行等資金運用令（40. 10），株式価格統制令（41. 8）
D 事業の統制および運用に関するもの
工場事業場管理令（38. 5），軍需品工場事業場検査令（39. 10），工場事業場使用収用令（39. 12），陸運統制令（40. 2），海運統制令（40. 2），貿易統制令（41. 5），重要産業団体令（41. 8），企業許可令（41. 12），戦時海運管理令（42. 3），金融統制団体令（42. 4），企業整備令（42. 5）
E 文化統制および運用に関するもの
新聞紙等掲載制限令（41. 1），新聞事業令（41. 12）

注：『近現代日本経済史要覧（補訂版）』127 ページより作成.（ ）内は公布年月.

国家総動員法と電力国家管理

1937（昭和 12）年 7 月の日中戦争の開始は本格的経済統制の出発点となった．1937 年の第 72 臨時議会は戦争終了までを 1 会計年度とする臨時軍事費特別会計を設置する一方，臨時資金調整法と輸出入品等臨時措置法を成立させた．臨時資金調整法によって設備資金の貸付，株式・社債の発行，会社の新設・増資が政府の許可事項とされ，資金面から投資が統制されることになった．また，輸出入品等臨時措置法は貿易関係品に対する政府の全面的統制権限（輸出入・生産・流通・消費を規制する権限）を認め，実質上ほとんどすべての物資に対する統制を可能にするものであった．これ以降 1938 年上期にかけてこの 2 法を根拠法とする諸規則が制定された．一方，1937 年 10 月には戦時経済統制の中心機関として企画院が設置された．

1938 年 4 月公布の国家総動員法は，人的・物的資源の統制権限を全面的に政府に委任する立法であった．国家総動員法によって，表 12-2 のように，多くの統制勅令が出されて，戦時経済統制の網の目がはりめぐらされた．また，1938 年には，電力国家管理 2 法（電力管理法・日本発送電株式会社法）が成立したが，これは民有の日本発送電株式会社（日発）を設立したうえで同社を国家が管理するというもので，私有の否定を意味するとの財界の反対論を押し切って成立した点で画期的な意義を持った（民間電力会社は，発送変電設備を1939年4月設立の日発に現物出資し，1942年には，全国で9社設立された配電会社に統合された）．

経済統制の展開

日中戦争とともに本格化した経済統制は，1939年の第2次ヨーロッパ戦争勃発とともに一段と強化された（原朗〔50〕参照）．経済統制は，物資・資金・労働の全面にわたって展開された．

物資統制の基軸となったのは，物資動員計画で，外貨獲得能力（輸入力）と海上輸送力に規定される物資の総供給量を設定したうえで，その枠内で軍需と民需への配分調整をおこなおうとしたものである（安藤良雄〔1〕第9章参照）．しかし，1年目の昭和13（1938）年度計画において，輸入制限措置による綿花など輸出用原料の不足と1937年の世界景気後退の影響で輸出が伸びず，輸入力が当初予想を下回ったために民需を圧縮するかたちではやくも計画が改訂されるなど，総供給力の不足が，たえず計画の実現の障害となった．

資金統制，金融統制は，軍需工業の資金需要に応じながら，なおかつインフレーションの悪化を防止する課題をになっていた．戦費調達のためには大量の国債発行が必要であったが，その消化には強制割当がおこなわれ，大々的な貯蓄運動が推進された．可能なかぎり民間から資金を吸収し，民需部門への投資規制をおこないながら，軍需部門に重点的に資金が投入された．しかし，軍需部門への巨額の資金投入は，資金の大幅な対民間散布超過を不可避としたし，物資需給の不均衡も激しくなったから，インフレーション抑制という課題の実現は困難であり，物資の価格統制（1939年10月に，9月18日の価格に物価を釘付けにする価格統制諸令――表12-2参照――，いわゆる9・18ストップ令が出されて価格統制が開始された）・流通統制（配給制度．消費財については，大都市では1940年6月に砂糖・マッチ，41年4月に米・小麦粉・酒，42年1月に塩・味噌・醤油が配給制度となり，42年2月には衣料品の点数切符制が実施された）が，不可欠であった．

兵力動員と軍需工業の労働力需要増によって，労働力需給も不均衡化した．労働力の供給不足状態を放置すれば，労賃上昇がインフレーションの昂進あるいは企業利潤の削減をまねくおそれがあったから，賃金統制と労働力移動統制

表 12-3　戦争経済力の崩壊　(1936～44 年)

年次	A 民間非兵器鉱工業付加価値額	B 兵器工業中間投入	C A－B	D 個人の鉱工業製品消費	E C－D
	100万円	100万円	100万円	100万円	100万円
1936	4, 676	250	4, 426	4, 094	332
37	4, 731	378	4, 353	4, 248	105
38	5, 606	576	5, 030	4, 151	879
39	7, 032	735	6, 297	3, 807	2, 490
40	6, 746	1, 004	5, 742	3, 724	2, 018
41	6, 994	1, 406	5, 588	3, 627	1, 961
42	6, 759	1, 850	4, 909	3, 403	1, 506
43	6, 320	2, 618	3, 702	3, 125	577
44	5, 741	4, 117	1, 624	2, 621	△997

注：山崎広明「日本戦争経済の崩壊とその特質」（東京大学社会科学研究所編『戦時日本経済』）44-5 ページによる．1934-36 年価格表示．

も必要となった．経済統制は政府の計画的経済運営をともなうので「計画経済」と捉えられる場合があり，戦時経済から戦後統制が解除されるまでの時期を「計画経済」の時代と区分する見方も提起されている（杉山伸也〔5〕）．また日本の経済統制が，ソ連の 5 カ年計画やドイツのナチズムの影響を受けているとの指摘もある（岡崎哲二〔47〕，柳沢治〔51〕）．

太平洋戦争　第 2 次近衛内閣（1940 年 7 月成立）は，「経済新体制確立要綱」（1940 年 12 月）を決定し，「高度国防国家」体制の樹立をめざして，企業，経済団体の動員強化をはかった．南方進出政策で，対外関係が緊迫するなかで，対米英戦争を辞さずとする「帝国国策遂行要綱」が，御前会議で決定された（1941 年 9 月）．和戦の決断に迷った近衛内閣（第 3 次）にかわって，1941（昭和 16）年 10 月に，現役軍人東条英機を首班とした内閣が登場した．11 月 5 日の御前会議では，開戦せずに現状を維持していると物的国力は不利になるとの経済力評価のうえに，開戦が決定され，12 月 8 日のハワイ真珠湾攻撃で，太平洋戦争が開始された．戦争遂行の経済力について，正確な見通しのないままに，日本は，大きく戦線を拡大させたのである．

戦争経済力の崩壊　軍需生産の肥大化は，非軍需品の生産を圧迫するのはもちろんとして，軍需品という特殊な消費財に経済的資源が集中的に投入されるために，軍需品の生産を維持するに必要な生産財生産までも圧迫して，軍需生産そのものの基礎を掘り崩す可能性すら秘めている．繊維・食品等の消費財生産は，日中戦争期に早くも減少しはじめ，鉄鋼・石炭など基礎資材も，1943（昭和 18）年をピークに減産に転じた．

戦時日本経済の再生産の限界は，表 12–3 に総括的に示される．1939 年までは，非兵器生産中の民間消費・投資に充当しうる部分（C）が増加し，一方で民間消費（D）が切りつめられたために生産財の供給力（E）が大幅に増加していた．ところが，1940 年からは，C 部分が減少に転じた．このため，民間消費（D）の減少が続いたにもかかわらず，生産財供給力（E）は減少し，1944 年には，資本ストックの喰いつぶしという，完全な縮小再生産の状態におちいったのである．実際に，企業整備によって，綿工業などの機械設備のスクラップ化もおこなわれた．

1943 年には，5 大重点産業（鉄鋼・石炭・軽金属・船舶・航空機）の「生産増強方針」決定，「戦力増強企業整備要綱」（平和産業部門の軍需工業転換）決定，「軍需会社法」（軍需生産の国家管理）制定などの対策が採られた．しかし，軍需生産はなお増加傾向を続けた（たとえば，戦車生産台数は，1942 年の 1290 両をピークに減少したが，航空機機体生産は，1944 年に約 2 万 4000 機，艦艇進水量は同年に約 46 万排水トンと最大値を示している．『昭和産業史』第 1 巻，492, 568, 607 ページ）が，戦略物資を輸送する船舶の戦時損耗が大きく（船舶保有量は，1941 年 12 月の 638 万総トンから，43 年末に 494 万総トン，44 年末に 256 万総トン，そして 45 年 8 月には 153 万総トンに減少した．『近代日本経済史要覧』139 ページ），重要物資の内地への輸送量が縮減し，素材面から，日本経済の再生産は，すでに限界に達しつつあった．1944 年末からは，B29 爆撃機による日本本土攻撃が開始され，軍需工場の破壊が，生産能力の低下に拍車をかけた．経済力の点から，戦争の遂行は不可能となったのである．

戦時下の日本経済の変容

軍需主導の重化学工業化　日中戦争以降の戦時体制のもとで，日本経済は大きく変容した．製造工業の重化学工業化率は，前掲表 9–8 のように，1935（昭和 10）年の 43.5% から 40 年の 58.9% に上昇し，その後もさらに上昇が続いた（別系列の数値では 1944 年半ばには 79% に達した）．

表 12-4　鉱工業の生産額の順位　(1937, 42 年)

	1937年		1942年	
		100万円		100万円
①	鉄鋼	1,644	鉄鋼	2,626
②	綿糸	1,053	陸海軍工廠	2,294
③	広幅綿織物	734	航空機	1,930
④	製糸	510	銃砲・弾丸・兵器類	1,915
⑤	工業薬品	504	石炭	1,077
⑥	石炭	378	船舶	858
⑦	船舶	357	工業薬品	785
⑧	陸海軍工廠	355	特殊鋼	753
⑨	毛糸	334	電気機械	633
⑩	人絹糸	332	医薬・売薬・同類似品	630
⑪	紙	326	製糸	590
⑫	清酒	316	製材	551
⑬	電力	315	銑鉄	502
⑭	印刷物	258	紙	477
⑮	毛織物	219	金属工作機械	449

注：山崎広明「戦時下の産業構造と独占組織」(前掲『戦時日本経済』) 219 ページによる.

この急速な重化学工業化を主導したのは，いうまでもなく軍需生産の拡大であった．鉱工業における部門別生産額順位の推移を示した表 12-4 を見ると，これまで，わが国の産業構成上大きな比重を占めた繊維部門の凋落（ちょうらく）と，航空機・軍工廠等の直接的兵器生産部門の地位上昇とのコントラストが鮮やかである．

カルテルと統制会

こうした軍需主導の重化学工業化の進展とともに産業の集中度も上昇した．また，昭和恐慌期に主要部門のほぼすべてに成立をみたカルテル組織は，戦時経済の展開の中で，政府の経済統制の深化に対応して生産・配給統制を代行する機関へとその機能を転換させた．そして，1941（昭和 16）年に制定された重要産業団体令によって，既存カルテルは，統制会に組織されることになった．官民協調による一元的統制機構の確立を目指すこの統制会は，従来の製品ごとのカルテルを産業別に統轄する組織であり，また指定産業について全業者の参加を法的に強制する一種の強制カルテルであった．金融統制団体令（1942 年）による金融業の統制会を含めて 33 設立された統制会は，各産業内の企業間結合を強化し，官庁権限の一部委譲を通じて企業と政府の関係を深めたのである．

表 12-5　財閥の構成と集中度　(1945 年)

部門別	内部構成比				対全国比率			全国数値構成比
	三　井	三　菱	住　友	安　田	4大財閥	6財閥	10財閥	
	%	%	%	%	%	%	%	%
鉱　砿　業	15.8	10.1	6.7	0.2	28.2	22.2	50.2	9.5
重　工　業	56.6	58.9	81.3	23.2	32.5	15.4	46.6	44.6
(金　属)	(8.8)	(6.8)	(32.2)	(0.8)	(25.8)	(15.4)	(40.8)	(11.8)
(機　械)	(29.3)	(45.1)	(38.9)	(20.6)	(36.5)	(18.6)	(53.1)	(23.6)
(化　学)	(18.5)	(6.9)	(10.2)	(1.8)	(31.0)	(7.1)	(37.4)	(9.2)
軽　工　業	8.9	2.7	1.8	23.0	10.6	6.1	16.7	14.2
(繊　維)	(4.1)	(0.4)	(0.1)	(16.9)	(17.4)	(1.4)	(18.8)	(4.0)
(窯　業)	(2.1)	(0.5)	(0.7)	(0)	(28.4)	(27.4)	(55.8)	(1.0)
金　融　業	5.5	5.9	4.0	41.1	49.7	3.3	53.0	3.8
(銀　行)	(4.8)	(3.2)	(3.3)	(37.9)	(48.0)	(2.5)	(50.4)	(3.1)
そ　の　他	13.2	22.4	6.2	12.5	12.7	2.6	15.0	28.0
払込資本金合計	100	100	100	100				100
	100万円	100万円	100万円	100万円	100万円	100万円	100万円	100万円
(実　数)	3,061.1	2,703.5	1,646.7	509.5	7,794.7	3,460.2	11,029.8	32,379.5
(対全国比率)	9.5	8.3	5.1	1.6	24.1	10.7	34.1	100

注：大蔵省財政史室編（三和良一執筆）『昭和財政史―終戦から講和まで― 2　独占禁止』22-3 ページより作成. 原資料は，表 11-7 と同じ. 財閥間で重複計算されている企業を除いてあるので，4 大財閥と 6 財閥（鮎川・浅野・古河・大倉・中島・野村）の比率の和は 10 財閥合計の比率と一致しない.

財閥の強大化と変容

戦時経済は，財閥の資本集中度も高めた. 1945 年の姿を示す表 12-5 を，前掲表 11-7 と比較すると，4 大財閥傘下企業の資本金集中度は，10.4% から 24.1% へと大幅に上昇した. とくに重工業と金融業において，4 大財閥への集中度が著増している. 財閥の内部構成比では，重工業の比重が大幅に拡大した. 4 大財閥に 6 財閥（鮎川・浅野・古河・大倉・野村・中島）を加えると，10 財閥傘下企業で，全国払込資本金の 34.1% を占めることになる（財閥本社を加えるとこの数値はさらに大きくなる）. 重工業では，10 財閥が，46.6% を占めている.

財閥の重工業部門，つまり軍需産業部門への進出は，日本興業銀行や戦時金融金庫からの資金供給によって実現された. 外部資金への依存が高まったことは，財閥傘下企業の自己資本比率の低下と系列銀行との関係の密接化をもたらした. また，政府による統制強化と軍部との関係深化によって，財閥本社の傘下企業に対する支配力は弱まる傾向を示した. 資金調達の必要から株式公開が，さらに進められ，株式会社に改組した財閥本社の株式の公開もおこなわれるにいたった. 戦時経済下に，財閥は，経済力を集中すると同時に，その内部構成を変化させ，さらに，内部の統轄様式も，本社統轄力の相対的弱化，傘下企業の自立性の拡大，銀行の影響力の相対的強化などによって，徐々に変容していったのである（沢井実〔48〕）．

地主制の凋落

財閥の経済力の強化とは対照的に，地主制（寄生地主制）の凋落は著しかった．すでに1920年代から後退局面に入った地主制は，経済的力能の面ではきわめて弱体化した．1938（昭和13）年には地主・小作関係の調整の必要に迫られて，自作農創設，農地紛争の調停を目的とする農地調整法が制定されたが，同法によって経済的譲歩を余儀なくされたのは地主の側であった．

小作料統制令（1939年公布）を通じて小作料の引き上げが停止され，農地価格も臨時農地価格統制令（41年公布）で固定された．また米穀国家管理が強化される中で小作米は小作農が直接政府に供出し，その代価を地主に支払うシステムとなって，これまでの現物小作料は金納小作料に実質的に転化した．さらに生産者米価と地主米価に格差が設けられた結果，小作料率（収穫額に対する小作料の割合）は傾向的に低下し，1941年の50％前後から45年には30％の水準にまで落ち込んだ．このように経済制度としての地主制は，食料増産のために戦時経済が要求した経済合理性の前に，その寄生的性格を著しく弱めざるをえなかったのである．

労働運動

労資関係も，戦時経済の下で大きく変容した．1930（昭和5）年～32年の昂揚ののち，1936～37年にかけて再び増大した労働争議は，1938年以後急速に減少した．また労働組合の組織率及び組合員数も1937年を境に急激な低下を示した．労働運動の退潮は，戦時経済統制と並行して進められた戦時精神運動の一環である産業報国運動の結果であった．1938年には，産業報国連盟が結成され，さらに，厚生省・内務省・各府県などの主導のもとに，企業・工場単位に，産業報国会が組織されていった．1940年には，新体制運動（近衛文麿を中心とした挙国一致の新党結成運動）の影響をうけながら，労働運動の指導者たちが，産業報国運動に吸収され，労働組合は解散して，産業報国会に組み入れられた．1940年11月には，大日本産業報国会が設立され，産業報国会を拠点とする，全国的な労働力統轄体制が形成された．企業による労務管理は，産業報国会を通して，政府の戦時労働動員政策と密着したかたちで，強力に推進されることとなったのである．

国民生活

戦争は，国民の生活水準を低下させた．実質個人消費支出は，1935（昭和10）年を100として，1940年には91，1944年には65に低下した（日本銀行統計局〔10〕51ページ）．ドイツにくらべて，日本の国民生活の水準低下は，著しく大幅であったと推定されている．資源基盤の弱い日本が，長い戦争をともかくも続けることができたのは，「国民生活の水準を際限もなく切り下げる政策をあえてとり，ほとんどの国民が声もなくこの負担に耐えたためであった」（中村隆英〔49〕157ページ）．国民をこの犠牲に耐えさせた社会的政治的圧力を，日本ファシズムと呼んでよかろう．

20世紀資本主義（現代資本主義・国家独占資本主義）は，本来，国民（労働者・農民）に所得を保証する宥和政策を展開して，体制的安定化（国民統合）をはかることを特徴のひとつとしている（本書18ページ参照）．所得水準を保証しながら，資本蓄積（企業利潤）の維持を可能にするためには，生産性の上昇が不可欠である．しかし，軍需産業が肥大化した戦時日本経済は，生産性上昇のための革新投資をおこなう余力を持つことはできなかった．軍需生産のための資本蓄積を維持するためには，所得水準が犠牲にならざるをえなかった（企業利潤率は，1935年上期で16%，1940年上期で17%であったのにたいして，実質賃金は1935年を100として1940年には70前後に低下した．三和良一〔52〕238ページ．経済統制の中で，政府は，企業利潤も統制し，計画的な経済運営を目指したが，生産拡大のためには，結局，資本主義の論理，つまり利潤動機による企業活動を認めざるをえなくなった．岡崎哲二〔47〕）．20世紀資本主義的経済政策は，もはや，十分に機能しえなくなったのである．20世紀資本主義の限界状況で，日本ファシズムが，国民統合の最後の切札として機能したと言うことができよう．

13 | 戦後経済改革

15 年戦争の帰結

ポツダム宣言の受諾 1945 年 5 月のドイツの無条件降伏後も，軍部は本土決戦を唱え，沖縄が陥落し，空襲と艦砲射撃による被害が急増しても，政府（鈴木貫太郎内閣）は戦争終結への有効な手段を取れなかった．ソ連を仲介にする和平工作に期待を寄せたが，1945 年 2 月のヤルタ会談で，ドイツ降伏 3 カ月後の対日参戦を密約していたソ連が動くはずはなかった．7 月に米英中 3 国からポツダム宣言の受諾を迫られてからも，政府は国体護持（天皇制維持）に固執していたずらに時を費やし，広島・長崎の悲劇をはじめ国民の被害を拡大させた．原爆攻撃とソ連参戦の後も，軍部は徹底抗戦を主張し，政府の政策決定機能が麻痺したなかで，昭和天皇の判断が政府の意思を決定させた．1945（昭和 20）年 8 月 14 日に，日本はポツダム宣言の受諾を通告し，満州事変いらい足掛け 15 年に及んだ戦争の時代が終わったのである．

ポツダム宣言は，経済に関しては，戦後日本に「経済ヲ支持シ且公正ナル実物賠償ノ取立ヲ可能ナラシムルガ如キ産業」を許容するが，「戦争ノ為再軍備ヲ為スコトヲ得シムルガ如キ産業」は禁止し，将来の世界貿易への参加も認めるという条件を示していた（第 11 項）．文面の限りでは，敗戦国が受ける当然の規制と読めるが，この背後には，厳しい内容が秘められていた．アメリカ政府がポツダム宣言の原案を作成する過程では，消費財用の軽工業は日本に許容するという文案が出されており，重工業は許容されない可能性があった．後に見るように，日本の非軍事化のために，工業の水準を厳しく規制する政策が検討されていたのである（三和良一〔59〕，要約的には三和〔58〕〔60〕参照）．

連合国による日本占領は，ドイツにおける直接統治（軍政）とは異なって，間接統治（日本政府を通しての統治）の方式で開始された（奄美・沖縄は軍政下に置かれた）．連合国軍最高司令官にはアメリカ太平洋陸軍総司令官マッカーサー Douglas MacArthur が任命され，極東委員会 Far Eastern Commission（FEC）が決定する占領政策を実施することになったが，極東委員会の機能は弱く，実質的にはアメリカが対日政策の決定権を握った．

戦争経済の決算　15年戦争は，中国はじめ多くの国や民族に被害を及ぼしたのはもちろん，日本国民にも大きな被害をもたらした．日中戦争期以降の戦争関連死者は310万人（軍人軍属230万人，民間人80万人）にのぼると推定される（厚生省援護局編『引揚げと援護30年の歩み』1977年）．1937年の人口（内地）は，約7063万人であるから，1000人にたいして44人の人命が失われたことになる．

国富（建築物，機械・装置，運輸通信設備，電気・ガス・水道施設，家財，在庫品など物財のストック額で軍需品は含まない）の被害推計によると，敗戦時の残存国富は1889億円（1945年価格）で，太平洋戦争中に失われた国富は643億円，被害率は25.4％になる（経済安定本部推計，日本銀行統計局〔10〕27ページ）．1935（昭和10）年の国富を1945年価格で換算すると1868億円になるから，敗戦時の残存国富は，これをわずかに上回るにすぎない．兵器類は，艦艇・航空機のみで敗戦時残存額が65億円，戦時被害額が339億円と推計されている．

日中戦争・太平洋戦争の戦争経費は，約2185億円にのぼると推計される（表13-1）．国民総生産は，1937年から1944年までの8年間合計で3603億円と推定（経済企画庁『国民所得白書』1965年版）される．1945年数値は算定できないが，仮に1944年値（745億円）によって敗戦までの8カ月分を497億円と計算して，戦時期の総計を約4100億円と見れば，国民総生産の約53％が戦争に費やされたことになる（表13-1の数値には，外地調達分が含まれているから，実際の国民総生産の戦争経費負担率は53％より低くなると思われる）．

つまり，戦時期の生産活動の成果の半分近くが戦争のために消費され，10年間の国富の純増加はわずかでしかないというのが，戦争の国民経済的決算である．他国民・民族に与えた経済的損失の大きさは，推計すらできない．多く

表 13-1　戦争経費の推計　(1937～46 年)

A　日中戦争・太平洋戦争の戦争経費

	100万円
常備国防費・戦費	214,778
うち臨時軍事費特別会計	195,201
戦争関連費	3,721
合　計	218,499

B　臨時軍事費特別会計（日華事変・太平洋戦争）の内訳

	陸軍省	海軍省	軍需省	合　計
	100万円	100万円	100万円	100万円
人件費	10,997	5,129	13	16,139
物件費	86,920	62,637	18,894	168,451
うち兵器	28,280	37,193	17,664	83,137
その他	15,473	4,519	11	20,003
合　計	113,390	72,285	18,918	204,593

注：江見康一・塩野谷祐一『長期経済統計 7　財政支出』188-91 ページより作成.
Aの戦争関連費は軍事扶助・年金・恩給費.
Bの兵器は兵器弾薬・造船造兵修理・艦艇製造購入費.
AとBの臨時軍事費合計の不突合は原表集計方法の差による.

の人命の喪失と，大きな経済的損失をもたらした 15 年戦争への深い反省から，日本の戦後史は出発することとなった.

連合国の対日占領政策

戦後改革　連合国による占領の時代に進められた戦後改革は，日本の政治・経済・社会・文化の諸領域にわたって，大きな変化をもたらした.

1946（昭和 21）年 11 月に公布された日本国憲法は，戦争放棄と国民主権を明記し，基本的人権も，自由権・社会権（生存権・労働基本権）・参政権・受益権（裁判を受ける権利・請願権など）にわたって，侵すことのできない永久の権利として保証し，議院内閣制を軸とした三権分立制を整備した．そして，天皇制は，象徴天皇制として継続されることになった．憲法の制定過程では，連合国の意図が影響力を持ったことは明白であるが，憲法の基本的理念が，大正デモクラシーの伝統を継承し，日本国民の戦争体験からの正当性承認を経ていることも事実である.

民法改正（1947 年 12 月，改正民法公布）によって，家督の長男単独相続制が廃止され，家族制度は男女平等・個人の尊厳の原則のうえに再編された．教育制度では，教育基本法（1947 年公布）が制定されて教育勅語にかわる教育理念が明示され，学校体系が複線型から 6・3・3・4 制の単線型へ改められた．国内統治に強い力を持っていた内務省は解体されて，警察制度は改変され，地方自治が強化された．経済の面では，財閥解体・農地改革・労働改革の 3 大改革と財政・金融制度の改革がおこなわれた（後述）.

このような大きな変革をめぐっては，その評価が分かれている．戦前の日本を，「半封建的土地所有」に基礎をおく絶対主義（絶対王政）と見る見解（44, 85ページ参照）からは，戦後改革を経て，はじめて日本に本格的な資本制社会が登場したとの評価，戦後改革を「上からのブルジョア革命」の完成と見る評価がなされる（山田盛太郎〔62〕，大石嘉一郎〔54〕，石井寛治〔2〕）．つまり，社会構成体（社会の経済的構成．封建社会・資本制社会など）として，戦前と戦後には断絶があるという評価になる．これにたいして，明治維新を経た日本は戦前から資本制社会であるとする見解に立つと，戦後改革によっても社会構成体としては変化がなく，戦前と戦後は連続しているとの評価になる．本書は，既述のような明治維新・地主制についての評価（44, 85ページ参照）からして，後者の連続説の立場をとっている．

また，20世紀資本主義あるいは国家独占資本主義という観点からの戦後改革の評価も分かれる．戦前日本では，「戦時国家独占資本主義」という特殊なかたちでしか国家独占資本主義は形成されなかったという見解からは，日本は戦後になって本格的な国家独占資本主義の段階に入ったとの評価がなされる（前掲，大石嘉一郎〔54〕，石井寛治〔2〕）．これにたいしては，戦前からの国家独占資本主義の発展のなかで，戦後改革の内容となるような変革への動きが現れ，戦後改革はその方向での変革を一挙におし進める役割を果たして，国家独占資本主義にいっそう適合的な制度・体制がつくられたとの評価がある（大内力〔55〕）．ここでも断絶説と連続説が提起されているわけである．

本書は，日本における20世紀資本主義への変質が，第1次大戦後から始まり，高橋財政期には，本格的な20世紀資本主義的経済政策が展開されたとの見方をとり，「戦時国家独占資本主義」という考え方は否定しているので，戦後改革の評価も，連続説の立場になる．戦後の労働改革によって労働組合の力が格段に強化されたことは，階級間の宥和（ゆうわ）を課題とする政策の必要性を一層強めたから，戦後改革を経て，日本における20世紀資本主義への変質は完成したと見ておくことにしたい．

対日占領政策の構想

戦後の日本経済のあり方は，連合国の対日占領政策によって，その大枠を規定された．対日政策の主導権を握ることになるアメリカでは，太平洋戦争勃発の直後から，日本占領政策の検討が開始されていた.

1943年7月の国務省の文書では，戦後の日本を非軍事化する方法として，①近代工業施設を撤去し，外国貿易から遮断して農業国にする，②軽工業は許容し，外国貿易の再開も認めるが，重工業は解体し，海運業も放棄させる，③軍需工業を解体し，航空機製造業と造船業を禁止する，という3つの政策の得失が検討され，③の政策が妥当であろうとの判断が示されている（文書タイトルは，Japanese Post-war Economic Consideration. 大蔵省財政史室編〔17〕第20巻，79–88ページ）. その後も，戦後日本経済に関しての政策検討が続けられ，その間では，徹底した構造変革と厳しい規制が必要であるとの主張（厳格な和平 hard peace 路線）と，適度な変革と緩やかな規制で良しとする主張（寛大な和平 soft peace 路線）とが対立する場面が生じた.

ハード・ピース路線の代表例は，1945年1月の外国経済局文書（Economic Foreign Policy of the U. S. with respect to Japan. 同上書，113–9ページ）に見られる. そこでは，資本財・海外向け消費財・国内市場向け消費財のそれぞれを主軸とする戦後日本経済の3類型を想定したうえで，国内市場向け消費財生産を主軸とする型こそ，軍事的冒険をおかす可能性が少なく，最も望ましいとの判断が示され，財閥解体・農地改革・労働改革などの徹底的な改革政策が提案されている.

戦前最後の駐日大使グルー Joseph Grew が国務次官であった時期（1944年12月～45年8月）には，ソフト・ピース路線の影響力が強かったが，グルーの退任後は，急速にハード・ピース路線が前面に打ち出されてきた. アメリカの対日政策策定を担当した国務・陸軍・海軍三省調整委員会（State-War-Navy Coordinating Committee, SWNCC）は，1945年8月31日に「初期の対日方針」（U. S. Initial Post Defeat Policy Relating to Japan，SWNCC 150/4. 同上書，63–7ページ）を決定し，トルーマン Harry Truman 大統領が9月にこれを裁可してマッカーサー最高司令官に正式に指令した. この「初期の対日方針」と1945年11月に指令された「初期の基本的指令」（Basic Initial Post-Surrender Directive for the Occupation and Control of Japan, JCS 1380/15. 同上書，162–75ページ）とが，対日政策の基本文書となった. そして，初期の対日政策の基本目的は，日本の非軍事化と民主化とにおかれた．

経済的非軍事化政策 非軍事化を経済の分野で実現するための経済的非軍事化政策は，大きく分けると，ふたつの内容を持っていた．第1は，日本経済から物的戦争能力を除去する政策，第2は，侵略主義的衝動・軍国主義的行動の発生源を日本経済から除去する政策である．

第1の政策としては，まず，軍需工業の解体がおこなわれた．軍工廠・軍需工場の兵器製造用特殊工作機械は，破壊されてスクラップ化された．また，民需用に転換可能な工作機械・設備は，賠償として撤去されて海外（中国などアジアの国，イギリス・オランダ・フランス・アメリカの旧植民地地域とソ連）に搬出されることとなった（実際には，軍工廠の機械・設備の約30%が搬出されたにとどまった）．

つぎに，日本の戦争能力の支えとなった一般工業の生産能力を削減するために，平和時の必要水準を超える機械・設備を実物賠償として撤去（海外搬出）する政策が立案された．最初の賠償政策は，1945年11月に来日したポーレー Edwin Pauley 賠償使節団によって提案された．ポーレー中間報告（1945年12月発表，最終報告は1946年4月提出）は，中間的（暫定的）賠償計画として，①軍工廠・航空機工場・ベアリング工場の全部，②20造船所の設備，③工作機械製造能力の50%，④年産250万トンを超える鉄鋼生産能力，⑤火力発電所の50%，⑥接触法硫酸工場全部・ソルベー法ソーダ灰工場のうち最新式の1工場・苛性ソーダ41工場のうちの20工場，⑦マグネシウム・アルミニウム工場全部，などを撤去対象に指定した．これは，日本人の生活水準を，1926～30（昭和元～5）年平均程度に維持するのに必要な生産能力を日本に残し，それを超える分を賠償として撤去し，他のアジア地域の経済復興に活用するという構想であった．

ポーレー中間報告は国務・陸軍・海軍三省調整委員会SWNCCで討議された後，アメリカ案として極東委員会FECに提案され，若干の修正を経て1946年末にFEC中間賠償計画として決定された．この賠償計画は，ハード・ピース路線寄りの厳しい内容であり，その実行は日本経済に大きな悪影響を及ぼすことが予想された．

さらに，賠償撤去後の日本の工業生産能力をある水準以下に止めるための，産業的戦争能力規制政策も提起された．SWNCC は，1946 年 5 月から「日本の産業的戦争能力の削減」と題された政策文書（Reduction of Japanese Industrial War Potential, SWNCC 302）の検討を開始した．そこでは，占領期間中は，第 1 次戦争産業（兵器・民間航空機・5000 総トン以上の商船を製造する産業）の再建を禁止し，特定の戦争支持産業（鉄鋼・軽金属・工作機械・造船・石油精製・合成石油・合成ゴム）の生産能力を一定水準に規制する政策が提案されていた．これも，アメリカ案として極東委員会に送られた（三和良一〔57〕）．

これらの物的戦争能力除去政策が，そのままのかたちで実現された場合，日本経済が，どれほどの打撃をこうむったかは計り知れない．しかし，後に述べるように，この政策は，やがて生じた冷戦体制のなかでのアメリカの対日政策転換によって，結局は実現されずに終わったのである．

これにたいして，第 2 の軍国主義発生源除去政策は，財閥解体・農地改革・労働改革として強力に押し進められた．これらの主要な点を見てみよう．

財閥解体と独占禁止

持株会社の解体

「財閥支配は，政治的な面では，軍国主義に対抗する勢力としての中産階級の勃興を抑えてしまったし，経済的な面では，労働者に低賃金を強制して国内市場を狭隘にし，輸出の重要性を高めて帝国主義的衝動を強めた」（Corwin D. Edwards, “The dissolution of the Japanese combines”, *Pacific Affairs*, September 1946）. 1946（昭和 21）年 1 月「日本財閥に関する調査団」団長として来日したコーウィン・エドワーズのこの見解は，財閥解体が，日本の軍国主義的衝動を生みだす構造そのものの廃絶策として位置づけられたことをよく示している（財閥解体については三和良一〔56〕参照）.

連合国軍最高司令官総司令部（General Head Quarters for SCAP. GHQ）は，まず三井・三菱・住友・安田の 4 大財閥にねらいをつけ，自発的に解体計画を提出するよう求めた．この働きかけに最初に応じたのが安田であり，GHQ は安田を相手に財閥解体のモデルをつくり，それを他財閥に承認させようとした．この「安田プラン」は同族の全役職からの引退，本社の支配統轄機能の廃絶，持株の売却等を骨子とするものであった．関係会社の株式を所有する持株会社であり，新規事業計画，資金計画および重要人事を決定する財閥の中枢である本社を解体し，財閥同族の支配力を排除することが財閥解体の第1着手であった．4大財閥のなかでは最も本社株式の公開が進んでいた三菱の岩崎小弥太社長は，自発的解体には強硬に反対したが，結局他財閥と同様に解体を承認せざるをえなかった．1945年11月で各財閥の本社活動は停止され，翌46年には本社の解散・清算が実施された．持株など有価証券は，持株会社整理委員会に委譲されたのち一般に売却された．

4大財閥本社の解散につづく第2の措置は，その他の中小財閥の本社の解体と，持株を通じた大会社の子会社支配の廃絶であった．持株会社整理委員会は，1946年9月以降翌47年9月までに83社を持株会社に指定した．そのなかで財閥本社的持株会社は解体整理されるものとされ，持株会社的現業会社も傘下企業の株式は持株会社整理委員会に譲渡し，株式による支配は廃絶されることになった．持株会社の整理のなかで特異なケースは三井物産・三菱商事の2大商社の解体であった．2社にたいするGHQの解散指令の内容は厳しく，結局，三井物産は約170社，三菱商事は約120社に細分されて再出発することとなった．

人的支配の解体

持株を通しての支配と同時に，人的関係による支配も解体の対象となった．まず4大財閥をはじめとする10財閥家族56名は，保有株式を持株会社整理委員会に委譲し，いっさいの会社役員の地位から離れることを強制された．さらに1946（昭和21）年11月公布の会社証券保有制限令で，企業間の兼任重役制が禁止された．この措置とほぼ同時におこなわれた公職追放も主要財界人の排除を通して人的支配関係の解体に大きな影響を与えた．公職追放によって約1500名の財界人が役員の地位を追われた．追放令は軍国主義者の排除を主目的としていたため，あらためて財閥企業の人的支配を解体させるために，1948年1月財閥同族支配力排除法が制定された．まず10財閥系56名と同一戸籍に属していた255名の財閥同籍者が役職追放の対象となり役職についていた42名が追放された．また，財閥関係役員（財閥が任命した役員）約3000名も，審査を申請して非該当と認定されない限り追放の対象とされた．審査申請者約700名のうち，追放該当と認定された者は50名にとどまった．これは被指定者の多くがすでに公職追放で排除されてい

表 13-2 集中排除法の適用

	企業分離・分割（11 社）		
	指定企業	再編成後の企業	その後の動き
同種部門の分割	日本製鉄	八幡製鉄・富士製鉄ほか 2 社	1970 年 3 月合併，新日本製鉄．現日本製鉄．
	三菱重工業	東日本重工業・中日本重工業・西日本重工業	1964 年 6 月合併，三菱重工業．
	王子製紙	苫小牧製紙・十条製紙・本州製紙	1996 年 10 月王子製紙・本州製紙合併，王子製紙．十条製紙は現日本製紙．
	大日本麦酒	日本麦酒・朝日麦酒	現サッポロビール・アサヒビール．
	北海道酪農協同	北海道バター・雪印乳業	1958 年 11 月合併，雪印乳業．現雪印メグミルク．
	帝国繊維	帝国製麻・中央繊維・東邦レーヨン	1951 年 11 月帝国・中央合併，帝国繊維．東邦レーヨンは現帝人．
	東洋製罐	東洋製罐・北海製罐	両社現存．
異種部門の分離	三菱鉱業	三菱鉱業・太平鉱業	1990 年 12 月合併，三菱マテリアル．
	三井鉱山	三井鉱山・神岡鉱業	現日本コークス工業・三井金属鉱業．
	井華鉱業	井華鉱業・別子鉱業ほか 2 社	現住石マテリアルズ・住友金属鉱山．
	大建産業	呉羽紡績・伊藤忠商事・丸紅・尼崎製釘所	呉羽紡績は 1966 年 4 月に東洋紡に合併．商社 2 社現存．尼崎製釘所は現アマテイ．

工場・株式などの処分（7 社）

日立製作所（19 工場処分）　東京芝浦電気（27 工場，1 研究所処分）
日本通運（施設・株式処分）　日本化薬（株式処分）
東宝（株式処分）　松竹（株式処分）　帝国石油（株式処分）

注：大蔵省財政史室編（三和良一執筆）『昭和財政史―終戦から講和まで― 2　独占禁止』，東洋経済新報社編『会社履歴総覧 '92』などより作成．

ただけでなく，アメリカの対日占領政策の転換が大きく作用したためであった．

独禁法と集排法

GHQ が独占禁止法の制定を指示したのは 1945（昭和 20）年 11 月の覚書においてであった．これをうけて日本政府側では，商工省が原案として産業秩序法案を作成したが，GHQ の満足するところとはならなかった．GHQ はエドワーズ調査団の勧告を基礎として，アメリカの反トラスト立法を参考にしながら作成した，カイム氏試案と呼ばれる厳しい内容の法案を日本側に提示した．それを土台としながら，やや緩和したかたちで法律案が作成され，1947 年 4 月に私的独占の禁止および公正取引の確保に関する法律（独占禁止法）として公布された．この原始独禁法はアメリカの反トラスト立法よりも強い規制力を持つものであり，敗戦までの伝統的産業風土からみれば，まったく異質の法体系が登場したといえる．

独禁法の制定で，独占禁止の基本原則は明確にされたが，既存の独占を解体

表 13-3 生産の上位 3 社集中度 (1937, 50 年)

	1937年	1950年		1937年	1950年
	%	%		%	%
銑鉄	97.8	88.7	レーヨンフィラメント	36.5	70.8
フェロアロイ	51.2	48.8	綿糸	33.9	35.1
熱間圧延鋼材	56.2	49.6	綿織物	16.5	18.6
亜鉛鉄板	48.1	34.0	パルプ	65.2	39.5
電気銅	74.9	73.4	洋紙	83.1	57.0
アルミ	91.8	100.0	バター	90.8	79.6
ベアリング	100.0	76.3	ビール	99.4	100.0
鋼船	67.5	39.1	セメント	40.1	55.9
硫安	60.0	41.2	石炭	35.4	35.9
過りん酸石灰	46.6	47.3	銀行	25.8	21.8
苛性ソーダ	55.1	33.8	海運	29.8	18.1
合成染料	56.3	75.2	生保	41.4	47.2
セルロイド生地	77.7	69.2	倉庫	37.8	25.2

注：中村隆英『日本経済（第 3 版）』143 ページ，公正取引委員会『日本の産業集中―昭和 38～41 年―』資料第 1 表より.

する措置は，これとは別途に進められた．それが 1947 年 12 月に公布された過度経済力集中排除法であった．集排法作成の基礎となった FEC 230 文書「日本の過度経済力集中に関する政策」(Policy on Excessive Concentration of Economic Power in Japan．エドワーズ調査団の勧告を基礎に，国務・陸軍・海軍三省調整委員会 SWNCC が SWNCC 302/2 文書として策定し，1947 年 5 月に極東委員会に提案した）は，競争を制限する濫用的市場行動を重視する従来の独占論ではなく，独占的市場構造そのものを問題にする新しい独占論にもとづいていた．集排法にしたがって，持株会社整理委員会は，1948 年に，過度の経済力集中として 325 社を指定した．金融を除く各産業部門の大企業が網羅されており，指定企業が分割されればその影響は甚大なものと予想された．

しかし集排法の立法・実施時期は同時にアメリカの占領政策の転換期でもあった（後述）．1948 年 1 月にロイヤル陸軍長官が，FEC230 文書の再検討の必要性を説き，4 月にはドレーパー陸軍次官が同文書の放棄を表明した．5 月には集中排除審査委員会が来日し，集排法による指定の 4 原則が 9 月に公表された．4 原則が依拠したのは，独占を競争制限行為としてとらえる古典的独占論であり，この原則の承認によって集排措置は大幅に緩和され，結局，日本製鉄，三菱重工業など 18 社が企業分割など集中排除措置を実施したにとどまった（表 13-2）．

財閥解体・独占禁止政策の意義　財閥解体および独占禁止政策は日本経済にどのような影響を及ぼしたであろうか．まず，財閥家族・財閥本社による直接間接の統制力が排除されたことによって，系列企業はそれぞれ独立し，独自の資金調達・技術開発・販売活動といった企業本来の経営活動を回復させた．財閥系列企業の自立化は，集排法の実施による企業分割および企業再建整備法による企業の自発的再編成による産業の集中度の低下（表 13-3）とあいまって，のちに「過当競争」とも呼ばれた激しい企業間競争を出現させる前提条件をつくりだした．さらに活発な経営活動をリードしたのが，経済パージによって若返った経営者層であった．また財閥の株式開放は証券大衆化をもたらした．以上のように財閥解体・独占禁止政策は，組織・資金・経営者層など企業をささえる諸条件の変革を通して，技術革新をともなう産業構造の大きな変化のなかで，革新的・積極的企業活動が展開される前提条件を整備した．

農地改革と労働改革

第 1 次農地改革案　農地改革は，まず日本側のイニシアティブで開始された．敗戦後間もなく農林省は，不在地主の全小作地を売却させ，在村地主の農地所有限度を全国平均で 5 町歩とし，小作料を金納化することを骨子とする第 1 次農地改革案を提出した．これは自作農創設と地主・小作関係の調整という課題に取り組んだ大正期以来の農政の延長線上で立案された改革案であった．戦時中の農地調整法，米穀国家管理などによって弱体化した地主制を前提とし，敗戦直後の階級対立の激化，食糧難という状況に対処する緊急措置の色彩も帯びていたため，その内容は日本農政としては画期的なものであった．アメリカは，農地改革が必要と判断していたが，急激な変革が食料生産に悪影響を及ぼすことを危惧して，「初期の対日方針」にはそれを明記しなかった．1945（昭和 20）年 12 月に日本政府案が議会に提出され，賛否の論議が盛んになると，GHQ は，「農地改革に関する覚書」を発して，農地改革案の策定を指令した．この段階では，GHQ は，まだ改革の具体案を準備してはいなかった．覚書に援護されて，農地調整法改正案は議会を通過し，農地改革（第

表 13-4　農地改革の実績

地区別	農地改革前(1945. 11. 23)			農地改革による買収および所管換				農地改革後（1950. 8. 1）		
	農地総面積 (A)	小作地面積 (B)	小作地率 (B/A)	買収および所管換面積 (C)	うち小作地面積 (D)	開放率 (C/A)	開放率 (D/B)	農地総面積 (E)	小作地面積 (F)	小作地率 (F/E)
	1000町	1000町	%	1000町	1000町	%	%	1000町	1000町	%
総　数	5, 156	2, 368	45. 9	1, 933	1, 896	37. 5	80. 1	5, 200	515	9. 9
北海道	726	354	48. 7	345	329	47. 5	93. 1	748	46	6. 1
東　北	813	392	48. 2	329	325	40. 4	83. 0	822	68	8. 3
関　東	874	442	50. 6	345	343	39. 5	77. 5	882	108	12. 2
北　陸	426	209	49. 0	174	171	40. 6	82. 1	425	39	9. 1
東　山	298	130	43. 6	102	100	34. 1	77. 2	299	31	10. 3
東　海	343	139	40. 5	100	99	29. 1	71. 1	346	43	12. 4
近　畿	352	158	44. 9	118	116	33. 4	73. 2	352	47	13. 3
中　国	398	160	40. 3	124	121	31. 1	75. 6	400	39	9. 8
四　国	220	96	43. 5	76	75	34. 5	78. 0	219	22	9. 9
九　州	706	289	41. 0	222	217	31. 5	75. 1	709	73	10. 3
府県計	4, 430	2, 015	45. 5	1, 588	1, 567	35. 9	77. 8	4, 453	469	10. 6

注：『近現代日本経済史要覧（補訂版）』145 ページより．原資料は農林省『農地等開放実績調査（昭和 25 年 8 月 1 日現在)』．

1 次）の実行準備が開始された．

第 2 次農地改革

第 1 次農地改革案にたいしては，なお地主制を温存させる微温的な措置にすぎないとの批判が出され，GHQ も，一層徹底した改革が望ましいと判断して，改革の実行を中断させた．その後，対日理事会（Allied Council for Japan. 米・英・中・ソ 4 国代表で構成される最高司令官への助言機関で，東京に置かれた）で農地改革についての討議がおこなわれ，改革の基本線が明らかにされた．GHQ は，対日理事会の英連邦案を基礎とした改革案を日本政府に内示した（この間の経緯は三和良一〔61〕参照）．この線に沿って立案された農地調整法改正と自作農創設特別措置法が 1946（昭和 21）年 10 月に公布され，第 2 次農地改革が実施されることになった．

第 2 次案の骨子は次の通りであった．①当事者間の農地の譲渡＝取得を認めず，政府が買収・売り渡しをおこなう．②不在地主の全小作地と在村地主の内地平均 1 町歩をこえる小作地を買収の対象とする．③地主からの農地買収は 1945 年 11 月 23 日（第 1 次農地改革要綱が発表された日）現在の所有関係にさかのぼる（したがってその間の土地取上げ，名義分割は無効）．第 1 次改革案をより徹底した第 2 次農地改革の実施によって，日本の地主制はほぼ解体された（表13-4）．かつて総農家の約30％にすぎなかった自作農が60％を占めるにいたり，これに自小作農を加えれば90％近くの農民が自作地を中心に農業を営むようになった．

労働改革と労働運動　1945（昭和20）年10月11日の5大改革の指示は，労働者の団結権の確立を求めていた．これをうけて労務法制審議委員会によって起案された労働組合法が12月に公布された．労働組合法は日本案にGHQによる若干の修正が加えられただけのいわば「国産」法であり，極めて短期間に法制化が実現したことには，戦前からの労働組合法制定に向かう歴史が反映されていると言えよう．ここに労働者の団結権，団体交渉権，争議権が確立されることになった．さらに労働関係調整法が1946年9月に成立し，47年4月には労働基準法が公布された．同年には，このほか労働者災害補償保険法，職業安定法，失業保険法などがつぎつぎに制定された．

占領軍は労働三法の制定を促しただけでなく，労働組合運動をも奨励した．第2次大戦前，日本の労働者は部分的に労働組合を組織し，労働運動の経験をもっていたものの，戦時中には労働運動はほぼ壊滅状態にあった．ところが1945年秋以降の労働運動の高揚のなかで，労働組合の結成，組織人員の増加はめざましいものであった．1945年末には509組合，約38万人だったのが，46年6月には1万2000組合，368万人へと急成長し，組織率も49年には56％近くに達した（その後は，組織率は低下する）．全国的連合体も，1946年8月に日本労働組合総同盟（総同盟）と全日本産業別労働組合会議（産別）が前後して結成された．結成された労働組合のほとんどが企業別組合という組織形態をとった背景には，戦時中の産業報国会の組織が遺産として存在していたことがあった．

当初，労働組合運動を支持していた占領軍は，一方で労働改革を推し進めながらも，産別が中心となり，260万人の参加が予定されていた1947年の2・1ゼネストに対してはスト中止指令を発した．その後マッカーサー書翰にもとづく政令201号の公布（1948年7月）によって国家公務員のスト権が剝奪された．このようにアメリカの対日占領政策の転換にともない，占領軍が容認する労働運動の範囲は狭められていった．

農地改革・労働改革の意義

農地改革によって地主制が解体したことにより，農民は自己の所有となった農地からの収益をすべて手にすることができるようになった．農家所得水準の向上は農民の勤労・土地改良意欲を高め，農業投資の拡大余力を与えることによって，農業生産性の顕著な向上の可能性を生みだした．この可能性は，新しい農業技術の導入にささえられてやがて現実のものとなっていった．たとえば，水稲の10アール当り収量は明治初期平均約200キログラム（玄米），昭和前期約300キログラムであったのが，1960年代には約400キログラムに達したが，これは戦前約50年間かけて達成した収量増加を，農地改革後わずか10数年で実現したことを意味した．こうした農業生産性の上昇にささえられた農家所得水準の着実な向上は，国内市場の拡大に大きく寄与するものであった．同様に，労働三法の制定を中心とする労働改革を通して労働者の権利が確認・保証され，それによって戦前以来の低賃金基盤が変革される可能性が与えられた．組合運動は労働者の労働条件，とくに賃金の改善に重要な役割を果たし，さきの農家所得の上昇とともに国内消費市場を拡大することになった．

財閥解体によって自立性を増した企業の激しい企業間競争は，農地改革・労働改革による農民と労働者の所得水準の上昇にささえられて拡大をつづける国内市場を舞台に展開された．その意味で，日本の軍事的衝動発現の構造そのものの解体をねらった戦後改革の当初の意図は，ほぼ満足すべき成果をおさめたと言える．ただし，日本の軍国主義発生源を国内市場の狭隘さに求める発想自体の妥当性には問題がある．国内市場が拡大すると対外進出衝動が弱まるとは，簡単には言えない．戦前の日本は，拡大する国内市場の需要をまかなうための原材料輸入確保の必要から輸出拡大を迫られたという面があるから（88–9ページ参照），国内市場狭隘論には再検討の余地がある．経済史からの戦争原因分析は，まだ十分にはなされておらず，今後に残された課題と言えよう．

財政・金融制度の改革

経済改革の波は，財政・金融面にも及んだ．財政制度では，1947年3月に財政法が公布され，赤字国債の発行が原則として禁止された．また，GHQは，大蔵省の巨大な権限の縮小を意図して，予算編成の中枢である主計局を分離して総理大臣直属の予算庁を新設する機構改革を実施しようとした．これには日本側が強硬に抵抗して，結局，改革を阻止することに成功した.

税制面では，1949年5月に来日したシャウプCarl Shoup使節団の勧告によっていわゆるシャウプ税制が1950（昭和25）年度から実施された．これは，法人擬制説（法人が自然人同様に法的主体として実在するとは認めない説．法人実在説に対立する考え方）に立って基本的には法人を担税単位と認めず，株式配当は個人所得に総合して課税することとし，株主のキャピタル・ゲイン（譲渡所得）にも課税するなど，直接税（とくに所得税）中心主義をとり，また，相続税や地方税制の改正（地方の課税自主権確保，地方財政平衡交付金制度の導入）をはかるなどを主内容としたもので，戦後税制の原点となった．しかし，シャウプ税制の眼目であった課税公平の原則は，その後導入された一連の資本蓄積促進的な優遇措置によって後退を余儀なくされ，1953年度の税制改正で事実上崩壊した.

金融制度では，戦前の特殊銀行体制の再編がおこなわれた．植民地銀行であった朝鮮銀行・台湾銀行，中国の満州中央銀行・蒙疆銀行・中国聯合準備銀行・中央儲備銀行，南方開発金庫などは閉鎖機関に指定されて解散した．横浜正金銀行も閉鎖機関に指定されたが，改組が認められて東京銀行（普通銀行，のち1954年に外国為替専門銀行）として再出発し，日本勧業銀行・日本興業銀行・北海道拓殖銀行も普通銀行に改組された.

日本銀行に関しては，1942年の日本銀行法が，株式会社から特殊法人への改組，管理通貨制度の整備などを規定していたが，GHQは，政府の管理権限が強い点を問題視した．そして，金融政策決定・金融機関監督機構として，バンキング・アンド・ファイナンス・ボード（金融委員会）を大蔵省から独立したかたちで新設することを提起した．日本側の反発と利害対立のなかで，金融委員会は見送られ，結局，日本銀行のなかに日本銀行政策委員会（1949年6月設置）を新設する方策が採られた.

このほか，大銀行の分割（過度経済力集中排除法による）やアメリカ型金融制度の導入をはかった金融業法制定も計画されたが，対日政策の転換と日本側の抵抗によって実現されなかった（浅井良夫〔53〕）.

銀行制度についてあまり大きな変革が実施されなかったことは，戦後の企業体制再編に際して，銀行が果す役割を一層重要なものにしたと言えよう.

14 | 経済復興

インフレーションと生産再開

敗戦時の日本経済

敗戦を迎えた時の日本経済は，極度にアンバランスな状態にあった．生産設備の面から見ると（表14-1），銑鉄・圧延鋼材・アルミニウム・工作機械などの生産能力は，かなり高い水準で維持されているのにたいして，綿紡・人絹糸・綿織機など繊維業の設備能力は，大幅に縮減した．化学工業では，苛性ソーダとソーダ灰は残存能力が大きいが，硫安など肥料については設備能力低下が目立つ．

戦時期に，軽工業を犠牲としながら，軍需生産に特化した重化学工業化が進

表14-1　重要物資の生産設備能力　（1937，45年）

物資名（単位）	敗戦時生産設備能力(A)	1937年度生産設備能力(B)	比較(A)/(B)
銑　鉄（千トン）	5,600	3,000	1.87
圧延鋼材（〃）	7,700	6,500	1.18
銅（〃）	105	120	0.88
アルミニウム（〃）	129	17	7.59
工作機械（台）	54,000	22,000	2.45
苛性ソーダ（千トン）	661	380	1.74
ソーダ灰（〃）	835	600	1.39
硫　安（〃）	1,243	1,460	0.85
セメント（〃）	6,109	12,894	0.47
人絹糸（万ポンド）	8,860	57,000	0.16
ス　フ（〃）	18,400	45,100	0.41
紡　毛（カード）	373	684	0.55
綿　紡（千錘）	2,007	12,105	0.19
綿織機（台）	113,752	362,604	0.31

注：『近現代日本経済史要覧（補訂版）』146ページより作成．
原資料は，国民経済研究協会『日本経済の現状』．

表 14-2 経済復興期の主要経済指標

(1934〜36 年平均＝100，1946 年)

指　　標	1946(昭和21)年	戦前水準を超えた年
国民総生産	69.3	108.8 (1951年)
（同 1 人当り）	(63.5)	103.4 (1953年)
個人消費支出	62.5	101.0 (1951年)
（同 1 人当り）	(57.1)	102.4 (1953年)
民間固定資本形成	87.5	102.6 (1951年)
輸出等受取	2.5	109.3 (1957年)
輸入等支払	13.2	116.0 (1956年)
鉱工業生産	27.8	100.7 (1951年)
鉄鋼業	22.3	118.7 (1950年)
機械工業	50.5	116.2 (1949年)
繊維工業	13.0	105.0 (1956年)
農業生産	84.7	111.4 (1952年)

注：国民総生産から輸入等支払いまでは，1934〜36 年価格による実質値（年度数値）．経済企画庁『国民所得白書』（昭和 40 年版），66-7 ページより作成．鉱工業生産は，1960 年基準付加価値ウエイト指数(通商産業省調)で，日本銀行『明治以降本邦主要経済統計』92-3 ページより作成．農業生産は，1934〜36 年農家庭先価格による実質値．梅村又次他『長期経済統計 9　農林業』223 ページによる．

められた結果，空襲などによる被害が大きかったものの，戦後にかなりの重化学工業設備が残されたことがわかる．軍需用生産能力が残存し，民生用生産能力が著しく低下した極めてアンバランスな産業構造が戦後に引き継がれたといえる．とはいえ，残存設備は，戦時中の酷使によって十分に補修されていないものが多く，また，欧米における技術進歩から隔離されていたので，技術レベルでは陳腐化した旧式の設備も多く含まれていた．

エネルギー産業では，電力が 1945（昭和 20）年度末で，水力が 643.5 万 kW，火力が 395 万 kW，合計 1,038.5 万 kW の設備能力を維持していた．発電力では 1937 年度の約 1.49 倍の水準に当たるが，実際の発電量は，1945 年度は 219 億 kWh で，37 年度の 302.5 億 kWh の 72% 程度にすぎなかった．これは，戦後混乱期の生産減退で産業用電力需要が縮小したという事情もあるが，火力発電用の石炭供給が不足したことによるところが大きい．

石炭業では，1944 年まで年産 5300 万トンの水準が維持されたが，これは，労働力不足を補うために，中国人・朝鮮人を強制的に就労させるという非人道的な手段が取られたことで辛うじて維持されていた．敗戦後，これらの人々が強制労働から解放されると，たちまち石炭生産は激減し，1945 年秋には年産 1000 万トンを下回るほどの水準に低下し，石炭不足が大きな問題となった．

農業でも，戦時動員による人手不足で作付面積が減少したところに，冷害などの災害が加わり，1945 年の米作は，587 万トンという記録的な凶作となった

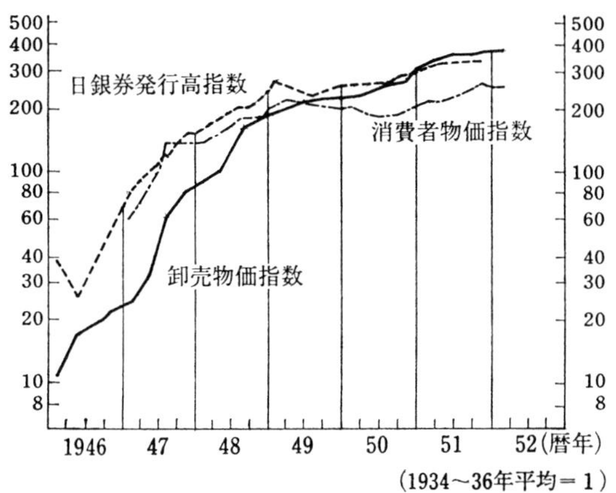

注：昭和27年度『経済白書』5ページ.

図14-1　戦後インフレーションの推移

(1940～44年度平均は911万トン). 外地からの復員や引揚げによって国内人口が増加し, 食料など消費物資の不足, 住宅の不足が極めて深刻になった.

1946年（年度）の主要経済指標を見ると（表14-2), 鉱工業生産は戦前水準(1934～36年平均）の27.8% に低下し, 農業生産も84.7% にしか達せず, 国民総生産は69.3%, 1人当り個人消費支出は57.1% など, いずれも大幅な減退を示している. 国民生活を維持するには, 戦時経済から平和経済への転換を急速に進めなければならなかったが, その前途には, いくつもの難関が控えていた.

インフレーション対策　敗戦後の経済的混乱を象徴したのは,「悪性インフレ」の猛烈な進行であった（図14-1). 1945（昭和20）年から49年までに小売物価（東京小売物価）指数は79倍に, 卸売物価指数は60倍に急上昇した. また, 敗戦後の半年間で倍増した日銀券の発行高はその後も急増し, 対前年増加率が1947年に167%, 48年に76% に及んだ.

戦後インフレの基本的な原因は, カネとモノの極端なアンバランスにあった. このアンバランスは, 赤字国債に依拠した巨額の戦費調達や消費財生産の落込みなどにより, すでに戦時中に形成されていたが, 当時は多くの国民が勤倹耐乏し, 戦時統制も強固であったので, インフレは顕在化しなかった. しかし, 敗戦後には, ①臨時軍事費の大量放出, ②日銀借入れを主要財源とした銀行貸出しの急増，③預貯金引出しによる換物運動の激化，④占領軍進駐にともなう緊急調達のための終戦処理費の増大，などが直接の原因となって，インフレが爆発的な勢いで進行した．

インフレ対策として，まず，1946年3月に金融緊急措置が実施された．金融緊急措置令と日本銀行券預入令が公布され（2月），新しい紙幣（新円）を発行して従来の紙幣（旧円）は通用停止とし（3月3日以降），旧円は金融機関に預入させて月々の払戻しに限度額（世帯主300円，世帯員1人100円）を設け（預金封鎖），給与は月500円を限度に新円で支給する（超える場合は封鎖小切手払い）などによって，通貨流通量を強制的に縮減する措置が取られた．

続いて，物価統制令が公布され（1946年3月），標準世帯の生計費を1カ月500円とする基準で，公定価格体系（3・3物価体系）が制定された．1946年8月には，政策企画を担当する経済安定本部と物価政策実施を担当する物価庁が設置されて，インフレ抑制と経済復興に取り組む体制が作られた．

しかし，いったん流通過程に入った通貨は封鎖されることをきらって預金に還流せず，石橋財政（1946年5月に成立した第1次吉田茂内閣に蔵相として入閣した石橋湛山は，インフレの主因をモノの供給不足と見る立場から生産復興のための資金供給を重視し，積極財政を展開した）の影響もあって，通貨縮小と物価抑制の効果は長くは続かなかった．1946年9月には日銀券発行高は金融緊急措置以前のピークを突破し，物価も11月頃から急騰に転じた．

戦時補償打切りと企業再建整備

インフレ対策のひとつの争点となったものに，戦時補償打切り問題があった．戦時中に政府が民間（企業・個人）に支払いを約束した戦時補償（戦時保険支払いの政府補償，工場・設備・船舶・仕掛品などの戦時動員にともなう損失補償）は，総額565億円にのぼっていた．1945年度の財政規模（一般会計歳出当初予算）は約215億円であったから，戦時補償の支払いは，財政の大きな負担となり，通貨面からのインフレ要因になることが危惧された．

GHQは，1945年11月に，「日本政府は，戦争は経済的には利益がないものであることを，すべての日本国民に分からせなければならない」（「戦争利得の排除及び財政の再建に関する覚書」）として，戦時補償支払い凍結と戦時利得税・財産税の新設を指令した．政府は，戦時利得税と財産税は新設するが，戦時補償は支払うとの方針をたてたが，GHQは，これを拒否した．政府は，財産税の免税点を低くして，購買力削減によるインフレ抑制効果を狙う案を構想したが，GHQは，財産税については資産再配分を目的にすること（免税点引上げ，累進税率強化），インフレ対策としては戦時補償を打ち切ることを主張した．

石橋蔵相は，補償打切りは企業に大きな打撃を与えて経済復興に悪影響を及ぼすと見てGHQに抵抗し，吉田首相もマッカーサー最高司令官に書簡を送って懇願したが，イギリス・ソ連などの強い意向もあって，結局は，戦時補償は支払うがそのほぼ全額に戦時補償特別税（税率100%）を賦課するという事実上の補償打切り措置をとらざるをえなかった（1946年10月，戦時補償特別措置法公布）．財産税も，GHQの意向に沿ったかたちで（免税点10万円，税率25〜90%）新設され（1946年11月），財閥家族など富裕階層の資産削減や皇室財産の削減（残余の皇室財産は日本国憲法によって国有化）がおこなわれた．

戦時補償の事実上の打切りは，企業の財務内容を悪化させることは明らかであったから，政府は，会社経理応急措置法・金融機関経理応急措置法（1946年8月公布），企業再建整備法・金融機関再建整備法（46年10月公布）を制定して企業救済を計った．戦時補償打切りや在外資産喪失で損失を抱えた事業会社と回収困難な債権を抱えた銀行などは，まず1946年8月11日現在で決算をおこなって特別損失を計上し，特別損失は旧勘定に棚上げして，当面は新勘定で事業を継続することとしたうえで，資産再評価・減資・積立金処分・債務切捨てなどで特別損失を処理する企業再建整備計画をたてて，新旧勘定を統合することになった．再建整備計画の実施は，賠償政策や集中排除政策との関係で遅れ，金融機関は1948年，事業会社は1949年頃までかかって再建整備を完了した．

傾斜生産と復興金融金庫　敗戦直後の混乱状況のなかでどん底まで低下した生産活動は，1946年に入ると，ともかくも回復の方向に向かった．しかし，この回復は，手持ちの原材料を食い潰しながら進められたもので，ストックの枯渇とともに，生産活動が急激に低下することが予想された．政府は，戦時補償打切りを強制された際に，綿花・銑鉄・重油などの緊急輸入をGHQに要請した．

表 14-3 復金融資の比重

（1949 年 3 月末現在）

業種	全金融機関 (A)	復金 (B)	(B)/(A)×100
	100万円	100万円	%
石炭鉱業	67,250	47,519	71
鉄鋼	21,931	3,526	16
肥料	16,143	6,119	38
電力	25,422	22,399	88
海運	20,578	13,448	65
繊維	69,866	4,995	7
その他	344,928	33,959	10
合計	566,118	131,965	23
（設備資金）	127,380	94,342	74
（運転資金）	438,738	37,623	9

注：『近現代日本経済史要覧（補訂版）』148 ページ．
設備資金と運転資金の融資残高の合計値．

危惧されたように，工業生産は 1946 年 9 月をピークに停滞しはじめ，生産回復の鍵は，石炭増産に求められた．それまでも石炭生産には，資材や食料の重点的投入が計られ，1946 年上期で年産 2000 万トン水準に達したが，経済復興のためには，年間 3000 万トンの出炭が必要と見積もられた．吉田首相の私的諮問機関である「石炭小委員会」は，有沢広巳（東大教授）を中心に，輸入重油を鉄鋼生産に投入し，増産される鋼材を炭鉱に集中投入し，さらに増産石炭を鉄鋼業に集中投入するという操作を繰り返すことで 3000 万トン出炭と鉄鋼増産を実現して経済復興を軌道に乗せる構想，「傾斜生産方式」を提案した．1946 年 12 月に，総司令部が製鋼用重油輸入を承認したので，閣議は傾斜生産方式の採用を決定し，1947 年 1 月から石炭・鉄鋼の重点配分，炭鉱への資材・食料の特配などが開始された．重油輸入の遅延などで，構想通りには運ばなかったが，1947 年下半期には，年間 3000 万トン水準にまで出炭は回復し，傾斜生産は，生産再開の大きな起動力の役割を果たした．

また，1947 年 1 月に復興金融金庫（復金）が設立された（46 年 10 月復興金融金庫法公布）．復金は，全額政府出資の特殊金融機関で，46 年 8 月に日本興業銀行内に設置された復興金融部を継承して発足し，傾斜生産方式を資金面からバックアップした．復金は，石炭・電力・海運を中心に基幹産業への重点的な資金投入（傾斜金融）をおこなった（表 14-3，石炭業にたいしては，設備資金ばかりでなく巨額の運転資金を供給して出炭増加を促した．残存設備が多く新規設備投資需要が低かった鉄鋼業への融資は比較的小さかった）．一般金融機関の資金供給力が低下していたなかで，復金融資の比重は大きく，全金融機関の貸出高増加分に占める復金貸出高増加分の比率は，1947年度で34%，48年度で22%に及んだ．特に，設備資金では，1949年3月末現在の融資残高の74%は復金融資で占められており，設備復興に果たした復金の役割は極めて大きかった．

復金は，原則として政府の出資金を資金源とするはずであったが，財政難から政府出資が制約されたので，結局，復興金融債券の発行に頼らざるをえなかった（資本金は，当初100億円で48年末には1450億円まで増資されたが，政府は合計250億円の払込みしかしなかった．未払込資本金の範囲内で債券発行が認められていた）．復金債は，1946年度30億円，47年度559億円，48年度1091億円と発行されたが，合計1680億円のうち75.4%が日本銀行引受発行であった（『日本開発銀行10年史』482ページ）ために，通貨膨張の要因となった（48年末の通貨現在高は約3568億円）．復金融資は，生産回復を促進させながら，反面では，復金インフレと呼ばれたように，インフレを加速させる結果をもたらした．

中間安定か一挙安定か　1947年4月選挙の結果，5月に社会党・民主党・国民協同党連立の片山哲内閣が誕生した．片山内閣は，7月に公定価格体系の全面的改定を実施し，基礎物資価格を戦前（1934～36年基準）の65倍の水準（安定帯）に設定し，生産者価格がそれを超える場合には，価格差補給金を支給することとした（それまでは，生産者にたいする価格補助金は石炭と食料に限られていた）．安定帯物資（石炭・鉄鋼・非鉄金属・化学肥料・ソーダ）にたいする補給金支出が，インフレ抑制の新たな手段として導入されたのである．価格統制を補完するものとして，物資流通の統制強化（配給公団制・切符制の改善，闇取引の撲滅，食料供出の確保）が計られた．GHQは，賃金統制も必要と考えていたが，労働運動が高揚するなかで，労働者を支持基盤とする内閣に賃金統制ができるわけはなく，7月物価体系でも，算定基準として賃金は月1800円と明示するにとどまった．

1947年下半期には，傾斜生産方式もようやく効果を現して，鉱工業生産は回復に向かってきたが，物価はいぜんとして上昇を続けた．経済安定本部は，第2次の新通貨措置の検討を極秘に開始し，デノミネーション（通貨単位の名目的切下げ）をともなう新円封鎖によってインフレを一挙に抑え込む構想を立てたが，片山内閣の退陣で，この一挙安定構想は陽の目を見なかった．芦田均内閣（48年3月成立，民主党・社会党・国民協同党連立）のもとで，経済安定本部は，「中間的経済安定計画（試案）」を6月に作成した．この中間安定計画は，外国援助（物資・資金）の増加を前提にして，物資・労務・資金・財政面の総合施策を実施して，「恒久的安定」へスタートするための「中間安定」（インフレを緩慢化させたコントロールド・インフレーションの状態）を実現させようという構想であった．

インフレ対策をめぐって，経済学者・評論家の間でも「一挙安定」か「中間安定」かの論争が展開された．一挙安定論は，通貨措置によってインフレを一挙に収束させることを主張し，中間安定論は，通貨措置を取らずにインフレを漸進的に解消させることを主張した．GHQは，おおむね中間安定論寄りの姿勢を示したが，賃金統制の実施を重視した．しかし，芦田内閣も，賃金統制には踏み切れず，1948年6月の価格体系改定の際にも，平均賃金を月3700円とする基準値を示しただけであった．

ドッジ・ラインと特需ブーム

占領政策の転換

冷戦の時代が始まるとともに，1947（昭和22）年頃から，対日占領政策が転換する兆しが見え始め，やがて，アメリカは，対日占領政策の基本目的を，「非軍事化」から「経済復興」に転換させた．

1946年3月のチャーチル前英首相の「鉄のカーテン」演説に示された東西対立が，アメリカの外交政策に明確に反映されたのは，47年3月のトルーマンの反共演説（トルーマン・ドクトリン）であり，アメリカは，ギリシャ・トルコへの緊急援助からマーシャル・プラン（47年6月発表）へと，ヨーロッパを共産主義から防衛するための大規模な経済援助政策を展開した．ソ連は47年9月にコミンフォルム（共産党および労働者党情報局，9カ国党参加）を組織して対決姿勢を明白にさせた．48年にはいると，ドイツの西側占領地域の通貨改革にたいして，ソ連はベルリン封鎖（陸路輸送規制）をおこない，アメリカはベルリンへの大空輸で対抗し，ドイツ分断が決定的になった（49年5月ドイツ連邦共和国，10月ドイツ民主共和国成立）．アジアでも，48年8月に大韓民国，9月に朝鮮民主主義人民共和国が成立し，共産党と国民党の内戦が続いていた中国では，49年10月に中華人民共和国が樹立された．

対日政策転換の動きは賠償問題からはじまった．賠償問題が未解決であることが生産再開を阻害していると見たGHQは，1946年12月に，FEC中間賠償計画を賠償最終案と確定して賠償問題に決着をつけることを本国政府に要望した．ストライク調査団が日本に派遣され，47年2月に，賠償の緩和を勧告した報告書（第1次ストライク報告）が陸軍省に提出され，アメリカ政府は，FEC中間賠償計画の30%中間取り立て実施を指令するとともに，中間賠償計画を最終賠償計画として確定する案を，47年4月にFECに提出した．

1948年2月には，賠償計画の大幅な縮小を提案した第2次ストライク調査団報告が提出された．この調査団に加わって来日したカウフマン J. Kauffman（弁護士）が書いた，GHQの政策批判文書（「カウフマン報告」．集中排除政策を中心に，GHQは非アメリカ的な経済体制を日本に押しつけようとしていると批判した）が財界人から政府高官に配布され，雑誌にも紹介されて政策転換を促進させることになった．

来日中だったドレーパー W. Draper 陸軍次官（ディロン・リード商会の副社長で，ドイツ占領ではアメリカ軍政部経済部長として集中排除政策緩和のイニシアティブをとった）は，「カウフマン報告」が正鵠（せいこく）を射ていると判断した．陸軍省は，マッカーサー総司令官に経済力集中排除の立法化は延期することが望ましいと伝えたが，マッカーサーは，これに強く反論した．陸軍省とGHQの論争が続くあいだ，国会における法案の審議は2度も中断された．結局，法案は部分的修正を加えて成立させるが，政策実施過程では本国から派遣される集中排除審査委員会の勧告を受けるとの妥協ができて，第1回国会の会期最終日の12月9日に，議場の時計の針を停めるという奇妙な強行手段をもちいながら，過度経済力集中排除法が成立した．

1948年1月には，ロイヤル K. Royall 陸軍長官が，占領当初の非軍事化という目的が日本経済の自立化という新しい目的と両立しがたい状況にたちいたったことを率直に認めた演説をおこなった．続いて，マッコイ F. McCoy 極東委員会アメリカ代表も，対日本占領政策の力点を経済復興に置くべきことを主張した声明を発表した．

国務省のケナン G. Kennan 政策企画室長（ソ連封じ込め戦略の立案者）は，1948年2月に来日して，マッカーサー元帥と会談し，帰国後，対日政策の最重点を経済復興に置き，これ以上の改革は中止するなどの勧告を含む報告書を提出した．48年3月には，ドレーパーが，ジョンストン調査団とともに再来日して，マッカーサー元帥と意見を交換した．ジョンストン調査団は，4月に提出した報告書で，賠償規模を第2次ストライク報告よりもさらに大幅に緩和すること，集中排除政策は最小限度の実施にとどめること，そして，均衡財政の確立が緊要なことなどを勧告した．国務省は，ケナンの勧告にドレーパーの見解をくわえて作成した新しい対日政策文書原案を，48年5月に，国家安全保障会議 NSC に提出した．そして，48年10月には，NSC で「アメリカの対日政策にかんする勧告」(NSC 13/2) が採択され，対日政策の転換が確定されたのである．

経済安定9原則

新たな対日政策の目的となった経済復興を促進するには，対日援助の強化が必要であった．陸軍省は，1948–49年度予算にガリオア資金（占領地救済資金）とは別枠の援助による日本・朝鮮復興計画を盛り込むことを提案した．議会は，ガリオア予算のうちから経済復興に必要な工業原料を輸入するためのエロア（占領地経済復興）援助を支出することを承認したが，その際には，早急に日本経済の自立化を達成し，援助の打ち切りを可能にするような経済安定（インフレ抑制）政策の採用が強く要請された．

1948年5月に来日したヤング使節団（連邦準備制度理事会調査統計局次長のヤング R. Young を団長とする為替レート調査団）は，単一為替レートを48年10月1日までに設定すること，そのために強力な経済安定政策をとることを勧告した．ヤング勧告の特徴は，単一為替レート設定の条件が整ったと見るのではなく，レート設定が通貨安定のために不可欠であると判断したところにあった．

戦後の貿易は，GHQ の管理下の国営貿易として再開され，輸出は，政府（貿易庁・貿易公団）が国内価格（円）で民間業者から買い入れた輸出品を GHQ が国際価格（ドル・ポンド）で外国に販売し，輸入は，GHQ が国際価格で購入した輸入品を政府が国内価格で民間に払い下げるという形式でおこなわれていた．そこで，輸出入品の円・ドル換算率（国内価格・国際価格比）は，商品ごとに相違がある，いわゆる複数為替レートの状態となった．たとえば，1949年1月では，輸出品で陶磁器が1ドル600円，綿織物240〜420円，缶詰300円，輸入品で石炭178〜267円，鉄鉱石125円，国内用綿花80円となっていた．つまり，輸出品の国内価格は生産者に利潤を保証する水準に維持されて，事実上の輸出補助金が交付され，輸入品の国内価格は低めに決められて，輸入補助金が存在するのと同様の状態である．輸出レートが円安に，輸入レートが円高に設定されたことは，企業の生産性上昇意欲を鈍らせて，インフレ抑制とは逆方向に作用した．

国際経済から切り離された閉鎖経済の状態そのものが，インフレ発生の好条件となっていたわけである．単一為替レートを設定して国際通貨と自国通貨を連結することは，金輸出を禁止していた金本位制国が金輸出を解禁するのと似たような意味を持っている．金解禁の時の井上財政と同じく，単一為替レートを設定するには，厳しい経済政策が必要であった．ヤング使節団は，単一為替レート設定の条件として，金融機関の融資制限，公定歩合の引上げ，財政支出の削減，賃金の統制など広汎な政策を勧告した．それは，通貨の国内的側面にではなく対外的側面に照準をあわせた，「一挙安定」政策であった．

しかし，マッカーサーは，単一為替レート設定は経済（物価）安定の後におこなうことを主張していた．1948年7月には，GHQは「経済安定10原則」（①生産の増強，②割当配給制度の強化，③食料供出の効率化，④公定価格の厳守，⑤賃金安定方策の実施，⑥徴税の強化，⑦増税と税負担の公平化，⑧特別会計の赤字減少，⑨貿易管理の改善と日本政府機関による外国為替管理，⑩融資統制の強化）を日本側に提示した．ヤング勧告を部分的にとりいれた「経済安定10原則」は，日本政府にたいしては，援助を受けるためには強力なインフレ収束策の実施が必要であることを示し，アメリカ政府にたいしては，ヤング勧告の柱である為替レート早期設定を拒否し，独自の経済安定政策を続けるという意思表示の意味を持っていた．GHQは，「10原則」のなかでも，賃金統制を重視していたらしく，1948年11月にはヘプラー C. Hepler 労働課長が，「企業3原則（賃金3原則）」（補助金支給・赤字融資・公定価格改定のいずれかによる賃金引上げは許されないとの原則）を日本側に提示した．

陸軍省が，1949–50 年度の対日経済援助予算を提案した時，国際通貨金融問題に関する国家諮問委員会 NAC は，経済安定の有効な措置が講じられない限り，援助の効果はうたがわしいと，陸軍省案に難色を示した．1948 年 12 月 3 日の NAC 会議では，ロイヤル陸軍長官が，マッカーサーに経済安定指令を送付すること，政策実行のために本国から適切な人物を派遣することなどを表明した．NAC は，迅速な措置を条件に，エロア予算案を支持することを決定した．陸軍省は，マッカーサーへの指令案を作成し，それを国家安全保障会議にかけたうえでトルーマン大統領の承認を受け，正式な「中間指令」としてマッカーサーに伝達した（マッカーサーが，NSC 13/2 はアメリカ極東軍司令官を拘束するものではあるが，連合国軍最高司令官への正式指令ではないから執行責任は負いがたいという姿勢をしめしていたので，経済安定指令の確実な実施のためには，「中間指令」のかたちを取る必要があると判断された）．

1948 年 12 月 11 日に打電された「中間指令」は，第 1 項で経済安定計画の実行を日本政府に指示することを要請し，第 2 項で日本政府に指示すべき 9 項目の政策を挙げ，そして，第 3 項には安定計画開始後 3 カ月以内に単一為替レートを設定することを目標に 9 項目を遂行すると記していた．9 項目の内容は，①総合予算の均衡，②徴税の強化，③融資の制限，④賃金安定計画の確立，⑤価格統制の強化，⑥貿易・外国為替管理の日本政府移管，⑦輸出拡大のための割当配給制度の改善，⑧生産の増強，⓪食料供出の効率化で，予算均衡が真先に挙げられるなど項目の順序は変わっているものの，内容的には「経済安定 10 原則」とほとんど同じであった．「中間指令」の意義は，第 3 項にあった．第 3 項は，ヤング勧告をめぐる，アメリカ政府と総司令部の対立にピリオドを打つ政策決定であった．

マッカーサーは，翌 12 日，「中間指令」の強行は「爆発的な結果」をもたらす恐れもあるが，「私は最善を尽くすであろう」と，不本意ながらの承諾であることをあからさまにした返電を打った．そして，12 月 18 日に「中間指令」発令を新聞発表し，翌 19 日に吉田首相宛にマッカーサーが書簡を送って，いわゆる「経済安定 9 原則」の実施を指示した．この文書では，指令第 3 項の「3 カ月以内」というタイム・リミットは明記されず，「10 原則」と「9 原則」

の根本的差異は隠蔽されたが,「9原則」が「一挙安定」政策であることは,ドッジ J. Dodge（デトロイト銀行頭取,公使兼GHQ財政顧問）の来日とともに明白になった（ドッジとドッジ・ラインについては三和良一〔70〕参照).

ドッジ・ライン 1949年2月に来日したドッジは,「ドッジ・ライン」と呼ばれた一連の強力な経済安定政策を実施した.ドッジは,①国内総需要を抑制して過剰購買力を削減し,輸出を拡大させる,②単一為替レート設定・補助金廃止によって市場メカニズムを回復させ,合理化を促進する,③政府貯蓄と対日援助で民間投資資金を供給し,生産を拡大させるという3つの柱をたてることによって,日本経済の復興・安定化・自立化を達成することを目指した.

①の総需要抑制は,緊縮財政によって実行された.ドッジの指導で作られた1949（昭和24）年度予算は,一般会計・特別会計・政府関係機関を総合した純計で,1567億円の歳入超過を計上したが,これは,1948年度予算が1419億円の歳出超過（1947年度は1039億円）であったのと較べて,まさに劇的な転換であった.インフレの進行にともなう自然膨張,隠れた輸出入補助金等の公表によって,財政規模は大幅に拡大したが,歳入面では徴税強化・旅客運賃と郵便料金値上げなどが,歳出面では公共事業・失業対策費,鉄道・通信事業費の縮減などがはかられ,さらに復金債発行禁止などの措置がとられて,超均衡予算が実現された.この予算の超均衡化と復興金融金庫の新規融資停止措置によって,貨幣面から財政インフレ・復金インフレの根が断ち切られ,安定化が実現されるとともに,実物面の政府支出削減も加わって,国内購買力が縮小し,輸出ドライヴが働くことが期待された.

②の市場メカニズムの機能回復は,国際市場面では,1949年4月の単一為替レート設定と輸出補助金廃止・輸入補助金漸減によって,国内市場面では,価格調整補給金の漸減と経済統制の縮小によって進められた.ドッジは,為替レートとして,輸出品の80%が採算を維持できる線として1ドル330円を提案したが,NACの勧告（ポンド危機を見越したものと言われる）を受けいれて,かなり円安感のあった360円に決定した.

③の民間への資金供給は,総合予算の歳入超過分を復金債をはじめとする政府債務の償還にまわすことと,対日援助物資の対価相当分を見返資金特別会計

で管理しながら政府債務償還と民間投資に向けることによって実行された.

ドッジ・ラインは，すでに，1948年後半期から騰勢が鈍化していた物価を着実に安定化の方向に導いた（図14-1参照）．一方，「金づまり」，失業増加など不況が深刻化する兆しも見えはじめたが，ドッジは，1950（昭和25）年度予算編成に際しても超均衡予算の継続を指示した．1950年度の総合予算歳出（純計）は，前年度に較べて15.2%縮小した規模となり，歳入超過は415億円を計上した．さらに1950年3月頃，総司令部は，金融のオーバー・ローン状態に警告を発するようになり，政府・日本銀行も，金融政策を引締めの方向に転換することを迫られるに到った．ドッジ・ラインは，2年目を迎えて，そのデフレーショナリーな性格を強め，日本経済は深刻な不況に陥った．

特需ブーム

ドッジ不況のさなかに勃発した朝鮮戦争は，局面を一変させた．1950年6月25日に始まった北朝鮮軍と韓国軍の戦闘は，7月には国連軍と北朝鮮軍の戦闘に，11月には中国義勇軍と国連軍の戦闘に発展した．1951年7月に休戦会談がはじまって，第3次世界大戦の危機は回避されたが，1953年7月の休戦協定締結まで，3年の間，軍事対立が続いた．

在日アメリカ軍を主力とした国連軍が日本で調達する軍需物資とサービス，いわゆる「特需」が発生した（表14-4参照）．第1年目（1950年6月～51年6月）の特需契約高は，円換算で約1184億円であり，1950年度の国民総生産3兆9467億円に対して約3%の大きさであり，第2年目のそれは51年度の国民総生産の約2.1%程度で，金額ではあまり大きな数値ではなかった．しかし，ドッジ不況にあえぐ日本経済にとっては旱天の慈雨とも言うべき追加需要の発生であったし，なによりも，特需が主としてドルで支払われたことの意味が大きかった．1949年の輸出額は5億970万ドル，輸入額は9億485万ドルで，3億9515万ドルの輸入超過であり，外貨不足が必要物資の輸入を制約していた時期だけに，ドル収入をもたらす特需の経済効果は大きかった．

また，1949年9月のソ連の原爆実験成功に衝撃を受けて軍事力の強化案を検討していたアメリカは，朝鮮戦争勃発後直ちに大規模な軍備拡大計画を決定し，西側諸国にも軍備拡張を要請した．世界的な軍拡気運のなかで，世界景気は不況から好況に転じ，日本からの繊維品・金属・機械などの輸出は急速に拡大した．

表 14-4 特需の概要 (1950 年 6 月〜1955 年 6 月)

(a) 特需契約高

	物資	サービス	合計
	1000 ドル	1000 ドル	1000 ドル
第 1 年	229,995	98,927	328,922
第 2 年	235,851	79,767	315,618
第 3 年	305,543	186,785	492,328
第 4 年	124,700	170,910	296,610
第 5 年	78,516	107,740	186,256
累　計	974,607	644,129	1,618,736

(b) 主な物資およびサービスの契約高

物　資		サービス	
	1000 ドル		1000 ドル
1 兵　器	148,489	建物の建設	107,641
2 石　炭	104,384	自動車修理	83,036
3 麻　袋	33,700	荷役・倉庫	75,923
4 自動車部品	31,105	電信・電話	71,210
5 綿　布	29,567	機械修理	48,217

(c) 主要物資の年別契約高順位

順位	第 1 年	第 2 年	第 3 年	第 4 年	第 5 年
1	トラック	自動車部品	兵　器	兵　器	兵　器
2	綿　布	石　炭	石　炭	石　炭	石　炭
3	毛　布	綿　布	麻　袋	食料品	食料品
4	建築鋼材	ドラム缶	有刺鉄線	家　具	家　具
5	麻　袋	麻　袋	セメント	乾電池	セメント

注:『近現代日本経済史要覧(補訂版)』149 ページより.

ドッジ不況から一転して特需ブームの時期が訪れた. 生産は急速に拡大し, 1951 年には, 鉱工業生産が戦前水準を超え, 実質国民総支出・個人消費支出も, 戦前水準を上回る規模にまで回復した (前掲表 14-2 参照).

朝鮮戦争という新しい状況に対応して, 国家安全保障会議は, 1951 年 5 月に, NSC13/3 (NSC13/2 の改定文書) に代わる対日政策を,「アジアにおける合衆国の目的・政策・行動方針」(NSC48/4) のなかで確定した. アメリカの世界戦略のなかで, 日本は, 自衛力を持つと同時に, 低級軍需品の輸出力も備えた同盟国として位置づけられるにいたった.「非軍事化」から「経済復興」に転換したアメリカの対日政策は, さらに, 日本の軽度な「軍事化」へと変わったのである.

アメリカの世界戦略に協力して軍需生産能力を整備する代償として米軍特需発注の継続と対日資金供与を期待するという内容の「日米経済協力」構想が打ち出されたが, 朝鮮休戦交渉の進捗で事態が変化し, この構想は実現しなかった.

ドッジ・ラインの評価 特需ブームによる局面転換でドッジ・ラインの政策としての役割はやや見えにくくなっている. 大づかみに評価すると, まず第一に経済統制と管理貿易という政府介入で異常な姿になっていた日本の資本主義システムを正常化させたと評価できる．当面は不況をもたらす緊縮政策は，20世紀資本主義時代の政策としては不適合に見えるが，企業に徹底的な合理化・生産性上昇を求めて国際競争力を強化する意図の政策と位置づければ，金本位制復帰を実行した井上財政とおなじように（126ページ），20世紀資本主義の生産力保証政策と評価することができる．ドッジ自身も，日本経済は温室経済であり，温室の窓に穴をあけるか，企業を水に放り込んで泳がせる必要があると書いている（三和良一〔70〕225ページ）．20年の間をへだててふたつの緊縮政策は共通の政策目的を持って展開されたと見ることができる．

インフレーションの抑制という課題にたいするドッジ・ラインの効果については，すでに物価の騰勢が衰える兆しが現れていた事実を考慮すると，とめどないインフレがドッジ・ラインでようやく抑制されたという評価は適確ではない．むしろ，特需ブームでインフレが再び昂進する可能性を阻止した点を評価すべきであろう．

サンフランシスコ講和条約の締結　1951（昭和26）年9月にサンフランシスコ講和条約が調印され，52年4月28日の条約発効とともに，日本は独立を回復した．講和条約の締結にいたる過程では，連合国の間にも日本再軍備にたいする根強い警戒と反発の態度が示された．そして，再侵略の危険性を取り除くために，再軍備の規制条項ばかりでなく，日本の経済力に関する制限条項も，講和条約に盛り込むことが主張された．

たとえば，イギリスの対日講和条約草案には，日本の造船能力の規制措置が掲げられていた．船舶輸出が日本の高度経済成長の引き金になるという事後の展開を考えると，このイギリスの提案が実現された場合の日本経済への影響は極めて大きかったであろう．しかし，イギリスは，アメリカのダレスJ. F. Dulles国務省顧問の説得を受け入れて，造船規制などの提案を撤回した．日本商船隊にたいする制限なども提起されていたが，結局，講和条約は，日本の経済活動を制約するなんらの条項も含まぬものとなった（三和良一〔60〕）．

対日講和条約は，独立後の日本に外国軍隊の駐留を認めることを明記し，同時に締結された日米安全保障条約でアメリカの日本における軍隊配備と有事の際の軍事行動が規定された（1960年の新日米安全保障条約では，アメリカの日本防衛義務が明記された）．日米安全保障条約には前文で日本の自衛力漸増への期待が記され，独立後の日本は，朝鮮戦争時の1950年8月に警察予備隊として開始した再軍備を，保安隊（1952年10月），自衛隊（1954年7月）へと進めるが，国民的合意となった「非軍事化」理念は，それを，限定的な規模のものに止めさせた．日本は，戦前とは異なって，「強兵」なき「富国」への道を歩むことになった．

サンフランシスコ講和会議で戦後処理が終わらなかった国々とは後に条約・宣言によって国交が正常化された（インドとは1952年6月に日印平和条約を締結．ソ連とは1956年に共同宣言に合意し国交回復．中国とは1972年に共同宣言で国交を結び，1978年に日中平和友好条約を締結）．独立を回復したとはいえ沖縄はアメリカの施政権下に残され，日本復帰は1972年となった．アメリカ軍隊の日本駐留に関しては，1952年の日米行政協定（1960年から日米地位協定）で特権（治外法権，土地管理権，航空管制権，出入国管理など）が規定され，米軍駐留経費の日本側負担もおこなわれた．米軍特権の是正は課題とされながら今日まで続いており，日本の対米従属的立場を象徴している．

戦後の経済構造

世界経済の構造変化 第2次世界大戦を機に，世界経済は，ブロック化による対抗からIMF体制下の協調へと大きな構造変化をとげた．これは，大戦を通じて社会主義圏が拡大したことに危機感を深めた資本主義諸国が，圧倒的な経済力をもつにいたったアメリカを中心に結束したことによるものであった．1944（昭和19）年のブレトン・ウッズ会議での合意にもとづき47年に発足したIMF（国際通貨基金）は，かつての国際金本位制に代位するものとして案出された世界的な通貨機構であった．そして，その骨子は，①かつての金のかわりに，金と兌換可能な通貨（米ドル．アメリカは各国通貨当局に対してはドルと金の兌換を保証した）の金為替をもって基軸通貨とする，②各国通貨と基軸通貨とのあいだに固定した為替相場を設定し，その変動幅はごく小さなものにおさえる，という2つの点にあった．IMF発足に続いて1947年には，ガットGATT（関税および貿易に関する一般協定）が成立した．

GATTは，関税率の一般的引き下げ，数量制限の撤廃などを通じて，貿易自由化の促進に積極的な役割を果たした．

IMFとGATTという形でカネとモノに関する国際経済機構が戦後まもなく発足したことは，その後の世界経済の発展を可能にした重要な条件であった．日本は，1952年にIMF，55年にGATTにそれぞれ加盟し，アメリカを中心とする資本主義諸国間の相互協調体制（パックス・アメリカーナ）の一翼を担うことになった．

日本経済の構造変化 第2次世界大戦は，日本の産業構造を変化させ，重化学工業化を決定的におし進める契機にもなった．

もともと国内資源が乏しく，原材料・燃料の大部分を海外に求めなければならない日本にとって，植民地・勢力圏を喪失したことは，国際収支の均衡を維持するうえで重大な打撃であった．また，アジア諸国の綿製品自給能力が高まり，生糸の代替品の合成繊維が普及したことは，繊維製品の輸出で多額の外貨を獲得するという戦前の方式の継続を不可能にした．戦後の日本は，相対的に付加価値の大きい重化学工業製品の輸出によって必要な外貨を獲得する道をとらざるをえなかった．

旧日本軍が解体され，経済の非軍事化が進んだことは，軍需の消滅をもたらし，一時的には重化学工業に打撃を与えた．しかし，長期的には，軍事費を低減させ，政府が積極的な産業助成策を遂行することを可能にして，重化学工業化を促進する要因となった．

計画造船・電力再編成 戦後の重化学工業化と経済政策は密接に関連していた．ここでは，特定の産業に政策が大きな影響をおよぼした事例として，計画造船と電力再編成について言及しておこう．

戦前の海軍艦艇を中心とする軍需は消滅し，戦争で危機的な経営状態に陥った海運業からの発注は期待できず，敗戦後の造船業の前途は暗澹としていた．このような窮状を打開するために，政府は1947（昭和22）年9月から計画造船を開始し，計画的な市場創出をはかった．これは海運企業に長期低利の財政資金を供給し，船舶を発注させて造船業の操業を確保しようというものであった．海運業再建策と造船業復興策をかねた計画造船はその後も継続され，両産業の戦後の発展に大いに貢献した．

1948年2月に日本発送電および9配電会社が過度経済力集中排除法の指定を受けたことに端を発した電力再編成問題は，50年11月のポツダム政令により決着がつき，51年5月に現行の地域別9電力会社が発足した．電力再編成をめぐっては，日発体制の実質的な継続をめざす議論と，国家管理を廃し民有民営化をめざす議論とが激しく対立したが，結局は後者に凱歌があがった．新発足した9電力会社は，積極的に外国技術や外資を導入し，大規模水力発電所や大容量火力発電所を次々と建設した．なお，1952年9月に設立された特殊法人の電源開発株式会社も，佐久間や奥只見で大規模水力開発に成果をあげた．

産業政策の展開　1951（昭和26）〜53年には，資本蓄積促進的な産業政策があいついで展開された．

第1に，国家資金により1951年4月に日本開発銀行が設立された．同行は財政資金の対民間供給の主要なルートとして機能した．ルート確立にともない規模が拡大した財政投融資は，1953年度以降国家予算に掲げられるようになった．開銀設立に先んじて1951年2月に開業した日本輸出銀行（のちの日本輸出入銀行）も，輸出関連の企業向け融資をおこない，輸出振興に貢献した．

第2に，1952年3月に制定された「企業合理化促進法」などにもとづき，企業にたいする税制上の優遇措置が導入された．それは具体的には，①各種引当金・準備金の創設，②租税の特別減免，③特別償却制度の採用，などからなっていた．これらの優遇措置は，シャウプ税制が標榜した課税の公平の原則を後退させるものであった．

第3に，財界の要望にこたえて，1949年6月と53年9月の2回にわたって独占禁止法が改正された．これらの改正は，株式の保有・役員の兼任・企業の合併等に関する制限を緩和し，不況カルテルと合理化カルテルを認めることを主要な内容としていた．

これらの一連の政策は，戦後日本の20世紀資本主義的政策を特徴づける産業政策の原型となった．こうして1951〜53年には，高度成長につながるレールが敷かれたのである．

15 | 高度経済成長

高度成長の要因

神武景気からいざなぎ景気まで

輸出の急伸により1954（昭和29）年不況から脱却した日本経済は，55年から70年にかけて世界に類例をみない高度成長をとげた．表15–1からわかるように，この15年間の他の先進諸国の年平均名目経済成長率は6〜10%であったが，日本のそれは15%に達した．そのため日本は，GNP（国民総生産）の規模で先進各国を次々と追い抜き，1969年以降アメリカに次いで資本主義諸国中第2位の地位を占める「経済大国」となった．また，実質GNPでみても，日本経済はこの15年間に年率10%の成長をとげ，経済規模が4.4倍に拡大した．

高度経済成長の過程では，神武景気（1955〜57年），岩戸景気（58〜61年），いざなぎ景気（65〜70年）などの比較的長期の好況局面と，鍋底不況（57〜58年），62年不況，65年不況などの比較的短期の不況局面が交互に登場した（図15–1参照）．1960年代前半までの時期に，3〜4年の周期で景気の落ちこみ

表15–1 GNP（名目）の国際比較

（1955, 70年）

国	1955	1970	年平均成長率
	10億円	10億円	%
日本(名目)	8,525	70,618	15.1
(実質)	12,859	56,454	10.4
アメリカ	143,280	351,540	6.2
西ドイツ	15,283	66,659	10.3
イギリス	13,220	*39,420	8.1
フランス	17,712	*47,033	7.2
イタリア	8,436	*29,845	9.4

注：日本興業銀行産業調査部編『日本産業読本（第4版）』4ページ．
＊は1969年．日本の実質GNPは1965年価格基準．

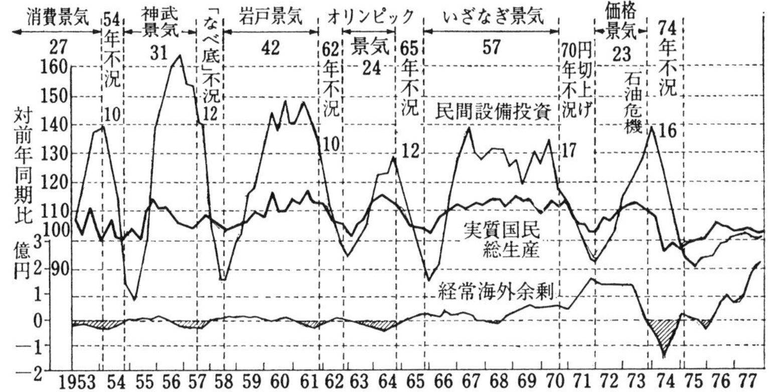

注 :『近現代日本経済史要覧（補訂版）』156 ページによる．実質国民総生産と民間設備投資は，対前年同期比率．景気・不況の呼称の下の数字は継続期間（月数）．

図 15-1　景気の変動（1953～77 年）

が生じたのは，そのたびに国際収支の赤字化に対処して金融の引締めがおこなわれたからであった（日本の場合には，金融引締めの効果が大きく，かつ速やかに作用したので，高度成長期の引締めはいずれもほぼ 1 年間で解除された）．しかし，1960 年代後半には国際収支が黒字基調に転換し，いわゆる「国際収支の天井」は取り除かれた．

高度成長の市場的要因　高度成長を可能にした要因を検討してみよう．まず，この時期は，世界的にも高度経済成長の時代であったといえる．前掲表 9-5 と同様に，1950 年代から 1960 年代までの 10 年間の成長率（10 年率）を見ると，アメリカは国民総生産の総額で 46.0%，1 人当り額で 24.2%，イギリスはそれぞれ 33.6% と 26.4%，西ドイツは 78.3% と 60.0%，そして日本は 152.5% と 128.0% となり，各国とも 20 世紀に入ってからの最高の数値を記録している（三和良一・原朗〔14〕26 ページ）．技術革新のうねりの高まりを基盤に，アメリカ主導の IMF = GATT 体制の下で世界市場が先進国間での国際分業を含むかたちで拡大し，基軸通貨ドルの供給（対外援助・戦費散布）も順調に進められ，さらに，石油などの資源価格も安定していたことが，この世界的高度成長の一般的要因であった．

このような環境のなかで，日本は，特に高い成長を実現させた．市場要因から見ると，表 15-2 からわかるように，1970 年にいたる 15 年間の国民総支出

表 15-2 高度経済成長の要因 (1955，70 年)

項目	構成比 Ⓐ 1955 年	構成比 Ⓑ 1970 年	Ⓑ－Ⓐ 構成比の増減	55〜70年 年平均増加率	55〜70年 増加寄与率
	%	%	%	%	%
個人消費支出	66.2	50.3	−15.9	8.9	46.0
民間設備投資	8.0	23.4	＋15.4	19.1	27.6
民間住宅建設	3.2	6.1	＋ 2.9	15.7	6.9
政府経常支出	13.2	5.9	− 7.3	5.0	3.9
政府資本形成	6.3	8.4	＋ 2.1	13.0	8.9
在庫投資	1.3	4.2	＋ 2.9	19.9	5.0
輸出など	8.5	13.1	＋ 4.6	14.2	14.3
輸入など(控除)	6.7	11.4	＋ 4.7	14.8	12.6
国民総支出	100	100	± 0	10.9	100

注：経済企画庁『長期遡及推計国民経済計算報告』1988 年，366 ページ，実質国民総支出（1965 年基準・暦年）数値より作成．用語は出典と異なるが，数値は同一．実質国民総支出総額は，1955 年 12 兆 7630 億円，1970 年 60 兆 1452 億円．

構成比で拡大が著しいのは民間設備投資である．戦時期の技術進歩の空白を埋めながらの老朽設備の更新に始まり，新産業の定着にいたるまでの技術革新（後述）は，膨大な設備投資を必要とした．「投資が投資を呼ぶ」と言われたように，重化学工業部門を中心に展開された設備投資が，高度成長の推進力の役割を果たした（表 15-3 参照）．

国民総支出の構成を，国際比較すると，日本の国内総固定資本形成（民間設備投資・民間住宅建設・政府資本形成）の比重は極めて急速に増大したことが目立つ（表 15-4 参照．名目値なので，実質値ベースの表 15-2 と数値は異なる）．設備投資を資金面から支えたのは，高い貯蓄率（1970 年の家計可処分所得に対する貯蓄の比率は，日本が 18.2% で，アメリカの 8.2%，イギリスの 6.6% を大きく上回り，ドイツの 17.9% よりも高い水準を示している．日本銀行統計局〔9〕昭和 57 年版，24 ページ）と高い企業所得分配率（1970 年の国民所得に占める民間法人企業所得の割合は，日本が 15.6%，アメリカ 8.2%，イギリス 7.7%，西ドイツ 2.7%．同じく賃金・俸給の割合は，日本 48.6%，アメリカ 67.7%，イギリス 68.3%，西ドイツ 57.5% で，労働分配率は低い．同上書，35-6 ページ）であった．軍事支出を極小に抑えて，貯蓄を民需中心の固定資本形成に集中したことが，日本の世界第 1 の高度成長の大きな要因であった．

表 15-3　産業別設備投資額

（1956～69 年度）

業　種	金　額	構成比
	億円	%
電　力	46,398	21.5
機　械	41,274	19.1
鉄　鋼	32,144	14.9
化　学	29,776	13.8
石　油	14,973	6.9
繊　維	12,393	5.7
窯　業	7,892	3.7
紙・パルプ	6,777	3.1
非鉄金属	6,266	2.9
都市ガス	4,895	2.3
石　炭	4,217	2.0
鉱　業	3,512	1.6
卸売・小売	3,163	1.5
その他とも計	215,836	100

注：通産省企業局『民間設備投資の中期展開』（1973 年）より作成．支払ベースの 14 年間累計値．

表 15-4　国民総支出構成の国際比較

（1955, 60, 70 年）

		1955	1960	1970
		%	%	%
日本	個人消費支出	64.1	56.9	51.2
	政府消費支出	10.4	8.9	8.2
	国内総固定資本形成	19.8	30.2	35.0
	在庫品増加	4.9	3.6	4.5
	輸出と海外からの所得	11.4	11.4	11.7
	輸入と海外への所得(控除)	10.5	11.1	10.5
アメリカ	個人消費支出	63.9	64.6	63.2
	政府消費支出	18.6	19.8	22.5
	国内総固定資本形成	15.4	14.2	13.5
	在庫品増加	1.5	0.7	0.5
	輸出と海外からの所得	5.0	5.4	6.4
	輸入と海外への所得(控除)	4.5	4.6	6.1
イギリス	個人消費支出	67.6	65.8	61.7
	政府消費支出	16.9	16.5	17.9
	国内総固定資本形成	14.7	16.3	18.1
	在庫品増加	1.6	2.2	0.5
	輸出と海外からの所得	26.2	24.5	27.4
	輸入と海外への所得(控除)	26.8	25.2	25.6
西ドイツ	個人消費支出	58.9	57.0	53.8
	政府消費支出	13.2	13.6	15.9
	国内総固定資本形成	22.6	24.0	26.4
	在庫品増加	3.1	2.9	2.2
	輸出と海外からの所得	20.3	20.7	23.1
	輸入と海外への所得(控除)	18.0	18.3	21.5

注：日本銀行『日本経済を中心とする国際比較統計』（各年版）より作成．

大衆消費社会

国民総支出の増加寄与率が最も大きかったのは個人消費支出で，1 人当り実質個人消費支出（1970 年価格）は，1955（昭和 30）年の 11.8 万円から 1970 年の 35 万円へ，15 年間で約 3 倍に拡大した（三和良一・原朗〔14〕10 ページ）．消費支出中の食料費の構成比は縮小し（1955 年 51.1%，70 年 34.3%），耐久消費財にたいする支出が増大した（平均世帯の購入財に占める耐久消費財の比率は，1955 年の 1.6% から 70 年には 6% に拡大した．日本興業銀行『日本産業読本』（第 4 版），9 ページ）．耐久消費財の普及率を見ると，1970 年で，白黒テレビ 90%，カラーテレビ 30%，電気冷蔵庫 93%，電気洗濯機 92%，電気掃除機 75%，乗用車 23% などであり，すでにアメリカ型の大衆消費社会として成熟した姿を見ることができる．

一般消費財に関しても，合成繊維（ナイロン・ポリエステルなど），合成樹脂（プラスチック），合成ゴム，合成皮革，合成洗剤などが天然素材に替わって家庭に浸透した．食品でも，米消費が減少して蛋白質・脂肪摂取量が増え，インスタント食品・冷凍食品・レトルト食品が登場し，食生活の内容は大きく変化した．住居でも，コンクリート作りのアパート団地が拡大した．高度成長のなかで，消費生活は「消費革命」と呼ばれたほどに戦前とは異なる姿に変わった．

個人消費の拡大は，戦後改革がもたらした労働者・農民への所得分配率拡大の可能性が経済成長とともに現実化した結果であり，また，戦後の「民主化」が資産・所得の配分を平等化し戦前の階層的消費パターンを解体させて，均質的な消費パターンをつくりだした結果でもあった．人口の都市集中と核家族化による世帯数の増加も耐久消費財への支出を増大させる要因となった．

個人消費の拡大と設備投資の増大とは，相互に関連している．第1章でも述べたように，重化学工業が消費財に市場を見出した時には，大量生産によるコスト・ダウンが需要を拡大させ，需要の拡大がさらなる大量生産を可能にするという循環的な生産と消費の拡大が生じる．高度成長は，まさにこの循環的拡大を基礎に，生産財相互の産業連関的拡大（「投資が投資を呼ぶ」）が進行した結果であった．

この循環的拡大は，まずは国内市場を基盤にしておこなわれ，次に，国際競争力が強化されるとともに，海外市場がさらなる循環的拡大を可能にする要因に加わったのである．

3重の技術革新

高度成長を支えた技術革新の様相を見てみよう．技術革新は，①第2次世界大戦以前に日本に定着していた鉄鋼業や造船業などの分野，② 1920年代に欧米諸国で普及したが戦前日本には定着しなかった乗用車や家庭電化製品（冷蔵庫・洗濯機・掃除機）などの分野，③欧米でも戦後に発達した石油化学やエレクトロニクスの分野のそれぞれで進行した．日本は，①の産業の生産体系を新技術の導入によって一新させながら，遅れていた②の産業を国内に定着させ，そのうえに，③の新産業を欧米とほぼ同時に発達させることに成功した．このように，3つの分野で重なり合うように技術革新が進んだことが，日本経済の高度成長を加速する大きな要因となった．

旧産業の革新と定着

鉄鋼業では，高度成長期の設備投資を通じて，大型化・連続化・高速化が進行した．具体的には製銑工程における高炉の大型化，製鋼工程における平炉からLD転炉（純酸素上吹き転炉）への転換，圧延工程におけるストリップ・ミル（連続式圧延機）の導入などがおこなわれた．このうち平炉からLD転炉への転換は値動きの激しい屑鉄への依存からの脱却と，燃料費と建設費の削減によるコスト・ダウンを可能にし，日本鉄鋼業の国際競争力強化に貢献した．

造船業では，鉄鋼品質の向上とともに，リベット（鋲）による厚板接合に替わって自動溶接機を用いる溶接工法が普及し，厚板切断には，フォトマーキング（設計図を写真技術で厚板に転写する技術）やガス自動切断機が導入された．また，船台の上で順次船体を建造する方法に替わって，船体を適度な大きさの部分（ブロック）に分けて工場内で製造し配管なども済ませた後に船台上で組み立てるブロック建造法も採用された．造船企業と鉄鋼企業の共同研究（溶接工法に適した厚板・溶接棒の開発）や造船企業間の技術情報交流がオープンにおこなわれ，新しい技術をすばやく身につけた日本の造船業は，1956年から船舶輸出で世界第1位の地位を占めるにいたった．

乗用車生産技術で立ち遅れていた日本の自動車メーカーは，1950年代にあいついで欧州のメーカーと技術提携契約を結んだ．これらの技術導入と一部メーカーの自主開発の結果，1950年代半ばから日本の乗用車生産は本格化した．その後短期間に技術面での自立を達成した各メーカーは，トランスファー・マシンの導入など生産工程の自動化を進めた．そして日本の自動車産業は，1960年代後半に輸出産業としての地盤を固めた．

家電産業は，消費革命の主役として急速な成長をとげた．「三種の神器」（テレビ・電気洗濯機・電気冷蔵庫），「3C」（乗用車・クーラー・カラーテレビ）と呼ばれた高度成長期の花形商品の大半は，家電製品で占められた．家電産業は，技術革新の一側面である新商品の開発という点で，最も顕著な成功を収めた部門であった．

輸送・電気機器や建材・食品包装用として需要が急拡大するアルミニウムでは，戦前からの製錬メーカー3社に加えて3社が新規参入し，1975年の日本の新地金生産量は101万トンを越え，カナダを抜いて米国，ソ連に次ぐ世界第

3位の生産国になった（三和元〔24〕）．

新産業の発展

次に，戦後登場した新産業に目を向けよう．ここでは，その代表格である石油化学とエレクトロニクスを取り上げる．1957（昭和32）年に初めて企業化された石油化学工業は，その後驚異的なペースで成長を続けた．その過程では，天然素材を代替する形での需要の拡大→生産設備の大型化→コスト・ダウン→代替需要のいっそうの拡大という好循環が作用し，次々と臨海コンビナートが形成されていった．政府（通商産業省）は，1950年代後半の石油化学第1期計画，60年代前半の同第2期計画，67年のエチレンセンター年産30万トン基準などを通じて，石油化学業界の調整に積極的に関与した．

半導体工業を中心とするエレクトロニクス産業の発展の契機は，1954年のトランジスタ国産化によって与えられた．1960年代には，日本は，エレクトロニクスの基礎に関して，研究面でも技術面でも世界の最先端に立つにいたった．エレクトロニクス産業の発展は，テレビやラジオ，テープレコーダーなどの耐久消費財を普及させたばかりでなく，コンピュータの性能を高め，オートメーション化と情報社会化を進行させる基礎的な条件となった．

エネルギー革命

1950年代半ばから60年代にかけていわゆる「エネルギー革命」が進行し，日本の主力エネルギー源は石炭から石油へ転換した．この変化は，中東で次々と油田が開発され，国際的な原油価格が大幅に低下したことによって生じた．重油の1キロカロリー当り単価は，1950年代前半から下がり始め，56〜57年にはスエズ動乱の影響でいったん反騰したものの，その後再び低落し，58年以降は恒常的に石炭1キロカロリー当り単価を下回るにいたった．主要なエネルギー源となった石油を低廉かつ大量に輸入できたことは，高度成長を可能にした重要な条件であった．

しかし，反面では，「エネルギー革命」は犠牲をともなった．かつては日本を代表する基幹産業であった石炭産業の急激な斜陽化がそれである．全国の炭鉱で閉山と人員整理の嵐が吹きすさび，そのなかで1959〜60年に三井三池争議が発生した．

表 15-5 産業別就業者の推移 (1950, 70年)

	1950		1970	
	計	男	計	男
	1000人	1000人	1000人	1000人
総数	35,626	21,870	52,235	31,745
第1次産業	17,208	8,786	10,075	4,735
農業	16,102	7,805	9,334	4,149
林業，狩猟業	424	366	206	167
漁業，水産養殖業	682	615	535	419
第2次産業	7,812	5,993	17,827	12,463
鉱業	591	525	216	192
建設業	1,531	1,426	3,929	3,498
製造業	5,690	4,042	13,682	8,773
第3次産業	10,568	7,066	24,294	14,547
卸売業，小売業	3,963	2,406	10,060	5,476
金融，保険，不動産業	362	241	1,378	770
運輸，通信業	1,586	1,409	3,214	2,810
電気，ガス，水道業	224	201	287	254
サービス業	3,272	1,846	7,635	3,848
公務	1,160	963	1,720	1,388
分類不能の産業	37	26	40	22
構成比(%) 総数	100.0	61.4	100.0	60.8
構成比(%) 第1次産業	48.3	24.7	19.3	9.1
構成比(%) 第2次産業	21.9	16.8	34.1	23.9
構成比(%) 第3次産業	29.7	19.8	46.5	27.8

注：『国勢調査報告』による.

経済構造の変化

産業構造の変化

高度成長のなかで，日本の産業構造は大きく変化した．産業別就業人口の構成では，第1次産業の比重が大幅に低下した(表15-5参照)．とくに，男子就業者が，第1次産業で著減し，第2次産業で著増しているのが特徴的である．生産額（付加価値生産額）では，1950（昭和25）年に26%を占めていた第1次産業は，1970年には8%弱の比重に低下した（三和良一・原朗〔14〕9ページ）．同じ期間に，鉱工業の生産額構成比は，27.7%から31.2%に拡大した．

製造工業の内部では重化学工業化が進行した．戦時期とは異なって，軍需工業を極度に縮小し，平和的需要に向けての重化学工業生産が，日本経済の基軸

表 15-6 製造工業の構成 (1950, 70 年)

業種別	従業者数		製品出荷額	
	1950	1970	1950	1970
	%	%	%	%
1. 鉄鋼	7.3	4.7	13.0	9.5
2. 非鉄金属		1.9		4.4
3. 金属製品	4.0	7.2	3.0	5.4
(1〜3 小計)	11.3	13.8	16.0	19.3
4. 一般機械器具	8.0	10.1	4.8	9.9
5. 電気機械器具	3.9	11.5	3.2	10.6
6. 輸送用機械器具	6.5	7.5	5.1	10.5
7. 精密機械器具	1.2	2.1	0.8	1.3
(4〜7 小計)	19.6	31.2	13.9	32.3
8. 化学	7.9	4.2	12.9	8.0
9. 石油・石炭・ゴム製品・パルプ・紙・紙加工品	5.6	4.7	7.2	7.0
(1〜9 小計)	43.8	53.9	50.0	66.6
10. 窯業・土石	5.1	4.9	3.3	3.6
11. 繊維・衣服	23.6	14.4	23.2	7.7
12. 木材・木製品・家具・装備品	9.7	7.2	4.7	4.7
13. 食料品	10.7	9.8	13.4	10.4
14. 出版・印刷	3.6	4.0	3.2	2.9
15. その他	3.4	5.8	2.2	4.1
1〜15 合計	100.0	100.0	100.0	100.0
	1000 人	1000 人	10 億円	10 億円
(実数)	4,261	11,680	2,372	69,035

注：『工業統計表』による.

表 15-7 世界貿易の主要国シェア (1938, 1950〜70 年)

年次		総額 (100万ドル)	構成比 (%)					
			日本	アメリカ	イギリス	ドイツ	フランス	イタリア
輸出	1938	20,700	5.4	15.0	13.3	10.9	4.3	2.7
	1950	62,040	1.3	16.6	10.2	3.2	5.0	1.9
	1960	130,460	3.1	15.8	8.1	8.8	5.3	2.8
	1970	316,920	6.1	13.6	6.1	10.8	5.7	4.2
輸入	1938	23,200	4.6	9.4	19.8	10.5	5.7	2.6
	1950	63,810	1.5	15.1	11.4	4.2	4.8	2.3
	1960	137,130	3.3	11.9	9.5	7.4	4.6	3.5
	1970	329,390	5.7	12.9	6.6	9.1	5.8	4.5

注：『近現代日本経済史要覧（補訂版）』30 ページによる．1950 年以降の総額は社会主義国を除く数値.

表 15-8　貿易の構造　(1970 年)

地域	輸出入収支								構成比	
	食料品	繊維	機械	金属	化学品	燃料	その他	合計	輸出	輸入
	1000万ドル	1000万ドル	1000万ドル	1000万ドル	1000万ドル	1000万ドル	1000万ドル	1000万ドル	%	%
東南アジア	△17.0	61.9	190.1	9.9	46.1	△43.6	△58.5	188.9	25.4	16.0
西アジア	△0.2	7.9	19.6	10.8	0.8	△216.9	5.6	△172.4	2.8	12.0
西ヨーロッパ	△0.0	2.6	75.2	37.0	△22.4	△0.5	4.6	96.6	15.0	10.2
北アメリカ	△81.7	57.3	168.9	49.5	△25.7	△82.4	△84.3	1.5	33.7	34.4
ラテン・アメリカ	△46.3	△11.2	58.6	△23.4	3.9	△2.9	2.7	△18.6	6.1	7.3
アフリカ	△11.9	7.8	92.9	△49.9	2.0	△4.2	△4.2	32.5	7.4	5.8
大洋州	△26.2	△17.9	34.9	△62.5	2.2	△25.0	△6.5	△101.0	4.2	9.6
共産圏	△9.2	4.7	24.2	17.2	15.9	△10.2	△26.9	15.8	5.4	4.7
合計	△192.6	113.0	664.4	△11.2	22.9	△385.8	△167.5	43.2	100	100
構成比	%	%	%	%	%	%	%	%	1000万ドル	1000万ドル
輸出	3.4	12.5	46.3	19.7	6.4	0.2	11.6	100	1,931.2	
輸入	13.6	6.8	12.2	20.7	5.3	20.7	20.7	100		1,888.1

注：通産省『通商白書』1970 年版付録「1970 年 1 月～12 月商品別国別通関実績統計表」により作成．各商品群別の輸出額と輸入額の差を収支とした．食料品は飼料も含む．繊維は繊維品・繊維原料，金属は金属品・金属原料・鉄鋼・非鉄金属の集計．原表の総計値は地域別数値の合計値と若干の不突合があるので，本表では地域別数値合計値を掲げた．

となった．製品出荷額に占める重化学工業品の構成比は，1950 年の 50% から，1970 年の 67% に拡大した（表 15-6 参照）．とくに，電気機械器具・輸送用機械器具の比重増加が著しい．

貿易構造の変化　高度成長期の日本の輸出入は急増し，世界貿易に占める割合も急速に拡大した（表 15-7 参照）．アメリカ・イギリスのシェア低下と対照的に，日本は，西ドイツとともに，シェアを伸ばした．1970（昭和 45）年までには，日本の貿易は戦前（1938 年）のシェアを超えたが，西ドイツよりはかなり規模が小さい．前掲表 15-4 でも，国民総支出の構成比における輸出入の比重は，日本の場合，西ドイツより小さい．1970 年頃までの高度成長に，輸出が果たした役割は，相対的には低かったわけである．

貿易の商品別構成では，重化学工業製品の割合が上昇したことが大きな特徴である．1950 年代には，先進諸国にかなり立ち遅れていた輸出の重化学工業化率は，高度成長期に急伸して，1970 年には，アメリカ・イギリスより高く，西ドイツと肩を並べる水準に達した．

1970 年の貿易構造を，戦前と対比しやすいように整理すると表 15-8 がえられる．前掲の表 8-1，表 11-4 と比較すると，製品構成における重化学工業化，貿易地域構成における東南アジアの比重低下（共産圏に移行した中国を含めても同様），北アメリカの比重上昇という基本変化を中心として，日本の貿易構造が，大きく変化したことがわかる．貿易収支では，燃料・食料品の入超を機械の出超がカバーして余りある点，対西アジア（中近東）貿易（石油中心）の入超を対東南アジア貿易の出超がカバーしている点，対北アメリカ貿易が，燃料・食料品・その他（木材等）などの農林・鉱業産品の入超を重工業製品中心の工業製品出超がカバーして均衡を維持している点，対西ヨーロッパ貿易が機械・金属の出超によって全体として出超である点などが，戦前と対比して特に目立つ特徴点である．輸出構造の重化学工業化が，1960 年代後半以降の国際収支黒字基調化をもたらした．

経常収支の黒字転換とほぼ同時に長期資本収支の赤字転換が生じ，1965 年以降日本は資本輸出国となった．これは，重化学工業製品を中心とする輸出の伸長にともない延払信用が増加したこと，東南アジアの発展途上国へ向けた円借款供与等の経済援助が拡大したこと，などによるものであった．

資本構造の変化

高度経済成長の中心的な担い手であった大企業は，三井・三菱・住友・富士（旧安田）という旧財閥系銀行および三和・第一という非財閥系大銀行を中心に，銀行融資系列に沿った新たな企業集団を形成した．この企業集団は，持株会社を中核としたピラミッド型のファミリー・コンツェルンであった戦前の財閥とは異なり，①銀行の系列融資，②株式の相互持合い，③同系商社が媒介する集団内取引，④社長会等の人的結合，などで結ばれた諸企業の対等平等な連合体であった．企業集団が形成された歴史的な理由としては，①戦時期の系列融資と戦後の企業再建整備計画への関与で，銀行と企業との関係が深まったこと，銀行が積極的に安定取引先を求めたことなどが，系列融資関係をつくりだした，②財閥解体で安定株主を一挙に喪失した企業が，企業乗っ取り（国内国外企業による）を防ぐ対策として，関係企業相互で株式を持ち合い，安定株主をつくりだした，③財界追放で経営陣が若返り，キャリアの未熟さを補うために情報交換の場（社長会）が求められた，などがあげられる（宮島英昭〔69〕，橘川武郎〔64〕）．

企業集団を形成するメリットとしては，①系列融資は，審査コストを節約して金融費用を引き下げ，メイン・バンクからの融資が他金融機関からの融資を誘発する効果を持ち，資金逼迫時にはメイン・バンクが「最後の拠り所」として機能する，②株式持合いは，乗っ取りを防止する効果を持つし，相互に安定株主になることは，各企業の経営者の政策決定の自由度を高める（企業集団外からの影響を遮断して経営の自主性を高める），③株式相互持合いは，個人株主への配当を節減させ，利益の企業への内部化（「配当の詐取」）をもたらす，④社長会は，企業集団の意思決定機関ではないが，情報を収集し共有する機能を持っている，⑤新産業への進出（たとえば原子力産業）や不況産業からの転出（たとえば石炭業からセメント業へ）の際に相互協力ができる，などがあげられる（岡崎哲二〔63〕，橋本寿朗〔67〕，二木雄策〔66〕）．企業集団への帰属が，各企業の利益率や成長率を高める効果があるか否かについては評価が分かれているが，企業の経営リスクを相互分散的に負担する保険機能が働いて企業の安定成長を可能にする効果は認められると言えよう．

各企業集団は，「ワンセット主義」と呼ばれた行動様式をとり，主要産業や新興産業（石油化学・原子力など）のほとんどすべての部門を自己の翼下にひとそろい収めようとした．そのため各業界では，5社ないし10社程度の大企業が支配的地位を占め，その大企業グループ全体のシェアは圧倒的であるにもかかわらず，その相互間の激烈な競争により最上位1～2社のシェアが低下するという，競争的寡占の市場構造が一般化した．

株式相互持合いの企業集団（マトリックス型企業集団）のほかに，松下電器産業・新日本製鉄・東京電力・本田技研工業など6大企業集団に属さない独立系企業が，傘下に多くの関係企業（子会社）を持つ企業系列（ピラミッド型企業集団）も見られる．一般に，日本の大企業は，兼営事業の分社化・新事業会社の設立などによって多くの関係会社を持ち，株式所有と役員派遣で「系列」を形成している．企業集団や「系列」には，市場取引を内部化することによって取引コストを引き下げる効果を求める傾向があり，外部（とくに外国）からはしばしば閉鎖的取引慣行と批判される．

中小企業と農業

中小企業は，高度成長期にあっても，最大の就業人口を吸収した分野であった．ただし，中小企業の主要な舞台は，かつての繊維工業や雑貨工業から機械工業を中心とした重化学工業へ移り，問屋制的な下請け制に代わって大企業の親工場と直結した系列工場化が進んだ．なお，大企業と中小企業の賃金格差などの形で1950年代に顕在化した「二重構造」問題は，労働力が過剰から不足へ転換した60年代には従来より緩和された.

高度成長の過程で農業と農村は急速な変貌をとげた．この変化に歯止めをかけようとした1961（昭和36）年の農業基本法も，大きな成果をあげなかった. 1950年に1610万人を数えた農業就業人口は，70年には933万人に減少した. 同じ期間に専業農家戸数は，309万戸から83万戸へ激減した．農村は，高度成長のために労働力を供給する役割を果たしたのである.

農業就業人口は減少したが，農業生産は増加し続けた．それを可能にしたのは，米価を中心とした農産物価格支持政策による農業所得の安定化と，①改良品種や改良技術の出現，②新肥料の開発や施肥技術の進歩，③土地改良などの公共事業の進展，④高性能の農薬の開発，⑤農業機械の普及，などからなる農業技術の進歩であった.

技術進歩により農業がかつてのように大量の労働力を季節的に投入しなくてすむようになったことは，農村からの労働力流出の可能性を高めた．農業従事者は，大規模で労働節約的な経営によって高収入を確保することができる少数の農業専業者と，農地を保持しつつも主として兼業収入に依存する多数の兼業農家とに分化していった.

経済政策の役割

財政金融政策

経済政策は，高度経済成長にきわめて重要な役割を果たした. まず，財政・金融政策は，資本蓄積促進政策として有効に機能した．高度成長に必要な資金の供給と社会的資本（用地・用水・港湾・道路・鉄道・通信）の整備が進められた．景気調整政策としては，景気過熱が国際収支の逆調を招いた際の引締め政策は効果が大きかったが，経済の自律反転力が強く不況は短期に終わったので，景気刺激政策はあまり目立たなかった. 1965（昭和40）年不況に際して，戦後最初の赤字公債（特例公債）が発行され，山一證券㈱にたいする日本銀行の特別救済融資もおこなわれたが，財政・金融面からの不況対策が本格化するのは，1970年代以降である.

財政規模は，国民総生産と並行して拡大し，中央財政純計（一般会計・特別

表 15-9　一般会計歳出の目的別構成　（1934〜36 年，1950〜2000 年）

年　度	国家機関費	地方財政費	防衛関係費	国土保全及開発費	産業経済費	教育文化費	社会保障関係費	国債費	その他	合　計（実数）
	%	%	%	%	%	%	%	%	%	10 億円
1934〜36平均	7.1	0.3	44.8	7.4	4.5	6.7	1.5	16.9	10.8	2.286
1950	10.8	17.1	2.1	34.7		2.6	6.9	9.2	16.6	633
55	10.9	15.7	13.4	13.0	6.6	12.3	13.7	4.3	10.0	1,018
60	9.7	19.1	9.4	16.9	9.4	12.1	13.3	1.5	8.6	1,743
65	8.9	19.3	8.2	19.2	8.3	12.7	17.2	0.3	5.8	3,723
70	6.7	21.7	7.3	16.6	12.4	11.5	15.9	3.5	4.4	8,188
75	6.5	16.3	6.7	15.1	11.4	12.6	22.1	5.3	4.0	20,861
80	5.0	18.1	5.2	13.8	9.2	10.7	21.3	12.7	4.0	43,405
85	4.8	18.4	6.0	11.0	6.7	9.3	21.0	19.2	3.6	53,005
90	6.8	23.0	6.2	8.5	5.9	7.8	18.4	20.7	2.7	69,269
95	5.5	16.2	6.2	14.4	6.7	8.7	22.3	16.9	3.1	75,939
2000	5.4	17.7	5.5	11.5	4.6	7.5	22.0	24.0	1.7	89,321

注：決算数値.『近現代日本経済史要覧（補訂版）』21 ページ．その他は恩給費を含む.

会計の重複分を除いた合計．決算額）は，1955（昭和 30）年度の 2 兆 1689 億円から 1970 年度の 13 兆 7270 億円へと 6 倍以上になった．この間に，財政投融資額も 2798 億円から 3 兆 7987 億円に拡大した．中央財政一般会計の歳出の目的別構成比を見ると（表 15-9 参照），社会保障関係費，産業経済費が比重を高め，防衛費が低下しているのが目立つ．1965 年度から赤字公債発行が開始され，国債費が次第に拡大してきた．

産業政策　経済政策として注目されるのは，産業政策（生産力保証政策）である．まず，戦後長期にわたって輸入制限と外資規制がおこなわれた．1949（昭和 24）年の外国為替及外国貿易管理法は，輸出統制を基本的に撤廃したが，輸入については制限措置を規定し，不足がちな外貨を有効に使用するなかで，国内産業保護的な輸入規制が続けられた．また，1950 年の外資法（外資に関する法律）は，日本への直接投資にたいする規制措置を規定して，まだ競争力の弱い産業分野への外国企業の参入を防止した．しかし，1964 年の IMF 8 条国移行と OECD（経済協力開発機構）加盟で開放経済体制への転換がおこなわれた．IMF 8 条国移行にともなって外貨予算制度や外貨資金割当制度は廃止され，1967 年から資本自由化が段階的に実施された．

税制面からは，耐用年数の短縮や特別償却制度による設備機械の更新促進がおこなわれ，設備機械輸入・新工場建設に際しての課税減免措置も講じられた．日本開発銀行や日本輸出入銀行を通じた重点産業への国家資金の供給は，生産性の高い産業構造をつくり出すのに有効であった．通商産業省や運輸省による諸工業・海運業にたいするきめの細かい政策的支援は，設備重装備型の重化学工業の投資リスクを軽減させることによって思い切った設備投資を可能にしたり，関連工業分野の中小企業を育成したりして技術革新を促進させ，あるいは，不況産業の整理を円滑に進めて産業構造を一層生産性の高いものに移行させた．

たとえば，コンピュータ産業の場合には，通商産業省は，IBMの100%子会社日本IBMの認可の見返り条件として，基本特許の使用を日本企業各社に許諾するようIBMから譲歩を引きだした．さらに，コンピュータ輸入に際しての規制やIBM製品のシェア規制，研究組合への補助金支出，日本開発銀行による販路拡張のためのレンタル資金融資などをおこなって，コンピュータ国産化を促した．

機械工業振興臨時措置法（1956年公布）は，機械工業の特定業種について合理化に必要と判定された工作機械導入のための開発銀行融資をおこなう措置を規定した．これによって，中小機械部品メーカーなどの技術の向上と経営の安定がもたらされ，自動車産業などの発展を支える基盤が確立した．

1955（昭和30）年の経済自立5カ年計画にはじまる経済計画は，財政・金融政策を諸計画に沿って計画的に運営するという性格のものではなかったが，池田内閣の国民所得倍増計画が端的に示すように，企業の投資マインドに影響を及ぼすことを通じて経済成長を刺激する効果を持った．

福祉政策

20世紀資本主義の特徴である福祉国家化も，高度成長の中で制度的に進められた．健康（医療）保険では，労働者を対象とする健康保険法が1922年に公布され，1938年には，一般国民を対象とした国民健康保険法が制定された．第2次大戦後，雇用者対象の健康保険制度が再編され，さらに，1961年には全市町村に国民健康保険の制定が義務づけられて，国民皆保険体制が整えられた．

年金制度は，1941年に労働者年金保険法が制定され，1944年に厚生年金保険法と改称された．1954年に厚生年金保険法改正がおこなわれて制度が整備された．そして，1959年には，厚生年金などの加入者以外の一般国民を対象とする国民年金法が公布されて，国民皆年金体制がつくられた．しかし，これらの公的年金の給付金額は低水準にとどまっていた．1973 年に，厚生年金保険法と国民年金法が改正され，5 万円年金給付と物価スライド制が導入された．この年は，「福祉元年」と呼ばれ，医療保険の改善も実施された．

失業保険は，1947 年の失業保険法公布によって制度化され，1974 年には雇用保険法が公布されて，翌年から新たな制度に切り替えられた．公的扶助は，明治期から制度化されてきたが，1946 年には生活保護法が公布された．

このように制度面では社会保障制度は整備されてきて，財政に占める社会保障関係費の比重も高まった（前掲表 15-9 参照）．しかし，実質的には，ヨーロッパの福祉国家に較べると，保障給付水準は低い．日本の場合には，経済成長による実質所得の上昇や失業率の低さが，社会保障の低位性を補っていたといえよう．

16 | 安定成長

高度成長の挫折

ドルショック

1971（昭和46）年のドルショックと1973年のオイルショックは，高度経済成長の時代を終わらせた．表16–1に見るように，世界の先進諸国の成長率は，1960年代に較べて，1973年以降は軒並みに低下した．

第2次大戦後，アメリカは，最高の生産力と最大の軍事力によって，資本主義世界の基軸国となり，いわゆるパックス・アメリカーナの時代をつくり出した．しかし，日本と西ドイツをはじめとする西側諸国の経済成長は，次第にアメリカの経済的優位を掘り崩していった．共産主義に対決する勢力の盟主として多額の対外援助をおこない，また，朝鮮戦争・ベトナム戦争を戦って巨額の戦費を負担したことも，アメリカの経済力を弱める要因となった．基軸通貨ドルにたいする信任が揺らぎはじめ，1960年代後半にはドル危機が発生した．そして，1971年8月に，ニクソン大統領は，ドルの金交換停止と輸入課徴金賦課などのドル防衛緊急対策を採った．

それまで，アメリカは，各国政府・通貨当局の要求があった場合には，金1

表16–1　成長率の国際比較（1960～87年）

	1960–68年	1973–79年	1979–87年
日　本	10.2	3.6	3.8
アメリカ	4.5	2.4	2.6
西ドイツ	4.1	2.3	1.4
イギリス	3.1	1.5	1.8
フランス	5.4	2.8	1.7
イタリア	5.7	3.7	2.2

注：実質国内総生産の年平均変化率．奥村茂次・柳田侃・清水貞俊・森田桐郎編『データ世界経済』58ページによる．

トロイオンス（約31グラム）＝35ドルの平価で，ドルと金の交換に応じてきた．アメリカが，ドルの金交換停止に踏み切ったことは，ドルを介して金との繋がりを持っていた各国通貨を，いわば，金という錨から断ち切ることになり，各国通貨の交換比率（為替レート）は，固定相場制から変動相場制に移行した．71年12月には，ワシントンで10カ国蔵相会議が開かれて，多角的通貨調整についての合意（スミソニアン合意）が形成され，一時，固定相場制が再建された．たとえば，円は，1ドル＝360円から，1ドル＝308円の固定レートになった．しかし，再建固定相場制は長続きせず，1973年2月には，ドル危機が再燃して，各国通貨は相次いで変動相場制に移った．円も，2月14日から変動相場制に移行し，翌日の為替相場は，1ドル＝264円に急騰した．

変動相場制は，各国の経済状態が，ただちに為替レートに反映して，各国経済の不均衡が調整されるというメリットがあるとされた．つまり，ある国が輸入（輸出）超過になると，その国の通貨の為替レートが安く（高く）なって，輸入（輸出）が抑制され，輸出（輸入）が拡大して，入（出）超が是正されるという，為替の貿易収支均衡化作用が働くというわけである．これは，商品・サービスの貿易だけを対象に考えれば成り立つ作用であるが，国際間では，長期・短期の資金移動もある．短期資金は，利子率の各国差を見て移動するから，為替レートは貿易収支だけで決まることにはならない．たとえば，1980年代の前半に，アメリカは，巨額の貿易収支の赤字を出し続けていたが，各国からのアメリカへの資金投資が大きく，ドル相場は，高い水準に留まっていた．

ドルと金の交換性を前提とした固定相場制は，戦後の世界的高度成長には，好都合な環境であった．固定相場制とGATTの自由貿易原則のもとで，各国間の貿易は順調に拡大して，高度成長を支えた．変動相場制への移行は，この好環境が消失したことを意味した．変動相場制は，世界経済の観点からは，固定相場制のもとで，いわば人為的に低く，あるいは高く固定化された為替相場が是正されるので，合理的な面もある．しかし，日本の場合は，固定相場制で，かなり円安であった為替レートが，大幅な円高になったから，輸出関連産業にとっては，状況は厳しくなった．また，貿易に関わる企業は，為替変動のリスクを負うことになった．あるいは，為替相場，つまり，各国通貨の国際価格が変動的になったので，各国通貨が投機的売買の対象になった．短期資金の投機的な国際移動によって，為替変動が激しくなることが，各国経済に悪影響を与える事態も起こるようになった.

ドルの金交換性を軸とした固定相場制，いわゆるIMF（国際通貨基金）体制が，1973年でほぼ解体したことが，高度成長の時代の終わりをもたらした，第1の要因である.

オイルショック 1973年10月に第4次中東戦争が起こると，OAPEC（アラブ石油輸出国機構）は石油戦略（アメリカへの禁輸，非友好国への供給制限）を採用したので，原油価格は高騰した（1バレル＝159リットル当り2ドル台の価格が，74年1月には11ドル台に上昇）．さらに，1978年に始まるイラン革命は，第2次オイルショックを招いた（79年1月に13ドル台だった原油価格は，80年8月には30ドル台に急騰し，81年10月には34ドル台まで上昇した．日本銀行統計局〔9〕1989年版，168ページ）．石油価格と並んで，それまで安定していた第1次産品の国際価格も上昇した（1970年価格を100として，80年価格は食料373，植物原料340，鉱石・金属類262になった．奥村・清水・柳田・森田〔12〕135ページによる）.

石油は，いわゆるエネルギー革命の中で石炭に替わる最大のエネルギー源となっていたし，石油化学工業の基礎原料としても大きな役割を果たしている．このような基礎資源の価格の上昇は，あらゆる商品・サービスの生産コストを引き上げる作用を及ぼすから，いわば，生産性が一斉に低下したのと同じような影響を，各国経済に与えることになった．オイルショックが，高度経済成長を終わらせる第2の要因となったのである.

さらに，高度成長を支えていたほかの要因にも変化が現れた．エレクトロニクスや石油化学が先導してきた技術革新も，1960年代までで一段落して，マイクロエレクトロニクスとバイオテクノロジーの時代までにはしばらく間があった．あるいは，経済成長とともに，農林業などからの移転によって拡大してきた労働力の供給にも限界が見えて，労働賃金の上昇圧力が高まった．技術革新の停滞と労働力需給の逼迫も，高度成長を終わらせる要因となった.

すでにイギリスでは1960年代後半から現れていたスタグフレーション（物価上昇をともなう不況．インフレーションとスタグネーションの合成語）が，オイルショック後には，先進諸国で顕在化した.

「ジャパン・アズ・ナンバーワン」

日本経済の安定成長 ドルショック後の円高が経済に悪影響をもたらすと考えた政府（第3次佐藤栄作内閣）の景気刺激政策と1972年7月からの田中角栄首相の「日本列島改造論」にはじまる公共工事ブームで，通貨量（マネーサプライ）は急速に増大し，結果的には「過剰流動性」供給になった．そこに，オイルショックが発生したので，物価は急騰し，「狂乱物価」とよばれるような状態となった．そして，1974年には，戦後初めて経済成長率がマイナスを記録した（前掲図15-1参照．74年の実質国民総生産は前年比マイナス1.2%）．物価上昇と不況が同時に生じたから，日本でもスタグフレーションが起こったと言えよう．しかし，この状態は長くは続かず，1975年から景気は回復に向かった．経済成長率は平均年率3%台の低水準に落ちたが，1970年代以降の日本の成長率は，他の先進諸国と較べると相対的には高い水準にある（表16-1参照）．この相対的高成長の時期を「安定成長」の時期と呼んでおこう．安定成長を高度経済成長の延長上に位置づけて1955年から1985年までの30年間を「長期的高成長」の時期と捉える見方も提起されている．安定成長期に日本の大衆消費社会が成熟にいたることを重視した見方である（石井寛治〔3〕）．本書では，高度成長の国際的条件が喪失したことを重視して安定成長期を高度成長期から区分する見方をとった．

1970年代以降の成長を支えた要因を，国民総支出の要素別に見ると，70年代前半は民間消費支出と政府部門（政府消費と政府資本形成）が大きな役割を果たし，民間設備投資の寄与率は著しく低かったが，70年代後半からは，民間消費と政府部門の寄与率は低下し，民間設備投資の役割がふたたび大きくなる．そして，この時期を通して，輸出の成長寄与率が大きく，しかもそれが拡大する傾向にあることが目立つ（表16-2参照）．高度成長期の輸出の成長寄与率に較べると，安定成長期のそれは大きい（前掲表15-2参照）．日本の相対的高成長は，輸出の拡大によって支えられていたと言ってよかろう．

世界貿易（社会主義国を除く）に占める日本の貿易の比率は，輸入では1970年の6.4%から85年の7.2%とわずかしか拡大していないが，輸出では

表 16-2 国民総支出の増加要因 (1970〜85 年)

項　　目	1970→75年	75→80年	80→85年
民間消費支出	76.2	50.7	40.6
政府消費支出	11.8	8.6	6.8
国内固定資本形成	23.5	26.5	22.1
民間設備投資	2.4	15.9	28.5
民間住宅建設	8.2	1.1	−2.6
政府資本形成	12.9	9.5	−3.8
在庫品増加	−11.7	1.8	2.0
輸出など	24.2	25.4	37.7
輸入など (控除)	24.0	13.0	9.2
国民総支出	100.0	100.0	100.0

注：国民総支出の増加分を 100 とする各項目の増加分の割合（増加寄与率）．経済企画庁『国民経済計算年報』1990 年版，118–21 ページ．1980 年基準の実質値により算出．

70 年の 6.9% から 85 年には 10.1% へと大きく伸長している．輸出品の構成では，70 年に輸出額の 40.5% であった機械類（一般機械・電気機器・輸送機器）が 85 年には 67.9% に達している（日本銀行統計局〔9〕による．精密機器は含まないので，前掲表 15-8 の数値とは異なる）．自動車・工作機械・電子機器などが強い国際競争力を発揮した結果であった．工業構造の変化も進み，1985 年の製品出荷額構成比では，金属類が 14.0%，機械類が 39.8% で重工業化率は 53.8% になった（『工業統計表』数値で，前掲表 15-6 と比較できる）．

日本の工業の国際競争力が強い理由としては，製品品質の優秀さ（高性能，故障率の低さ）やマーケティング技術のきめ細かさ（製品構成の多様さ，アフタケアの良さ），製品マージン（製品単位当りの利益）や輸出商社マージンの低率性，あるいは，円為替相場が経済力に比して円安気味（1985 年のプラザ合意までの時期）であったことなども挙げられるが，基本的には製品コストが相対的に低いことが主因である．オイルショックに対応して，日本企業は，原単位（製品単位当りの原材料・燃料消費量）を引き下げる省資源・省エネルギー投資を進め，大きな成果を上げた．また，製品コストに影響する賃金コストを国際比較すると，表 16-3 に見るように，オイルショックによる賃金高騰が収まった 1975 年以降 10 年間の数値では，日本の賃金コスト上昇率は目立って低い．これは，労働生産性の上昇率が高かったためと賃金（名目）上昇率が低かったためである．

国民生活 安定成長のなかで賃金指数（名目）は 1975 年以降の 10 年間で 66.5% 上昇し（表 16-3），民間消費も拡大を続けた．乗用車，カラ

表 16–3 主要労働指標の国際比較 (1975 年＝100，1985 年)

	日　本	アメリカ	イギリス	西ドイツ	フランス
賃金指数(名目)	166.5	198.9	288.2	167.1	316.3
(実質)	105.9	99.4	104.1	113.2	121.7
労働生産性指数	156.2	137.6	140.7	134.1	139.6
賃金コスト指数	106.6	144.5	204.8	124.6	226.6

注：日本銀行『日本経済を中心とする国際比較統計』1982，1989 年版より作成．
1975 年を 100 とする 1985 年の指数．
賃金コスト指数＝賃金（名目）指数／労働生産性指数．

ーテレビ，ルームエアコンの普及率も 50% を越え，勤労者世帯のエンゲル係数は 1970 年の 32.2% から 1985 年には 25.7% まで低下した（総務省統計局「家計調査総合報告書」「家計調査年報」）．消費者の「中流意識」が続くなかで，生活の質の向上を求めるブランド指向やサービス指向が高まり，食生活では，レトルト食品・冷凍食品需要が拡がり，外食指向も強くなった．

利便性を求める消費者に対応した流通革命も進行した．1960 年代から，セルフサービスのスーパーマーケットがチェーン展開し，流通がメーカー・問屋主導から大型小売店主導に移る傾向が現れた．スーパーマーケットは，食料品や日用品から衣料品・家電などの耐久消費財までも扱う総合スーパーとして発展し，1970 年代には小売業売上高トップの座が百貨店からスーパーに移った．スーパーに続いて，コンビニエンス・ストアが，フランチャイズチェーン展開で急速に成長し，ディスカウントストア，ドラッグストア，ホームセンターなど次々と新業態が誕生し，都市近郊にはショッピングセンターが建設された．

大型小売店の登場は中小小売商の脅威となって規制を求める声が高まり，1973 年には大規模小売店舗法（大店法）が制定されたが，1989 年には大型店規制緩和の方針が示され，1990 年の日米構造協議でアメリカが大店法は非関税障壁であると問題視したのを受けて，政府は 1991 年に法改正をおこなって大型店の規制は大幅に緩和された．この結果，各地で大規模なショッピングセンターの進出が進むことになった．その後，1998 年には，大型店と地域社会との融和の促進を図ることを目的とした「大規模小売店舗立地法」（大店立地法，2000 年施行）が「中心市街地活性化法」と「改正都市計画法」と並んで制定され，「大店法」は廃止された．

日本的経営「会社主義」　日本の企業は，労働生産性の向上を実現させながら，賃金はほぼ生産性上昇に見合った程度の引き上げで済ませることでコスト上昇を抑え，競争力を強化させたのである．労働生産性の向上には労働者の協力が必要であるし，相対的に低い賃金上昇（実質賃金も西ドイツやフランスに較べて上昇率は低い）にも労働者の合意が得られなければならない．日本の労資関係には，労働者の協力と合意を得やすい特質があったのである．

終身雇用制（定年までの雇用保証慣行）・年功序列型賃金体系は，1920年代の重化学工業化とともに発生し，戦後広汎に採用されるにいたって，労働者の企業帰属意識を強めた．組合が企業別に組織されたことは，労働条件改善を企業業績の枠内に止めさせる傾向を導き，組合運動は賃金引き上げより雇用の安定を重視する方向に向かった．戦時期にはじまる職員（ホワイトカラー層）と工員（ブルーカラー層）の格差縮小傾向（平等化・同権化）は，戦後民主化の波のなかで一層進展し，工員層の労働意欲を高めた．所有と経営の分離，法人株主化の進行のなかで，社員（本来は株主を指す言葉）つまり従業員が昇進を重ねて会社役員（経営者）になることが一般化し，役員の椅子を目指す企業内昇進競争を繰りひろげながら，社員は「わが社」の発展に自分の将来を託すことになる．

日本の労資関係には，労働者を企業に包み込んで，資本（企業）に対決する姿勢を弱めるような仕組みが備わっていると言えよう．このような労資関係を前提として，日本企業は，オートメーション化やロボット化を進め，アメリカで開発された品質管理（QC）技法を独特のQC運動，さらにはTQC（トータル・クオリティ・コントロール，全社的品質管理）に成長させ，現場での作業工程の改善提案制度などを採用して，労働生産性を上昇させコスト・ダウンを実現したのである．

労資関係の特質に，経営者の株主からの自立性（高配当を求める株主の短期的な利益拡大要請が強いアメリカなどに較べて，日本では長期的展望にたつ設備投資計画が実行できる），企業間の長期にわたる安定的な取引関係（長期相対取引）などをくわえて，日本経済の特質を「会社主義」と呼ぶ研究者もいる（馬場宏二〔68〕，橋本寿朗〔67〕）．「会社主義」が，日本の国際競争力の源泉ということになる．

日本的生産方式 製品面からは，消費者の需要（ニーズ）が多様化したことに対応して，アメリカ的な少品種大量生産方式に替わって，多品種少量生産方式が力を発揮する時代に入った．トヨタ方式に代表されるようなヴァラエティの豊富な製品を効率的に生産するシステム（日本的生産方式，lean production system）を開発した日本は，さらに競争力を強めた．

多品種を生産するには，数多くの部品を適切に管理・供給する体制が不可欠になる．関連部品メーカーの技術力を強化し，生産工程に合わせて適時に部品を納入させ，工場内の部品在庫を極小にするカンバン方式あるいはジャスト・イン・タイム（JIT）方式が採用された．

工作機械などの機能変換（切削バイト・金型の交換など）を短時間で処理する高い労働能力も必要であった．そして，ジョブ・ローテーションを通して多能工を養成するオン・ザ・ジョブ・トレーニング（OJT）が行われて，複数の作業をこなす能力をもった熟練工が育てられた．多能工ひとりが，複数の工作機械を受け持った多工程持ちの生産も取り入れられた．

日本の強烈な競争力は，アメリカやEC諸国との間の貿易摩擦を引き起こした．輸出の自主規制がおこなわれ，規制回避のための日本企業の海外工場建設も盛んになった．経常収支の黒字拡大は，海外投資力を強め，1985年の日本の対外資産は4377億ドル，対外負債は3079億ドルで差引純資産は1298億ドルに達し，イギリスの純資産額を追い越して世界第1位となった（アメリカは85年から負債超過に転じた）．すでに1980年に自動車（トラック等を含む）生産台数で世界第1位，鉄鋼生産量で世界第2位（第1位はソ連）となっていた日本は，資金の面でも経済大国に位置することになった．

このような日本の経済的パフォーマンスの良さを，ハーバード大学のヴォーゲル教授は，「ジャパン・アズ・ナンバーワン」と題する著書で，アメリカへの教訓として紹介した（Ezra F. Vogel, *Japan as Number One*, 1979）．日本人も，ついに，念願であったアメリカ経済に追いつくという課題が実現したと信じるにいたった．

構造不況業種対策 オイルショックと後発国の追い上げによって構造的不況といわれる状況に陥った産業分野があった．造船，鉄鋼，塩化ビニル，化学肥料，繊維，アルミ製錬などは過剰設備を抱えて業績悪化に苦しんだ．政府は1978年に特定不況産業安定臨時措置法を制定して，平電炉・アルミニウム製錬・合成繊維・造船の4分野で過剰設備処理の共同行為を容認した．各分野で設備廃棄・削減が実施され，1983年からは特定産業構造改善臨時措置法，1987年からは産業構造転換円滑化臨時措置法に構造不況業種対策が引き継がれた．

構造転換に成功して生き残る業種もあったが，アルミニウム製錬業は，政府の政策支援を受けたものの製錬から撤退する企業が相次ぎ，1987年には1工場が残るだけとなり，最後の製錬工場，日本軽金属蒲原工場も2014年に製錬を停止した．世界第3位の生産量を誇った日本のアルミニウム製錬は，1934年以来80年の歴史を閉じた（三和元〔24〕）．

バブルの時代

プラザ合意と円高 レーガン大統領が新しい経済政策を進めたアメリカは，景気回復には成功したが，巨額の経常収支赤字の累積をかかえて，世界経済の波乱要因になりかねなかった．1985年9月にニューヨークで開かれた先進5カ国蔵相・中央銀行総裁会議では，ドル高是正の協調政策をとることが合意された（プラザ合意）．各国中央銀行は，ドルを売る政策を実行したので，高止まっていたドルは急速に安くなった．日本では，日本銀行が，10日間で20億ドルのドル売りをおこなった結果，1ドル＝240円前後だった円相場は，85年末には200円60銭まで上昇した．その後も，表16-4に見るように，円高が進んだ．

1986年4月には，国際協調のための経済構造調整研究会（首相の私的諮問機関．座長前川春雄前日銀総裁）が，いわゆる「前川リポート」を提出した．これは，貿易摩擦を解消するためには，経済構造を，輸出指向型から内需主導・国際協調型へ転換することが望ましいとして，そのための方策を示した提言であった．日米間では，1950年代の繊維品にはじまって，70年代からは鉄鋼，カラーテレビ，自動車，半導体など，日本からの大量輸出が，次々に貿易摩擦を引き起こしていた．中曾根康弘首相は，1986年4月の日米首脳会談

表 16-4　為替相場　（1973～2020 年）

年		年		年	
1973	271.70	89	137.98	05	110.15
74	292.08	90	144.81	06	116.28
75	296.78	91	134.51	07	117.77
76	296.55	92	126.67	08	103.33
77	268.51	93	111.18	09	93.53
78	210.44	94	102.22	10	87.77
79	219.14	95	94.05	11	79.78
80	226.69	96	108.77	12	79.79
81	220.55	97	121.02	13	97.60
82	249.06	98	130.89	14	105.84
83	237.48	99	113.85	15	121.02
84	237.53	2000	107.74	16	108.84
85	238.53	01	121.52	17	112.16
86	168.52	02	125.28	18	110.40
87	144.61	03	115.92	19	109.01
88	128.13	04	108.16	20	106.78

注：1 米ドルあたり，円．1979 年までは東京市場インターバンク直物・年平均，日経 NEEDS（FREXDA）．1980 年からはインターバンク・スポット（FM08'FXERM07：17 時時点／月中平均）の年平均で，日本銀行「時系列統計データ」によって算出．

（キャンプデービット会談）で，「前川リポート」の提案を実行する決意を表明した．円高・ドル安は，貿易摩擦を緩和させる方向に作用するから，「前川リポート」とは整合的な事態であった．

とはいえ，政府は，急激な円高が，景気後退をもたらすことを心配して，円高不況対策を採った．公定歩合の引き下げと公共事業投資の拡大を柱とする大規模な経済政策が実施された．公定歩合は，1985 年の 5% から，86 年中に 4 回引き下げられて 3% となり，さらに，87 年 2 月の引き下げで 2.5% という，日本銀行はじまって以来の低い水準になった．円高にもかかわらず日本の輸出はドルベースでは増加を続け，円ベースでは輸出額が一時は減少したものの輸入額の急減で出超額は 1985 年の 10.9 兆円から 86 年の 13.7 兆円，87 年の 11.6 兆円へと拡大した．出超額の拡大は，通貨供給量を拡大させる一因となった．1985 年 10 月に，政府は，貿易黒字を減らす名目で事業規模 3 兆円の内需拡大策を決定し，さらに 87 年には，公共事業 5 兆円，減税 1 兆円という大規模な緊急対策を実行に移した．財政規模は拡大し，一般会計歳出（決算額）は，1990 年度には 69 兆円を超えた（前掲表 15-9 参照）．

バブル景気　円高不況は 1986 年 10 月に底を打ち，11 月からはじまった景気上昇は，89 年に神武景気の上昇期間（31 カ月）を抜き，90 年に

表 16–5 バブルの指標

（1985～95 年）

年	M2＋CD	株価	地価
1985	301, 617	12, 556	35. 1
86	327, 592	16, 386	42. 6
87	364, 251	23, 176	57. 5
88	403, 421	27, 011	68. 6
89	444, 885	34, 042	87. 4
1990	490, 137	29, 474	105. 1
91	502, 820	24, 298	97. 9
92	503, 393	18, 179	78. 9
93	511, 093	19, 086	67. 0
94	523, 764	19, 918	59. 6
95	539, 062	17, 355	51. 4

注：M2＋CD は，日本銀行調査統計局「金融経済統計月報」，単位 10 億円．株価は，日経平均株価（225 種平均）の年平均値，単位円．地価は，6 大都市市街地の 9 月期末価格の指数，1990 年 3 月期末＝100．株価・地価は，日経 NEEDS, JSRSPA と JIULPB90.

は岩戸景気のそれ（42 カ月）も抜いて，公式には 91 年 3 月の反転まで，51 カ月続いた．実質経済成長率は，1988 年に 6.5% に達し，高度成長が終わってから最高の数値を記録した．鉱工業生産指数（1995 年＝100）も，1985 年の 83.9 から 1990 年の 104.5 にまで拡大した．輸出（ドル表示額）も伸びてはいたが，この好況は，「前川リポート」が期待した，内需主導型の経済成長に近かった．

超低金利時代に入り，政府は積極的に財政支出を拡大し，さらに，日本銀行が，急激な円高を回避するために，1986 年からは，ドル買い円売りの市場介入をはじめたので，通貨の供給量は拡大を続けた．マネーサプライ（M2＋CD）は，表 16–5 に見るように，1987 年から 3 年間は，前年比 10% 以上の伸び率を示した．しかし，物価面では，卸売物価指数は低下し，消費者物価指数は緩やかな上昇を示したにとどまった（後掲図 17–1 参照）．円高で，輸入品価格が低下したために，物価は安定していたのである．これとは対照的に，株価と地価は急騰した（表 16–5 参照）．日経平均株価（東京証券取引所 1 部上場 225 企業）は，1985 年末の 1 万 3128 円から 89 年末には 3 万 8915 円の史上最高値まで，約 3 倍に騰貴した．6 大都市市街地価格指数（1990 年 3 月＝100）も，1985 年の 35.1 から 90 年の 105.1 まで，約 3 倍に上昇した．

株式と土地の価格上昇，いわゆる資産インフレーションは，景気上昇を加速した．個人は資産価額が膨張するにつれて消費性向を高め，消費支出は拡大した（資産効果）．乗用車の新規登録台数は 1990 年に 500 万台を越え（1985 年は 309 万台），家電・家具などの耐久消費財では大型・高価額品の需要が伸び，コンビニエンス・ストアが普及し，宅配便も急速に成長した．企業は，積極的に設備投資をおこない，本業で業績を伸ばすとともに，資産価値の上昇による利益（キャピタルゲイン）も獲得して，利益率は上昇した．

1987年10月には，アメリカ株式市場で大暴落が発生し（ブラック・マンデー，株価下落率は22.6%で史上最大），日本の株式も戦後最大（下落率14.9%）の暴落を経験したが，翌11月には底入れして，株価は急速に回復に向かった．実体的な経済が活況を呈するなかで，やがて景気はバブル状態に入っていった．

低金利のために個人が金融資産を預金から証券に振り替えて株価を上昇させた面もあるが，やはり，日本経済の実体（ファンダメンタルズ）から離れた資産価格上昇，いわゆるバブルをもたらしたのは企業であった．企業は，好況で増加した利益を投資するばかりでなく，株式の時価発行，転換社債（特定価格で株式と交換できる社債）・ワラント債（新株引受権付き社債）の発行などによって，エクイティ・ファイナンスと呼ばれる資金調達を盛んにおこなった．1984年に，円転換規制（外貨の円への両替規制）が廃止されていたので，企業は，海外市場からも自由に資金を調達できた．エクイティ・ファイナンスに為替先物取引などを交えた金融操作で，きわめて低い利子の資金を調達することも盛んにおこなわれた．

1970年代末から金融自由化の動きがはじまったが，80年代には，金利自由化と国際化（国際金融取引，金融業務の自由化）が急速に進められた．自由金利の短期の譲渡性預金（CD，1979年創設）は，発行条件（限度額・最低単位・期間）が次第に緩和され，また，1985年には市場金利連動型預金（MMC）も創設され，さらに大口定期預金の金利も自由化された．1988年には金融先物取引法などが公布されて，金融・証券先物市場の整備がはかられ，1980年代後半から世界的に活発になった金融派生商品（デリバティブズ，債券・金利・通貨・株価・商品などを対象とした，先物取引・スワップ取引・オプション取引）の売買も盛んになった．このように，金融商品の数が増えたので，企業は，エクイティ・ファイナンスなどで調達した資金を金融資産として運用する，いわゆる「財テク」（財務テクノロジー）に熱心になった．

さらに企業は，地価上昇を期待して，「財テク」の対象を不動産にも広げた．

地価騰貴は，土地の投機的売買を盛んにさせ，それがさらに地価を上昇させた．銀行などからの融資を受けて土地を購入し，それをすぐに売却して利益を得る，いわゆる「土地ころがし」もおこなわれた．地価が上昇すると土地の担保価値も高くなるから，銀行は，同じ土地にたいしてもより高い評価をくだして，より多くの融資をするようになる．企業の事業能力を総合的に審査して資金を供給すべき銀行が，担保価値が高いという理由だけで土地融資をおこなう風潮が蔓延した．

企業が「財テク」に走り，金融機関が資金融資でそれを後押しするなかで，株価と地価は，バブルの状態に入ったのである．

17 | 平成不況

バブル崩壊と後遺症

バブルの崩壊

日本銀行は，1989年5月に公定歩合を0.75%引き上げたが，これは，市中金利上昇に対応した市場金利追随型引き上げであった．8月に海部俊樹内閣が登場し，地価対策が政策課題となった．日本銀行は，10月と12月に，公定歩合を0.5%ずつ引き上げ，政策基調をバブル抑制に変えた．12月には土地基本法が公布されて，投機的取引の抑制が明記された．1990年に入ると，日本銀行は3月と8月に引き締めを強め，公定歩合は8年ぶりに6%に上昇した．株価は，90年初から下落に転じ，3月には日経平均が3万円を割り，さらに10月には2万円を割り込んだ．株価の面からバブルは崩壊しはじめた．

地価対策としては，90年4月から金融機関にたいして不動産融資の総量規制実施が指示され，10月の政府土地政策審議会では，地価が異常な水準まで騰貴したとの判断から，取引規制区域指定や土地税制改正などの答申が決定された．与党自民党は，12月の土地税制改革大綱で，92年からの土地保有税（地価税）導入を決定した．このような地価抑制の動きで，地価も90年をピークにして91年から急速に下がりはじめた．バブルは完全に崩壊した．

バブルの発生が資産価格上昇予測によってもたらされたのと同様に，人々が価格下落を予想しはじめると，株価も地価もいっきに暴落した．日経平均株価は，1992年の8月には1万4309円と89年末のピークから63%も下落してバブル以前の水準に戻って，ひとまず底を打った．地価も94年には90年の半分近くにまで下落した．資産価格の暴落は，保有資産の減価（キャピタルロス）

を生じさせ，その額は巨額に上ったと推定される（東京証券取引所第1部上場企業の株式の時価総額は，1988年度の490兆円から91年度には約304兆円に下がり，国民総資産中の土地価額は，1990年の2419兆円から92年の2002兆円に低下した．1990年度の名目GNPは約439兆円である．内閣府〔13〕2000年版，12，16～17，26ページ）．

金融システムの動揺 バブル崩壊は，個人にも企業にも大きな打撃を与えた．個人資産の減価は，「資産効果」とは反対の「逆資産効果」をもたらした．個人の消費性向は低くなり，消費支出の伸びにはブレーキがかかった．「財テク」に熱中した企業はもちろんのこと，多くの企業で，保有資産の含み損（簿価と時価の差）が発生し，財務内容は悪化した．金融機関では，融資した企業の債務返済能力が低下して，巨額の不良債権が発生した．大蔵省が発表した主要銀行（都市銀行・長期信用銀行・信託銀行）の1992年3月末の不良債権額は，8兆円程度であったが，93年3月末のそれは12.7兆円に増えた．銀行は，不良債権を損失に計上して減額させようとするが，これまで不良債権には分類されなかった債権の中から，あらたに回収不能となる分が生じるので，不良債権額は減るどころか増え続けることになった．地域銀行（地方銀行・第2地方銀行）と協同組織金融機関（信用金庫・信用組合）を含めた不良債権額は，1999年3月末でも，20.2兆円に及ぶと推計された．この間の7年間で，累計49.2兆円の不良債権処理が進められているから，不良債権は，この時点までに表面化しただけでも70兆円近く発生したことになる．1998年末の国内銀行の実質預金残高は478兆円弱であるから，不良債権の重圧は極めて大きい．

不良債権をかかえた金融機関の破綻は，1990年代のはじめに地方の小規模企業から始まっていたが，1994年には，ノンバンク（法律による銀行以外の貸金会社）や東京の信用組合の破綻が起こり，95年には第2地方銀行（相互銀行から普通銀行に転換した銀行）や住宅金融専門会社（住専）7社の破綻が発生した．住専の破綻に際しては，農協系金融機関に及ぼす影響が懸念されたので，政府は，6850億円の財政資金投入をおこない，住専整理のための住宅金融債権管理機構を設立した．96年には，中堅ノンバンクの日栄ファイナンスが戦後最大の負債総額（9900億円）で倒産し，97年には，日産生命保険（4

月)，三洋証券（11月)，北海道拓殖銀行（11月)，山一證券（11月）と金融機関の破綻が続いた．翌98年10月には，長期信用銀行のひとつの日本長期信用銀行が破綻して金融再生法（後出）による国の特別公的管理（一時国有化）が開始された（2000年3月に，新生銀行と改名)．さらに12月には，もうひとつの長期信用銀行，日本債券信用銀行も特別公的管理下に入った（2001年1月に，あおぞら銀行と改名)．また，98年9月には長銀関連ノンバンクの日本リースが，史上最高の負債総額（2兆4000億円）で会社更生法の適用を申請した．99年には，国民銀行など第2地銀3行が破綻して金融再生法による金融管財人の管理下に入ったほか，東邦生命保険（6月）が破綻した．2000年には，第一火災海上保険（5月)，第百生命保険（5月)，千代田生命保険（10月)，協栄生命保険（10月）と保険会社の破綻が続いた．2001年にも，信用組合など47の金融機関が破綻した．

金融機関の相次ぐ破綻は，金融システムの健全な運営を困難にした．日本銀行は必要に応じて特別融通をおこない，政府も財政資金を投入した．財政資金投入は住専整理でおこなわれたのちは，1998年2月に公布された金融機能安定化緊急措置法に基づいて，3月の都市銀行など17行への1兆4200億円投入（優先株・劣後債の購入）をはじめとして実施された．98年10月には金融機能再生緊急措置法（金融再生法）と金融機能早期健全化緊急措置法（金融健全化法，公的資金注入による資本増強制度新設）が公布され，内閣には金融再生委員会が設けられ金融再生担当大臣が新しく置かれた．

1999年4月には，住宅金融債権管理機構と整理回収銀行（1996年9月，破綻信用金庫の債権回収機関として設置）が合併して整理回収機構（略称RCC，債権回収と資本注入をおこなう機関．預金保険機構を株主とする資本金2120億円の株式会社）が発足した．整理回収機構の必要資金を供給する預金保険機構（1971年7月，預金保険法に基づいて特殊法人として発足）には，預金者保護用を含めて総額60兆円の資金枠が用意された．99年3月には，金融健全化法による公的資金注入が都市銀行など15行から申請され，総額7兆4592億円が払い込まれた．これらの緊急対策は，ある程度の効果は発揮したが，金融機関側が，優先株への配当不能の際の国家管理移行や経営陣の責任追及を嫌って，公的資金注入に消極的になるなどの姿勢をとったために，予想されたほどの資本増強（政府は総額25兆円を用意）は進まなかった．

この間，1996年11月には，橋本龍太郎首相が「金融ビッグバン」の具体化を指示し，翌97年6月には，金融制度調査会など3審議会が金融制度の抜本的改革を答申した．「ビッグバン」はイギリスで1986年に実施された証券市場改革の衝撃の大きさを宇宙始期のビッグバンになぞらえて表現する言葉であるが，橋本首相は，日本の金融制度を，Free（自由な）・Fair（透明な）・Global（国際的な）なものにする大改革を期待して「日本版ビッグバン」と呼んだわけである．その内容は多岐にわたるが，金融持株会社設立（1997年の独占禁止法改正施行で実現），普通銀行の社債発行（1999年解禁），株式売買委託手数料の自由化（1999年実施），外国為替取引の自由化（1998年の外国為替及び外国貿易法〈外国為替管理法改正〉施行で，外国為替公認銀行を通さない為替取引が自由化），損害保険の保険料率の自由化（1998年実施），時価会計の導入（1998年度から一部実施）などが主要なものである．

「日本版ビッグバン」は，日本の金融市場を国際水準に再編成するねらいをもっていた．「護送船団方式」と呼ばれた，政府による金融機関の一律保護・規制政策からの転換が目指され，金融業界における市場競争も，ある程度までは促進された．また，金融持株会社の解禁が，不良債権で体力が弱った金融機関同士の提携・集約を促進するという効果を発揮したことが注目される．日本の代表的金融機関は，後掲図（19章末，282-3ページ）のように，2002年までに三菱東京，みずほ，UFJ，りそな，三井住友の5大金融持株会社グループに集約され，さらに，2005年には三菱東京とUFJの合併で4大グループに再編された．信託銀行としては，金融持株会社の三井トラスト・ホールディングス（2007年から中央三井トラスト・ホールディングス）と単独組織の住友信託銀行があったが，両行も，2011年に三井住友トラスト・ホールディングスとして経営統合した．

日本経済の低迷

成長率低下　バブル崩壊後，日本経済の成長率は表17-1に見るように，安定成長時代といわれた1980年代に比べても，さらに一層低下した．

表 17-1　経済成長率の国際比較

（1985～2000 年）

年	日　本	アメリカ	イギリス	ドイツ
1985	5.0	3.2	3.9	1.9
86	2.6	2.9	4.1	2.2
87	4.1	3.1	4.8	1.4
88	6.2	3.9	4.4	3.7
89	4.7	2.5	2.1	3.4
1990	4.8	0.8	0.6	5.1
91	3.1	−1.2	−2.1	3.7
92	0.9	3.1	0.2	2.2
93	0.4	2.7	2.5	−1.1
94	1.0	4.0	4.7	2.3
95	1.6	2.7	2.9	1.7
96	3.5	3.6	2.6	0.8
97	1.8	4.4	3.4	1.4
98	−1.1	4.3	3.0	2.0
99	0.7	4.1	2.1	1.8
2000	2.4	4.1	2.9	3.0

注：実質国内総生産（総支出）の前年増加率．1991 年までは，日本銀行『日本経済を中心とする国際比較統計』(1993 年版)，アメリカは 1987 年，他は 1985 年基準．ドイツは旧西ドイツの数値．1992 年以降は，日本銀行『金融経済統計月報』(2001 年 12 月)，アメリカは 1996 年，他は 1995 年基準．

注：国内総支出（実質）・民間設備投資（実質）・民間最終消費デフレーターの前年同期比率．内閣府経済社会総合研究所『国民経済計算：平成 7 暦年基準 GDE（GDP）需要項目別時系列表』による．景気の山・谷の日付の間の数字は，継続期間（月数）．

図 17-1　景気の変動（1981～2001 年）

表 17-2　国内総支出の増減率　（1985〜2000 年）

	1985→90年	90→95年	95→2000年
民間消費支出	23.6	11.5	5.0
政府消費支出	18.2	17.3	16.1
国内固定資本形成	52.1	−4.5	5.9
民間設備投資	65.1	−18.0	21.8
民間住宅建設	55.8	−9.9	−0.2
政府資本形成	20.8	41.0	−9.7
在庫品増加	18.7	−3.9	−180.0
輸出など	16.1	16.5	31.8
輸入など（控除）	69.9	17.7	20.5
国内総支出	27.1	7.2	7.3

注：各年の項目の 5 年間の増減率．内閣府経済社会総合研究所『2000 年実質国民総支出』．1995 年基準の実質値（暦年）により算出．

アメリカなどと比べて良好だった 70 年代・80 年代の日本経済は影を潜めてしまった．景気循環（図 17-1）は，1991 年 2 月のピークからの後退局面が 93 年 10 月に底打ちして（32 カ月），拡張局面が 97 年 5 月まで続き（43 カ月），その後の後退局面は 99 年 1 月までで（20 カ月），次の拡張局面は 2000 年 11 月まで（22 カ月）とされている（経済企画庁・内閣府の景気基準日付）．第 2 次大戦後の 13 の景気循環のなかでは，後退局面が長くなっているのが目立つ．93 年 11 月からの拡張局面も，継続期間は長かったが 95 年 1 月には阪神淡路大震災（後掲表 19-1 参照）に見舞われ，好況感が盛り上がるほどの景気上昇があったわけではない．年初 1 万 7000 円台に落ちた日経平均株価が急速に 2 万円を回復して，期待が大きかった 1997 年春ごろの景気も，橋本内閣の財政構造改革を目指した緊縮政策，直接には消費税（1989 年 4 月導入，3%）の税率引き上げ（97 年 4 月，5% へ）の影響で，脆くも反転してしまった．1998 年はオイルショック後の 1974 年以来，戦後 2 回目のマイナス成長を経験することになり，2001 年もマイナス成長となった．物価（図 17-1，民間最終消費デフレーター）は，98 年第 2 四半期から連続して下落した．大きくとらえれば，バブル崩壊以降，日本経済は，長く続く不況に見舞われたといって良かろう．これを平成不況と呼んでおこう．

消費と投資の減退

1990 年代の国内総支出（実質値）の増減率を見ると，表 17-2 のようである．バブル期に 5 年間で 27.1% 増加した国内総支出は，1990 年代には，前半期も後半期も 5 年間で 7% 台の増加しか示していない．民間消費支出の伸びは小さくなり，95 年から 2000 年にかけては 5%

しか増加していない．国内固定資本形成は，90 年代前半には減少している．

個人消費に関しては，バブル崩壊後の「逆資産効果」も停滞要因のひとつであるが，より大きな要因は，家計収入の停滞と将来不安である．家計収入（全国勤労者世帯・名目収入総額）は，90 年には 1985 年と比べて約 23% 増加したが，不況下では伸び悩み，90 年から 95 年では 13% の増加にとどまり，99 年からはわずかながら減少に転じて，98 年を 100 とすると 2000 年には 96.5 の水準に低下してしまった（内閣府〔13〕2002 年版，66 ページ）．残業が減り，賞与も減額され，さらには定時給与を引き下げる賃金カットさえおこなわれる場合もあって，就労者の所得は抑えられるし，リストラで離職すれば収入は大幅に減る．

所得が停滞する中で，家計の貯蓄率は高まる傾向を示した．1985 年には，収入にたいする貯蓄純増分の割合は 6.4% だったが，90 年にはそれは 8.0%，95 年には 8.3%，2000 年には 8.4% となった（同上書，66–7 ページ）．リストラや再雇用難，年金の不確実性，少子高齢化などの将来にたいする不安は，現在所得を消費せずに貯蓄する傾向を促進したのである．また，バブル期に高値で購入した住宅のローン支払いが家計を圧迫する場合も多い．こうして，消費に向けられる支出は伸びない．さらに，消費者は，価格に敏感になって売値の安い消費財を選び，また，耐久消費財についてはその買い換えを延期して使用年数を長くする行動をとるようになった．消費財需要は，停滞せざるを得なかったのである．

内需中心型成長のもうひとつの柱となるはずの設備投資も冷え込んだ．バブル末期の 1990 年には，国内総生産（名目 GDP）の 20.0% と，高度経済成長期に匹敵する割合を示した民間企業設備投資は，95 年には 14.6% に低下し，99 年には 14.5% になって，2000 年には 15.5% とやや上昇した．実質額では，92〜94 年，98・99 年に前年比でマイナスとなった．設備投資の停滞の最大の原因は，需要にたいしての設備の過剰である．バブル期の投資が過大で，90 年代の製造工業設備稼働率は，90 年を 100 として，92 年以降 82〜89 の水準に低迷した（同上書，22 ページ）．もうひとつの原因は，企業の将来への期待が萎縮したことである．経済成長率回復の見通しが立たず，期待利潤率が低い状態では，企業の積極的な投資活動は望めない．さらに，不良債権をかかえた金融

表 17-3　貿易の構造　(2000 年)

地　域	輸出入収支								構成比	
	食料品	繊　維	機　械	金　属	化学品	燃　料	その他	合　計	輸　出	輸　入
	1億ドル	1億ドル	1億ドル	1億ドル	1億ドル	1億ドル	1億ドル	1億ドル	%	%
アジア	△135.6	△152.1	686.3	119.6	151.1	△197.0	△83.3	389.0	41.1	41.7
中東	△1.4	2.3	81.2	3.9	△2.2	△474.5	6.1	△384.6	2.3	13.0
西ヨーロッパ	△52.9	△14.1	436.6	12.6	△57.6	△1.1	△15.1	308.4	17.2	13.6
北アメリカ	△165.0	△3.1	861.9	27.0	△10.7	△17.1	△3.1	689.9	31.3	21.3
中南米	△33.8	△0.7	162.9	△24.2	6.6	△4.6	△5.5	100.7	4.4	2.9
アフリカ	△9.8	0.1	39.0	△6.1	1.0	△6.9	△16.4	0.9	1.1	1.3
大洋州	△38.8	△1.7	77.9	△36.2	△0.4	△60.7	△16.1	△76.0	2.1	4.7
CIS・中欧・東欧	△14.3	△0.3	15.5	△12.4	△0.6	△2.7	△17.8	△32.6	0.5	1.5
合　計	△451.6	△169.6	2,361.3	84.2	87.2	△764.6	△151.2	995.7	100.0	100.0
	%	%	%	%	%	%	%	%	1億ドル	1億ドル
輸出構成比	0.4	1.8	74.3	5.5	7.4	0.1	10.5	100.0	4,792.8	
輸入構成比	12.5	6.7	31.6	4.7	7.0	20.3	17.2	100.0		3,797.2

注：経済産業省『通商白書』2001 年版付録「平成 12 年　商品別国別通関実績表」により作成．各商品群別の輸出額と輸入額の差を収支とした．食料品は飼料も含む．繊維は繊維品・繊維原料，金属は金属品・金属原料・鉄鋼・非鉄金属の集計．

機関は，とくに中小企業にたいする融資には消極的になりがちで，いわゆるクレジット・クランチ（貸し渋り）が発生した．さらに，「貸しはがし」といわれる，厳しい債権回収もおこなわれた．中小企業は，日本経済の支柱であり，そこに資金が流れ込まないと景気回復はおぼつかなくなる．不況対策として，日本銀行は，1991 年 7 月から公定歩合を 9 回にわたって引き下げ，95 年 9 月には 0.5% という史上最低金利が出現したが，この超低金利も，設備投資資金需要を喚起しなかった．1999 年 2 月にはコールレートを実質的にゼロとするいわゆる「ゼロ金利政策」が採用され，2000 年 8 月まで続けられた．

企業が将来展望を明確にできないまま，設備投資を控えてコスト削減のための要員削減に手を着け，従業員は，雇用不安に駆られて消費削減に努めるという構図は，一種の悪循環を示している．かつての高度成長を促進したのが，設備投資が設備投資を呼び，生産性上昇が高賃金を，高所得が消費財市場拡大を，市場拡大がさらなる設備投資を呼ぶという好循環であったのとは，まさに正反対の事態が続いたのである．個人消費も民間企業設備投資も萎縮して，内需中心型成長は，あきらかに挫折した．

海外市場へ　国内市場の停滞は，海外市場への期待を大きくする．輸出額は，1990 年を 100 とすると，95 年は 100.2 であったが，2000 年は

表 17–4　商品特殊分類別輸出の構成　（1980～2010 年）

年	工業用原料	資本財	耐久消費財	非耐久消費財	その他	輸出合計額
1980	28.6	40.1	27.4	1.1	2.9	2938
85	20.5	46.5	29.9	1.1	2.0	4196
90	17.6	54.0	25.1	0.9	2.4	4146
95	18.4	61.6	16.5	0.8	2.7	4153
2000	17.4	60.2	17.4	0.7	4.2	5165
05	20.9	55.0	18.2	0.6	5.2	6566
10	25.0	52.7	14.9	0.7	6.7	6740

注：大蔵省（財務省）『外国貿易概況』による．工業原料は化学工業製品・金属・鉱物性燃料など，資本財は一般機械・電気機械・輸送機器など，耐久消費財は家電・乗用車など，非耐久消費財は繊維品など，その他は食料品など．輸出合計額にたいする%．輸出額の単位は 100 億円．

124.6 と伸びている（表 17–4 参照）．日本の輸出産業にとって，1990 年代前半の円高はかなりな障害であったが，95 年から 98 年前半までは円安傾向が続き，1 ドル＝140 円台まで下落したので，輸出は伸びた．その後は円高傾向であったが，アジア諸国の景気が回復したので，輸送用機器・一般機械・電気機器の中でも高付加価値製品の輸出が伸びた．

2000 年の日本の貿易の構造を 1970 年（表 15–8）と対比できるように整理すると表 17–3 のようになる．商品別では，1970 年に較べて，繊維収支が黒字から赤字に変わり，金属が赤字から黒字に変わり，燃料と食料品の赤字は拡大した．機械貿易は 1970 年も黒字ではあったが食料品・燃料・その他の赤字合計をカバーするほどの額ではなかった．しかし，2000 年の機械の黒字は，食料品・燃料・繊維・その他の赤字合計をはるかに上まわっていることがわかる．輸出構成比では，機械は 1970 年の 46.3% から 2000 年には 74.3% と圧倒的な割合を占めるに至った．地域別では，共産圏が解体して分類が変わったので比較しにくいが，アジアの割合が高くなり，北アメリカと地位が逆転したことが大きな特徴である．とくに輸入で，アジアの拡大と北アメリカの縮小が著しい．北アメリカ貿易と西ヨーロッパ貿易の黒字が大幅に拡大し，中南米貿易は赤字が黒字に変わっている．

輸出の軸になっている重化学工業製品を，工業用原料・資本財・耐久消費財に区分してみると，表 17–4 のようになる．工業用原料が構成比を低下させ，耐久消費財が 1980 年代前半に伸びるがその後は減退し，資本財が一貫して拡大していることが特徴である．

対米貿易の黒字拡大は，貿易摩擦を激化させた．アメリカは保護主義への傾斜を強め，1988年にはレーガン大統領が包括通商法の強化案に署名し，1989年には日本のスーパーコンピュータ，人工衛星，木材加工品への同法のスーパー301条適用を発表した．スーパー301条は，不公正な貿易慣行・関税障壁を持つ国を米国通商代表部USTRが認定してその撤廃交渉をおこない，改められない場合には報復措置をとることを規定していた．日本はUSTRとの日米構造問題協議に応じて，規制緩和に取り組むこととなった．

1995年にはGATTに代わる国際機構としてWTO世界貿易機関が発足し，自由貿易体制の維持がはかられたが，アメリカのように二国間交渉を重視する傾向も強まった．地域経済統合の動きも進み，1993年11月にはマーストリヒト条約が発効して欧州共同体ECは欧州連合EUに生まれ変わり，99年には単一通貨ユーロが誕生，2002年から流通を開始した．1994年には北米自由貿易協定NAFTAも誕生した．

製品輸出とともに資本輸出が急速に拡大した．1985年のプラザ合意以後の円高は，海外投資を大幅に増加させた．1985年には132億ドルであった直接投資額は，89年の680億ドルまで急拡大した．製造業では，1980年代前半に引き続いて貿易摩擦を回避する道として海外に生産拠点を設ける動きが目立った．自動車と電気機器産業の北米・欧州進出がその典型である．円高は，輸出品の競争力を低下させる一方，現地工場の建設コストを引き下げるから，現地生産のメリットは大きくなった．また，労賃コストの低い東南アジアに現地工場を建設して低付加価値製品を生産するための直接投資も増えた．

金融，保険，運輸，不動産などの分野での直接投資の増大も著しくなった．銀行は，海外進出企業への資金供給，海外証券投資，さらには海外での資金調達のために海外支店や現地法人を設けた．日本の金融機関の急激な対外進出は欧米の反発を招き，1988年には国際決済銀行BISの会議で自己資本規制が合意された．海外で活動する金融機関は総資産額の8%以上の自己資本を保有しなければならないというBIS規制は，自己資本比率の低い日本の銀行を牽制する狙いをこめていた．不動産ではニューヨークのビルやハワイのホテルなどの買い取りも盛んにおこなわれた．バブル崩壊後の1990年代には，金融・保険・不動産関係企業の北米・欧州からの撤退が目立つ反面，製造業を中心とし

表 17-5　産業別就業者の推移　(1980〜2000年)

		1980	1990	1995	2000
		1000人	1000人	1000人	1000人
総　　数		55, 778	61, 734	64, 182	63, 032
第1次産業		6, 130	4, 382	3, 845	3, 205
農　業		5, 498	3, 899	3, 456	2, 887
林業・漁業		632	483	389	317
第2次産業		18, 568	20, 516	20, 144	18, 594
鉱　業		113	66	59	46
建設業		5, 413	5, 906	6, 711	6, 346
製造業		13, 042	14, 544	13, 374	12, 202
第3次産業		30, 980	36, 470	39, 798	40, 472
卸売・小売・飲食店		12, 757	13, 832	14, 897	14, 494
金融・保険業		1, 578	1, 964	1, 991	1, 765
不動産業		436	707	728	761
運輸・通信業		3, 489	3, 658	3, 956	3, 965
電気・ガス・水道業		344	345	354	338
サービス業		10, 364	13, 894	15, 719	17, 006
公　　務		2, 013	2, 070	2, 152	2, 143
分類不能の産業		100	366	395	761
構成比(%)	総　　数	100. 0	100. 0	100. 0	100. 0
	第1次産業	11. 0	7. 1	6. 0	5. 1
	第2次産業	33. 3	33. 2	31. 4	29. 5
	第3次産業	55. 5	59. 1	62. 0	64. 2

注：『国勢調査報告』による.

た東アジアと中国への直接投資の拡大が進んだ．労賃コストの低さも誘因であり続けたが，そのうえにアジア地域の製品市場としての大きさ，あるいは潜在的成長力が重視されるようになった．アジアの生産拠点では，高付加価値製品の生産体制も整備され，製品は日本へ逆輸入され，欧米へ輸出されるようになった．日本の工場を閉鎖して，中国などに生産拠点を移す企業も現れて，国内産業の空洞化が懸念されるほどになった．

産業構造の変化

産業構造を就業者数から見ると，表 17-5 のように，第1次産業の減少と第3次産業の増加が続いている．1970 年には 1007 万人であった第1次産業就業者（前掲表 15-5）は 2000 年には3分の1の 320 万人になった．就業者数では増加していた第2次産業も，1990 年代には減少傾向を示し，サービス業を中心とする第3次産業就業者構成比が 2000 年には 64. 2% に達した．1920 年（前掲表 9-1）や 1950 年（表 15-5）と比べるとサービス経済化が著しいが，国際比較で見ると，表 17-6 のようにアメリカ・イギ

表 17-6　産業別人口構成の国際比較　(2000 年)

部　門	日　本	アメリカ	イギリス	ド イ ツ
	%	%	%	%
第 1 次産業	5.1	2.6	1.5	2.7
第 2 次産業	30.7	22.1	25.2	32.3
第 3 次産業	63.6	75.3	73.0	65.0

注：ILO, LABORSTA によって算出．就業者数の構成比．産業区分は表 9-1 と同じ．日本・イギリスは表記以外に分類不能分がある．

リスほどの高い比率にはなっていない．

製造業の構成を見ると，重化学工業関係の就業者数は，2000 年に 59.2% に達している（表 17-7，1〜9 小計）．1950 年の 43.8%（前掲表 15-6，ただし工業統計表ベースなので厳密にいえば不連続）から 20 世紀後半に一貫して重化学工業化は進んだわけである．重工業のなかでは鉄鋼など金属工業の比重は 1980 年以降は低下し，機械器具製造工業が拡大し続けている．とくに電気機械器具工業の伸びは目覚ましい．1980 年代中頃まではカラーテレビとビデオテープ・レコーダなどのエレクトロニクス家電が中心であったが，その後，コンピュータと半導体（とくに DRAM）が主役になり，民生用よりも産業用の機器・電子部品が著しく成長した．コンピュータ分野では，ソフトウエアは劣位にあったが，ハードウエアでの競争力は強かった．

しかし，1985 年以降の円高への対応策として，製造業の海外工場展開が盛んになり，国内の製造工業は大きく変化してきた．日本企業の海外現地法人が雇用する従業員数は，1991 年には約 236 万人であったが，2000 年には約 324 万人に増えた．製造工業では，表 17-7 に見るように，海外法人従業員数は，158.5 万人から 257.3 万人へと約 100 万人近く増加した．この間，製造工業国内就業者は 234 万人減少している．とくに，機械器具製造工業の国内就業者が 1990 年からの 10 年間で約 54 万人減少し，海外従業員が 63.7 万人増加していること，繊維・衣類関連工業でも国内で 75.9 万人減少し，海外で 4 万人増加しているのが目立つ．単純に関連づけることはできないが，海外への工場進出が，国内の雇用を減らしていることは間違いあるまい．

国内就業者にたいする海外従業員比率は，製造工業合計では，1991 年（国内就業者は 1990 年）の 10.9% から 2000 年には 21.1% へと増えている．比率

表 17-7 製造工業の構成と産業空洞化 (1980～2000 年)

	国内就業者数			海外法人従業員数		比 率	
	1980	1990	2000	1991	2000	1991	2000
1. 鉄 鋼	473	379	272	59	42	0. 156	0. 154
2. 非鉄金属	204	197	180	64	111	0. 325	0. 618
3. 金属製品	1, 306	1, 408	1, 080	33	55	0. 023	0. 051
(1～3 小 計)	1, 983	1, 984	1, 532	156	208	0. 079	0. 136
	15. 2	*13. 6*	*12. 6*	*9. 8*	*8. 1*		
4. 一般機械器具	1, 033	1, 239	1, 148	108	136	0. 087	0. 118
5. 電気機械器具	1, 551	2, 381	2, 082	511	845	0. 215	0. 406
6. 輸送機械器具	968	1, 098	1, 029	297	543	0. 270	0. 528
7. 精密機械器具	345	366	287	41	70	0. 112	0. 244
(4～7 小 計)	3, 897	5, 084	4, 545	957	1, 594	0. 188	0. 351
	29. 9	*35. 0*	*37. 3*	*60. 4*	*61. 9*		
8. 化 学	554	634	551	79	129	0. 125	0. 234
9. 石油・石炭・ゴム製品	736	754	591	71	166	0. 094	0. 281
パルプ・紙・紙加工品							
(1～9 小 計)	7, 170	8, 456	7, 219	1, 263	2, 097	0. 149	0. 29
	55. 0	*58. 1*	*59. 2*	*79. 7*	*81. 5*		
10. 窯業・土石	611	576	455	43	80	0. 075	0. 176
11. 繊維・衣服	1, 870	1, 707	948	155	198	0. 091	0. 209
12. 木材・家具	770	637	448	15	20	0. 024	0. 045
13. 食料品	1, 147	1, 391	1, 425	52	108	0. 037	0. 076
14. 印刷・出版	695	832	779	7	8	0. 008	0. 01
15. そ の 他	778	945	928	49	64	0. 052	0. 069
合 計	13, 042	14, 544	12, 202	1, 585	2, 573	0. 109	0. 211

注：国内就業者数は『国勢調査報告』，海外法人従業員数は，日本企業の海外の現地法人が雇用する従業員数で，東洋経済新報社『海外進出企業総覧』1992, 2001 年版による．単位は 1000 人．比率は，国内就業者数を 1 としたときの比率．1991 年の比率は 1991 年の海外法人従業員数を 1990 年の国内就業者数で割った値．小計欄下のイタリック数値は合計を 100 とする構成比．

の増加が大きいのは，非鉄金属，輸送機械器具，電気機械器具，繊維・衣服などの分野である．産業の空洞化は進みつつあるといえよう．

経済政策の効果

バブル崩壊後の不況にたいして，政府は，前に述べた金融システムの救済・再編成政策とともに，景気回復政策を積極的に実施した．金融政策では 1991 年 7 月から公定歩合の引き下げがおこなわれた（前出）．財政政策では，92 年 4 月の公共事業の前倒しなどを柱とする緊急経済対策にはじまり，同年 8 月の総合経済対策（宮沢喜一内閣，総額 10. 7 兆円），93 年 4 月の総合経済対策（同内閣，総額 13. 2 兆円），同年 9 月の緊急経済対策（細川護熙内閣，総額 6. 2 兆円），94 年 2 月の総合経済対策（同内閣，総額15.25兆円）がとられた．これらは，公共事業拡大を軸とする政策であったが，94年の総合対策には5.85兆円の所得税・住民税減税も盛り込まれた．財政規模（一般会計歳出決算額）は，1995年度には76兆円近くに拡大した（前掲表15-9参照）．

大規模な財政出動で景気は回復に向かったが，1995年4月の1ドル＝79.75円（19日中）まで円高が進んだので，政府（村山富市内閣）は95年5月に阪神淡路大震災復興費と円高対策費を含む補正予算（総額2.72兆円）を組んだほか，緊急円高対策を実施した．同年9月には，公共事業費7兆円追加を含む当面の経済対策（村山内閣，総額14.22兆円）を策定した．1996年1月に誕生した橋本龍太郎内閣は，景気が回復局面にあるなかで，構造改革路線を選び，財政再建（財政赤字GDP 3％以内）を目指して，消費税引き上げ・減税打ち切り，公共投資計画の縮減，医療費患者負担の引き上げなどの緊縮的な財政政策を採った．この緊縮政策は景気に悪影響を及ぼし，おりからのアジア通貨危機（97年7月タイ・バーツ暴落から）も重なって日本経済は再び不況に沈んだ．

橋本内閣も，1997年暮には，財政構造改革を一時棚上げにして，2兆円の特別減税を含む補正予算を提案し，翌98年4月には16.65兆円という戦後最大規模の総合経済対策を決定した．同年7月の参議院選挙で自民党は惨敗し，内閣は，小渕恵三首相のもとで，蔵相宮沢喜一・経済企画庁長官堺屋太一という経済政策重視の布陣に替わった．宮沢蔵相には，「平成の高橋是清」との期待が寄せられたが，円高が再び進むなかで，有効な政策を打ち出すことはできなかった．財政規模（一般会計歳出決算額）は，2000年度には89.3兆円に拡大したが，国債費が24％の割合を占め，財政の硬直状態は一層悪化した（前掲表15-9参照）．景気はひとまず1999年1月に底打ちしたが，好況感は出ないままに，2000年12月から再び不況局面に陥った．2001年3月には，森喜朗内閣が，「日本経済は緩やかなデフレにある」というデフレ宣言を出した．これに応じて，日本銀行は，金融調節の方法を金利から日銀当座預金残高に切り替えて，市中銀行の資金量を増やすために国債買い入れ額を増加させる量的金融緩和政策を採用し，ゼロ金利政策に戻った．

新しい動き

構造改革 小渕内閣のあとを継いだ森喜朗内閣が不人気で退陣したあと，2001年4月に小泉純一郎内閣が登場した．小泉首相は，就任談話で「構造改革なくして景気回復なし」との認識に基づいて「聖域なき構造改革」に取り組む決意を表明した．5月の国会演説では，経済・財政構造改革として，不良債権の最終処理，競争的経済システム作り，財政健全化の3つを目標として掲げ，「民間にできることは民間に，地方にできることは地方に」という行政構造改革を実現すると述べた．小泉首相は，これまでの景気政策重視にかわって構造改革を重視する観点からの新しい政策路線を打ち出したのである．

バブル崩壊後の長い平成不況のなかで，政府はつぎつぎと大型の景気対策を実施してきたが，その効果は薄く，日本経済の再生には失敗してきた．失敗の原因としては，政策のタイミングの悪さなどもあったが，やはり，従来の公共事業中心の景気政策が有効性を失うような経済状況の変化が進行していたためと見ることができる．

この変化の内実は，大きく見れば第1章で触れたような資本主義の第3の変質期への移行がはじまったことといって良かろう．高度経済成長が，いわゆる重厚長大型の重化学工業を基軸産業として展開されたのにたいして，1980年代以降は，いわば軽薄短小型のマイクロエレクトロニクスやファインケミカルズ，バイオインダストリーなどが主役として登場してきて，IT革命とよばれる技術革新が進みはじめた．あるいは，社会主義圏が解体して資本主義的市場経済が世界的に拡大し，発展途上国が工業化を進めて低コストでIT関連製品などを供給するようになって，グローバリゼーションが進んだ．商品・資金・情報は，まさにグローバルに移動するようになり，従来の産業立地・工場立地は最適とはいえない立地条件の変化が起こった．

このような産業構造・市場構造・立地条件の変化の時代に，公共事業中心の景気政策は効果が薄くなって当然である．さらに，日本の公共事業の実施計画は，地域利益代表型・業界利権密着型の政治家とセクショナリズムに凝り固まった官僚によって決定されていた．これでは，新しい時代に対応するインフラストラクチャ整備のための公共投資がおこなわれる保証はない．旧来の公共投資は，景気政策としての効果ばかりでなく将来の経済効果さえも失いつつあった．このような状況を考えると，小泉内閣が構造改革を重視することには合理性があると言えよう．

構造改革路線は，政府規制の緩和（ディレギュレーション）や国営事業の民営化（プライバタイゼーション）によって競争的経済システムを再構築しようとする点で，資本主義の第3変質期の特徴と合致している．それは，すでに1982年の中曾根内閣時代から現れてきた政策路線を継承したものといえる．中曾根内閣は，臨時行政調査会（1980年12月設置，会長土光敏夫経団連名誉会長）の答申に沿って，3公社などの民営化を決定した（1985年日本専売公社，日本たばこ産業㈱に改組．同年日本電信電話公社，日本電信電話㈱に改組．1987年日本国有鉄道解体，JR 7社設立．同年日本航空㈱民営化）．

小泉内閣の構造改革は，社会保障制度改革，公的事業改革，規制緩和を柱とした．社会保障制度に関しては，年金制度改革が先行して実施された．国民年金法等改正法（2004年6月）は，厚生年金・国民年金の保険料率の引き上げ，厚生年金の給付水準の引き下げを骨子としたもので，少子高齢化に対応して年金制度を維持することを狙いとしていた．

公的事業改革は，国営事業（郵政事業，大学，病院）の民営化・独立行政法人化と，特殊法人などの廃止・改組の2つが主な内容であった．

郵政事業については，中央省庁等改革基本法（1998年公布，2001年実施）によって総務省の外局として設けられた郵政事業庁が，民営化しないことを前提としながら2003年に日本郵政公社に移行したが，小泉首相は民営化に路線を転換した．2005年4月に国会に提出された郵政民営化法案が参議院で否決されると，小泉首相は衆議院の解散，総選挙の道を選択した．郵政民営化を争点とした9月の総選挙では，自由民主党が295議席を獲得して大勝し，郵政民営化関連法案は10月に可決成立した．これによって2007年10月に，日本郵政公社は，日本郵政㈱を持株会社とする，郵便事業㈱，㈱ゆうちょ銀行，㈱かんぽ生命保険，郵便局㈱の4社に分割民営化されることとなった．

国立大学と国立病院の独立行政法人化は，2004年に実行された．簡易保険福祉事業団・石油公団などの廃止，道路4公団・電源開発・JR 3社（東日本・西日本・東海）・帝都高速度交通営団などの民営化（一部は完全民営化），国民生活センター・日本貿易振興会・住宅金融公庫などの独立行政法人化，国民生活金融公庫など政策金融機関8法人の組織形態見直しがおこなわれた．

民営化路線の選択自体は，世界的な流れに沿うものではあるが，「プライバタイゼーション」の経済効果は，まだ，世界的にも評価が確定されてはいない．

規制緩和政策は，多面的に進められた．陸運規制緩和（タクシー・バス・トラック営業への新規参入規制緩和），電力自由化（特定規模電気事業者PPSの供給対象規模制限の緩和），電気通信事業の開放（許可制を登録・届出制に），労働者派遣法改正（製造業務への派遣解禁）などが代表的な例である．労働者派遣法改正は，非正規雇用者の急増と所得格差の拡大を招くこととなった（第18章参照）．全国一律の規制緩和が難しい事項への対応策として構造改革特区の設置が考案され，2002年から実施に移された．

構造改革に関しては，アメリカとの関係に注目する必要がある．アメリカとの経済摩擦をめぐる交渉は，1997年から規制緩和及び競争政策に関するイニシアティブに替わった．橋本，小渕，森の3内閣で規制緩和対話が続けられ，2001年6月の小泉・ブッシュ会談で，日米規制改革及び競争政策イニシアティブが開始された．2001年10月のアメリカの年次改革要望書は，「改革なくして成長なし」の原則に勇気づけられたと小泉改革を歓迎することを表明し，2003年10月の年次改革要望書は，郵政公社の民営化などは，競争を促進し資源の生産的な活用をもたらすと評価した．

このように構造改革とくに郵政民営化については，アメリカ政府がそれを強く要望していた．民営化の方向は，まさに，アメリカの利害と一致するものであったことを見逃すことはできない．

金融再生と産業再生　小泉内閣は，構造改革政策を進めると同時に，不良債権債務関係の整理，金融再生と産業再生に力を入れた．

2001年6月に閣議決定した基本方針，いわゆる「骨太の方針」の具体化のために，「金融再生プログラム」とその「作業工程表」が策定されて，銀行の資産査定の厳格化と早期是正措置の適用による不良債務処理，中小企業金融の円滑化の措置が実行された．全国銀行の不良債権（金融再生法開示債権）は，2002年3月末の43.2兆円から，2004年9月末の23.8兆円へとほぼ半減し，不良債権比率も8.4％から5.3％へと改善された．この間，2003年には，りそなホールディングスへの公的資金注入による実質国有化のような事態も発生し，大銀行の財務基盤も弱体であることが明らかになった．

産業再生に関しては，1999年公布の産業再生法（産業活力再生特別措置法）の改正が2003年におこなわれ，過剰供給構造の解消支援，過剰債務企業の再生支援が策定され，産業再生機構（2007年3月解散）が新設された．産業再生機構は，中小企業の再生ばかりでなく，大手総合スーパー，ダイエーの再生も手がけることとなり，整理回収機構とともに，産業再生の実働機関として活動した．

小泉内閣は，財政再建を政策目標のひとつに掲げており，財政面からの景気刺激政策は採らない姿勢をとった．小泉内閣によって編成された2002年度予算は前年度とくらべて一般会計歳出総額で1.7％，一般歳出で2.3％の減少となり，国債発行額も公約の30兆円に抑えられた．しかし，2003年度以降は，歳出は再び拡大気味になり，国債発行も2003年度，2004年度と35兆円を超えた．1990年代に現れたような財政膨張の勢いは抑えられているが，社会保障関係費の増加と国債費の拡大は続くから，歳出の縮減は難しかった．政府債務（国債・借入金）残高は，2001年6月末の557.2兆円から2006年6月末には827.8兆円へと増加し，対GDP比率は112％から163％に拡大した．財政健全化政策は，成果を挙げることはできなかったと見るべきであろう．

景気対策として財政出動が禁じ手となるなかで，金融緩和政策は続けられ，記録的な低金利水準が維持され，量的緩和政策によってベースマネーは拡大した．しかし，資金需要自体が低迷する状況では，資金は国債消化に向かう傾向が強く，マネーサプライ（M2＋CD）の伸びは鈍く，金融政策の景気刺激効果は薄かった．低金利の持続は，金融機関の健全化には有効であったが，その裏側では，家計部門への利子配分を極端に低減させて消費支出を低迷させる原因のひとつにもなった．金融資産から生じる所得の配分を歪めたことは，一面では景気回復にマイナスの影響をもたらしたのである．

企業システムの変容　長い不況のなかで，日本の企業経営にも変化が生じてきた．低成長時代の日本の良好な経済的パフォーマンスを支えていた日本的経営「会社主義」を改造しようという動きである．コスト削減が至上命令となって，終身雇用制を維持することが困難になり，希望退職のかたちで人員整理をおこなう企業が目立ち，人員整理はしなくても正規労働者の新規採用を抑えてパートタイム労働者や派遣社員に切り替える企業が増えた．おなじく，年功序列型賃金体系を能率給体系に置き換えたり，年俸制を採用する企業も多くなった．労働者の企業への積極的な協力を調達するシステムとして機能してきた日本的労資関係を変えることが，日本的生産方式を支えた労働者の技能と協力的態度に悪い影響をもたらす可能性も大きい．

企業の統治方法（コーポレート・ガバナンス）にも変化が生まれた．これまでは，企業の内部競争を通して役員の座についた経営者が，株主からの自立性が強い企業運営（株式配当より企業成長を重視）をおこない，その適否を資本グループやメイン・バンクが監視するという統治方法が一般的であった．しかし，不況下では，収益性の観点から株式の相互持ち合いの見直しがおこなわれ，株式持ち合い関係を解消する動きが現れて，資本グループの監視は弱まり，一般株主の監視が強まる傾向になった．アメリカの場合を見習いながら，株主による監視強化が望ましいとする見方も強くなりつつある．

商法改正で株主の提案権が認められ（1981年），株主代表訴訟が容易となったり（1993年，ただし，2001年改正で取締役の責任額に上限を設定），日本企業への外国人投資が増えて株主権の主張が強くなってくる状況にもなってきた．株主の利益を重視し，株主によるモニタリングを強化し，株主総会で選任される取締役とは別に，企業運営に責任を負う執行役員（最高執行責任者CEO，最高財務責任者CFO，執行役員）を設けたり，社外取締役を選任して外部からのモニタリングを受ける企業も増える傾向にある．

また，金融機関の経営悪化・再編成のなかでは，メイン・バンク制も変化してきた．メイン・バンク制は，第2次大戦期の戦時金融統制にはじまる日本的な銀行・企業関係で，間接金融（金融機関を媒介にする資金調達）が優位の時代には，メイン・バンクの役割（204–5ページ参照）は大きかったが，エクイティ・ファイナンスなど直接金融による資金調達が拡大するとともに，メイン・バンクの必要性は薄れてきた．また，メイン・バンクも，体力の弱化もあって，企業への融資の「最後の拠り所」の役割を果たさずに，経営の悪化した関係企業を倒産させる場合も目立ってきた．メイン・バンクにモニター（監視）されるコーポレート・ガバナンスは，変わらざるを得なくなった．

さらに，商法や有限会社法などを統合して2006年5月から施行された会社法では，内部監査に関する規則が強化され，金融商品取引法（証券取引法の改正法，2007年9月施行）では，内部統制の整備状況や有効性を評価した内部統制報告書を経営者が作成し公認会計士がそれを監査する仕組みが定められた．企業の法令遵守（コンプライアンス）が求められ，また，企業活動が社会に与える影響を重視して，企業の社会的責任CSRを問う傾向も強まり，企業は，単に利益の最大化の実現を目的とするだけでは済まない時代に入った．

企業間関係では，長期相対取引（216ページ参照）が崩れてきた．親企業と下請け企業の関係では，固定的な取引関係が見直されて，親会社が他社との取引を開始したり，下請け企業に独自の販路開拓が奨励されたりするようになった．一般取引でも，標準部品などについては購入価格や品質・納期などが最も適当な供給者を広く国際市場から選択する「世界最適調達」が，インターネットを活用しておこなわれる場合が増えてきた．

このように，日本的経営方式は，大きな改造を迫られることとなった．短期的利潤追求型のアメリカ的経営方式を，グローバル・スタンダードと評価して，その採用が望ましいと考える風潮が現れた．グローバリズムの時代となり，グローバル・コンペティション，メガ・コンペティションのなかで日本企業が生き抜くためには，企業経営の構造改革は必要であったが，業績を最優先とする成果主義がもたらす弊害の発生も避けられなかった．

18 | 景気回復から世界金融危機へ

緩慢な景気回復

最長の景気上昇

日本経済が，長く続いた平成不況から抜け出したのは，2002年2月にはじまる第14循環の拡張局面からであった．この拡張局面は，2008年2月まで73カ月も続き，それまで戦後最長だったいざなぎ景気の57カ月を超えた．いざなみ景気と名付ける新聞もあったが，経済財政担当大臣がダラダラ陽炎（かげろう）景気と呼んだように，いざなぎ景気のような力強さはなく，景気高揚感を欠いたまま緩慢な景気回復が続いた．この景気回復を小泉首相の「構造改革なくして景気回復なし」との主張の実現と見ることはできるであろうか．

2001年から07年までの6年間で，国内総生産（実質値）の平均年間増加率は1.8%であった．国内総支出（実質値）の項目別では，民間消費支出と政府消費支出がそれぞれ年率1.3%，1.7%伸びたが，固定資本形成は，民間企業設備投資が3.1%の伸びを示したものの公的固定資本形成と民間住宅建築が減少して全体では0.2%のマイナスとなった（表18-1）．これに比べて，輸出は，この間に年率9.3%という高い増加を実現し，63%という最大の寄与率（2001年に較べての07年の国内総支出増加分に対する輸出増加分の割合）を示した．民間消費支出の寄与率は40%，民間企業設備投資のそれは25%であったから，73カ月の長期景気を支えた主役は，輸出の拡大であった（GDP実額と構成比の推移については後掲図19-2を参照）．「構造改革」が景気回復をもたらしたと評価することはできない．

2002年2月からの景気回復をもたらした前提要因のひとつは，バブル崩壊

表 18-1　国内総支出の増減率　(1999～2010 年)

	1999→2001 年	2001→07 年	2007→09 年	2009→10 年
	%	%	%	%
民間最終消費支出	1.2	1.3	△1.3	1.8
政府最終消費支出	3.7	1.7	1.7	2.3
国内固定資本形成	0.1	△0.2	△7.9	△0.0
民間企業設備	4.4	3.1	△9.4	2.1
民間住宅	△2.3	△2.4	△11.1	△6.3
公的固定資本形成	△6.5	△8.0	0.5	△3.4
在庫品増加	＊1	42.3	＊2	＊3
輸出	2.4	9.3	△12.1	23.9
輸入（控除）	4.8	4.1	△7.8	9.7
国内総支出	1.5	1.8	△3.8	4.0

注：表示期間中の平均年間増減率．＊1 はマイナスからプラスへ、＊2 はプラスからマイナスへの変化，＊3 はマイナスの減少（減少率は 72.2%）．内閣府経済社会総合研究所『国民経済計算』国内総生産（支出側）の実質値（2000 年基準・暦年）により算出．

の後遺症だった金融機関の機能障害が，公的資金投入と超低金利政策によって解消したことであった．小泉内閣時代に「金融再生プログラム」による不良債権の処理が進み，その後，2007 年 9 月末には，全国銀行の不良債権（金融再生法開示債権）は 11.8 兆円（2004 年 9 月末，23.8 兆円），不良債権比率は 2.5%（同，5.3%）に減少した．主要銀行（都市銀行・信託銀行 9 行）に限れば，2002 年 3 月末の不良債権 26.8 兆円が 2006 年 3 月末には 4.6 兆円に減少し，不良債権比率は 8.4% から 1.8% となって不良債権処理は事実上完了した．

景気回復とともに，企業利益率（売上高経常利益率）は図 18-1 のように，2001 年度の 2.1% から上昇して 2006 年度には高度成長期にも実現できなかった 3.5% という高水準に達した．ところが，民間設備投資（名目値）は，2007 年でも 80.2 兆円で，バブル崩壊直後の 1991 年前後よりも低い水準にしか達していない．平成不況の時期にリストラを進めて過剰能力を処理した企業は，国内消費の回復力が弱いために，増強投資には消極的であった．一方，海外事業の拡張のために海外投資を進める経営戦略や，負債を返済してキャッシュフローを充実させる不況対応型財務戦略を選択する傾向も続いた．

民間消費支出の伸びの低さは，所得面から見た雇用者報酬の動向によるところが大きい．雇用者報酬（名目値）は，バブル崩壊後も 1997 年までは増加を続けて 279 兆円に達したが，その後は減少傾向に入り，2004 年には 256.5 兆円にまで低下した．2006 年には 263.7 兆円に回復したものの，07 年からはふたたび低下傾向となり，長く続く好況局面のなかでは，異常ともいうべき低い

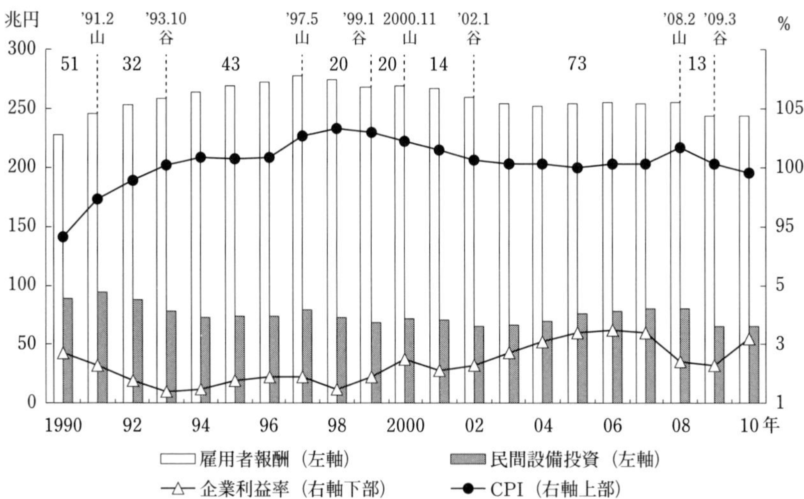

注：雇用者報酬・民間設備投資は名目値で，内閣府『国民経済計算年報』による．企業利益率は，売上高経常利益率で，財務省『法人企業統計年報』による年度数値．CPI（消費者物価指数）は2005年＝100で，総務省統計局「消費者物価指数月報」による．景気の山・谷の日付の間の数字は，継続期間（月数）

図18-1　経済指標の推移（1990〜2010年）

水準に低迷していた．

2002年からの景気回復局面のもうひとつの特徴は，図18-1に見るように消費者物価指数CPIが低下傾向を示したことである．これも雇用者報酬の減少，購買力の低下がもたらした結果と考えることができる．

労働力構成の変化　雇用者報酬の低迷は，労働力の構成に生じた変化と関連している（表18-2）．労働力人口（就業者・完全失業者の合計）は，2000年をピークに2010年代初めにかけて減少傾向に入っており，これは少子化にともなって15歳以上人口の増加率が低下したことを反映している．出生率低下による労働力人口の減少は，これまでの経済成長を支えてきた大きな要因のひとつが失われたことを意味している．

就業者のなかの雇用者（役員は含まない）の数は，緩やかに増加しているが，このうち，非正規雇用者の数は急速に増加し続けて，雇用者のなかに占める割合は，2000年の26%から2010年の34.4%に高まった．非正規雇用者と正規雇用者の賃金格差は大きい（2010年時点で一般男女労働者を100としたパートタイム労働者の1時間当り所定内給与額は男性で54.7，女性で70.1である．

表 18-2 労働力の状況 (1990～2020 年)

年	15 歳以上人口	労働力人口	雇用者総数	非正規雇用者	パート・アルバイト	派遣・契約社員他	雇用者総数に対する割合	完全失業者	完全失業率
	万人	万人	万人	万人	万人	万人	%	万人	%
1990	10,089	6,384	4,369	881	710	171	20.2	134	2.1
1995	10,510	6,666	4,780	1,001	825	176	20.9	210	3.2
2000	10,836	6,766	4,903	1,273	1,078	194	26.0	320	4.7
2005	11,008	6,651	5,008	1,634	1,120	514	32.6	294	4.4
2010	11,111	6,632	5,138	1,763	1,196	567	34.4	334	5.1
2015	11,110	6,625	5,303	1,986	1,370	617	37.5	222	3.4
2016	11,111	6,673	5,391	2,023	1,403	620	37.5	208	3.1
2017	11,108	6,720	5,460	2,036	1,414	623	37.3	190	2.8
2018	11,101	6,830	5,596	2,120	1,490	630	37.9	166	2.4
2019	11,092	6,886	5,660	2,165	1,519	646	38.3	162	2.4
2020	11,080	6,868	5,620	2,090	1,473	618	37.2	191	2.8

注：総務省統計局「労働力調査　長期時系列データ」による．年平均数値．ただし，2000 年までの雇用者総数・非正規雇用者は厚生労働省『平成 22 年版　労働経済の分析』による．2002 年に調査票改訂があり，パート等と派遣等の数値に不連続が生じた可能性がある．雇用者総数は役員を含まない数値．

厚生労働省「賃金構造基本統計調査」による）から，非正規雇用者比率の増加が雇用者報酬の低迷の大きな原因のひとつであったと推定できる．

非正規雇用者の内訳を見ると，パート・アルバイト従業者は 1100 万人前後であるのに対して，派遣・契約社員などは増加が著しい．とくに，2004 年 3 月に製造業務への人材派遣が解禁されてからは，2003 年の 415 万人から 2008 年の 610 万人と 5 年間で 50% 近い増加となっている．また，失業率も 2002 年からの好況局面でも 5.4%～4.1% と高い水準であった．

このような労働力構成の変化は，雇用者報酬の低迷をもたらすと同時に国民所得の分配にも影響を及ぼしている．厚生労働省の調査で所得分配の状態を示すジニ係数を見ると，図 18-2 のようになる．1970 年代まではジニ係数は低下して所得格差は縮小する方向であったが，80 年代に入るとジニ係数は上昇に転じて所得格差は拡大に向かっている．課税と社会保障給付を加味した数値ではジニ係数の上昇が抑えられて所得再配分政策の効果が示されているが，当初所得の分配では不平等化が進んでいる．人口高齢化とともに，低所得高齢者が増えるから，ジニ係数の上昇が生じるのは当然ではあるが，非正規雇用者の増加と失業率の高どまりが，所得格差の拡大を招いていることも間違いなかろう．

非正規雇用者の増加が雇用者報酬の減少をもたらして民間消費支出を抑制す

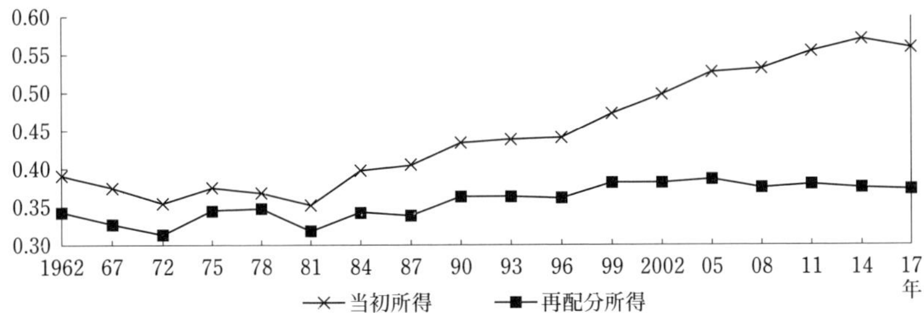

注：厚生省（厚生労働省）『所得再配分調査』のジニ係数．再配分所得は当初所得から税金・社会保険料をマイナスし，社会保障給付（医療費など）を加えた額．全国の無作為抽出された500単位区内の全世帯（住み込み・寮寄宿舎に居住する単独世帯は除く）の面接調査の結果．1975年以前の当初所得は私的給付（退職金・生命保険金など）を含む．ジニ係数が1に近いほど所得格差が大きい．

図 18-2　所得格差の拡大（1962〜2017年）

る結果を招いたのであるから，1985年制定以来の労働者派遣法の対象業種拡大によって続けられた規制緩和，構造改革は，日本経済の成長を促進したのではなく，むしろ停滞の一因となったと見るべきである．

市場の構造変化　日本経済の市場構造は，平成不況を経て大きな変化を遂げつつある．国内総支出（実質値）データを用いて需要（国内需要＋輸出）の構成比を見ると，表18-3のように，国内最終消費の構成比は，1990年の64.4%から2010年には68.5%に拡大したが，このうち民間消費支出の構成比は51%ほどで変化はなく，政府消費支出の構成比がこの間に4%ポイントも伸びている．民間消費支出の伸び悩みは，所得低迷によるほかに，消費拡大を牽引してきた耐久消費財の普及率が高まって新規需要の伸びが鈍ったことによるものと考えられる．新しい耐久消費財として，ハイブリッド乗用車，薄型液晶パネルテレビ，省エネ家電，第3世代移動通信機器などが登場したが，既存機器の上級品的性格の商品であり需要開拓力に限界があった．

政府消費支出は，医療など社会給付の伸びを反映して高齢化社会の進行とともに年々拡大を続け1995年から民間企業設備投資を超える規模となっている．政府消費支出の拡大で，国内需要に占める公的需要の割合は，1990年の20.4%から，2000年の24.1%，2010年の23.8%へと上昇した．

国内固定資本形成の構成比は，1990年の27.8%から2010年には17.6%に縮小した．民間企業設備投資は16.6%から12.3%へと4.3%ポイント減少し，民間住宅建築は3.2%ポイント，公的固定資本形成は2.6%ポイントの減少で

表 18-3　市場の構造変化　　(1990・2000・2010 年)

	1990 年	2000 年	2010 年
	%	%	%
国内最終消費	64.4	66.7	68.5
民間最終消費支出	51.4	51.3	51.4
政府最終消費支出	13.0	15.4	17.1
国内固定資本形成	27.8	23.0	17.6
民間企業設備	16.6	13.0	12.3
民間住宅	5.3	3.7	2.1
公的固定資本形成	5.9	6.2	3.3
在庫品増加	0.4	0.3	△0.2
国内需要	92.7	90.0	86.0
輸出	7.3	10.0	14.0
需要総額（国内需要＋輸出）	100.0	100.0	100.0
需要総額に対する輸入の比率	7.0	8.7	9.6
国内総支出（実質：1 兆円）	447.4	503.1	539.9

注：内閣府経済社会総合研究所『国民経済計算』の国内総生産（支出側）の実質値（2000 年基準・暦年）により算出.

あった．民間住宅建築戸数は，1990 年度の 166.5 万戸から 2010 年度の 81.9 万戸へ一貫して減少している．国勢調査によると，2 人以上世帯の増加率は傾向的に下がってきており，少子化社会の進行が住宅建築戸数の減少に反映している．世帯数増加にともなった住宅新築が，耐久消費財の需要拡大を牽引した時代に比べると，1990 年代以降の民間消費支出の低迷は当然ともいえよう．

公的固定資本形成の減少は，財政赤字を抱えた中央・地方政府が公共投資を抑制した結果であることはいうまでもない．政府の建設投資額（2005 年基準実質値）は，1995 年度まで増加の一途を辿って 34.7 兆円に達したが，99 年度以降は急減して 2007 年度に 16.2 兆円まで落ち込んでから横ばいになった．こうして，在庫品増減を加えた国内需要は，1990 年から 2010 年の間に構成比を 6.7% ポイントほど低下させている．これに代わって輸出は，構成比を 7.3% から 14% へと大幅に拡大させた．輸出依存度（輸出／GDP 比率）は，2001 年の 10.2% から急上昇して 07 年には 17.5% と第 2 次大戦後で最高の水準に達した．これは，第 1 次大戦時と 1935 年前後の時期に次ぐ極めて高い値である．

表 18-4　経済成長率の国際比較　（1990・1995・2000～10 年）

	日本	中国	台湾	韓国	シンガポール	ブラジル	ロシア	インド	米国	ドイツ
	%	%	%	%	%	%	%	%	%	%
1990–95	1.4	11.2	7.2	7.9	9.0	3.1	△9.1	5.1	2.5	2.2
1995–2000	1.0	7.9	5.2	5.2	6.4	2.0	1.6	5.8	4.3	2.0
2000	2.8	8.4	5.8	8.8	10.1	4.3	10.0	4.0	4.2	3.2
01	0.2	7.6	△1.7	4.0	△2.4	1.3	5.1	5.2	1.1	1.2
02	0.3	8.5	5.3	7.2	4.2	2.7	4.7	3.8	1.8	0.0
03	1.4	9.5	3.7	2.8	3.8	1.1	7.3	8.4	2.5	△0.2
04	2.7	10.1	6.2	4.6	9.2	5.7	7.2	8.3	3.6	1.2
05	1.9	11.0	4.7	4.0	7.6	3.2	6.4	9.3	3.1	0.8
06	2.0	12.3	5.4	5.2	8.7	4.0	7.7	9.4	2.7	3.4
07	2.4	13.7	6.0	5.1	8.2	6.1	8.1	9.6	2.1	2.7
08	△1.2	9.2	0.7	2.3	1.4	5.1	5.6	5.1	0.4	1.0
09	△5.2	8.4	△1.9	0.2	△2.0	△0.2	△7.9	7.7	△2.6	△4.7
10	4.2	10.3	5.4	6.8	14.5	7.5	4.5	8.5	2.6	4.2

注：実質国内総生産（2005 年米ドル基準価格）の増加率（5 年間平均と対前年）．中国には香港・マカオを含む．台湾（IMF 統計）以外は国連統計による．表 17-1 とは基準値が異なるので連続しない．

国際環境の変化

後発国の高成長

日本経済の大きな構造変化は，国際環境の変化との関連で生じた面が大きい．1990 年前後のヨーロッパ社会主義圏崩壊と 92 年から本格化した中国の改革開放政策によって，旧社会主義圏の市場経済化が進んだ．そして，アジア NIEs（韓国・台湾・香港・シンガポール）に続いて，BRICs（ブラジル・ロシア・インド・中国）が急速な経済成長軌道に乗った．表 18-4 が後発国の成長ぶりを示している．中国（香港・マカオを含む）は，1990 年代前半に 11.2% 成長を遂げ，2000 年以降はおおむね 8～13% 台という驚異的な成長を続けている．韓国・台湾・シンガポールは，1990 年代前半に 7～9% の成長を実現したが，1997 年のアジア通貨危機で打撃を受け，2000 年代にはシンガポールを除いて成長率を 5% 前後に低下させた．ブラジル・ロシア・インドは 1990 年代に比べて 2000 年代には比較的高い成長率を示している．

BRICs 4 国の国内総生産合計（米ドル表示）は，1990 年でアメリカの 0.31 倍，日本の 0.64 倍であったが，2001 年からの急成長で，2004 年には日本を超

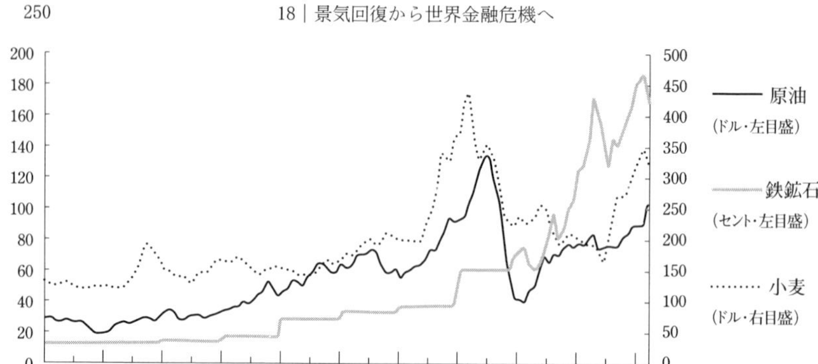

注：原油はWTIスポット価格（1バレル当たりドル），鉄鉱石はブラジル産・欧州向け契約価格（DMTU：1トンの鉄分含有量1%当りセント），小麦は米国産ハード・レッド・ウインター・米国メキシコ湾積み価格（1トン当りドル）．経済産業省『通商白書』による．原資料はIMF調べ．

図18-3　資源価格の推移（2001年1月〜2011年3月）

え，2009年にはアメリカの0.53倍，日本の1.53倍に達した．中国は，2010年には日本を超えて世界第2位の経済大国となった．

資源価格の高騰　後発国の経済成長は，世界経済にさまざまな影響を及ぼしたが，なかでも，資源価格の高騰を招く大きな要因となったことを見逃すことはできない．国際市場で流通する資源価格の動向を，原油・鉄鉱石・小麦を例にして見ると図18-3のようになる．

原油価格は第2次オイルショック（1979年）で高騰した後，1987年頃から下落傾向を示していた．ところが，2000年代に入ると価格は上昇に転じ，03年からは急騰しはじめ，05年からは暴騰とも呼べる高値となった．2008年のリーマン・ショックで暴落したが，09年には07年頃の高値に戻った．小麦価格は，2005年までは安定していたが，06年から高騰して08年春にピークに達し，リーマン・ショックによる暴落後，10年夏からふたたび高騰した．

鉄鉱石価格は，大手鉄鋼会社と大手鉱山会社の年間契約価格取引に他社が追随するというベンチマーク方式が続いており，2005年頃から契約価格の大幅な引き上げが始まった．2009年頃からは，スポット物の価格を反映させた取引がおこなわれるようになり，価格は急騰した．この背景には，供給者が大資源会社3社に集中したことと，中国の鉄鋼会社がベンチマーク方式を忌避したことがあった．中国の鉄鋼生産量（粗鋼）は，2000年で世界総生産量の

表 18-5　貿易の構造　(2010 年)

地域	輸出入収支								構成比	
	食料品	繊維	機械	金属	化学品	燃料	その他	合計	輸出	輸入
	100 億円	100 億円	100 億円	100 億円	100 億円	100 億円	100 億円	100 億円	%	%
アジア	△ 144.1	△ 222.7	909.8	265.9	336.1	△ 238.1	124.7	1031.6	56.1	45.3
中東	△ 0.3	2.8	178.9	10.5	△ 0.9	△ 1018.8	10.8	△ 817.0	3.3	17.1
西ヨーロッパ	△ 54.1	△ 9.2	320.9	△ 8.1	△ 136.4	1.7	43.8	158.5	11.9	10.6
北アメリカ	△ 157.2	1.2	621.0	△ 29.3	△ 40.8	△ 26.3	63.0	431.4	16.6	11.3
中南米	△ 53.7	△ 0.3	295.8	△ 112.6	△ 2.0	5.8	5.9	138.9	5.7	4.1
アフリカ	△ 8.2	△ 0.4	84.4	△ 49.1	1.6	△ 26.5	0.8	2.6	1.6	1.7
大洋州	△ 48.1	0.3	139.6	△ 126.7	△ 0.9	△ 214.7	△ 2.6	△ 253.1	2.7	7.1
CIS・中欧・東欧	△ 12.6	△ 0.9	101.1	△ 25.3	0.2	△ 106.7	14.6	△ 29.4	2.1	2.8
合計	△ 478.3	△ 229.1	2651.4	△ 74.8	157.0	△ 1623.7	261.0	663.5	100.0	100.0
	%	%	%	%	%	%	%	%	100 億円	100 億円
輸出構成比	0.6	1.0	61.1	8.8	10.0	1.7	16.8	100.0	6740.0	
輸入構成比	8.5	4.9	24.2	11.0	8.5	28.6	14.3	100.0		6076.5

注：財務省『貿易統計』(e—Stat 所載) により作成．各商品群別の輸出額と輸入額の差を収支とした．食料品は食料・その他消費財，繊維は繊維・繊維製品，機械は資本財の非電機機械・電機機器・輸送機器と耐久消費財の家電機器・乗用車・二輪車・自転車，金属は金属・金属原料の集計，その他は食料品～燃料合計の残差として推計．

15.1% に過ぎなかったが，2009 年には 46.4% に拡大した．鉄鉱石の 50% 以上を海外から輸入する中国鉄鋼業は，鉄鋼原料市場で強い発言力を持つにいたった．

日本の貿易構造変化　国際環境の変化に対応した日本の貿易構造の変化を，表 18-5 で見よう．2010 年の実績を 2000 年 (230 ページ，表 17-3) と比べると，地域別では対アジア貿易の比重が高まっており，輸出構成比で 41.1% から 56.1% へ，輸入でも 41.7% から 45.3% に拡大している．北米と西ヨーロッパの比重は低下し，北米は輸出で 14.7% ポイント，輸入で 10% ポイントも激減し，西ヨーロッパもそれぞれ 5.3% ポイント，3% ポイント減少した．アジアのなかでは，中国 (香港・マカオを含む) の比重が急増し，1990 年には輸出が 6.7%，輸入が 6.1% であったのに対して，2000 年にはそれぞれ 12%，15% となり，2010 年には 24.9%，22.3% に拡大した．2002 年からの景気回復を支えた輸出は，対中国輸出の拡大によってもたらされたのであった．

輸出入収支では，対アジア黒字は 2000 年には黒字総額を 100 とした場合 39 であったが，2010 年には 155 と大幅に比重が高まった．アジア貿易のうち，対中国貿易は，2000 年に 902 億円 (対黒字比 0.8) であった黒字が 2010 年に

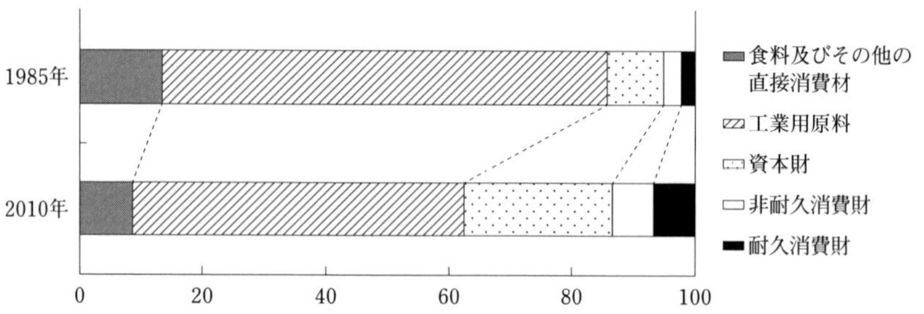

注：大蔵省（財務省）『外国貿易概況』による．工業原料は化学工業製品・金属・鉱物性燃料など，資本財は一般機械・電気機械・輸送機器など，耐久消費財は家電・乗用車など，非耐久消費財は繊維品など．輸入合計額にたいする構成比．

図 18–4　輸入の構成変化（1985・2010 年）

は 3.3 兆円（同 49.2）にまで上昇した．

品目別では，表 17–4（231 ページ）に見るように，輸出面では 1980 年代後半から耐久消費財の比重が低下し，代わって資本財が伸びる傾向が現れていた．ところが，2000 年頃からは資本財の比重が減り，工業用原料の比重が大きくなってきている．鉄鋼業に例をとると，1990 年代前半（1990–94 年）には日本からの鉄鋼輸出量（粗鋼換算）は粗鋼生産量の 25.5% であったが，90 年代後半には 29.5%，2000 年代前半には 32.9%，2000 年代後半には 34.5% と輸出割合を拡大させている．

輸入の構成変化を 1985 年と 2010 年の比較で見ると図 18–4 のようになる．食料と工業用原料の構成比が縮小して，資本財，非耐久消費財，耐久消費財の割合が拡大している．原料輸入から製品輸入へという大きな構成変化が読み取れる．アジア諸国の経済成長とともに，繊維品などにはじまって家電製品など耐久消費財の対日輸出が拡大したことが示されている．試みに，国内の家計最終消費（国民経済計算）にたいする食品・非耐久消費財・耐久消費財輸入額合計の比率を見ると，1985 年の 3.2% から 2010 年の 4.6% へと拡大している．

資本財の輸入では自動車など輸送機器の割合は低く，一般機械と電気機器が伸びている．とくに，半導体・IT 関連部品をはじめとした電気機器輸入は，1985 年の輸入総額の 2.8% から，2010 年には 12.0% に拡大している．

このような輸出入の品目構成の変化は，日本企業が海外に工場を建設する動きと関連している．海外工場との間で，中間原料・部品の輸出，完成品・部品

表 18-6　製造業の業種別海外生産比率の推移　（1988・98・2008・18 年度）

業　種	1988	1998	2008	2018	
	%	%	%		%
鉄　鋼	6.6	9.8	10.3		20.8
非鉄金属	4.0	8.5	11.0		21.5
金属製品		1.5	2.5		7.2
一般機械	4.5	12.5	12.8	汎用機械	29.2
				生産用機械	14.7
電気機械	10.6	17.2	13.0		15.3
情報通信機械			28.1		27.8
輸送機械	9.4	23.5	39.2		46.9
精密機械	13.9	9.3	7.9		

業　種	1988	1998	2008	2018
	%	%	%	%
化　学	3.9	10.6	17.4	19.8
石油・石炭	0.2	2.3	1.3	17.4
窯業・土石		7.1	11.8	19.5
繊　維	4.2	8.2	9.5	14.2
木材紙パ	1.8	3.4	4.2	10.3
食料品	1.2	2.8	3.8	10.7
その他の製造業	1.4	4.9	9.1	13.4
製造業計	4.9	11.6	17.0	25.1

注：現地法人売上高の製造業売上高（現地法人売上高＋国内製造業売上高）に対する割合．通商産業省（経済産業省）『海外事業活動基本調査』による．

の輸入が活発におこなわれると，日本の輸出入構成が変化する．日本の製造業の海外進出の姿を表 18-6 で見ると，製造業全体では，1988 年度で海外売上高は総売上高の 4.9% であったが，1998 年度には 11.6%，2008 年度には 17% にまで拡大した．業種としては輸送機械・電気機器・化学が，高い海外生産比率を示している．2000 年以降も，製造業の海外進出が続いて，いわゆる産業空洞化は進行しているといえよう（235 ページ表 17-7 参照）．

日本経済の試練

世界金融危機　世界経済の大きな変化と同時に，グローバリゼーションの進展で国際的な資金移動が活発になり，世界の商品・金融市場では投機的な取引が大規模化した．21 世紀に入ってからの投機活動の展開は，まさに「カジノ資本主義」の成熟を示している．

投機には将来の商品を取引する先物市場の存在が必要であるが，先物市場自体は，価格変動から生じる損失リスクを回避する手段（ヘッジング）を提供することを本来の機能としていた．先物市場で取引される商品の種類は，生産物や株式にはじまって，債券・為替・金利，さらにはさまざまな金融派生商品（デリバティブズ）と多様化した．先物市場では，リスクヘッジを必要とする企業よりも，資金を投機的に運用する国際投機筋が主役になった．

原油（WTI）価格が 1 バレル 100 ドルを超えた 2008 年の前年 07 年には，

WTI原油先物取引量は，生産量の6倍近い量に達していた．国際決済銀行調査による2007年1日平均の外国為替取引額は3.3兆ドルであるが，これは同年の世界貿易額（1日平均輸入額）363億ドルにたいして約91倍の額となる．ヘッジファンドなどの投機筋は，証拠金取引によって，運用資金にレバレッジを掛けた巨大な取引が可能になる．

このような投機全盛のなかで生じたのが2008年の世界金融危機であった．アメリカは，2000年秋のITバブル崩壊後の不況から短期間で回復した．低所得者層を対象にした融資（サブプライムローン）が住宅価格を押し上げ，住宅投機が住宅バブルを招いた．金融機関はローンを分割して証券化した金融商品を販売することによってリスクの回避を図った．住宅価格の上昇傾向が鈍化すると，住宅融資の利払い延滞が増え，住宅金融専門会社の経営破綻が始まった．07年2月頃から住宅価格は下落に向かい，6月にはアメリカ第5位の投資銀行・証券会社であるベア・スターンズ傘下のヘッジファンドが，サブプライムローンに関連した運用に失敗したことが判明した．こうして住宅バブルは崩壊し，2007年11月をピークにアメリカの景気は後退局面に入った．

2008年3月にはベア・スターンズの経営危機が明らかになり，アメリカの金融危機は本格化し，9月にはアメリカ第4位の名門投資銀行・証券会社であるリーマン・ブラザーズも破綻するに至った．ヨーロッパでも，公的資金・公的管理を受け入れる銀行が相次いで，ついに世界金融危機が発生したのである．

アメリカ証券市場では，2007年10月のダウ平均1万4164ドルの史上最高値から株価は暴落し2009年3月には6547ドルに下落した．この間，2008年11月にはアメリカ自動車会社大手3社が公的支援を求める事態となって，世界大恐慌の到来も懸念されるに至った．

リーマン・ショック　戦後最長の景気上昇を続けていた日本経済は，2007年夏からの円高の進行による輸出の減退をきっかけに，2008年2月をピークに景気後退局面に入ったところで，世界金融危機に直面した．日本の大手銀行が保有していたサブプライム関連商品は比較的少額であり，欧米金融機関ほど直接的な打撃は受けなかった．しかし日本の金融機関の健全さは，国際投機資金の円買いを招いたので，円高が一層進んだ．表16-4（219ページ）に見るように，2007年平均の円相場は117円台であったものが，

08年平均では103円台，09年平均で93円台，2010年平均で87円台と上昇し続けた．金融危機によって世界経済の成長率は2007年の4%から08年には1.7%に急減し，09年には2%のマイナス成長となった．世界経済が縮減するなかでの円高は，日本経済に大きな打撃を与えた．

日本経済は2008年からマイナス成長に陥り，09年には5.2%という戦後最大の落ち込みを経験することとなった（前掲表18-4）．2007年から09年にかけては前掲表18-1に見るように，政府消費支出と公的資本形成を除いてすべての項目がマイナスとなったが，なかでも輸出の減退が大きく，貿易統計上の実額では，07年の83.9兆円が09年には54.2兆円に激減した．2007年7月に，1万8261円とITバブル崩壊後の最高値をつけた日経平均株価は，2008年10月には6994円と3分の1近くにまで下落した．

アメリカは，「経済は市場に任せる」という原則を放棄して，2008年10月に金融機関救済のために最大7000億ドルの公的資金を投入する緊急経済安定化法を制定した．「小さな政府」，「自己責任」を標榜してきた共和党政権の方向転換に支えられて，アメリカの景気は，2009年6月を底に回復に向かい，国際的な金融混乱は続いたものの世界大恐慌の危機はひとまず回避された．

リーマン・ショックに対応したのは麻生太郎内閣であった．第3次小泉内閣のあと，安倍晋三が第一次内閣を組織して「美しい国づくり」「戦後レジームからの脱却」を掲げて防衛庁の省への格上げ，憲法改正手続き関連法（国民投票法）制定などを進めたが，2007年7月の参議院選挙で民主党に第1党の座を奪われ，体調不良で退陣，9月に福田康夫内閣が誕生した．福田内閣は無策のまま退陣し，08年9月リーマン・ブラザース破綻直後に麻生太郎が後継内閣を組織した．麻生内閣は，08年度第2次補正予算（総額27兆円）と09年度予算（総額88.5兆円）で生活防衛緊急対策を講じ，09年5月には第一次補正予算（総額15.7兆円）で経済危機対策を打ち出した．エコカー減税やエコポイント制で省エネ自動車・家電の需要拡大も図られた．補正後の09年度予算歳出額ははじめて100兆円を超え，公債発行額も51兆9550億円と前年度の33兆1680億円を57%も上回る額に達した．小泉内閣以来の歳出抑制政策は，危機対策の中で放棄されたのである．日本銀行は政策金利の引き下げ，コマーシャルペーパー・社債・金融機関保有株式の買い上げという金融緩和措置をとった．大型財政措置と金融緩和措置で，景気は09年3月に底入れし，09年第2四半期（4～6月）にはGDP（季節調整済み値）が前期比年率9.7%増となって，麻生内閣は衆議院解散・総選挙に打って出た．

政権交代　2009年8月の総選挙では自民党が大敗し，民主党が圧勝して鳩山由紀夫が，民主党・社会民主党・国民新党3党連立の内閣を組織した．鳩山内閣は，自公政権の「競争至上主義」政策が国民生活を疲弊させたとして，家計支援・可処分所得増加による消費拡大を目指し，「人間のための経済」「コンクリートから人へ」の転換を掲げた．景気は回復に向かっていたが物価は下落傾向をたどり，政府は11月に「緩やかなデフレ状況にある」との判断を示してデフレへの対応も政策課題に掲げた．2010年度予算は「いのちを守る予算」と名づけられ，公共事業関係費を削減して社会保障関係費，文教・科学振興費，地方交付税交付金を増額した．また，中小企業金融円滑化法（09年12月施行，時限立法）を制定して金融機関の対中小企業金融への対応をそれまでの健全化一本槍から企業支援重視の方向に大きく転換させた．沖縄普天間基地移転問題で，当初の県外移転方針を放棄したことの責任をとって鳩山内閣は退陣し，2010年6月には菅（かん）直人内閣に替わった．

社民党が抜けて民主・国民新2党連立となった菅内閣は，「新成長戦略」と「財政運営戦略」を打ち出した．2020年度までの経済成長率を年度平均名目3%，実質2%以上を目指すという成長戦略は，自公政権時代の経済成長至上政策との違いが不明確な内容であった．基礎的財政収支を遅くとも20年度までに黒字化するという目標が掲げられ，菅首相は参議院選挙のマニフェストで消費税の10%への引き上げにも言及した．政権担当期間は消費税を5%に据え置くとの3党合意に反する発言であり，10年7月の参議院選で民主党は敗北し，参議院では与党が過半数割れの状態になった．

2009年から2010年にかけて，GDP（実質）は4%増加した．円相場は高い水準にあったが，BRICs諸国，とくに中国の経済成長が持続したことによって，10年の輸出が23.9%増加したことが最大の要因であったが，民間最終消費支出，政府最終消費支出と民間企業設備もそれぞれ1.8%，2.3%，2.1%拡大した（表18-1）．リーマン・ショックによる経済危機から日本経済が脱出できたかに思われた時，日本は東日本大震災に襲われることとなった．

19 | 東日本大震災・アベノミクス・パンデミック

東日本大震災

東日本大震災

世界金融危機の打撃からようやく回復に向かいつつあった日本経済は，2011年3月11日に東日本大震災に見舞われた．宮城県沖を震源とするマグニチュード9.0の巨大地震は，10 m（推定）を超える大津波とともに東日本太平洋側地域に巨大な被害をもたらした．さらに，津波で電源を破壊され炉心冷却システムが機能しなくなった東京電力福島第1原子力発電所で，炉心溶融（メルトダウン）が生じ，発生した水素ガスの爆発によって大量の放射性物質が空中に放出され，広範な地域が放射能に汚染されるという未曾有の事態が起こった．

地震による被害は，表19-1の通りである．人的被害は，関東大震災（1923年）に比較すると少なかったが，阪神淡路大震災（1995年）の3倍以上に及んだ．津波の及んだ面積が大きく，建築被害は最も多くなった．推定被害額を災害発生前年のGNPと比べると，関東大震災よりはるかに少ないが，阪神淡路大震災より大きい（原発事故と放射能被害による損害額は含まない）．被災地域の経済規模では，関東大震災よりは小さく，阪神淡路大震災とほぼ同じである．

東日本大震災の日本経済への影響は，原発事故の影響も加わって極めて大きかった．世界3大漁場のひとつである三陸沖で展開されていた東北沿岸漁業は，漁船・漁港・水産加工設備に甚大な被害を蒙った．農畜産業への打撃は，農地・農業施設の津波被害に放射能汚染が加わって極めて深刻である．工業では，東北地方に集積していた自動車・IT部品工場の被災でサプライチェーンが切

表 19-1　近代 3 大震災の被害比較

震災名称		関東大震災	阪神淡路大震災	東日本大震災
発生年月日		1923. 9. 1	1995. 1. 17	2011. 3. 11
人的被害（人）	死者		6, 434	15, 841
	行方不明者		3	3, 493
	合計	105, 385	6, 437	19, 334
建物被害（戸）	全壊	79, 733	104, 906	125, 999
	半壊	79, 272	144, 274	227, 677
	全半焼	212, 353	7, 132	281
	一部破損	流出等 1, 301	390, 506	644, 271
	合計	372, 659	646, 818	998, 228
土地被害	津波冠水		213. 6 ha	535 km^2
被害総額	推計	45. 7 億円	9 兆 6, 000 億円	16. 9 兆円
	前年 GNP	155. 7 億円	490. 4 兆円	488. 5 兆円
	GNP 比	29. 40%	2%	3. 46%
被災府県の経済規模	額	32 億円	20 兆 2, 890 億円	20 兆 2, 522 億円
	全国比	17. 65%	4. 14%	4. 01%

注：関東大震災の被害者・被害戸数は『理科年表』の数値，被害総額は『日本勧業銀行史』による．被害府県の経済規模は，東京府・神奈川・千葉県の 1925 年，粗付加価値額．阪神淡路大震災の被害は消防庁資料，被害総額は国土庁推計．経済規模は兵庫県の 1993 年度県内総生産．東日本大震災の被害は警察庁資料（2011 年 12 月），津波冠水面積は国土交通省発表．被害総額は内閣府推計（2011 年 6 月）．経済規模は岩手・宮城・福島 3 県の 2008 年度県内総生産．

断され，その影響は海外の自動車・電機産業にまで及んだ．

大震災直後から円相場が上昇し，3 月 16 日には一時 1 ドル＝76 円 25 銭と，阪神淡路大震災後の史上最高値（79 円 75 銭，1995 年 4 月 19 日）を上回った．日本企業が円資金調達のため外貨資産を売却すると見込んだ思惑買いに，中東・北アフリカの政治不安によるリスク回避の円買いが加わったためであった．株式市場は，大震災直前の 1 万 434 円（日経 225 種平均）から，15 日には一時 8227 円にまで暴落したが，3 月末には 9755 円まで回復した．

原発災害　1965 年 5 月に日本原子力発電東海発電所が日本初の商業用原子力発電所として操業開始して以来，沖縄電力以外の電力会社が競って原発の建設を進めた．2011 年時点で，全国に 54 基（アメリカ，フランスに次いで世界 3 位）の商業用原子炉が作られ，2020 年までに 9 基の増設が予定された．原子炉の安全性についての危惧と経済性についての疑問は大きかった（viii ページ参照）が，歴代政府は，電力の安定供給を大義名分として，安全性と温暖化ガス削減効果，低発電コストを強調しながら原発拡大政策を推し進めてきた．

福島第 1 原子力発電所の事故は，それまでの「原子力安全神話」を崩壊させた．1000 年に一度という大地震の振動にたいして，原子炉にどれほどの耐久力があったかは未解明であるが，「想定外」の大津波による電源破壊がメルトダウン，水素爆発の原因となったことは事実である．福島第 1 原発は，標高 35 m の台地を標高 10 m まで掘削整地して建設されたと記録されている．基礎を岩盤に固着させる工事コスト削減のための整地と思われるが，明らかに津波想定値（5〜6 m）は低すぎた．2008 年頃には最大 15 m を越える巨大津波発生の可能性が指摘されていたが，東京電力は対応策を先送りしていた．1979 年のスリーマイル島原発，1986 年のチェルノブイリ原発の重大事故の経験から学べる危機対応策も講じられていなかった．

放射能汚染された地域は，警戒区域・避難指示区域（積算線量年間 20 mSv 以上の区域）に指定されて住民の立ち入りと居住が規制され，国の避難指示によって福島県民約 16 万人が県内外に避難を余儀なくされ，津波被害者を含めて避難指示区域外からも避難する人々が多く，避難者は約 33 万人に達した．国は，原子力損害賠償法に基づいて原発関連避難者への賠償支払いを東京電力に命じ，原子力損害賠償・廃炉等支援機構法によって東京電力の賠償支払と廃炉までの必要経費の資金援助をおこなう体制をととのえた．東電の株主と債権者は，法的整理にともなう減資と債権カットを免れたわけである．

避難費用，慰謝料，収入減少補填などの賠償支払は避難者にとって不満足な場合が多く，国の指示による避難者と自発的な避難者との格差もあって，避難指示区域内・外の人たちが全国 20 の地裁・支部で集団訴訟を提起し，原告数は 1 万 2000 人を超えた（『毎日新聞』2016 年 3 月 6 日）．

破壊した原発の廃炉準備・汚染水対策と並んで，放射能汚染地の除染作業と汚染物質の中間貯蔵施設設置が進められた．除染費用は東京電力が負担する原則であったが，森林除染や帰還困難区域の除染は国の負担でおこなわれることとなった．第 1 原発 20〜30 km 圏の緊急時避難準備区域指定解除（2011 年 9 月）から避難者の帰還が開始され，避難指示区域の見直しによる住民帰還が進められて，2017 年 4 月までに帰還困難区域以外の避難指示は解除された．しかし，住民の帰還には，居住環境，労働・雇用環境，生活インフラの復旧整備が必要であり，条件が整えられるには時間がかかる．2020 年末時点でも，避難者の数は 4 万人を越えている（復興庁発表数値）．

福島原発事故の被害は計り知れないほどに大きい．政府は，福島第1原発の廃炉，被害者・企業への賠償，除染・中間貯蔵事業に係る所要資金の見通しとして，21.5兆円（賠償7.9兆円，除染4兆円，中間貯蔵1.6兆円，廃炉8兆円）という金額を，2016年12月に示した．しかし，日本経済研究センターは，事故処理費用は，汚染水を海洋放出する場合でも39.3兆円（賠償8.3兆円，除染20兆円，廃炉・汚染水処理11兆円）になるとの試算（汚染水放出にともなう漁業補償は含まない）を2019年に発表している．政府が推進してきた原子力平和利用政策のツケは，何とも高いものになったのである．

原発事故後，原子炉の安全性審査基準が見直され，原発の稼働には厳しい条件が課された．2021年6月末現在で，全国に33基ある商業用原発のうち稼働しているものは8基であり，審査を通ったのちにも所在地住民から許可取消訴訟を提起されたり自治体の同意が得られず未稼働のものがある．原発被害者による賠償民事訴訟では，安全に関する規制権限の行使を怠った国の損害賠償責任を認める高等裁判所判決も下されている．商業用原発の推進政策は，見直されるべき段階に入ったと言えよう．

政権交代　大震災と原発事故に直面して，菅直人内閣は，緊急災害対策本部・原子力災害対策本部・復興対策本部とそれらの下部組織を設置し，緊急対策を講じながら，5月に2011年度第1次補正予算（総額4兆153億円），7月に第2次補正予算（総額1兆9988億円）を成立させた．菅首相の災害対応には批判が多く，赤字国債発行特例法と再生可能エネルギー買取特別措置法の成立を機に内閣は総辞職し，2011年9月には野田佳彦民主党・国民新党連立内閣が登場した．新内閣は，災害対策・復興政策の実施と，2011年6月末で943.8兆円に達した政府債務残高を抱える中央政府財政の立て直しという，両立が極めて難しい課題に直面した．菅内閣時代に政府・与党がまとめた「社会保障・税一体改革成案」を土台に，2012年6月に自民・公明両党と政策合意を結び，消費税増税法案と社会保障制度改革促進法案を8月に成立させ，環太平洋経済連携協定（TPP）への参加を表明した．

景気は2012年春から後退局面を迎え，10月には政府・日本銀行が「デフレ脱却に向けた取組について」を公表して，デフレからの早期脱却，物価安定のもとでの持続的成長経路への復帰を重要課題として掲げた．日本銀行は，資産買入の基金規模を80兆円程度から101兆円程度に増額するとともに，民間金融機関の貸出増加を図る貸出支援基金の創設を決めた．景気が底を打つ気配をしめした11月に野田内閣は国会を解散，総選挙をおこなったが，民主党は惨敗し自民党が圧勝した．

アベノミクス

第2次安倍内閣 2012年12月に安倍晋三第2次内閣が発足した．安倍自民党総裁は，選挙中から無制限な金融緩和を主張し，政権を取ると，大胆な金融政策，機動的な財政政策，民間投資を喚起する成長戦略を経済政策の三本の矢として提唱した．いわゆるアベノミクスが展開されたのである．中軸となるのは金融政策で，政府は日本銀行と協議を重ね，2013年1月には「デフレ脱却と持続的な経済成長の実現のための政府・日本銀行の政策連携について」という共同声明が発表された．そこでは，日本銀行は物価安定目標を消費者物価上昇率2%として金融緩和を推進し，政府は革新的研究開発への集中，イノベーション基盤の強化，規制・制度改革による経済構造の変革を推進することが掲げられていた．日本銀行は，資産買入を上限設定方式から「オープン・エンド方式」(期限を定めず毎月一定額の金融資産を買い入れる）に改めて，毎月長期国債2兆円程度を含む13兆円程度の金融資産買入を開始した．そして，13年3月には財務省出身の黒田東彦が日本銀行総裁に就任し，物価上昇率2%目標を2年後の2015年度に達成と宣言して，4月には「大胆な金融政策」として，市中金融機関からの国債大量買上（年間50兆円増）とETF（上場投資信託）の買入によって，市中流通現金残高（マネタリーベース：日本銀行券発行高＋貨幣流通高＋日銀当座預金）を年間60兆～70兆円増加させる金融緩和政策が開始された．さらに，14年10月には，「質的・量的金融緩和の拡大」をおこなってマネタリーベースの増加目標額を年間80兆円に引き上げ，16年2月には「マイナス金利付き量的・質的金融緩和」を導入して，金融機関の日本銀行当座預金残高に0.1%の利息を賦課して残高の減少，市中への流出を促した．さらに，16年9月には「長短金利操作付き量的・質的金融緩和」を導入して，10年もの国債の金利をゼロに誘導するイールドカーブ・コントロール政策を開始した．新規長期国債発行が金利上昇を招く場合には，その買入でマネタリーベースを拡大して金融を緩和する効果が期待された．

第2の矢とされた機動的な財政政策としては，2012年度補正予算を組んで100兆円を超える歳出規模とし，翌13年度以降も100兆円前後の歳出予算を組んで景気刺激策を取ったが，公債残高が増加し15年度末には対GDP比率が150（GDP＝100）を越える状態になって，財政拡大には限界があった．

第3の矢である成長戦略としては，「日本再興戦略」（2013〜16年），「未来投資戦略」（17・18年），「成長戦略実行計画」（19年）が日本経済再生本部（本部長・安倍首相，メンバー・国務大臣全員）によって策定された．実行された主な政策を見てみよう．2013年には国家戦略特別区域法が制定され，各種の制度的規制を緩和する国家戦略特区の創設が図られ，2021年6月時点で全国10地域において387の認定事業が進められた．2014年度から法人税率引き下げが実施され，2014年度の改革前25.5%（国＋地方の法人実効税率は34.6%）から18年度には23.2%（同29.7%）となった．2018年には「働き方改革関連法」が成立し，残業時間上限規制，高度プロフェッショナル制度新設，正規・非正規社員待遇差解消が図られた．2018年の「出入国管理法及び難民認定法」改定（19年4月施行）で，外国人労働者の受け入れ枠が拡大された．

この間，安倍内閣は，特定機密保護法制定（2013年12月），内閣人事局の設置（14年5月），憲法改正手続きを定めた改正国民投票法制定（同年6月），集団的自衛権行使容認の政府見解の閣議決定（同年7月）など，従来の政治・外交の基本原則を変更する政策を実施した．また，14年4月には民主党政権時代の3党合意に従って消費税が5%から8%に引き上げられた．

安倍首相は，2014年末の総選挙で勝利して第3次安倍内閣を組閣し，15年9月にはアベノミクスは「第2ステージ」に入ると宣言して，「一億総活躍社会」を目指す新しい三本の矢として，「希望を生み出す強い経済（GDP600兆円）」，「夢をつむぐ子育て支援（希望出生率1.8）」，「安心につながる社会保障（介護離職ゼロ）」を掲げた．3党合意で成立した社会保障制度改革促進法（2012年制定）による改革（サービスの削減，自己負担の増加）も進められ，15年には集団的自衛権を前提とした平和安全法制関連2法が制定された．17

年11月からは第4次安倍内閣となり，懸案の環太平洋経済連携協定（TPP）はアメリカが離脱したまま11カ国で発足し18年12月に発効した．19年4月に明仁天皇が退位して平成から令和へと元号が替わった．予定された改定が2度延期されていた消費税は19年10月に食料品等を除いて10%への引き上げが実施された．在任期間で歴代最長を記録した安倍首相も，体調不良で20年9月に退陣し，菅(すが)義偉内閣が後を継いだ．

アベノミクスの評価 2013年から約7年間続いたアベノミクスの評価を，国内的視点と国際比較の視点に分けて試みてみよう．

東日本大震災直後から上昇した円相場は，2011年7月には1ドル76円台と史上最高値に近づいた．ユーロ圏の財政危機が続き，投機筋の円買いが進んだためである．政府は日本単独介入に踏み切って円相場引き下げ措置をとったが，効果は限定的であった．円高状態は12年にも続いたが，13年からは円安傾向となり，15年の年平均は1ドル121円になった（前掲表16–4参照）．16年には，6月のイギリスのEU離脱決定によるポンド急落で，円高傾向になったが，12月の米大統領選挙でトランプが勝利して円安傾向に戻った．為替円安をもたらしたのは，マネタリーベースを急拡大させた「大胆な金融政策」であった．

マネタリーベースは2012年末には138兆円であったが，13年末には201兆円に急増しその後も急拡大を続けて19年末には518兆円を越えた（図19–1）．マネタリーベースの拡大は日銀の国債などの買入によるもので，12年末の日銀資産中の国債残高は113.7兆円であったが，19年末には481.3兆円となった．

マネタリーベースの拡大は，株価にも大きな影響を及ぼした．図19–1に見るように2012年には終値が1万395円であった株価（日経225種平均）は，13年末には1万6291円となり，その後も上昇を続け17年の終値は2万2700円台に達した．株価上昇は日銀と年金積立金管理運用独立行政法人GPIFによるETF（上場投資信託）の買入で後押しされた．日銀とGPIFの国内株式関連資産は，2012年末の19兆円から19年末には63.8兆円に拡大した．金融政策の目標になっていた物価は2013年から上昇に転じ，14年には前年比2.7%と目標値の2%を越えたが，これは円安にともなう輸入品価格の上昇によるもので，15年からは上昇率は低下し1%未満（16年はマイナス）に留まった．

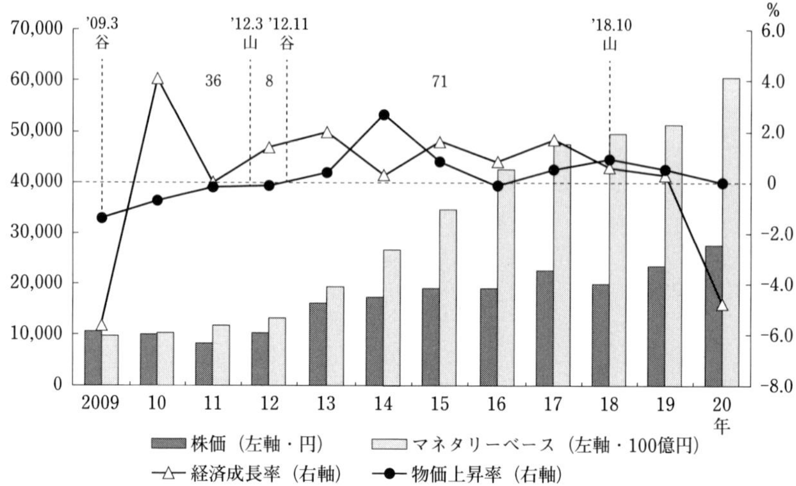

注：マネタリーベースは各年12月末の残高，単位100億円．経済成長率は，実質GDPの対前年増減率（%）．株価は日経225種平均の各年終値，単位円．物価はCPIの総合指数年間平均値の対前年増減率（%）．景気の山・谷の日付の間の数字は，継続期間（月数）．

図19-1　マネタリーベースと経済成長率・物価・株価（2009〜20年）

経済成長率は世界金融危機後のマイナスから2010年には4%台に回復したが，11年にはゼロ成長に戻り，12年の景気転換後，11月から拡張局面を迎え，13年には2%成長を実現した．しかし，その後は18年10月にいたる71カ月間の拡張局面が続いたものの，成長率は0.3〜1.7%という低い水準に低迷した．

実質GDPの推移をやや長い期間について見ると，図19-2の通りである．18章でも述べたように，2002年1月から08年2月までの景気拡張局面では，民間最終消費と総固定資本形成が減退して輸出の拡大が景気を牽引した．2009年3月から12年3月までの景気拡張局面では民間最終消費の構成比がやや拡大し，総固定資本形成の構成比は下げ止まり，輸出構成比は伸び悩み気味であった．12年11月から18年10月までの長い景気拡張局面では，民間最終消費の構成比はふたたび低下傾向を示して12年の57.1%から18年の54.6%となり，総固定資本形成はやや拡大して12年の23.8%から18年には25%となり，輸出の構成比が12年の15.9%から18年の19%に拡大した．2012年から19年にかけてのGDP増加寄与率では，輸出が56%と最大で民間企業設備も

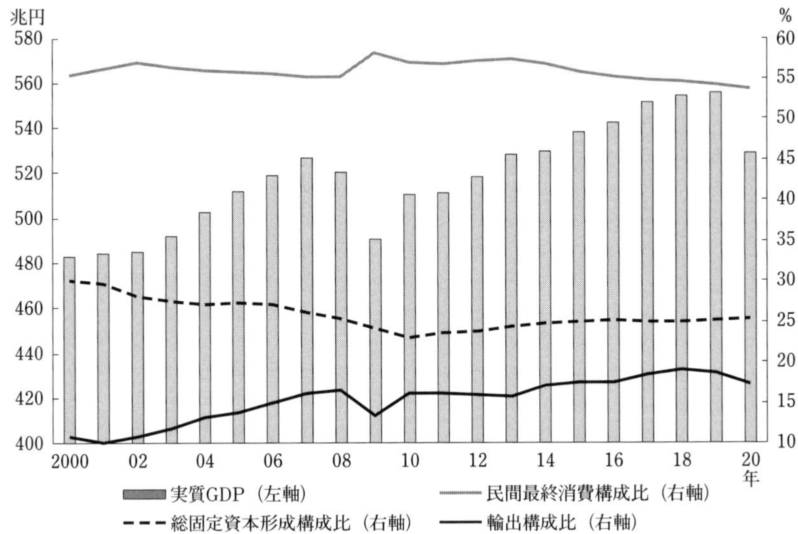

注：項目の構成比は実質 GDP を 100 とする割合．内閣府経済社会総合研究所『国民経済計算』国内総生産（支出側）の実質値（2015 年基準・暦年）によって算出．

図 19–2　国内総生産（実質）の推移（2000〜20 年）

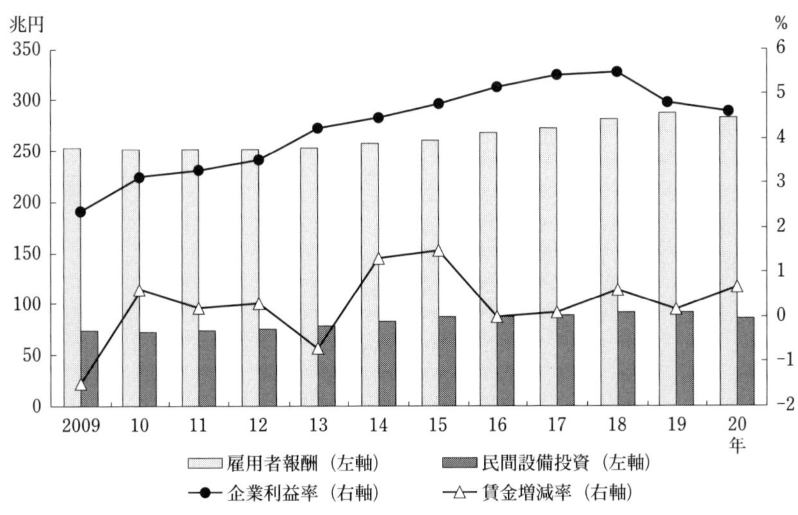

注：雇用者報酬・民間設備投資は名目値で，内閣府『国民経済計算年報』による．企業利益率は，売上高経常利益率で，財務省『法人企業統計年報』による年度数値．賃金は厚生労働省「賃金構造基本統計調査」10 人以上の常用労働者を雇用する民営事業所の所定内給与男女計の対前年増減率．

図 19–3　雇用者報酬・民間設備投資・企業利益・賃金の推移（2009〜20 年）

42.1%，政府最終消費が 24.5% であり，民間最終消費は 15.8% と小さかった．

これを別の角度から見てみよう．図 19–3 は，雇用者報酬・民間設備投資・企業利益・賃金の推移を示している．GDP の雇用者報酬は 1997 年をピークに減少傾向を示していたが（前掲図 18–1 参照），2011 年から緩やかに増加傾向に転じ，19 年には 11 年より 14% 増加した水準に達した．これは，低下傾向を示していた賃金が，14 年以降は上昇傾向に転じたことによって生じたもので，アベノミクスの効果と評価できる．さらに，上昇傾向にあった企業利益率は 2010 年の 3% 台からさらに上昇して 18 年には 5.5% 近くに達した．この企業業績の好調は賃金上昇を可能にすると同時に，設備投資を拡大させた．民間設備投資は 2010 年を 100 として 19 年には 128 に増加したのである．

賃金の上昇は，雇用状況の好転の中で生じたもので，前掲表 18–2 に見るように，完全失業率は 2010 年の 5.1% から 15 年には 3.4% に減じ，19 年には 2.4% にまで減少した．この間，雇用者総数は 2010 年の 5138 万人から 19 年には 5660 万人に増加し，そのうちの非正規雇用者の割合は 15 年以降 37% 台に止まってそれまでの増加傾向は抑えられている．

ここまでの分析では，アベノミクスは，物価上昇率 2% 以上という目標は達成できなかったものの，円為替安，経済成長率のプラス維持，雇用状況の好転，株価上昇，企業業績の好調維持などに効果を発揮したと評価することができる．

ところが，図 19–3 では雇用者報酬（名目）が上昇傾向を示しているが，図 19–2 では民間消費支出（実質）の構成比は低下傾向を示している．雇用者報酬は実質値で見ても上昇傾向にあるから，この乖離は，雇用者報酬から差し引かれる税金・社会保障負担分が多くなって可処分所得の上昇が抑えられたことと，家計の平均消費性向が低下したことを示唆している．図 19–3 の雇用者報酬（名目）は 2012 年から 18 年にかけて 11.8% 上昇しているが，この間の勤労者世帯（2 人以上）の可処分所得は 7.1% しか上昇しておらず，平均消費性向は 12 年の 73.9% から 18 年には 69.3% に下がっている（総務省「家計調査報告」）．

平均消費性向の低下は，20 歳台の勤労者世帯で大きく，所有よりレンタルやシェアを選好したり，雇用不安や老後のために現在の消費支出を抑制する傾向の現れと見られるが，70 歳未満の世帯でも低下しており，14 年 4 月の消費増税の影響が現れている．また，世帯の生活意識調査で生活が苦しい（大変苦しいとやや苦しいの合計）と答えた世帯が 2015 年に 60.3% であり，19 年にやや減少したもののなお 54.4% も存在する（厚生労働省「国民生活基礎調査」2019 年）．消費性向の低下や生活苦を訴える世帯が半数を超えるような事態は，アベノミクスが国民生活の場では成果が乏しかったことを示すといえよう．

国際比較の視点 アベノミクスを国際比較の視点から評価してみよう．国連の国民所得統計によって欧米 4 カ国と比較すると表 19–2 の通りである．

日本の GDP 成長率は，1970 年から 1990 年までの 20 年間には期間年平均率で 7.1% と飛び抜けて高く 5 カ国中の第 1 位であったが，1990 年から 2010 年までの 20 年間には 5 カ国中で最下位の 1.1% に落ち込んで，2010 年から 2019 年の期間には 1.0% という低い水準となった．支出面から見ると家計消費支出は，1970 年から 1990 年の 20 年間に増加率は 6.8% と高い水準で第 1 位にあったが，1990 年から 2010 年の 20 年間には 1.4% に低下して第 4 位となり，2010 年から 2019 年にはさらに 0.5% に低下して最下位となった．国内総生産の中の比重が大きい家計消費支出の低調が，GDP 成長率の低位性の最大の要因になっている．家計消費支出は雇用者所得の動向，つまり賃金水準と労働分配率の動向に規定される．賃金と労働分配率を比較すると表 19–3 のようになる．年間平均賃金は 2012 年から 19 年までの 7 年間に日本では 1.7% しか上昇していないが，ドイツでは 10.8%，アメリカで 8.2%，イギリスとフランスでも 6% 前後も上昇している．労働分配率は 12 年から 17 年にかけて各国ともに低下傾向にあるが，日本の数値は欧米に較べると 3〜5% ポイントほど低い水準である．家計消費支出の増加率の低位性は，このような賃金水準と労働分配率の格差に起因している．

輸出の増加率も 1970 年から 1990 年の 20 年間には 16.6% で第 1 位であったが，1990 年から 2010 年の 20 年間には 7.4% で第 3 位になり，2010 年から 2019 年の間では 2.8% と最下位に落ちた．日本の輸出依存度は，1970 年で 4.5% と 5 カ国中で第 4 位，1990 年でも 8.0%，2010 年に 16.4%，2019 年には 18.8% と高まるが，最低の米国の上の第 4 位であり，グローバリゼーションの中で各国が輸出依存度を高めるなかで，日本は輸出が出遅れている感が強

表 19-2　経済成長の国際比較（1）　　(1970～2019 年)

	経済成長率			家計消費支出増加率			輸出				
	GDP の期間年単純平均増加率			期間年単純平均増加率			期間年単純平均増加率			輸出依存度（輸出／GDP）	
年	1970↓1990	1990↓2010	2010↓2019	1970↓1990	1990↓2010	2010↓2019	1970↓1990	1990↓2010	2010↓2019	1970	2019
	%	%	%	%	%	%	%	%	%	%	%
日　本	7.1	1.1	1.0	6.8	1.4	0.5	16.6	7.4	2.8	4.5	18.8
フランス	4.1	2.0	1.4	4.2	2.2	1.0	10.1	7.2	4.1	9.2	32.4
ドイツ	3.4	1.6	1.8	3.6	1.2	1.6	8.8	10.0	4.2	11.0	48.7
イギリス	3.2	2.6	1.9	3.9	3.1	2.0	6.0	6.6	3.2	13.1	29.5
アメリカ	4.5	3.3	2.5	4.6	3.8	2.7	12.2	9.3	3.2	3.7	12.2

注：国連 UN，各国通貨基準実質 GDP（2015 年基準価格）統計より算出．

表 19-3　賃金・生産性上昇率（2012 年→2019 年）と労働分配率

	年間平均賃金	労働生産性（1 人当り）	労働分配率	
			2012 年	2017 年
	%	%	%	%
日　本	1.7	7.4	56.1	54.2
フランス	5.7	27.2	62.3	61.0
ドイツ	10.8	23.2	61.1	60.3
イギリス	6.3	22.1	59.4	58.0
アメリカ	8.2	19.7	59.0	58.6

注：賃金と生産性は購買力平価換算米ドル表示額の期間上昇率で，OECD 資料による．労働分配率は国内総生産に占める雇用所得の割合で，ILO 資料による．

い．世界輸出に占めるシェアを見ても，日本は 1970 年の 6.1% から 1990 年には 8.2% に拡大したがその後は縮小して 2010 年に 5.0%，2019 年には 3.7% となった．表 19-3 の労働生産性（1 人当り）上昇率の桁違いの低さは，日本の国際競争力の弱化を示している．

経済成長を生産面から見ると，表 19-4 に示されるように，日本の製造業の成長率は，1970 年から 1990 年の 20 年間には 7.3% で第 1 位であったが，1990 年から 2010 年の 20 年間には 1.2% に低下して第 3 位，2010 年から 2019 年にはやや回復して 1.8% で第 2 位となった．製造業の成長力低下も GDP 成長率を低下させた．コンピュータ関連部門を含む運輸通信業では，米国が 1970 年から 1990 年に 5.9%，1990 年から 2010 年に 6.1%，2010 年から 2019 年に 6.2% と高い伸びを続けたのにたいして，日本は同じ期間に，4.6% から 2.7%，0.7% と伸び率を低下させた．構成比を見ると，日本の製造業が 1970

表 19-4　経済成長の国際比較（2）　（1970〜2019 年）

年	製造業					運輸通信業				
	期間年単純平均増加率			構成比		期間年単純平均増加率			構成比	
	1970↓1990	1990↓2010	2010↓2019	1970	2019	1970↓1990	1990↓2010	2010↓2019	1970	2019
	%	%	%	%	%	%	%	%	%	%
日　本	7.3	1.2	1.8	19.4	21.8	4.6	2.7	0.7	10.3	10.1
フランス	2.8	1.8	1.1	12.5	10.1	7.6	5.6	2.5	4.0	9.1
ド イ ツ	2.0	0.9	2.0	25.9	19.9	3.4	4.5	3.4	5.4	8.7
イギリス	1.8	0.0	0.5	18.3	9.0	2.9	6.1	3.2	6.3	9.7
アメリカ	2.6	3.5	1.6	15.0	11.5	5.9	6.1	6.2	5.9	11.6

注：国連 UN，各国通貨基準実質 GDP（2015 年基準価格）統計より算出．

年の 19.4% から 19 年の 21.8% に拡大したのとは対照的に，欧米 4 カ国では製造業構成比は低下しており，運輸通信業では日本の構成比がほとんど変化していないのとは対照的に，欧米 4 カ国では構成比が大幅に拡大している．情報通信技術部門の成長を軸として産業構成を変化させた欧米諸国に較べて，ITC 関連産業の成長に立ち遅れたことが日本の低成長の要因と見ることができる．

このような国際比較から見た日本の経済成長の低位性は，1 人当り GDP のランキング（OECD 加盟国，購買力平価換算米ドル）で，1990 年には第 8 位であった日本が，2010 年には 18 位，2019 年には 21 位に沈んだことに端的に示されている．

世界金融危機以降，先進国の長期停滞傾向が指摘されるなかで，際立って経済成長が鈍化した日本経済の姿は，アベノミクスが掲げた「民間投資を喚起する成長戦略」が成果を挙げなかったことを示している．

日本経済の姿

市場の構造　アベノミクスを経た日本経済の姿をスケッチしてみよう．図 19-2 で見たように，民間最終消費支出は比重低下傾向を示している．家計最終消費支出の構成比は表 19-5 のように，サービス関連支出が最大で構成比は 58〜59% とやや拡大している．外食や旅行が好まれる傾向や，通信関連費の増加を反映している．半耐久財と非耐久財はやや縮小し，耐久財が

表 19-5　家計最終消費支出の構成　（2000・2010・2019年）

項目		2000年	2010年	2019年
耐久財		% 3.7	% 7.3	% 7.9
内訳	家具・敷物	19.5	11.2	7.8
	家庭用器具	8.2	13.1	19.0
	個人輸送機器	62.2	53.6	51.7
	情報・通信機器	6.6	17.4	17.4
	その他	3.5	4.8	4.2
半耐久財		6.6	5.1	5.5
非耐久財		31.5	29.2	27.0
サービス		58.1	58.3	59.5

注：耐久財は自動車・電器製品など，半耐久財は衣料・履物など，非耐久財は食料品など，サービスは教育・医療・交通・通信・教養・旅行・外食などで家計最終消費支出を100とした構成比．耐久財の内訳は耐久財を100とした構成比．内閣府『国民経済計算』国内総生産（支出側）の実質値（2015年基準・暦年）によって算出．

表 19-6　商品特殊分類別輸出の構成　（2010～2020年）

年	工業用原料		資本財			耐久消費財		非耐久消費財		食材・直接消費財	その他	輸出合計額
		金属		電気機器	輸送機器		乗用車		繊維品			
2010	25.0	7.4	52.7	17.6	11.2	14.9	11.7	0.7	0.1	0.6	6.1	6740
15	24.1	6.7	50.5	16.4	10.5	16.7	13.8	0.7	0.1	0.8	7.2	7561
19	23.7	5.8	49.7	15.2	9.8	16.8	13.9	1.3	0.2	1.0	7.6	7693
20	24.1	6.1	49.6	16.7	8.6	15.6	12.6	1.5	0.2	1.1	8.0	6841
増減率 2010 ↓ 2019	8.0	△11.5	7.6	△1.8	△0.1	28.8	35.2	116.1	64.0	95.0	41.4	14.1

注：大蔵省（財務省）『外国貿易概況』による．工業原料は化学工業製品・金属・鉱物性燃料など，資本財は一般機械・電気機械・輸送機器など，耐久消費財は家電・乗用車など，非耐久消費財は繊維品など，輸出合計額にたいする%．増減率は2010年に対する2019年の輸出額増減率（%）で△は減少を示す．輸出額の単位は100億円．

2000年の3.7%から2019年の7.9%へと拡大した．耐久財の内訳では，輸送機器と家具・敷物が減少し，情報・通信機器と家庭用器具が拡大している．大都市圏の人口割合拡大やカーシェアリングの普及などで乗用車の普及率は低下傾向をしめし，共働き世帯の増加で家事時間を節約するような家電製品の需要が大きくなった．情報・通信機器は2000年から10年にかけて急増したがその後は伸びていない．

海外市場を見ると国際比較では低調であるものの輸出は拡大し続けている

(図 19-2). 輸出品の類別構成を見ると表 19-6 のようになる. 前掲表 17-4 に示された変化と較べると耐久消費財の構成比が縮小から拡大傾向に, 資本財が拡大から縮小傾向に転じ, 非耐久消費財, 食材・直接消費財その他が拡大している. 耐久消費財では乗用車を主力として構成比・実額ともに拡大し, 資本財では電気機器・輸送機器の構成比・実額の減少が目立つ. 工業用原料は金属の構成比・実額の減少が大きい.

アジア圏内にグローバル・サプライチェーンが構築され, 日本などが供給する部品等を中国などが加工して完成品を生産したり, アジア諸国・地域から輸入する中間品を日本で完成品に加工したりする国際分業が進むなかで, 部品等の供給国と完成品生産国とが多極化し, 日本が競争力を維持できる分野が限られてきた. また, 前掲表 18-6 に示したように製造業全体の海外生産比率が 2008 年度の 17% から 18 年度には 25.1% と拡大し, 輸送機械では 08 年度の 39.2% から 18 年度には 46.9% となり, 汎用機械では同じ期間に 12.8% から 29.2% に拡大した. 情報通信機械のように海外生産比率がやや縮小する事例も見られたが, 海外生産の拡大が, 日本の輸出構成の変化を招いた要因になっている. 輸送・電気機器の部品輸出が減少し, 半導体等製造装置や産業用ロボットなど複雑度の高い製品が資本財輸出の主役に替わり, 高度な技術やノウハウを必要とする完成品としての耐久消費財輸出が拡大したのである.

産業の構造

産業構造の変化を GDP 構成比で見ると, 第 1 次産業と第 2 次産業の構成比が低下し, 第 3 次産業のウエイトが高まるという傾向が続いている. 製造業を見ると, 表 19-7 のように, 2000 年から 2019 年までの 19 年間に構成も変化した. 概括的には重化学工業化が進行し, 金属・機械・化学合計 (表の 1〜10 小計) の構成比は 6.7% ポイント拡大し, 繊維製品, 食料品, 窯業・土石製品と印刷業はあわせて 6.5% ポイント縮小した. 重化学工業のなかでも, 機械工業 (3〜7 小計) が 10.2% ポイント, 化学が 3.6% ポイント拡大し, 石油・石炭製品, 一次金属・金属製品, パルプ・紙・紙加工品は構成比が低下した. 機械工業のなかでも, 2000 年時に, はん用・生産用・業務用機械 12.9%, 輸送用機械 12.8%, 電気機械 (表の 4・5・6 の 3 業種) 7.9% という順位であったものが, 2019 年時には電気機械 15%, はん用・生産用・務用機械 14.8%, 輸送用機械 14.1% の順位になった. 電気機械を業種

表 19-7　製造業の構成　（2000・10・19 年）

業種	2000年	2010年	2019年	2000年→2019年	業種	2000年	2010年	2019年	2000年→2019年
	%	%	%	%		%	%	%	%
1　一次金属	8.7	9.9	7.5	△1.2	8　化学	8.3	9.3	11.9	3.6
2　金属製品	6.7	4.7	4.5	△2.2	9　石油・石炭製品	7.9	5.2	4.8	△3.1
（1～2 小計）	15.4	14.6	12.0	△3.4	10　パルプ・紙・紙加工品	2.9	2.1	2.3	△0.6
3　はん用・生産用・業務用機械	12.9	13.4	14.8	1.9	（1～10 小計）	68.1	74.4	74.9	6.7
4　電子部品・デバイス	1.5	4.0	5.4	3.9	11　窯業・土石製品	3.6	2.6	2.5	△1.1
5　電気機械	4.9	5.4	7.0	2.1	12　繊維製品	2.9	1.4	1.2	△1.7
6　情報・通信機器	1.5	3.9	2.6	1.1	13　食料品	14.0	12.0	11.4	△2.6
7　輸送用機械	12.8	16.6	14.1	1.3	14　印刷業	3.0	2.5	1.8	△1.1
（3～7 小計）	33.6	43.3	43.9	10.2	15　その他の製造業	8.3	6.9	8.1	△0.2

注：内閣府経済社会総合研究所『国民経済計算』経済活動別国内総生産（実質・2015 年基準・暦年）により算出．製造業業種別合計を 100 とする構成比 % と 2000 年から 2019 年にかけての構成比の変化，△は減少を示す．

ごとに見ると電子部品・デバイスが 3.9% ポイントと最大の伸びであり，構成比が大きい電気機械の伸びは 2.1% ポイントで，情報・通信機械は 2000 年から 2010 年にかけて 2.4% 拡大したものの，その後 2019 年にかけては 1.3% ポイントの縮小を示している．輸送用機械は 2000 年から 2010 年に 3.8% ポイントと急速な拡大を示したが，2010 年から 19 年にかけては 2.5% ポイント縮小して，19 年間では 1.3% ポイントの拡大に止まった．

電気機械の分野では家電企業が日本の高度成長を担う役割を果たしたが，2000 年代に入るとアジアの家電産業の急成長で競争力を失い，2010 年代には，ソニー，パナソニック，シャープが巨額損失を計上するに至り，電機産業では，海外事業の売却，家電部門からの撤退が進められ，他の事業分野への転換が図られた．半導体を用いる情報通信機器でも日本企業は強い競争力を示していたが，2000 年代に入ると，テレビの輸入が輸出を上回る状態となったことに示されるように競争力は急落した．半製品であるモジュラー部品を組み立てて生産する方式が普及し，さらに製品設計をおこなった企業がその生産は他の大企業に委託する EMS（Electronics Manufacturing Service）による大量生産方式が普及したことが，日本的生産方式を強みとしてきた日本企業の競争力を低下させたのである．日本企業の凋落とは対照的に，アメリカ企業の製造を請け負う鴻海科技集団（本社：台湾）は世界最大のEMS企業に成長した．

半導体生産については，1980年代に世界第1位のシェアを獲得したが，対米貿易摩擦のなかで，86年に日米半導体協定が締結されて輸出規制がかけられ，91年の新協定では日本市場への外国製半導体の20%参入を認めることとなった．これらの措置は，韓国・台湾企業が急成長する結果をもたらして日本企業の競争力は低下した．その後，半導体の設計・開発と生産の分離が世界的に進んで，米国の設計・開発企業（ファブレス）などから生産委託をうける台湾積体電路製造（TSMC）などの生産企業（ファウンドリー）が巨大化し，日本企業の活動分野は狭められた．

金融と財政

アベノミクスの「大胆な金融政策」でマネタリーベースは急拡大し超低金利水準が続いたが，企業の資金需要は期待されたほどは拡大せず，金融機関は貸付業務の収益性が低下し，各種サービス手数料を重視するようになった．財務省統計によると，銀行業の自己資本に対する経常利益率は2012年度の8.1%から19年度には4.5%に低下している（『財政金融統計月報・法人企業統計年報特集』）．インターネット上での金融取引も拡大し，それを専業とするインターネット銀行も成長した．限られた地域で活動する地方銀行の間では，業務純益率低下で経営が悪化するなかで，経営統合，異業種提携などによる経営基盤強化をはかるケースが現れた．菅内閣は，地方銀行の再編による基盤強化を推進する方針を示しているので，地銀再編が進む可能性が大きい．

財政については表19-8のように，歳出では2010年度（決算）を19年度（予算）と較べると地方財政費の割合が低下し，社会保障関係費の割合が拡大している．

歳入では，景気回復が続く中で所得税・法人税が増加したことに加えて消費税率の8%，さらに10%への引き上げによる間接税の増加で租税の構成比は2010年度の40.2%から19年度には56.5%に拡大した．法人税収は，世界金融危機後に大きく落ち込んだが，その後は企業収益率が上昇して増加傾向をたどった．税制改正によって法人実効税率が引き下げられたが，租税特別措置の

表 19-8　一般会計歳出・歳入の構成　（2010・15・19・20 年度）

歳出					歳入				
項目＼年度	2010年度	2015年度	2019年度	2020年度	項目＼年度	2010年度	2015年度	2019年度	2020年度
	%	%	%	%		%	%	%	%
国家機関費	5.2	5.2	5.2	3.6	租税及印紙収入	41.3	55.1	57.5	39.6
地方財政費	19.7	17.2	15.4	9.9	租税	40.2	54.1	56.5	39.0
防衛関係費	4.9	5.2	5.4	3.3	印紙収入	1.02	1.03	1.00	0.65
国土保全及び開発費	5.9	6.5	8.1	4.4	官業益金及官業収入	0.02	0.04	0.05	0.03
産業経済費	4.5	3.4	4.2	16.8	政府資産整理収入	0.8	0.3	0.2	0.1
教育文化費	6.0	5.4	5.7	3.6	雑収入	9.8	4.6	5.8	3.6
社会保障関係費	30.4	32.5	33.1	25.6	公債金	42.1	34.2	35.4	56.3
社会保険費	22.2	24.3	24.4	16.7	前年度剰余金受入	6.1	5.7	1.1	0.3
生活保護費	2.6	2.9	2.7	1.8	歳入総額（兆円）	100.5	102.2	104.7	160.3
社会福祉費	2.2	3.1	2.7	2.5					
恩給費	0.7	0.4	0.2	0.1					
国債費	20.5	22.9	21.5	15.0					
その他	2.1	1.3	1.2	17.7					
歳出総額（兆円）	95.3	98.2	104.7	160.3					

注：2010・15 年度は決算数値，19・20 年度は予算数値．歳出の 2019 年度のその他には予備費，2020 年度のその他には予備費と新型コロナウイルス感染症対策予備費が含まれる．

縮減などで課税ベースが拡大したことで相殺された．個人所得税収も，給与所得の増加や金融資産価格の上昇にともなう財産収入の増加で増加傾向を示した．租税と社会保障負担の合計を国民所得で除した国民負担率は，2010 年度の 37.2% から 15 年度の 42.6%，19 年度の 43.8% へと上昇した．国際的に比較すると，2017 年時点で，アメリカの 34.5% は別として，ヨーロッパではイギリスが 47.7%，ドイツが 54.1%，スエーデンが 58.9%，フランスが 68.2% であるから日本の負担率はやや低い水準といえる．

国際収支　国際収支の面から見ると，表 19-9 のように，経常収支は大幅な黒字を続けてきたが，2011 年からは貿易収支が赤字になりサービス収支の赤字と合わせて貿易・サービス収支も赤字に転じた．第一次所得収支（海外投資収益）の黒字で経常収支の黒字は維持できたがその額は縮小した．16 年からは貿易収支はふたたび黒字に転じ，海外からの旅行客の増加と知的財産権等使用料の増加でサービス収支も赤字額が縮小したので経常収支の黒字は拡大した．2000 年と 2019 年を較べると，経常収支を 100 とする貿易収支の割合は 90 から 2 に激減し，サービス収支の割合はマイナス 38 からプラス 1 に転じて，貿易・サービス収支の割合は 53 から 2 に縮小した．対照的にサービ

表 19-9 日本の国際収支 (2000・2005・2010～20 年)

年	経常収支								第一次所得収支	第二次所得収支
		貿易・サービス収支								
			貿易収支			サービス収支				
				輸出	輸入		受取	支払		
	10億ドル	10億ドル	10億ドル	10億ドル	10億ドル	10億ドル	10億ドル	10億ドル	10億ドル	10億ドル
2000	130.6	69.0	118.0	454.3	336.4	△48.9	69.4	118.3	71.4	△9.8
05	170.1	69.8	106.9	571.2	464.3	△37.1	102.0	139.1	107.9	△7.6
10	221.0	78.3	108.5	735.4	626.9	△30.3	134.6	164.9	155.1	△12.4
11	129.7	△39.4	△4.4	790.1	794.6	△35.0	140.8	175.8	183.0	△13.8
12	59.7	△101.7	△53.9	776.0	829.9	△47.8	136.8	184.6	175.6	△14.2
13	45.9	△125.6	△89.9	694.5	784.5	△35.7	135.2	170.9	181.5	△10.0
14	36.8	△128.8	△100.0	700.0	800.0	△28.8	164.0	192.8	184.6	△19.1
15	136.4	△23.5	△7.4	622.1	629.5	△16.0	162.6	178.7	176.2	△16.3
16	197.7	40.7	51.3	635.8	584.5	△10.6	175.8	186.4	176.7	△19.8
17	203.5	37.9	44.0	688.9	644.9	△6.2	186.9	193.1	184.5	△19.0
18	177.0	1.8	11.0	736.1	725.1	△9.2	194.4	203.6	193.4	△18.3
19	188.1	4.6	3.5	697.4	694.0	1.1	207.3	206.2	196.2	△12.6
20	165.6	△4.1	29.0	630.1	601.1	△33.1	157.5	190.6	193.4	△23.8

注:「国際収支状況」(財務省・日本銀行発表) 数値をジェトロがドル換算した数値. △はマイナスを示す.

ス収支の受取の割合は 53 から 110 に拡大し，第一次所得収支の割合も 55 から 104 に拡大した．経常収支黒字が製品輸出に支えられる時代から，資本と知的財産の輸出が黒字を稼ぎ出す時代へと移行してきたことがわかる．

COVID-19

パンデミックの発生 新型コロナウイルス COVID-19 による感染流行が最初に始まったのは 2019 年 12 月で，中国は武漢市封鎖措置と監視体制強化で感染拡大の阻止に成功したが，感染は急速に世界に広まり，パンデミックが発生した．表 19-10 に示したように 2022 年 12 月末までに感染者は全世界で 6.65 億人（世界人口の 8.3%），死者は 670 万人（同 0.08%）に達した．最も被害が大きかったアメリカでは罹患者が 1.03 億人（人口の 30.6%），死者数は 112 万人（同 0.33%）に及んだ．日本でも当初は感染者が少なかったが 2022 年春ころから急増し年末までに 292.1 万人（人口の 23.3%）が感染し，5 万 7266 人（同 0.05%）が死亡した．各国政府は，人々の外出や移動を規制する対策をとって感染の拡大を鎮圧しようとしたが成果を上げることは困

表 19-10　コロナ・パンデミック関連の指標

国	経済成長率		コロナ関連財政支出		コロナ関連財政・金融措置		コロナ罹患数			
	2019年	2020年	実額	対GDP比率	実額	対GDP比率	累計罹患者数	累計死者数	人口当たり累計罹患者率	人口当たり累計死者率
	%	%	10億米ドル	%	10億米ドル	%			%	%
世界	2.8	−3.5					664, 782, 974	6, 696, 925	8.3	0.08
日本	0.3	−5.1	782	15.6	2210.4	44.0	29, 212, 535	57, 266	23.3	0.05
ドイツ	0.6	−5.4	418	11.0	1472.1	38.9	37, 369, 865	161, 465	44.6	0.19
フランス	1.5	−9.0	198	7.7	602.7	23.5	39, 316, 017	161, 962	60.0	0.25
イタリア	0.3	−9.2	127	6.8	790.2	42.3	25, 143, 705	184, 642	41.7	0.31
スペイン	2.0	−11.1	52	4.1	236.0	18.6	13, 684, 258	117, 095	29.3	0.25
イギリス	1.4	−10.0	441	16.3	877.3	32.4	24, 135, 084	198, 937	35.2	0.29
アメリカ	2.2	−3.4	3503	16.7	4013.3	19.2	102, 513, 690	1, 117, 983	30.6	0.33
カナダ	1.9	−5.5	240	14.6	306.0	18.7	4, 475, 268	48, 948	11.7	0.13
中国	6.0	2.3	711	4.7	903.5	6.0	430, 334	5, 248	0.03	0.00
インド	4.2	−8.0	81	3.1	215.0	8.1	44, 679, 564	530, 705	3.2	0.04
インドネシア	5.0	−1.9	29	0.9	38.4	3.5	6, 719, 815	160, 612	2.4	0.06
ロシア	1.3	−3.6	42	2.9	63.3	4.4	21, 798, 509	393, 712	15.0	0.27
ブラジル	1.4	−4.5	118	8.3	206.0	14.5	36, 354, 255	693, 941	16.9	0.32
メキシコ	−0.1	−8.5	7	0.7	20.8	2.0	7, 234, 467	331, 099	5.5	0.25
サウジアラビア	0.3	−3.9	15	2.2	21.2	3.0	827, 004	9, 518	2.3	0.03
ナイジェリア	2.2	−3.2	6.4	1.5	6.4	1.5	266, 381	3, 155	0.1	0.00
南アフリカ	0.2	−7.5	16	5.5	28.5	9.8	4, 049, 202	102, 568	6.7	0.17

注：経済成長率は IMF: World Economic Outlook, January 2021. 財政支出額，財政・金融措置額は 2020 年末までの累計で GDP 比は 2020 年 GDP に対する比率．IMF: Database of Country Fiscal Measures in Response to the COVID-19 Pandemic, January 2021．コロナ罹患数は，2022 年 12 月末の数値で Worldometer のウェブサイト（https://www.worldometers.info/coronavirus/worldwide-graphs/）による．

難な場合が多く，ワクチンの開発・認可と接種を急いだ．

人々の外出・移動規制は経済活動に大きな影響を及ぼし，2020 年の国内総生産は，アメリカで 3.4%，イギリスで 10%，ドイツで 5.4%，フランスで 9%，イタリアで 9.2%，ロシアで 3.6% などの縮小となり，2.3% の成長を実現した中国を例外として，インドで 8%，ブラジルで 4.5%，サウジアラビアで 3.9%，南アフリカで 7.5% の縮小であった（IMF 統計による）．日本も図 19-2 に示したように前年比 4.8%（IMF 統計では 5.1%）の大幅なマイナス成長になり，実質 GDP は 2013 年の水準になった．

経済活動の縮小は企業経営と国民生活に大きな打撃となり，所得が減少した国民への現金給付，経営が悪化した企業への補償金給付がおこなわれ，政府の財政支出は急拡大した．IMF 推計によると 2020 年末までのコロナ関連の財政支出は，アメリカでGDPの16.7%，イギリスで16.3%，日本で15.6%，カナダで14.6%，ドイツで11%など巨額に昇っている．財政支出に救済金融など金融措置を加えるとアメリカでGDPの19.2%，日本で44%，ドイツで38.9%の大きさになる．

日本のコロナ流行 日本では2020年2月からコロナ流行がはじまり，イベント・スポーツの自粛や学校の臨時休校がおこなわれ，3月には新型コロナウイルス感染症を新型インフルエンザ等対策特別措置法の対象に加える改正法が実施され，夏に予定されていたオリンピック・パラリンピックの1年延期が決定された．4月に安倍内閣は緊急事態宣言を発令して，不要不急の外出自粛，小売店・飲食店の営業時間短縮，教育機関の一時閉鎖などの措置をとり，国民への1人一律10万円の特別定額給付金や企業への雇用調整助成金，医療体制充実のための緊急包括支援交付金を含む大規模な経済対策を打ち出した．緊急事態宣言が5月に解除されると，7月には「GoToキャンペーン」が実施されて旅行や外食の奨励による経済活動への梃子(てこ)入れが図られた．20年夏には流行の第2波が起こり，11月には第3波に見舞われて「GoToキャンペーン」は停止され，21年1月には2回目の緊急事態宣言が菅義偉内閣によって東京，埼玉，神奈川，千葉に発令され，対象地域を拡大させながら3月まで続けられた．

しかし，大都市圏で変異ウイルス（アルファ株）流行の第4波が発生し，4月には，まん延防止等重点措置が特定県に発動され，さらに第3回の緊急事態宣言が東京などに発令され，5月には対象区域拡大がおこなわれた．6月には緊急事態宣言が解除されてまん延防止等重点措置に切り替えられたが，変異ウイルス（デルタ株）拡大による第5波発生が懸念され，7月には東京に4回目の緊急事態宣言（9月まで）が出された．この間，外国産のmRNAワクチン接種も2月から医療関係者を対象に開始され，高齢者へと順次進められた．

東京オリンピック・パラリンピックについては，開催の是非が大きな問題になったが，オリンピックについては，予定通りに7月23日に開会式がおこなわれ，東京，神奈川，埼玉，千葉などの会場では無観客の競技となった．パラリンピックも原則無観客開催となった．

ウイルス流行の第5波は拡大し，8月には特定区域に緊急事態宣言やまん延防止等重点措置が出され9月まで続けられた．感染の収束かと期待されるなか，22年1月からは変異ウイルス（オミクロン株）による第6波が発生し，8月には第7波，12月には第8波と感染は急拡大した．オミクロン株流行に対して，政府は，当初はまん延防止等重点措置を実施したが，第7波以降は，新たな行動制限を行うのではなく，社会経済活動をできる限り維持しながら保健医療体制を確保し，新型コロナウイルスと併存しつつ平時への移行をはかるという「with コロナ」の方針を採用した．

展望――人類史の新しい時代へ

世界経済　21世紀の最初の20年間を過ぎて，第3変質期の資本主義が人類史的課題に対応するには不適格な体制であること（22-3ページ参照）はますます明らかになった．金融工学を駆使したマネーゲームは，世界金融危機を招いたが，国際投機資金の有効な規制策は講じられていない．パンデミックは，貧富の格差が拡大する世界の姿をあぶりだし，社会を安定的に維持するためには政府の政策的措置が必要であることを明らかにした．

アメリカの国際競争力が弱化して，1973年にドルの金交換停止がおこなわれてからも，ドルは世界の基軸通貨としての座を維持し続け，アメリカの世界戦略の下で，過剰に供給されるドルが，国際的投機を加速させた．アメリカは，製造工業の国際競争力の劣化を補うかたちで金融大国化し，さらに，情報化時代の先端をきってICT（情報通信技術）の優位を確保し，ネット社会のプラットフォームを形成する巨大企業ビッグ・テック（アルファベット，アマゾン，メタ，アップル，マイクロソフト）をはじめとする新しい企業活動を活性化させることに成功した．また，新しい技術（フラクチャリング）で石油（シェールオイル）・天然ガス（シェールガス）の採掘に成功したアメリカは，ふたたびエネルギー資源大国として復活した．

経済力を再強化したアメリカは，急速に成長して大国化する中国との覇権争いを開始し，新たな冷戦時代の到来も懸念される状況となった．国際協調より自国第一を選んだトランプ大統領は選挙に敗れてバイデン大統領がふたたび国際協調にむけて舵を切り直したが，中国との対抗姿勢は続けている．

しかし，環境問題や資源問題に直面した現代の人類には，覇権争いをしている余裕はない．温暖化ガスの排出をゼロにする目標を掲げた生産・消費システムの構築が世界的な課題となり，その実現への努力も開始されている．限りある地球の環境・資源のなかで人類が生存し続けるには，持続可能な新しい経済システムを構築することが不可欠である．2015年9月の国連では「持続可能な開発目標SDGs　Sustainable Development Goals」が採択され，人間People，繁栄Prosperity，地球Planet，平和Peace，共同Partnershipの5つのPを目指して，貧困・飢餓の撲滅，ジェンダーの平等，持続可能な経済成長，地球環境の維持，平和の維持など17の目標が掲げられた．

ところが，2022年2月には，ロシアがウクライナに軍事侵攻を開始し，世界情勢は一変した．2014年にウクライナ内部の紛争を機に，南部のクリミア地方をクリミア共和国として領土に編入したロシアは，ウクライナのEUとNATOへの加盟を阻止することを意図して軍隊を派兵し，首都や東部諸州の制圧を図った．欧米諸国は，ロシアへの制裁措置を強め，ウクライナへの軍事援助を開始した．ウクライナの抵抗はロシアの予想より厳しく，戦況はロシアにとって好ましい展開にはならないまま年を越した．

国連総会の緊急特別会合は，ロシア軍のウクライナからの即時撤退を求める決議を採択したが，実効性に乏しく，国連中心の世界秩序維持機構の弱さがさらけだされた．さらに，ロシアのウクライナ侵攻は石油・天然ガスなどエネルギー資源価格の高騰を招き，コロナ・ショックからの回復過程で発生した先進諸国のインフレーションに拍車をかけた．エネルギー価格高騰は，石炭火力と原子力への依存を招き，再生可能エネルギー利用によるSDGsの実行にブレーキをかけることも懸念されている．

2022年は，世界情勢の大きな転換点となることが予想される．

日本経済

日本経済は，大きな課題に直面している．アベノミクスの国際比較からの評価で指摘したように，21世紀に入ってからの日本の経済成長率は，先進諸国の長期停滞傾向の中でも目立って低下している．スイスの国際経営開発研究所IMDが発表する国際競争力の国際比較で，1992年までは総合1位と評価されていた日本が次第に順位を落として，2010年には総合26位となり，2020年には総合34位にまで下がった．経済成長至上主義を放棄して持続可能な経済を構想する場合にも，国際競争力の回復が必要である．

2021年末の対外純資産が411.2兆円で連続31年も世界最大の債権国の地位にあるとはいえ，「モノ造り」を得意とする日本は，イギリスやアメリカが歩んだような金融大国への道を進むことは不相応である．少子高齢化時代にふさわしい持続可能な新しい経済産業構造を創り出すことが求められている．

国連の「持続可能な開発目標SDGs」の採択に対応して，日本でも2016年6月に内閣にSDGs推進本部が設置され，SDGs実施指針，SDGsアクションプランが策定された．第5期科学技術基本計画（2016年閣議決定）で打ち出された「ソサエティ5.0」（経済発展と社会的課題の解決を両立する人間中心の社会）の推進と関係させながら，アクションプランが毎年策定されている．2019年末に発表されたアクションプラン2020では，2030年の温室効果ガス排出量を2013年比で26.0％削減し，さらに2050年までに80％を削減するという従来の目標を前提に，省エネルギー・再生可能エネルギー導入・脱炭素イノベーションの推進が掲げられていた．さらに，菅首相は2020年10月の所信表明演説で，国内の温暖化ガスの排出を2050年までに「実質ゼロ」とする方針を表明し，21年4月には2030年までの二酸化炭素排出量削減目標を2013年度比46％減とする新目標を発表した．

太陽，風力，水力，地熱，バイオマス，波浪などの自然エネルギーを活用する技術は日本でも育っている．太陽光発電では日本は1990年代には先端を走り，2000年にはIEA加盟国の発電設備設置量の48.7％を占めるにいたった．ところがその後，中国，アメリカ，ドイツなどが急速に設置量を拡大して，2019年にはIEA加盟国中の日本のシェアは10％にまで低下した．日本の一次エネルギー供給は，2000年度には81.4％を化石燃料，12.6％を原子力，3.3％を水力にたより，新エネルギー（水力を除く再生可能資源による）は2.7％であったが，2020年度には原子力は1.8％に減少し，化石燃料は84.9％，水力は3.7％，新エネルギーは9.6％の構成に変化した．新エネルギー利用は拡大しているが，ドイツやイギリスに較べるとまだ構成比は低い．一次エネルギー供給の化石燃料依存度が高い日本で温暖化ガス排出ゼロを実現するには，発電分野から金属精錬・輸送機器をはじめとする工業分野，さらに農林業分野にわたる広汎な技術革新が必要となる．

農業では，温暖化のなかで世界の食料供給力が低下する可能性も指摘されている．1980 年代には 50% を上回っていた日本の食料自給率（カロリーベース）は，1990 年代に 40% 台に下がり，2018 年度には 37% に低下した．持続可能な経済を維持するには食料自給率の回復も大きな課題である．

大災害とパンデミックを経験して，消費者の間では，過剰な消費を抑制しようとする新しい生活意識も生まれてきた．そもそも，先進諸国が到達した「富裕な社会」の生活水準を，現在の科学技術水準で全人類がいま享受すると仮定すれば，この地球は，環境破壊と資源蕩尽でただちに人類の生存の場として不適当なものになることはほぼ自明である．「富裕な社会」は，人類史的には，不平等を前提として成り立つ「歴史社会」のひとつにすぎない．

経済成長を第一の目標とした政策選択とそれを支える経済思想は，いまや捨て去るべき時期ではなかろうか．優先するべきは人間の生活であり，人間のための持続可能な経済活動である．人間の欲望を無限大に刺激する企業活動に替わって，人間の欲望に応じた生産活動が展開されねばならない．その前提としては，欲望を持つ人間が，地球上での持続可能な消費を心がけねばならない．供給＝生産重視の経済思想ではなく，消費＝需要重視の経済思想が望ましい（三和良一〔73〕〔74〕）．政府は，経済第一ではなく，国民第一の政策を選択しなければならない（井手英策〔72〕）．

消費経済システムについて，欧米は供給主導型であるのにたいして日本は需要主導型であることを指摘した研究がある（寺西重郎〔65〕）．「もったいない」という意識に示されるような日本の経済風土が欧米と異なることは事実である．大災害に見舞われパンデミックで揺すぶられた日本で，新しい消費経済システムが誕生する可能性はある．平和・不戦を国是とする日本が世界に国家のあり方の典範を示したように，新しい消費社会を世界の典範として示せる時が来ることを期待したい．

ロシアのウクライナ侵攻など近隣諸国を含む国際情勢の変化に対応するため，岸田文雄内閣は 2022 年 12 月に反撃能力を含む防衛力強化方針を決定した．安全保障政策の転換は，国際関係を悪化させるとともに，際限のない財政支出を招くおそれがある．新しい国際情勢に対しては，国民の意思を踏まえた慎重な対応が必要である．

付録図　金融機関の再編成（2023年1月現在）

三菱UFJフィナンシャル・グループ

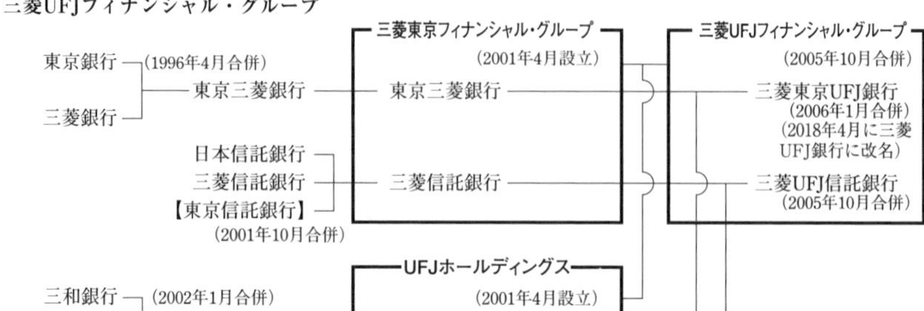

三井住友フィナンシャルグループ

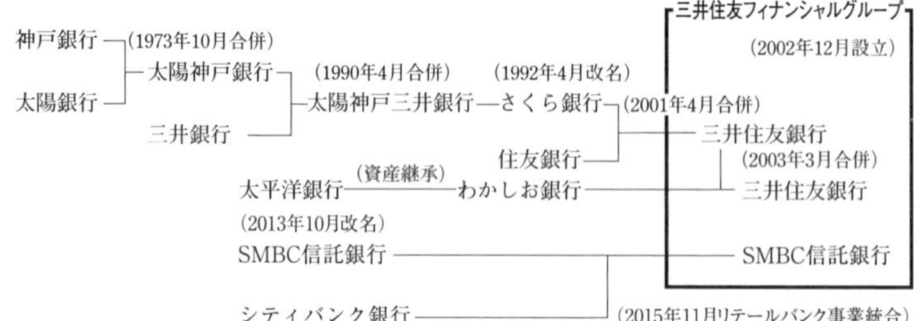

三井住友トラスト・ホールディングス

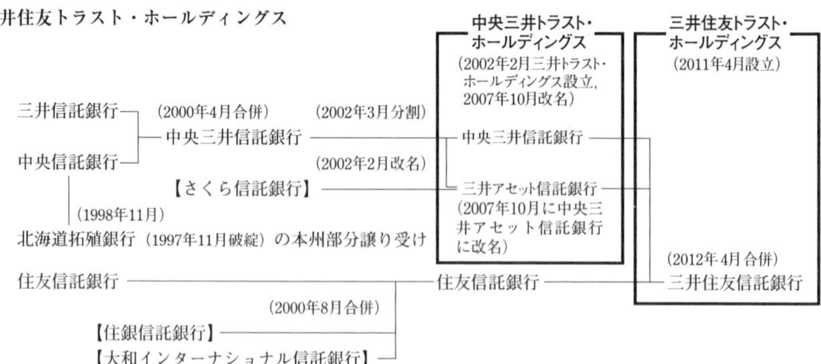

注：太枠で示されたうち，ゴシック体は金融持株会社名，枠内は傘下銀行を示す（銀行以外の傘下企業は省略）.
【　】内の信託銀行は，金融機関子会社．大和インターナショナル信託銀行は，大和証券の子会社.

みずほフィナンシャルグループ

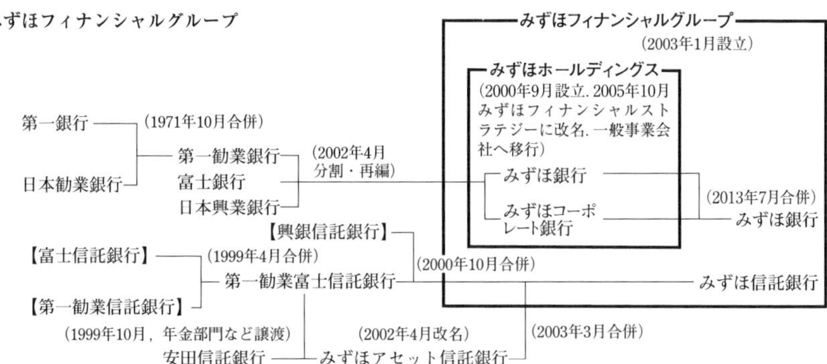

りそなホールディングス

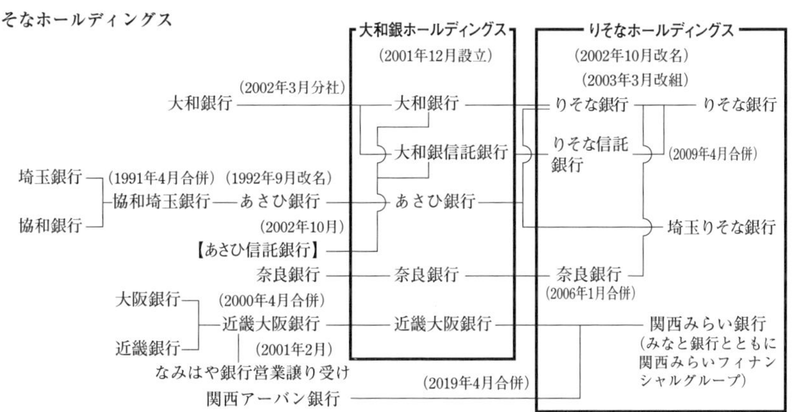

(2003年6月, 公的資金注入により実質的国有化. 15年6月で, 公的資金完済.)

SBI新生銀行

日本長期信用銀行 ——(2000年3月改名)—— 新生銀行 ——(2023年1月改名)—— SBI新生銀行

(1998年10月破綻・特別公的管理＝一時国有化. 2000年3月リップルウッド, トラベラーズ・インベストメント・グループなどが出資するニューLTCBパートナーズが買収. 2004年2月東証上場. 04年4月普通銀行に転換. 06年11月ニューLTCBパートナーズとの関係解消. 2021年12月にSBIホールディングスの連結子会社となる)

【長銀信託銀行】 ——(2000年3月改名)—— 【新生信託銀行】

あおぞら銀行

日本債券信用銀行 ——(2001年1月改名)—— あおぞら銀行

(1998年12月破綻・特別公的管理＝一時国有化. 2000年9月ソフトバンク, オリックス, 東京海上火災保険などが共同出資するコンソーシアムが買収. 2003年9月ソフトバンク所有株式をサーベラス・グループが買収して筆頭株主となる. 2006年4月普通銀行に転換. 06年11月東証上場. 13年8月でサーベラスが保有株を全株売却. あおぞら信託銀行の後身のGMOあおぞらネット銀行から, 18年10月に信託業務を承継・兼営.)

第 4 版 あとがき

1993 年の初版以来 2 回の改版をおこない，3 回目の改版に至った．30 年近くの間に，日本経済史研究は深められてきており，新しいテキストブックも刊行されている．これまでの改版では手を付けてこなかった章についても新しい研究に言及する必要が感じられ，第 3 版以後の時期を書き加えながら第 4 版の制作を進めた．変化が激しい時代の分析には複眼的視点が有効と思い，次の世代である三和元（岐阜協立大学経済学部准教授）との共著として第 4 版を刊行することとした．

第 1 章については，近年しばしば登場するキーワードであり著者も論じている*「欲望」を歴史分析に取り入れる試みをおこなった．生産＝供給サイド中心の経済史分析に消費＝需要＝欲望サイドからの視点を加えることによって歴史の推進力が一層明確になると思われるからである．

*「経済学は欲望をどのように捉えてきたか」（『青山経済論集』70–2，2018 年 9 月），「経済史は欲望をどのように捉えてきたか（同上 73–1，2021 年 6 月）

第 2 章から第 17 章には 45 カ所ほどの加筆をおこない，研究史の進捗に対応した．とくに第 4 章では松方財政論を補強し，第 7 章には産業構造論と金融構造論を補い，第 8 章には日本帝国主義論を加え，第 10 章では井上財政論，第 11 章では高橋財政論，第 14 章ではドッジ財政論を補強した．第 16 章のタイトルは「高度経済成長の終焉」から，用語法がほぼ定着した「安定成長」に改めた．第 11 章・第 16 章に小見出し項目として「国民生活」を加えたのは消費＝需要＝欲望サイド視点の補強である．付録図と参考文献も更新した．

第 18 章は旧章前半を新 18 章として 2002 年 2 月にはじまり 73 カ月と戦後最長を記録した景気上昇と 2008 年の世界金融危機への対応までの記述とし，最長の景気回復が小泉首相の「構造改革なくして景気回復なし」との主張の実現であるかどうかを検討し，世界金融危機が市場原理主義的な 21 世紀資本主義の当然の帰結であることを示した．旧 18 章後半の東日本大震災以降を第 19 章として新設し，アベノミクスからパンデミックまでを記述した．

アベノミクスについては，国内経済指標にある程度のプラス効果が認められるものの，国際比較の面からはこの期間の日本経済の立ち遅れが著しいことを明らかにした．東日本大震災と原発事故の打撃を受けた日本経済は，アベノミクスのなかでむしろ劣化が進行したともいえる．株主重視の企業運営は企業利益率と株価を高めたが，その背後では勤労者所得の低迷，所得格差の拡大が進んでいた．安倍長期政権下の政治の劣化と相まって日本の社会は停滞状況を呈した．

そのとき新型コロナウイルスによるパンデミックに襲われることとなった．感染防止対策は，経済停滞，所得格差を悪化させ，ICT 時代で進んでいた個人の分立化を加速させた．日本の経済社会の在り方を大きく変えるべき時代を迎えたことは明らかである．新しい姿は国際社会でもまだ描き出されてはいない．第 3 版のあとがきでも触れたように，新しい社会の構築には消費者が「過剰富裕化」社会と決別することが不可欠である．日本の歴史が育んできた日本的価値意識を踏まえながら来たるべき社会を構想することが期待される．本書が，新しい社会にむけての知的営為にいささかなりとも役立つことが著者の願いである．

第 4 版の刊行に際しては，東京大学出版会の大矢宗樹氏に記述内容についての貴重なご意見を含めて大変お世話いただいた．感謝申しあげたい．

2021 年 7 月

三　和　良　一
三　和　　　元

第3版 あとがき

第3版では，第17章を補填しながら新しい第18章を追加した．第17章では，第2版刊行時に進行中であった小泉構造改革の顛末を書き加えた．安倍・福田・麻生と続いた短命な内閣で自民党政権は終わり，2009年9月には鳩山民主党・国民新党・社民党連立内閣が登場してManifesto 2009の実行に着手した．子育て支援・福祉拡充は，第3変質期資本主義に沿った小泉改革とはやや異質なものを感じさせたが，沖縄基地問題・政治資金問題でつまずき，社民党が離脱して菅内閣に代わった．参院選敗北で与党は過半数を割り，ねじれ国会となるなかでマニフェストの実質的な修正を迫られ，3・11大震災への対応に手こずり，首相は野田佳彦に交代する．この目まぐるしい内閣交替の時期が，第18章の対象である．

安藤良雄編『近代日本経済史要覧』を原朗さんとの共編『近現代日本経済史要覧』(2007年）に改める作業をおこない，その「補訂版」(2010年）も作りながら，21世紀に入ってからの日本経済の大きな変容を感じていた．第18章では，その変容の実態を描き出すことを試みた．世界舞台が，第3変質期資本主義であることは，加藤榮一・馬場宏二さんとの共編『資本主義はどこに行くのか—二十世紀資本主義の終焉』(2004年）で確認しておいたが，この10年ほどの日本経済の変容は，武田晴人さんが提起した「遷移」(『高度成長期の日本経済』）に相当するものと言えよう．

「遷移」した日本経済は，「モノ造り」大国として生きる新しい道を見出す必要に迫られていたが，その時に，3・11を迎えた．脱原発が世論となり，日本には，エネルギー供給体制の再編を軸に大きな構造転換をおこなう選択肢が現れた．それを選択して日本経済のさらなる「遷移」を実現するには，消費者には「過剰富裕化」社会と決別する勇気が，生産者には「過剰消費」を煽らない節度が，そして政治家には目標を明示しての指導性が求められる．いずれも，無いものねだりの感は深いが，それなくしては，現在の人類史的危機に対処する道の先達とはなり得ない．3・11大災害の不幸を，新しい日本経済構築の契機に転ずることができれば，災害の犠牲となった方々も慰めを得られるであろう.

第3版では，第18章との関連で，第16章の為替相場表（表16-4），第17章の輸出分類表（表17-4）の補整をおこない国勢調査の速報値を確定値に改め（表17-5・7），本文記述も修正した．巻末の金融機関の再編成図は，増刷の際に必要な修正を加えてきたが，今回の改訂図で，4グループへの再編成も一段落を迎えたようである．第17章の本文をその後の経過に応じて改めた部分もある．参考文献は，2002年以後の研究書を追加した．

改訂に際しては，馬場宏二さんと杉山裕さん（青山学院大学非常勤講師）から貴重なアドヴァイスをいただいた．馬場さんは，グローバリズムのリーダー，アメリカの本性（暴力性と投機性）を明らかにしないと現代は読めないと言われる．同感ではあるが，本書で記述する余裕はなかったので，ぜひ『宇野理論とアメリカ資本主義』(2011年，御茶の水書房）をご参照いただきたい．

消費者が「過剰富裕化」社会と決別するには，生活価値意識の転換が必要である．2009年7月の南開大学（中国天津市）国際シンポジウムでは，The Real Crisis behind the Current Global Crisisを報告して，仏陀の「知足」（遺教経）を現代に活かすことを提起した（南開大学世界近現代史研究中心『世界近現代史研究』第六輯，2009年).「過剰富裕化」を推し進める「欲望の主体」を歴史に登場させた近代的個人主義を相対化する手がかりとしては，夏目漱石の「則天去私」も再発見されるべきであろう（南開大学日本研究院主催国際シンポジウム報告「近代的個人主義の再検討」，2011年9月).

第3版の刊行に際しては，東京大学出版会の大矢宗樹氏にお世話いただいた．感謝申しあげたい．

2011年10月

三　和　良　一

追記　初校を待つなか，10月14日に馬場宏二さんの訃報に接した．さきに逝った加藤榮一さんと三人で取り組んできた資本主義批判のささやかな続編である本書を，おふたりに捧げたい．

第2版 あとがき

初版では1985年のプラザ合意前までを記述の範囲としていた．1980年代からの，現代資本主義の変調の意味を確定できなかったためである．その後の経緯から見て，資本主義が第3の変質期に入ったと判断できそうなので，改訂作業を行うこととした．改訂は，第1章の資本制社会の発展過程の記述に「第3の変質期」を加えたうえで，旧第15章の前半部を再編加筆し，後半部を，第16章「高度成長の終焉」として分離して，バブル期までを記述し，第17章「平成不況」で，2001年まで筆を伸ばした．もとより，2001年時点の経済を的確に記述することは，不況の行方ひとつをとっても，不可能である．経済史の記述としては違和感を覚えながら，小泉政権の登場に，日本における「第3の変質期」の特徴を感じて第17章を書き加えた．

初版にたいしては，橋本寿朗さんから「一国経済史の観点が強すぎる」との批判をいただいた（『近代日本経済史』岩波書店）．改訂に際しては，高度経済成長の終焉を，世界史的な観点から位置づけることで，橋本さんの批判に応えようとした．改訂作業を進めていたさなか，2002年1月15日に，橋本さんの突然の訃報に接した．経済史・経営史分析に新しい考え方を提起してきた橋本さんのこれからの理論展開に期待するところは大きかっただけに，痛恨の極みである．

読んで貰うことはできなくなったが，この改訂第2版を橋本さんの霊前に捧げたい．

参考文献は初版刊行（1993年）以降の刊行書を追加した．私も，その後，『日本近代の経済政策史的研究』（日本経済評論社），『戦間期日本の経済政策史的研究』（東京大学出版会），『日本占領の経済政策史的研究』（日本経済評論社）の3書を公刊（近刊予定）した．既発表論文などを収録したものであるが，3書のはじめには，方法論や研究史紹介を置いたので，本書を補完する部分としてお読みいただければ幸いである．

2000年5月1日には，大学院以来ご指導頂いてきた山口和雄先生とお別れすることとなった．最後まで研究生活を続けられた山口先生のご一生からは，限りしれないものを学ばせていただいた．尽きせぬ感謝を胸に，謹んでご冥福をお祈りしたい．

第 2 版刊行に際しては，東京大学出版会の黒田拓也氏と池田知弘氏にお世話いただいた．感謝申し上げたい．

2002 年 6 月　　　三　和　良　一

初版 あとがき

本書の母体は，放送大学の印刷教材として1984年に刊行した『近代日本経済史』(85年からは『日本経済史－近代』，88年からは『改訂版日本経済史』，放送大学教育振興会刊）である．1985年4月開学の放送大学で「日本経済史」を担当することとなり，テレビ講義とテキストの作成に入ったときには，通史をまとめることの難しさをあらためて痛感した．テレビ講義には，石井寛治・高村直助・中村政則・武田晴人・原朗・橋本寿朗（出演順）の諸氏にご出演いただき，テスキトでは，宮島英昭・岡崎哲二・沢井実・橘川武郎・杉浦勢之の諸氏にご協力いただいて，ようやく講義を構成することができた．1984年8月からテレビ朝日で予備放送（テレビ大学講座）をおこない，85年4月から4年間，放送大学の電波に講義が乗った．1989年4月からは，ラジオ講義に編成替えし，馬場宏二・斎藤修・石井寛治・中村政則・加藤榮一・武田晴人・原朗・橋本寿朗の諸氏にご出演いただき，93年3月まで4年間，講義を続けた．諸氏のご協力のお蔭で，講義はひとまずご好評を賜り，8年間を無事終了することができた．ここにあらためて，諸氏に心より感謝申し上げたい．

放送大学講義終了とともに印刷教材は廃刊の運命にあったが，大学講義の便を思って，東京大学出版会の大江治一郎氏にお願いしたところ，刊行をお引受けいただけることになったのは幸いであった．この機会に，学界研究の進展を踏まえながら，テレビ・ラジオ講義の内容も盛り込んだ新版を刊行させていただいた次第である．とくに，第1章に「資本制社会の発展過程」を補足し，第13章・第14章・第15章を書き改めた．近現代の日本経済史についてのイメージを私なりにスケッチした通史ができたが，概説書というには，少々私見（偏見？）が出すぎたような気がする．研究者はもとより読者諸氏からのご批判を覚悟のうえで刊行させていただく．忌憚なきご批判を賜りたい．

経済史への思い入れは「はじめに」に述べた通りであるが，近現代通史を書く気持ちは本書の母体の「まえがき」と変わりないので，ここに再録させていただきたい．

日本経済史の講義を，与えられた時間と私の能力の限界から，近代日本経済史に限定したことはお許しいただくとして，近代日本経済史を，私は，「高度成長礼賛(らいさん)」の立場から論述しようと思ってはいない．近代日本の経済成長が「高度成長」であったことは，まぎれもない事実であり，その成長の理論的・歴史的要因の分析は，この講義の中心テーマになっている．しかし，20世紀も最後の四半世紀に入った現在，「高度成長」型の歴史社会である近代社会が重大な危機に直面していることは，しだいに，明白になりつつある．近代科学技術の発達が核兵器の巨大な集積を可能にして，人類史の未来に暗い陰を投げかけている事実を別としても，現代は人類史上の「危機の時代」と感じられる．経済史の立場からすれば，それは人間の再生産を可能にする資源的基盤の維持が困難になるというかたちの危機である．これは，一方では「オイル・ショック」が感覚的に理解させてくれた，生産的資源の有限性の問題であり，他方では，「公害」に示されるような，地球的規模で進行する生存環境の破壊の問題である．

近代初期のエネルギー危機，つまり，森林資源（長期的には再生可能資源）の枯渇の危機を石炭（再生不能の化石エネルギー）の利用で切り抜け，石炭利用が誘発した産業革命によって経済体制としての基盤を確立した近代社会（近代資本制社会）は，石炭から石油へと化石エネルギー使用を進め，「高度成長」を実現するなかで，再び，エネルギー危機に直面したことになる．核燃料はじめ代替エネルギー資源の活用と開発が試みられているものの，なお，石炭・石油に代替しうるエネルギーを人類は手にしていない．産業廃棄物・生活廃棄物など「負の生産物」による生存環境の破壊は，経済活動が大規模になるとともに問題化し，部分的には破壊作用防止に成果をあげたとはいえ，化石エネルギー使用にともなう大気中の炭酸ガス濃度の上昇など，その影響が未知な問題も含めて，なお，多くの未解決の問題が存続している．

近代社会が解放した巨大な生産力は，大量生産・大量消費を可能にし，新しい欲求の対象物を創り出しながら，一面で，物質的に豊かな社会を出現させた（地球上の限られた地域ではあるが）．しかし，他面で，人類史上，未経験な「危機の時代」ももたらすことになった．近代社会の経済成長の過程を，そして，その一部分である近代日本の成長過程を，歴史として記述しようとする場合に，現代を危機の時代と認識する立場を，私はとらざるをえなかった．このような立場をとることは，ただちに歴史記述の内容を規定することにはならない（たとえば，「公害」の史実を特に重視するわけではない）が，講義を支える問題意識を，あらかじめ知っていただくことは，講義を理解していただくためにも，また，講義を批判していただくためにも，有用であろうと思う．申すまでもなく，「高度成長」の要因分析が，近代社会（資本制社会のみならず，社会主義社会も含めて）が直面する危機の克服への途を探る知的営為に，なにがしか役立つことが私の願いである．

本書は，数多くの経済史学・歴史学・経済学の研究者の業績に導かれている．とくに，学部学生時代いらいご指導いただいた故安藤良雄先生，大学院時代いらいご指導いただいている山口和雄先生はじめ先学の学恩への感謝の念は，言葉に尽くすことができない．刊行に際しては，東京大学出版会の大江治一郎氏と高橋朋彦氏に大変お世話いただいた．ご指導，ご協力いただいた方々に，心より感謝申し上げたい．

1993年2月　　　　三　和　良　一

参考文献

＊入門書と代表的研究書をあげた．より詳細な文献検索には三和良一・原朗編『近現代日本経済史要覧（補訂版）』を参照されたい．〔　〕内の数字は本文中の注の出典数字に対応する．

多くの章に共通の通史・統計・年表・資料集・部門史

有沢広巳監修・安藤良雄他編『昭和経済史』日本経済新聞社，1976 年.（日経文庫（上・下）1980 年．三橋規宏・内田茂男『昭和経済史』（下）が 1994 年に刊行されて，旧下巻は，中巻に名称変更）

安藤良雄『現代日本経済史入門』日本評論社，1963 年〔1〕

安藤良雄『現代日本経済史講義（第 2 版）』東京大学出版会，1972 年

石井寛治『日本経済史（第 2 版）』東京大学出版会，1991 年〔2〕

石井寛治『資本主義日本の歴史構造』東京大学出版会，2015 年〔3〕

石井寛治『資本主義日本の地域構造』東京大学出版会，2018 年

石井寛治・原　朗・武田晴人編『日本経済史 6　日本経済史研究入門』東京大学出版会，2010 年

石井寛治・海野福寿・中村政則編『近代日本経済史を学ぶ』（上・下）有斐閣，1977 年

梅村又次・新保　博・中村隆英他編『日本経済史』（全 8 巻）岩波書店，1988〜90 年

大石嘉一郎『日本資本主義史論』東京大学出版会，1999 年

大石嘉一郎『日本資本主義百年の歩み』東京大学出版会，2005 年

大内　力『日本経済論』（上）東京大学出版会，1963 年

大内　力『大内力経済学大系 7　日本経済論（上）』東京大学出版会，2000 年

大内　力『大内力経済学大系 8　日本経済論（下）』東京大学出版会，2009 年

大川一司・南亮進編『近代日本の経済発展』東洋経済新報社，1975 年

大塚金之助・野呂栄太郎・平野義太郎・山田盛太郎編『日本資本主義発達史講座』岩波書店，1932〜33 年

岡崎哲二『経済史から考える―発展と停滞の論理―』日本経済新聞出版社，2017 年

楫西光速・大島　清・加藤俊彦・大内　力『双書日本における資本主義の発達』（成立Ⅰ・Ⅱ，発展Ⅰ〜Ⅲ，没落Ⅰ〜Ⅷ）（新書版）東京大学出版会，1954〜69 年

沢井実・谷本雅之『日本経済史―近世から現代まで―』有斐閣，2016 年〔4〕

正田健一郎『日本における近代社会の成立』（上・中・下）三嶺書房，1990・92・94 年

新保　博『近代日本経済史』創文社，1995 年

杉山伸也『日本経済史　近世―現代』岩波書店，2012 年〔5〕

武田晴人『日本経済史』有斐閣，2019 年

高橋　衛『明治から昭和へ』御茶の水書房，2005 年

滝沢秀樹『近代日本経済史序説』大阪経済法科大学出版部，1994 年

武田晴人『異端の試み―日本経済史研究を読み解く―』日本経済評論社，2017 年

土志田征一編『経済白書で読む戦後日本経済の歩み』有斐閣，2001 年

中西　聡編『日本経済の歴史―列島経済史入門―』名古屋大学出版会，2013 年

中西　聡編『経済社会の歴史―生活からの経済史入門―』名古屋大学出版会，2017 年

長島誠一『戦後の日本資本主義』桜井書店，2001 年
長岡新吉・田中　修・西川博史『近代日本経済史』日本経済評論社，1980 年
永原慶二編『日本経済史』有斐閣，1970 年
永原慶二『日本経済史』岩波書店，1980 年
中村隆英『戦前期日本経済成長の分析』岩波書店，1971 年〔6〕
中村隆英『明治大正期の経済』東京大学出版会，1985 年
中村隆英『昭和経済史』岩波書店，1986 年
中村隆英『日本経済（第 3 版）』東京大学出版会，1993 年
中村隆英『現代経済史』岩波書店，1995 年
中村政則編『日本の近代と資本主義』東京大学出版会，1992 年
西川俊作『日本経済の成長史』東洋経済新報社，1985 年
西川俊作・尾高煌之助・斎藤　修編著『日本経済の 200 年』日本評論社，1996 年
狭間源三・川合一郎他編『講座日本資本主義発達史論』（全 5 巻）日本評論社，1969 年
橋本寿朗・大杉由香『近代日本経済史』岩波書店，2000 年
橋本寿朗『現代日本経済史』岩波書店，2000 年
中村宗悦『テキスト現代日本経済史』学文社，2018 年
浜野　潔・井奥成彦・中村宗悦・岸田　真・永江雅和・牛島利明『日本経済史 1600–2015—歴史に読む現代—』（増補改訂版）慶應義塾大学出版会，2017 年
原　朗『日本経済史』放送大学教育振興会，1994 年
深尾京司・中村尚史・中林真幸編『岩波講座　日本経済の歴史』（全 6 巻）岩波書店，2017・18 年
水谷允一『戦後日本経済史』同文館，1991 年
森　武麿・浅井良夫・西成田豊・春日　豊・伊藤正直『現代日本経済史』〔新版〕有斐閣，2002 年
原　朗編『近代日本の経済と政治』山川出版社，1986 年
南　亮進『日本の経済発展（第 3 版）』東洋経済新報社，2002 年
宮本又郎『日本経済史（改訂新版）』放送大学教育振興会，2012 年
山口和雄『日本経済史（第 2 版）』（経済学全集 5）筑摩書房，1976 年〔7〕
山崎志郎『日本経済史』放送大学教育振興会，2003 年
山崎隆三編『現代日本経済史』有斐閣，1985 年
山本弘文・寺谷武明・奈倉文二『近代日本経済史』（新書版）有斐閣，1980 年
山本義彦編著『近代日本経済史』ミネルヴァ書房，1992 年
三和良一・田付茉莉子・三和元編著『日本の経済』日本経営史研究所，2012 年
朝日新聞社編『日本経済統計総観—創刊五十周年記念—』朝日新聞社，1930 年〔8〕
日本銀行統計局『日本経済を中心とする国際比較統計』（各年版）日本銀行統計局〔9〕
日本銀行統計局『明治以降本邦主要経済統計』日本銀行統計局，1966 年〔10〕
大川一司・篠原三代平・梅村又次編『長期経済統計』（全 14 巻）東洋経済新報社，1965～88 年〔11〕
奥村茂次・清水貞俊・柳田　侃・森田桐郎編『データ世界経済』東京大学出版会，1990 年〔12〕

内閣府経済社会総合研究所編『経済要覧』(各年版)〔13〕
遠山茂樹・丸山真男・安藤良雄・三和良一他編『近代日本総合年表（第4版)』岩波書店，2001年
矢部洋三・古賀義弘・渡辺広明・飯島正義編『新訂現代日本経済史年表』日本経済評論社，2001年
三和良一・原　朗編『近現代日本経済史要覧（補訂版)』東京大学出版会，2010年〔14〕
長岡新吉編『近代日本の経済―統計と概説―』ミネルヴァ書房，1988年
安藤良雄編『日本経済政策史論』(上・下）東京大学出版会，1973・76年
後藤靖編『日本帝国主義の経済政策』柏書房，1991年
宮島英昭『産業政策と企業統治の経済史』有斐閣，2004年
三和良一『日本近代の経済政策史的研究』日本経済評論社，2002年〔15〕
三和良一『戦間期日本の経済政策史的研究』東京大学出版会，2003年
三和良一『日本占領の経済政策史的研究』日本経済評論社，2002年
三和良一『経済政策史の方法』東京大学出版会，2012年〔16〕
波形昭一・堀越芳昭編『近代日本の経済官僚』日本経済評論社，2000年
大蔵省財政史室編『昭和財政史―終戦から講和まで―』(全20巻）東洋経済新報社，1976～1984年〔17〕
鈴木武雄編『財政史』(日本現代史大系）東洋経済新報社，1962年
吉岡健次『日本地方財政史』東京大学出版会，1981年
青木昌彦・H.パトリック編（白鳥正喜監訳)『日本のメインバンク・システム』東洋経済新報社，1996年
石井寛治『近代日本金融史序説』東京大学出版会，1999年
石井寛治編『日本銀行金融政策史』東京大学出版会，2001年
伊藤　修『日本型金融の歴史的構造』東京大学出版会，1995年
伊藤　修・齊藤　直・佐藤秀昭・早川大介・福地幸文『金融業』日本経営史研究所，2019年
伊藤正直・靎見誠良・浅井良夫編『金融危機と革新』日本経済評論社，2000年
宇沢弘文・武田晴人編『日本の政策金融』(Ⅰ・Ⅱ）東京大学出版会，2009年
加藤俊彦『本邦銀行史論』東京大学出版会，1957年〔18〕
粕谷　誠・伊藤正直・齋藤　憲『金融ビジネスモデルの変遷』日本経済評論社，2010年
粕谷　誠『戦前日本のユニバーサルバンク―財閥系銀行と金融市場―』名古屋大学出版会，2020年
後藤新一『銀行合同の実証的研究』日本経済評論社，1991年
白川方明『中央銀行―セントラルバンカーの経験した39年―』東洋経済新報社，2018年
地方金融史研究会編『戦後地方銀行史』(Ⅰ・Ⅱ）東洋経済新報社，1994年
靎見誠良『日本信用機構の確立』有斐閣，1991年
寺西重郎『日本の経済発展と金融』岩波書店，1982年

寺西重郎『工業化と金融システム』東洋経済新報社，1991 年
日本銀行『日本銀行百年史』（全 7 巻）日本銀行，1982〜86 年〔19〕
山口和雄編『日本産業金融史研究　製糸金融篇』東京大学出版会，1966 年
山口和雄編『日本産業金融史研究　紡績金融篇』東京大学出版会，1970 年
山口和雄編『日本産業金融史研究　織物金融篇』東京大学出版会，1974 年
大島　清『日本恐慌史論』（上・下）東京大学出版会，1952・55 年
藤野正三郎『日本の景気循環』勁草書房，1965 年
現代日本産業発達史研究会編『現代日本産業発達史』（総論・石油・電力・鉄鋼・造船・繊維・紙パルプ・化学工業・食品・水産・陸運通信・銀行・保険）交詢社出版局，1963 年〜
有沢広巳編『現代日本産業講座』（全 8 巻）岩波書店，1959・60 年
有沢広巳監修『日本産業百年史』（新書版）（上・下）日本経済新聞社，1967 年
武田晴人『通商産業政策史 5　立地・環境・保安政策』経済産業調査会，2011 年
岡崎哲二『工業化の軌跡』読売新聞社，1997 年
岡崎哲二編『生産組織の経済史』東京大学出版会，2005 年
武田晴人編『日本産業発展のダイナミズム』東京大学出版会，1995 年
武田晴人・石井　晋・池元有一編『日本経済の構造と変遷』日本経済評論社，2018 年
清川雪彦『日本の経済発展と技術普及』東洋経済新報社，1995 年
沢井　実『通商産業政策史 9　産業技術政策』経済産業調査会，2011 年
竹岡敬温・高橋秀行・中岡哲郎編『新技術の導入―近代機械工業の発展―』同文館，1993 年
南　亮進・清川雪彦編『日本の工業化と技術発展』東洋経済新報社，1987 年
山本　潔『日本における職場の技術・労働史』東京大学出版会，1994 年
J. ハンター（阿部武司・谷本雅之監訳）『日本の工業化と女性労働』有斐閣，2008 年
石井寛治『日本蚕糸業史分析』東京大学出版会，1972 年〔20〕
井川克彦『近代日本製糸業と繭生産』東京経済情報出版，1998 年
東条由紀彦『製糸同盟の女工登録制度―日本近代の変容と女工の「人格」―』東京大学出版会，1990 年
中林真幸『近代資本主義の組織―製糸業の発展における取引の統治と生産の構造―』東京大学出版会，2003 年
松村　敏『戦間期日本蚕糸業史研究』東京大学出版会，1992 年
高村直助『日本紡績業史序説』（上・下）塙書房，1971 年〔21〕
西川博史『日本帝国主義と綿業』ミネルヴァ書房，1987 年〔22〕
渡辺純子『産業発展・衰退の経済史―「10 大紡」の形成と産業調整―』有斐閣，2010 年
阿部武司『日本における産地綿織物業の展開』東京大学出版会，1989 年
阿部武司・平野恭平『繊維産業』日本経営史研究所，2013 年
阿部武司『日本綿業史―徳川期から日中開戦まで―』名古屋大学出版会，2022 年
市川孝正『日本農村工業史研究』文眞堂，1996 年
神立春樹『明治期農村織物業の展開』東京大学出版会，1974 年

塩沢君夫・近藤哲生編『織物業の発展と寄生地主制』御茶の水書房，1985 年
谷本雅之『日本における在来的経済発展と織物業』名古屋大学出版会，1998 年
中村隆英編『日本の経済発展と在来産業』山川出版社，1997 年
林　玲子編『醬油醸造業史の研究』吉川弘文館，1990 年
久保文克・島津淳子『食品産業』日本経営史研究所，2016 年
山崎廣明『日本化繊産業発達史論』東京大学出版会，1975 年
四宮俊之『近代日本製紙業の競争と協調』日本経済評論社，1997 年
隅谷三喜男『日本石炭産業分析』岩波書店，1968 年〔23〕
橘川武郎『日本電力業の発展と松永安左ヱ門』名古屋大学出版会，1995 年
橘川武郎『日本電力業発展のダイナミズム』名古屋大学出版会，2004 年
橘川武郎『通商産業政策史 10　資源エネルギー政策』経済産業調査会，2011 年
橘川武郎『エネルギー産業』日本経営史研究所，2015 年
山崎志郎『通商産業政策史 6　基礎産業政策』経済産業調査会，2011 年
岡崎哲二『日本の工業化と鉄鋼産業』東京大学出版会，1993 年
上岡一史『戦後日本鉄鋼業発展のダイナミズム』日本経済評論社，2005 年
奈倉文二『日本鉄鋼業史の研究』近藤出版社，1984 年
奈倉文二『兵器鉄鋼会社の日英関係史』日本経済評論社，1998 年
長島　修『戦前日本鉄鋼業の構造分析』ミネルヴァ書房，1987 年
三和　元『日本のアルミニウム産業』三重大学出版会，2016 年〔24〕
寺谷武明『日本近代造船史序説』巌南堂書店，1979 年
寺谷武明『近代日本の造船と海軍』成山堂書店，1996 年
井上洋一郎『日本近代造船業の展開』ミネルヴァ書房，1990 年
小山弘健『日本軍事工業の史的分析』御茶の水書房，1972 年
沢井　実『日本鉄道車輌工業史』日本経済評論社，1998 年
沢井　実『近代日本の研究開発体制』名古屋大学出版会，2012 年
沢井　実『日本の技能形成―製造現場の強さを生み出したもの―』名古屋大学出版会，2016 年
沢井　実『見えない産業―酸素が支えた日本の工業化―』名古屋大学出版会，2017 年
沢井　実『マザーマシンの夢―日本工作機械工業史―』名古屋大学出版会，2013 年〔25〕
沢井　実『機械工業』日本経営史研究所，2015 年
呂　寅満『日本自動車工業史』東京大学出版会，2011 年
金　容度『日本 IC 産業の発展史』東京大学出版会，2006 年
武田晴人『日本産銅業史』東京大学出版会，1987 年
武田晴人編『日本の情報通信産業史』有斐閣，2011 年
佐々木聡『石鹼・洗剤産業』日本経営史研究所，2016 年
大東英祐『石油化学』日本経営史研究所，2014 年
大東英祐『化学肥料』日本経営史研究所，2014 年
井上晴丸『日本資本主義の発展と農業及び農政』中央公論社，1967 年，復刻版，雄渾社，1972 年

大内　力『日本における農民層の分解』東京大学出版会，1969 年〔26〕
暉峻衆三編『日本農業史』有斐閣，1981 年
暉峻衆三『日本農業問題の展開』（上・下）東京大学出版会，1970,1984 年
坂根嘉弘『戦間期農地政策史研究』九州大学出版会，1990 年
西田美昭編『戦後改革期の農業問題』日本経済評論社，1994 年
西田美昭・加瀬和俊編『高度経済成長期の農業問題』日本経済評論社，2000 年
川東竫弘『戦前日本の米価政策史研究』ミネルヴァ書房，1990 年
大豆生田稔『近代日本の食糧政策』ミネルヴァ書房，1993 年
伊藤康宏・片岡千賀之・小岩信竹・中居　裕編『帝国日本の漁業と漁業政策』北斗書房，2016 年
塩沢君夫・川浦康次『寄生地主制論』御茶の水書房，1957 年〔27〕
中村政則『近代日本地主制史研究』東京大学出版会，1979 年〔28〕
古島敏雄『日本地主制史研究』岩波書店，1958 年
山崎隆三他『シンポジウム日本歴史 17　地主制』学生社，1974 年
松井清編『近代日本貿易史』（全 3 巻）有斐閣，1959～63 年
杉原　薫『アジア間貿易の形成と構造』ミネルヴァ書房，1996 年
石井寛治『近代日本とイギリス資本』東京大学出版会，1984 年
安藤良雄・松好貞夫編『日本輸送史』日本評論社，1971 年
海事産業研究所『日本海運経営史』（全 6 巻）日本経済新聞社，1980～84 年
海事産業研究所『戦後日本海運造船経営史』（全 8 巻）日本経済評論社，1992～93 年
片山邦雄『近代日本海運とアジア』御茶の水書房，1996 年
小風秀雅『帝国主義下の日本海運』山川出版社，1995 年
杉山和雄『戦間期海運金融の政策過程』有斐閣，1994 年
老川慶喜編『両大戦間期の都市交通と運輸』日本経済評論社，2010 年
中村尚史『日本鉄道業の形成　1869-1894 年』日本経済評論社，1998 年
野田正穂・原田勝正・青木栄一・老川慶喜編『日本の鉄道―成立と展開―』日本経済評論社，1986 年
原田勝正『鉄道史研究試論―近代化における技術と社会―』日本経済評論社，1989 年
山本弘文『維新期の街道と輸送』法政大学出版局，1972 年
山本弘文編『近代交通成立史の研究』法政大学出版局，1994 年
由井常彦『中小企業政策の史的研究』東洋経済新報社，1964 年
岡崎哲二編『取引制度の経済史』東京大学出版会，2001 年
石井寛治編『近代日本流通史』東京堂出版，2005 年
山口和雄・石井寛治編『近代日本の商品流通』東京大学出版会，1986 年
山口和雄『近代日本の商品取引』東洋書林，1998 年
市原　博『炭鉱の労働社会史』多賀出版，1997 年
岡本幸雄『明治期紡績労働関係史』九州大学出版会，1993 年
荻野喜弘『筑豊炭鉱労資関係史』九州大学出版会，1993 年
隅谷三喜男・小林謙一・兵藤　釗『日本資本主義と労働問題』東京大学出版会，1967 年

田中直樹『近代日本炭鉱労働史研究』草風館，1984 年
西成田豊『近代日本労資関係史の研究』東京大学出版会，1988 年
西成田豊『近代日本労働史』有斐閣，2007 年
兵藤　釗『日本における労資関係の展開』東京大学出版会，1971 年
西田美昭『近代日本農民運動史研究』東京大学出版会，1997 年
佐々木聡『科学的管理法の日本的展開』有斐閣，1998 年
斎藤　修『賃金と労働と生活水準』岩波書店，1998 年
安藤良雄『ブルジョワジーの群像』（日本の歴史 28）小学館，1976 年
竹内常善・阿部武司・沢井　実編『近代日本における企業家の諸系譜』大阪大学出版会，1996 年
橋本寿朗・武田晴人編『両大戦間期　日本のカルテル』御茶の水書房，1985 年〔29〕
橘川武郎『日本の企業集団』有斐閣，1996 年
橘川武郎『財閥と企業グループ』日本経営史研究所，2016 年
法政大学産業情報センター・橋本寿朗・武田晴人『日本経済の発展と企業集団』東京大学出版会，1992 年
小林正彬『政商の誕生』東洋経済新報社，1987 年
柴垣和夫『日本金融資本分析』東京大学出版会，1965 年
武田晴人『財閥の時代』新曜社，1995 年
武田晴人『日本経済の発展と財閥本社―持株会社と内部資本市場―』東京大学出版会，2020 年
玉城　肇『日本財閥史』社会思想社，1976 年
大倉財閥研究会編『大倉財閥の研究』近藤出版社，1982 年
麻島昭一『戦間期住友財閥経営史』東京大学出版会，1983 年
麻島昭一『三菱財閥の金融構造』御茶の水書房，1986 年
麻島昭一編『財閥金融構造の比較研究』御茶の水書房，1987 年
宇田川勝『日本財閥経営史　新興財閥』日本経済新聞社，1984 年
大塩　武『日窒コンツェルンの研究』日本経済評論社，1989 年
斎藤　憲『新興コンツェルン理研の研究』時潮社，1987 年
下谷政弘『新興コンツェルンと財閥』日本経済評論社，2008 年
下谷政弘『いわゆる財閥考―三井，三菱，そして住友―』日本経済評論社，2021 年
作道洋太郎編『日本財閥経営史　住友財閥』日本経済新聞社，1982 年
畠山秀樹『住友財閥成立史の研究』同文館，1988 年
旗手　勲『日本の財閥と三菱』楽游書房，1978 年
中瀬寿一『住友財閥形成史研究』大月書店，1984 年
下谷政弘監修・住友史料館編『住友近代史の研究』ミネルヴァ書房，2020 年
松元　宏『三井財閥の研究』吉川弘文館，1979 年
三島康雄編『日本財閥経営史　三菱財閥』日本経済新聞社，1981 年
三島康雄『日本財閥経営史　阪神財閥』日本経済新聞社，1984 年
森川英正『財閥の経営史的研究』東洋経済新報社，1980 年
森川英正『日本財閥経営史　地方財閥』日本経済新聞社，1985 年

安岡重明『財閥形成史の研究』ミネルヴァ書房，1970年
安岡重明編『日本財閥経営史　三井財閥』日本経済新聞社，1982年
安岡重明『財閥経営の歴史的研究』岩波書店，1998年
由井常彦編『日本財閥経営史　安田財閥』日本経済新聞社，1986年
中村隆英編『家計簿からみた近代日本生活史』東京大学出版会，1993年
由井常彦・三和良一・三和　元編著『日本の経営』日本経営史研究所，2012年
小林正彬・杉山和雄・森川英正他編『日本経営史を学ぶ』(1・2・3) 有斐閣，1976年
経営史学会編『日本経営史の基礎知識』有斐閣，2004年〔30〕
宮本又郎・阿部武司・宇田川勝・沢井　実・橘川武郎『日本経営史』有斐閣，2007年
安岡重明・天野雅敏・宮本又郎・阿部武司・由井常彦・大東英祐・山崎廣明・橘川武郎・森川英正・米倉誠一郎編集『日本経営史』(全5巻) 岩波書店，1995年
米川伸一・下川浩一・山崎廣明編『戦後日本経営史』(全3巻) 東洋経済新報社，1990～1991年
宮本又郎・粕谷　誠編『経営史・江戸の経験』(講座・日本経営史1) ミネルヴァ書房，2009年
阿部武司・中村尚史編『産業革命と企業経営』(講座・日本経営史2) ミネルヴァ書房，2010年
佐々木聡・中林真幸編『組織と戦略の時代』(講座・日本経営史3) ミネルヴァ書房，2010年
柴　孝夫・岡崎哲二編『制度転換期の企業と市場』(講座・日本経営史4) ミネルヴァ書房，2011年
下谷政弘・鈴木恒夫編『「経済大国」への軌跡』(講座・日本経営史5) ミネルヴァ書房，2010年
橘川武郎・久保文克編『グローバル化と日本型企業システムの変容』(講座・日本経営史6) ミネルヴァ書房，2010年
大河内暁男・武田晴人『企業者活動と企業システム』東京大学出版会，1993年
橘川武郎『イノベーションの歴史—日本の革新的企業家群像—』有斐閣，2019年
大阪市立大学経済研究所・植田浩史編『日本企業システムの再編』東京大学出版会，2003年
工藤　章・グレンD. フック・橘川武郎編『現代日本企業 (1・2)　企業体制 (上・下)』有斐閣，2005年
工藤　章・グレンD. フック・橘川武郎編『現代日本企業3　グローバル・レビュー』有斐閣，2006年
工藤　章『日独経済関係史序説』桜井書店，2011年
堀　和生・中村　哲編『日本資本主義と朝鮮・台湾』京都大学学術出版会，2004年
涂　照彦『日本帝国主義下の台湾』東京大学出版会，1975年
金　洛年『日本帝国主義下の朝鮮経済』東京大学出版会，2002年
高嶋雅明『朝鮮における植民地金融史の研究』大原新生社，1978年
朴　慶植『日本帝国主義の朝鮮支配』(上・下) 青木書店，1973年
松村高夫『日本帝国主義下の植民地労働史』不二出版，2007年

満州史研究会編『日本帝国主義下の満州』御茶の水書房，1972年
金子文夫『近代日本における対満州投資の研究』近藤出版社，1991年
小林英夫『「大東亜共栄圏」の形成と崩壊』御茶の水書房，1975年
中村隆英『戦時日本の華北経済支配』山川出版社，1983年
島崎久彌『円の侵略史』日本経済評論社，1989年
波形昭一『日本植民地金融政策史の研究』早稲田大学出版部，1985年
山本有造『日本植民地経済史研究』名古屋大学出版会，1992年
山本有造『「大東亜共栄圏」経済史研究』名古屋大学出版会，2011年
平井廣一『日本植民地財政史研究』ミネルヴァ書房，1997年
久保文克『植民地企業経営史論』日本経済評論社，1997年
柴田善雅『占領地通貨金融政策の展開』日本経済評論社，1999年
柳沢　遊『日本人の植民地経験』青木書店，1999年
柳沢　遊・岡部牧夫編『帝国主義と植民地』東京堂，2001年

はじめに

玉野井芳郎『生命系のエコノミー』新評論，1982年
槌田　敦『石油と原子力に未来はあるか』亜紀書房，1978年
馬場宏二『教育危機の経済学』御茶の水書房，1988年
三和良一「経済とは何か―経済空間の分節化―」（前掲『経済政策史の方法』所収）
室田　武『エネルギーとエントロピーの経済学』東洋経済新報社，1979年

第1章

飯沼二郎『風土と歴史』岩波書店，1970年
石坂昭雄・船山栄一・宮野啓二・諸田　實『新版西洋経済史』有斐閣，1985年
宇野弘蔵『経済政策論改訂版』弘文堂，1971年（『宇野弘蔵著作集』第7巻にも所収）
大内　力『国家独占資本主義』東京大学出版会，1970年（改版　こぶし文庫，2007年）
大塚久雄『共同体の基礎理論』岩波書店，1955年（『大塚久雄著作集』第7巻にも所収）
大塚久雄『欧州経済史』岩波書店，1973年（『大塚久雄著作集』第4巻にも所収）
小野塚知二『経済史―いまを知り，未来を生きるために―』有斐閣，2018年
加藤榮一「現代資本主義の歴史的位置」（『経済セミナー』1974年2月号，日本評論社）
加藤榮一「現代資本主義の歴史的位相」（『社会科学研究』第41巻第1号，1989年7月）
加藤榮一・馬場宏二・三和良一編『資本主義はどこに行くのか』東京大学出版会，2004年
長岡新吉・石坂昭雄編『一般経済史』ミネルヴァ書房，1983年
長岡新吉・太田和宏・宮本謙介編『世界経済史入門』ミネルヴァ書房，1992年
馬場宏二『現代資本主義の透視』東京大学出版会，1981年
馬場宏二『新資本主義論』名古屋大学出版会，1997年
三和良一「資本主義経済は何故速く成長するのか」（『青山経済論集』第53巻第2号，

2001年9月）
三和良一「経済史の段階区分―経済の歴史時間―」（前掲『経済政策史の方法』所収）
三和良一「資本主義の段階区分―三位相からの接近―」（前掲『経済政策史の方法』所収）
三和良一「日本資本主義の発展段階区分論―段階推移の動因を中心に―」（『青山経済論集』第66巻第4号，2015年3月）
三和良一「人間社会の構造とその変化の動因」（『歴史と経済』第229号，2015年10月）

第2章

阿部武司「明治前期における在来産業」（梅村又次・中村隆英編『松方財政と殖産興業政策』東京大学出版会，1983年）〔31〕
石井寛治・関口尚志編『世界市場と幕末開港』東京大学出版会，1982年
大石慎三郎・逆井孝仁・山本弘文・津田秀夫『日本経済史論』御茶の水書房，1967年
岡崎哲二『江戸の市場経済』講談社，1999年
尾高煌之助・山本有造編『幕末・明治の日本経済』日本経済新聞社，1988年
川勝平太『日本文明と近代西洋』日本放送出版協会，1991年〔32〕
斎藤　修『プロト工業化の時代』日本評論社，1985年
芝原拓自『日本近代化の世界史的位置』岩波書店，1981年
速水　融『近世濃尾地方の人口・経済・社会』創文社，1992年〔33〕
速水　融『近世日本の経済社会』麗澤大学出版会，2003年〔34〕
速水　融・鬼頭　宏・友部謙一編『歴史人口学のフロンティア』東洋経済新報社，2001年
深尾京司・中村尚史・中林真幸編『岩波講座　日本経済の歴史2　近世』岩波書店，2017年
岩橋　勝『近世貨幣と経済発展』名古屋大学出版会，2019年
山本有造『両から円へ―幕末・明治前期貨幣問題研究―』ミネルヴァ書房，1994年

第3章

石井寛治・原　朗・武田晴人編『日本経済史1　幕末維新期』東京大学出版会，2000年
大谷瑞郎『幕藩体制と明治維新』亜紀書房，1972年
小山弘健・山崎隆三『日本資本主義論争史』（復刊）こぶし書房，2014年〔35〕
中村　哲『明治維新の基礎構造』未来社，1968年
丹羽邦男『明治維新の土地変革』御茶の水書房，1962年
丹羽邦男『地租改正法の起源』ミネルヴァ書房，1995年
福島正夫『地租改正の研究（増補版）』有斐閣，1970年

第4章

石塚裕道『日本資本主義成立史研究』吉川弘文館，1973年
梅村又次・中村隆英編『松方財政と殖産興業政策』東京大学出版会，1983年

大石嘉一郎『自由民権と大隈・松方財政』東京大学出版会，1989 年
神山恒雄『明治経済政策史の研究』塙書房，1995 年
小林延人『明治維新期の貨幣経済』東京大学出版会，2015 年
小林正彬『日本工業化と官業払下げ』東洋経済新報社，1977 年
高橋　誠『明治財政史研究』青木書店，1964 年
原田三喜雄『日本の近代化と経済政策』東洋経済新報社，1972 年
深尾京司・中村尚史・中林真幸編『岩波講座　日本経済の歴史 3　近代 1』岩波書店，2017 年
三和良一「松方財政―自立的国民国家の基盤整備―」（前掲『経済政策史の方法』所収）
室山義正『近代日本の軍事と財政』東京大学出版会，1984 年
室山義正『松方財政研究』ミネルヴァ書房，2004 年〔36〕
山口和雄『明治前期経済の分析（増訂版）』東京大学出版会，1963 年〔37〕

第 5 章・第 6 章

阿部武司・中村尚史編『産業革命と企業経営』ミネルヴァ書房，2010 年
石井寛治『日本の産業革命』朝日新聞社，1997 年
石井寛治・原　朗・武田晴人編『日本経済史 2　産業革命期』東京大学出版会，2000 年〔38〕
大石嘉一郎編『日本産業革命の研究』（上・下）東京大学出版会，1975 年〔39〕
大石嘉一郎他『シンポジウム日本歴史 18　日本の産業革命』学生社，1972 年
大内　力『「経済学」批判』（第 6 章）日本評論社，1967 年〔40〕
鈴木　淳『明治の機械工業』ミネルヴァ書房，1996 年
高村直助編『企業勃興』ミネルヴァ書房，1992 年
高村直助編『近代日本の軌跡 8　産業革命』吉川弘文館，1994 年
高村直助編『明治の産業発展と社会資本』ミネルヴァ書房，1997 年
長岡新吉『明治恐慌史序説』東京大学出版会，1971 年〔第 7・8 章でも参照〕
長岡新吉『産業革命』教育社，1979 年
山田盛太郎『日本資本主義分析』（文庫版）岩波書店，1977 年〔41〕

第 7 章

伊牟田敏充『明治期金融構造分析序説』法政大学出版局，1976 年
伊牟田敏充『明治期株式会社分析序説』法政大学出版局，1976 年
正田健一郎『日本資本主義と近代化』日本評論社，1971 年
高村直助『日本資本主義史論』ミネルヴァ書房，1980 年
高村直助編『日露戦後の日本経済』塙書房，1988 年
中村政則・鈴木正幸「近代天皇制国家の確立」（『大系日本国家史 5』東京大学出版会，1976 年）

第 8 章（第 9・10・11 章にも関連）

石井寛治『帝国主義日本の対外戦略』名古屋大学出版会，2012 年

伊藤正直『日本の対外金融と金融政策』名古屋大学出版会，1989 年〔42〕
大石嘉一郎編『日本帝国主義史 1　第一次大戦期』東京大学出版会，1985 年
久保田裕次『対中借款の政治経済史―「開発」から二十一カ条要求へ―』名古屋大学出版会，2016 年
高橋亀吉『大正昭和財界変動史』（上）東洋経済新報社，1954 年〔中・下巻は第 10・11 章で参照〕
高村直助『近代日本綿業と中国』東京大学出版会，1983 年〔43〕
林　健久・山崎廣明・柴垣和夫『日本資本主義』（『講座帝国主義の研究 6』）青木書店，1973 年

第 9 章（第 10・11 章にも関連）

朝倉孝吉編『両大戦間における金融構造』御茶の水書房，1980 年
安藤良雄編『両大戦間の日本資本主義』東京大学出版会，1979 年
石井寛治・原　朗・武田晴人編『日本経済史 3　両大戦間期』東京大学出版会，2002 年
伊藤正直・大門正克・鈴木正幸『戦間期の日本農村』世界思想社，1988 年
大石嘉一郎編『戦間期日本の対外経済関係』日本経済評論社，1992 年
木村隆俊『1920 年代日本の産業分析』日本経済評論社，1995 年
1920 年代史研究会編『1920 年代の日本資本主義』東京大学出版会，1983 年
武田晴人「1920 年代史研究の方法に関する覚書」（『歴史学研究』486 号，青木書店，1980 年）
橋本寿朗（武田晴人解題）『戦間期の産業発展と産業組織』（1・2）東京大学出版会，2004 年
深尾京司・中村尚史・中林真幸編『岩波講座　日本経済の歴史 4　近代 2』岩波書店，2017 年
三和良一「第一次大戦後の経済構造と金解禁政策」（前掲安藤編『日本経済政策史論』（上），前掲『戦間期日本の経済政策史的研究』所収）
三和良一「井上財政―日本経済再生のハード・トレイニング―」（前掲『経済政策史の方法』所収）
三和良一「戦間期は歴史のなかでどのように位置づけられるか」（『青山経済論集』第 69 巻第 4 号，2018 年 3 月）
村上和光『日本における現代資本主義の成立』世界書院，1999 年
山口和雄・加藤俊彦編『両大戦間の横浜正金銀行』日本経営史研究所，1988 年
山崎隆三編『両大戦間期の日本資本主義』（上・下）大月書店，1978 年
山本義彦『戦間期日本資本主義と経済政策』柏書房，1989 年

第 10 章（第 11 章にも関連）

安藤良雄『昭和史の開幕』（国民の歴史 22）文英堂，1970 年
伊牟田敏充『昭和金融恐慌の構造』経済産業調査会，2002 年
岩田規久男編『昭和恐慌の研究』東洋経済新報社，2004 年
大石嘉一郎編『日本帝国主義史 2　世界大恐慌期』東京大学出版会，1987 年

隅谷三喜男編『昭和恐慌』有斐閣，1974 年
東京大学社会科学研究所編『ファシズム期の国家と社会 1　昭和恐慌』東京大学出版会，1978 年
中村政則『昭和の恐慌』（昭和の歴史 2）小学館，1982 年
平田喜彦・侘美光彦編『世界大恐慌の分析』有斐閣，1988 年
山崎廣明『昭和金融恐慌』東洋経済新報社，2000 年

第 11 章

石井寛治・杉山和雄編『金融危機と地方銀行』東京大学出版会，2001 年
井手英策『髙橋財政の研究』有斐閣，2006 年〔44〕
上山和雄・阪田安雄編『対立と妥協―1930 年代の日米通商関係―』第一法規出版，1994 年
鎮目雅人『世界恐慌と経済政策』日本経済新聞出版社，2009 年
社会経済史学会編『1930 年代の日本経済』東京大学出版会，1982 年
杉山伸也・I．ブラウン編著『戦間期東南アジアの経済摩擦』同文館，1990 年
富永憲生『金輸出再禁止後の日本経済の躍進と高成長商品』渓水社，1999 年
橋本寿朗『大恐慌期の日本資本主義』東京大学出版会，1984 年〔第 8・9・10 章でも参照〕
平沢照雄『大恐慌期日本の経済統制』日本経済評論社，2001 年
増田知子「政党内閣の崩壊」（東京大学社会科学研究所編『現代日本社会 4　歴史的前提』東京大学出版会，1991 年．『天皇制と国家』青木書店，1999 年所収）〔45〕
三和良一「高橋財政期の経済政策」（後出東大社研編『戦時日本経済』．前掲『戦間期日本の経済政策史的研究』所収）〔46〕
三和良一「日本現代資本主義（戦前期）の研究史」（社会経済史学会編『社会経済史学の課題と展望』有斐閣，1984 年．前掲『戦間期日本の経済政策史的研究』所収）

第 12 章

石井寛治・原　朗・武田晴人編『日本経済史 4　戦時・戦後期』東京大学出版会，2007 年
安藤良雄『太平洋戦争の経済史的研究―日本資本主義の展開過程―』東京大学出版会，1987 年
大石嘉一郎編『日本帝国主義史 3　第二次大戦期』東京大学出版会，1994 年
伊牟田敏充編『戦時体制下の金融構造』日本評論社，1991 年
岡崎哲二「戦時計画経済と企業」（東京大学社会科学研究所編『現代日本社会 4　歴史的前提』東京大学出版会，1991 年）〔47〕
岡崎哲二・奥野正寛編『現代日本経済システムの源流』日本経済新聞社，1993 年
近代日本研究会『戦時経済』（年報・近代日本研究 9）山川出版社，1987 年
佐口和郎『日本における産業民主主義の前提』東京大学出版会，1991 年
沢井　実「戦時経済と財閥」（法政大学産業情報センター・橋本寿朗・武田晴人編『日本経済の発展と企業集団』東京大学出版会，1992 年）〔48〕

東京大学社会科学研究所編『ファシズム期の国家と社会 2　戦時日本経済』東京大学出版会，1979 年
中村隆英「戦争経済とその崩壊」(『岩波講座日本歴史 21・近代 8』岩波書店，1977 年)〔49〕
中村政則編『戦争と国家独占資本主義』(体系・日本現代史 4) 日本評論社，1979 年
長島　修『日本戦時企業論序説』日本経済評論社，2000 年
原　朗「戦時統制経済の開始」(『岩波講座日本歴史 20・近代 7』岩波書店，1976 年)〔50〕
原　朗『日本戦時経済研究』東京大学出版会，2013 年
原　朗編『日本の戦時経済』東京大学出版会，1995 年
原　朗・山崎志郎編『戦時日本の経済再編成』日本経済評論社，2006 年
深尾京司・中村尚史・中林真幸編『岩波講座　日本経済の歴史 5　現代 1』岩波書店，2018 年
松浦正孝『日中戦争期における経済と政治』東京大学出版会，1995 年
柳澤　治『戦前・戦時日本の経済思想とナチズム』岩波書店，2008 年〔51〕
柳沢　遊・倉沢愛子編『日本帝国の崩壊―人の移動と地域社会の変動―』慶應義塾大学出版会，2017 年
山崎志郎『戦時金融金庫の研究』日本経済評論社，2009 年
三和良一「戦時統制経済と戦後改革」(前掲石井他編『近代日本経済史を学ぶ』下)〔第 13 章でも参照〕〔52〕

第 13 章 (第 14 章にも関連)

浅井良夫「占領期の金融制度改革と独占禁止政策」(成城大学『経済研究所年報』第 2 号，1989 年 3 月．後掲『戦後改革と民主主義』所収)〔53〕
浅井良夫『戦後改革と民主主義』吉川弘文館，2001 年
遠藤公嗣『日本占領と労資関係政策の成立』東京大学出版会，1989 年
大石嘉一郎「戦後改革と日本資本主義の構造変化」(東京大学社会科学研究所編『戦後改革 1　課題と視角』東京大学出版会，1974 年)〔54〕
大内　力「戦後改革と国家独占資本主義」(前掲『戦後改革 1　課題と視角』)〔55〕
大蔵省財政史室編 (三和良一)『昭和財政史―終戦から講話まで―2　独占禁止』東洋経済新報社，1982 年〔56〕
大蔵省財政史室編 (秦郁彦)『昭和財政史―終戦から講話まで―3　アメリカの対日占領政策』東洋経済新報社，1976 年
大和田啓氣『秘史　日本の農地改革』日本経済新聞社，1981 年
香西　泰・寺西重郎編『戦後日本の経済改革』東京大学出版会，1993 年
武田晴人編『日本経済の戦後復興』有斐閣，2007 年
武田晴人編『戦後復興期の企業行動』有斐閣，2008 年
竹前栄治『戦後労働改革』東京大学出版会，1982 年
東京大学社会科学研究所編『戦後改革』(1 課題と視角，5 労働改革，6 農地改革，7 経済改革) 東京大学出版会，1974・75 年〔「8 改革後の日本経済」は第 15 章で参照〕

中村隆英編『占領期日本の経済と政治』東京大学出版会，1979 年
原　朗編『復興期の日本経済』東京大学出版会，2002 年
三和良一「経済的非軍事化政策の形成と転換」(『太平洋戦争』(年報・近代日本研究 4) 山川出版社，1982 年．前掲『日本占領の経済政策史的研究』所収)〔57〕
三和良一「戦後民主化と経済再建」(中村隆英編『「計画化」と「民主化」』(日本経済史 7) 岩波書店，1989 年．前掲『日本占領の経済政策史的研究』所収)〔58〕
三和良一「対日占領政策の推移」(通商産業省通商産業政策史編纂委員会編『通商産業政策史 2　戦後復興期 1』通商産業調査会，1991 年)〔59〕
三和良一『占領期の日本海運』日本経済評論社，1992 年〔60〕
三和良一「農地改革の経済政策史的検討」(上・下)(『青山経済論集』第 52 巻第 4 号・第 53 巻第 1 号，2001 年 3 月・6 月．前掲『日本占領の経済政策史的研究』所収)〔61〕
山田盛太郎「農地改革の歴史的意義」(東京大学経済学部創立 30 周年記念論文集『戦後日本経済の諸問題』有斐閣，1950 年)〔62〕
油井大三郎・中村政則・豊下楢彦編『占領改革の国際比較』三省堂，1994 年

第 14 章・第 15 章

浅井良夫「高度経済成長への道」(中村政則・天川　晃・尹　健次・五十嵐武士編『戦後改革とその遺産』岩波書店，1995 年．前掲『戦後改革と民主主義』所収.)
浅井良夫『IMF8 条国移行―貿易・為替自由化の政治経済史―』日本経済評論社，2015 年
石井寛治・原　朗・武田晴人編『日本経済史 5　高度成長期』東京大学出版会，2010 年
内野達郎『戦後日本経済史』(文庫版) 講談社，1978 年
大蔵省財政史室編 (安藤良雄・原　朗)『昭和財政史―終戦から講話まで―1　総説・賠償・終戦処理』東洋経済新報社，1984 年
大蔵省財政史室編 (中村隆英・志村嘉一・原　司郎)『昭和財政史―終戦から講話まで―12　金融 1』東洋経済新報社，1976 年
岡崎哲二「資本自由化以後の企業集団」(法政大学産業情報センター・橋本寿朗・武田晴人編『日本経済の発展と企業集団』東京大学出版会，1992 年)〔63〕
岡崎哲二・奥野正寛・植田和男・石井　晋・堀　宣昭『戦後日本の資金配分』東京大学出版会，2002 年
橘川武郎「戦後型企業集団の形成」(前掲『日本経済の発展と企業集団』)〔64〕
経済企画庁調査局編『資料・経済白書 25 年』日本経済新聞社，1972 年
香西　泰『高度成長の時代』日本評論社，1981 年
沢井　実『輸出立国の時代―日本の軽機械工業とアメリカ市場―』名古屋大学出版会，2022 年
柴垣和夫『講和から高度成長へ』(昭和の歴史 9) 小学館，1983 年
武田晴人『高度成長』岩波新書，2008 年
武田晴人編『高度成長期の日本経済』有斐閣，2011 年
武田晴人編『高成長期日本の産業発展』東京大学出版会，2021 年

寺西重郎『歴史としての大衆消費社会─高度成長とは何だったのか？─』慶應義塾大学出版会，2017 年〔65〕
中村隆英『日本経済─その成長と構造─（第 3 版）』東京大学出版会，1993 年
二木雄策『現代日本の企業集団』東洋経済新報社，1976 年〔66〕
野口悠紀雄『1940 年体制』東洋経済新報社，1995 年
橋本寿朗『日本経済論』ミネルヴァ書房，1991 年〔67〕
橋本寿朗『戦後の日本経済』岩波書店，1995 年
橋本寿朗編『日本企業システムの戦後史』東京大学出版会，1996 年
橋本寿朗『戦後日本経済の成長構造』有斐閣，2001 年
馬場宏二編『シリーズ世界経済Ⅳ　日本』御茶の水書房，1989 年
馬場宏二「現代世界と日本会社主義」（東京大学社会科学研究所編『現代日本社会 1 課題と視角』東京大学出版会，1991 年）〔68〕
原　朗編『復興期の日本経済』東京大学出版会，2002 年
原　朗編『高度成長始動期の日本経済』日本経済評論社，2010 年
兵藤　釗『労働の戦後史』（上）東京大学出版会，1997 年
宮島英昭「財閥解体」（前掲『日本経済の発展と企業集団』）〔69〕
三和良一「ドッジ・ライン─資本主義システムへの復帰─」（前掲『経済政策史の方法』所収）〔70〕

第 16 章・第 17 章

相沢幸悦『平成大不況』ミネルヴァ書房，2001 年
伊藤正直『戦後日本の対外金融』名古屋大学出版会，2009 年
井村喜代子『現代日本経済論（新版）』有斐閣，2000 年
上村敏之・田中広樹編『「小泉改革」とは何だったのか』日本評論社，2006 年
伊藤真利子『郵政民営化の政治経済学─小泉改革の歴史的前提─』名古屋大学出版会，2019 年
大瀧雅之編『平成長期不況』東京大学出版会，2008 年
小塩隆士・田近栄治・府川哲夫編『日本の所得分配』東京大学出版会，2006 年
東京大学社会科学研究所編『「失われた 10 年」を超えて』（Ⅰ・Ⅱ）東京大学出版会，2005～06 年
深尾京司・中村尚史・中林真幸編『岩波講座　日本経済の歴史 6　現代 2』岩波書店，2018 年
橘木俊詔『日本の経済格差』岩波書店，1998 年〔71〕
橘木俊詔編『戦後日本経済を検証する』東京大学出版会，2003 年
近　昭夫・藤江昌嗣編『日本経済の分析と統計』北海道大学図書刊行会，2001 年
橋本寿朗・長谷川信・宮島英昭・齊藤　直『現代日本経済（第 4 版）』有斐閣，2019 年
橋本寿朗『デフレの進行をどう読むか』岩波書店，2002 年
林　健久・加藤榮一・金澤史男編『グローバル化と福祉国家財政の再編』東京大学出版会，2004 年
三和良一「現代の緊縮政策─経済成長主義からの脱却の可能性─」（前掲『経済政策史

の方法』所収）

第18章

浅子和美・宮川　努編『日本経済の構造変化と景気循環』東京大学出版会，2007年
伊藤　修『日本の経済』中公新書，2007年
小峰隆夫『平成の経済』日本経済新聞出版社，2019年
伊藤　滋・奥野正寛・大西　隆・花崎正晴編『東日本大震災　復興への提言』東京大学出版会，2011年
伊藤正直『なぜ金融危機はくり返すのか』旬報社，2010年
岩井克人・瀬古美喜・翁　百合編『金融危機とマクロ経済』東京大学出版会，2011年
上川孝夫編『国際通貨体制と世界金融危機』日本経済評論社，2011年
桜井宏二郎『市場の力と日本の労働経済』東京大学出版会，2011年
白波瀬佐和子『日本の不平等を考える』東京大学出版会，2009年
竹内常善編『中国工業化と日本の社会的対応』ナカニシヤ出版，2011年
竹信三恵子『ルポ　雇用劣化不況』岩波書店，2009年
橘木俊詔・浦川邦夫『日本の貧困研究』東京大学出版会，2006年
馬場宏二『宇野理論とアメリカ資本主義』御茶の水書房，2011年
三橋規宏・内田茂男・池田吉紀『ゼミナール日本経済入門』第25版日本経済新聞出版社，2012年
本山美彦『金融権力』岩波新書，2008年

第19章

荒巻健二『日本経済長期低迷の構造―30年にわたる苦闘とその教訓―』東京大学出版会，2019年
井手英策『欲望の経済を終わらせる』集英社，2020年〔72〕
軽部謙介『官僚たちのアベノミクス―異形の経済政策はいかに作られたか―』岩波書店，2018年
小林慶一郎・森川正之編『コロナ危機の経済学―提言と分析―』日経BP日本経済新聞出版本部，2020年
酒井　正『日本のセーフティーネット格差―労働市場の変容と社会保険―』慶應義塾大学出版会，2020年
野口　旭『アベノミクスが変えた日本経済』筑摩書房，2018年
深尾京司『世界経済史から見た日本の成長と停滞』岩波書店，2020年
南　博・稲場雅紀『SDGs―危機の時代の羅針盤―』岩波書店，2020年
三和良一「経済学は欲望をどのように捉えてきたか」（『青山経済論集』第70巻第2号，2018年9月）〔73〕
三和良一「経済史は欲望をどのように捉えてきたか」（『青山経済論集』第73巻第1号，2021年6月）〔74〕
山家悠紀夫『日本経済30年史―バブルからアベノミクスまで―』岩波書店，2019年

索　　引

配列は五十音順

あ　行

か　行

さ 行

た　行

な 行

は　行

ま　行

や　行

ら　行

わ　行

三和 良一（みわ　りょういち）
1935年東京生まれ．1963年東京大学大学院社会科学研究科博士課程修了．南開大学・海南大学客員教授，青山学院大学名誉教授．主要著書：『昭和財政史―終戦から講話まで―2　独占禁止』（大蔵省財政史室編，東洋経済新報社，1982年），『日本占領の経済政策史的研究』（日本経済評論社，2002年），『戦間期日本の経済政策史的研究』（東京大学出版会，2003年），『資本主義はどこに行くのか』（共編，東京大学出版会，2004年），『近現代日本経済史要覧　補訂版』（共編，東京大学出版会，2010年），『経済政策史の方法』（東京大学出版会，2012年）．

三和　元（みわ　はじめ）
1980年埼玉生まれ．2003年イリノイ州ユーリカ大学経営学部修了，2014年慶應義塾大学大学院政策・メディア研究科博士課程修了．博士（政策・メディア）．岐阜協立大学経済学部教授．主要著書：『近現代日本経済史要覧　補訂版』（共著，東京大学出版会，2010年），『日本の経済』（共編，日本経営史研究所，2012年），『日本の経営』（共編，日本経営史研究所，2012年），『日本のアルミニウム産業』（三重大学出版会，2016年）．

概説日本経済史　近現代［第4版］

1993年 4 月25日　初　版第1刷
2002年11月 1 日　第2版第1刷
2012年 1 月16日　第3版第1刷
2021年 9 月16日　第4版第1刷
2023年 3 月10日　第4版第2刷

［検印廃止］

著　者　三和良一・三和　元

発行所　一般財団法人　東京大学出版会
代表者　吉見俊哉
153-0041 東京都目黒区駒場 4-5-29
https://www.utp.or.jp/
電話　03-6407-1069　Fax 03-6407-1991
振替　00160-6-59964

印刷所　株式会社理想社
製本所　牧製本印刷株式会社

ISBN 978-4-13-042153-9　Printed in Japan